建设中国特色社会主义法治体系
建设社会主义法治国家

衷心感谢各地信访局（办）为国家信访立法工作
所提供的大力支持和做出的积极贡献

广东省信访局　江西省信访局　上海市信访办

甘肃省信访局　浙江省信访局　湖北省信访局

云南省信访局　安徽省信访局　海南省信访局

陕西省信访局　重庆市信访办　河北省信访局

河南省信访局　福建省信访局　山西省信访局

江苏省信访局　广州市信访局　深圳市信访局

南京市信访局　大连市信访局　四川省信访局

湖南省信访局　宁夏自治区信访局　广西自治区信访局

黑龙江省信访局　新疆自治区信访局

（排名顺序不分先后）

The Draft of China

Public Complaints and *Proposals*

Law (experts on) Collections

《中华人民共和国信访法(草案)》专家建议稿汇编

北京市信访矛盾分析研究中心 主编

中国出版集团
研究出版社

图书在版编目 (CIP) 数据

《中华人民共和国信访法（草案）》专家建议稿汇编 /
北京市信访矛盾分析研究中心主编 . -- 北京：研究出版
社，2018.11
   ISBN 978-7-5199-0550-7

   Ⅰ.①中… Ⅱ.①北… Ⅲ.①信访工作－法规－草案
－中国 Ⅳ.① D922.182

中国版本图书馆 CIP 数据核字 (2018) 第 257885 号

出 品 人：赵卜慧
出版统筹：丁　波
责任编辑：张立明

《中华人民共和国信访法（草案）》专家建议稿汇编

《ZHONGHUA RENMIN GONGHEGUO XINFANGFA (CAOAN)》ZHUANJIA JIANYIGAO HUIBIAN

北京市信访矛盾分析研究中心 主编

研究出版社 出版发行

（100006　北京市东城区灯市口大街100号华腾商务楼）

北京云浩印刷有限责任公司印刷　新华书店经销

2018年11月第1版　2023年3月第2次印刷

开本：710mm×1000mm　1/16　印张：26.5

字数：497千字

ISBN 978-7-5199-0550-7　定价：79.00元

电话（010）64217619　64217612（发行部）

目　次

序　章

信访法治化是落实"全面推进依法治国"战略的重要举措,党的十八大、十九大报告和党的十八届三中、四中全会提出了信访法治化建设的新要求。2017年7月,第八次全国信访工作会议上,习近平总书记明确要求信访工作应"注重源头预防,夯实基层基础,加强法治建设,健全化解机制,不断增强工作的前瞻性、系统性、针对性"。信访立法工作是推动信访法治化的重大举措,也是从源头上预防社会矛盾的重要措施,对于推动国家治理体系和治理能力的现代化有着重要意义。北京市信访矛盾分析研究中心(以下简称"研究中心")自2009年成立以来,始终关注信访立法领域的研究,为推动国家信访立法积极努力,取得一系列重要突破。从2012年开始,研究中心在国家信访局的支持和指导下,相继完成了信访立法可行性研究等重大课题,取得了丰硕的成果。

一、信访立法研究的背景及主要进程

2012年是提出信访立法目标的第一年。2012年11月29日,研究中心成立三周年工作会议在北京召开,在本次会议上,国家信访局领导第一次公开提出信访立法工作和要求,研究中心明确了信访立法研究的总体目标,启动信访立法前期准备和调研工作。信访法治化是依法治国战略的重要内容,信访立法是我国全面推进依法治国战略深入实施的具体举措。

2013年3月,国家信访局召开局长办公会议,专门研究信访立法工作。2013年3月12日,国家信访局委托北京市信访办开展信访立法前期研究,并明确提出具体研究工作由研究中心承担,,为此,国家信访局与北京市信访办研究中心召开了专门工作会议,形成了会议纪要。研究中心组建了信访立法重大项目课题组(项目总负责人为北京市信访办副主任、研究中心创始人张宗林同志。项目执行负责人:郑广淼、吴镝鸣。项目核心成员:王凯、叶明珠、张立荣、郭晓燕、郭一斐、张晓锐、敖曼、刘洋等)。随后,研究中心开启了全国范围内信访立法可行性研究,组建了由中国政法大学、中南财经政法大学、北京师范大学等高校知名学者组成的课题组,明确了信访立法可行性课题研究的工作目标、任务和模式。为充分听取信访实务界和理论界对信访立法的意见和建议,做好信访立法前期研究工作,研究中心课题项目组于 2013 年 3 月至 8 月在全国范围内组织了一系列信访立法可行性调研及工作会，先后在成都、昆明、广州、武汉、淮安、北京等地召开了 6 次重要调研座谈会。邀请清华大学、北京大学、中国人民大学、中国政法大学、中南财经政法大学等 15 所高校的几十位知名专家学者，召开调研会、讨论会 20 余次，充分听取专家意见。2013 年 11 月，在调研基础上，研究中心完成了《信访立法可行性研究》项目成果报告。该项目成果约 100 万字，主要由 7 个部分组成，分别是 1 个主报告、1 部《信访法草案》、1 份《信访条例》评估报告以及 4 个分报告。

2014 年以来，信访立法研究在理论界和实务界的影响逐步凸显。在信访立法重大项目总负责人张宗林同志的统一筹划下，研究中心先后组建了三个信访立法可行性研究课题组。三个课题组分别从不同的研究思路论证信访立法的可行性，并各自独立研究和起草不同的信访法草案：第一部建议稿由研究中心与中南财经政法大学共同完成，于 2013 年 11 月初步成稿，共 10 章 123 条；第二部建议稿由研究中心与中国政法大学共同完成，于 2014 年 12 月成稿，共 10 章 75 条；第三部建议稿由研究中心与北京师范大学共同完成，于 2018 年 3 月成稿，共 8 章 66 条。

研究中心将完成的前期调研全部成果及草案建议稿提交国家信访局。国家信访局高度重视研究中心提交的全部成果和专家建议稿，并在此基础上形成了正式的《信访法（草案）》，于 2015 年初提交国务院法制办，推动了信访立法的深入开展。2015 年 9 月，国务院首次将《信访法》列入《国务院 2015 年立法工作计划》，确定为"研究项目"。2016 年 3 月，国务院将《信访法》列入《国务院 2016 年立法工作计划》，提升为"预备项目"。2017 年 4 月，十二届全国人大第 93 次委员长会议将《信访法》列入全国人大常委会 2017 年立法工作计划，确定为"预备及研究论证项目"。2017 年 5 月，国务院法制办向全国印发《〈信访法〉草案送审稿》，该送审稿大量采纳了研究中心提交的《〈信访法〉草案专家建议稿》内容。2018 年 9 月，十三届全国人大常委会立法规划再次将《信访法》列入"研究论证立法项目"。

研究中心从 2013 年 3 月接受国家信访局委托后，五年来信访立法工作从未停止。从 2013 年至 2018 年，研究中心在全国范围内持续开展信访立法的调研论证及推动工作。全国绝大多数省级信访局都积极参与其中，各地很多基层信访机构也积极参与其中，提出建议、贡献力量。

二、信访立法的重大意义

信访制度的法治化是国家治理体系和治理能力现代化的重要内容，是依法治国理念在信访工作中的具体体现。信访立法是推动信访法治化的重大举措，北京市信访矛盾分析研究中心积极推进信访立法工作，贯彻落实了党和国家推进信访法治化建设的精神，对推动新时期信访制度的发展完善意义重大。

（一）信访立法研究重新审视了信访制度的功能定位，推动信访制度成为国家治理体系的重要组成部分

研究中心持续开展的信访立法研究，系统地探讨了信访制度的属性，信访制度的功能定位，信访立法的理论与现实依据，信访立法的基本思路、路径和原则等基础性问题。这些重要理论问题的研讨，对于新时期重新审视信访制度的功能定位，推动信访制度的发展完善意义重大。研究中心的系统研究发现，信访制度是中国珍贵的制度资源，制定统一的信访法，推进信访法治化，有利于化解当前信访难题，有利于推进依法执政、依法行政；信访法治化，有助于树立我国制度自信，为其他国家向中国借鉴制度经验提供共同话语，为世界提供"中国智慧"和"中国方案"。信访是具有中国特色的人民权益保障制度，是我国国家治理体系的重要组成。信访制度发挥政治参与、权力监督、纠纷解决等多元制度功能，信访制度尤其关注保障弱势群体的合法权益，是具有兜底性质的人民权益保障制度，为新时期信访制度发展完善提供了重要参考。研究中心对信访立法的相关研究，就是在国家治理体系框架下，对信访制度的顶层设计。通过信访立法推动信访法治化进程，从而推进国家治理体系和治理能力的现代化。

（二）信访立法研究加快了信访工作的法治化进程，推动信访立法工作列入国家立法规划

实现信访工作法治化，必须加强信访法律制度建设，通过完善信访法律体系，建立科学、合理的信访制度框架，其中最基本的一项就是信访立法。信访立法研究分析和评估了现行《信访条例》在实施过程中的作用和不足，全面阐述制定信访法的可行性和必要性，以注重制度实效为核心起草《信访法（草案）》，推动信访制度的发展与完善和信访工作的法治化进程，在依法治国框架下对于促进政府依法行政具有重大意义。信访立法可以明确信访的定位和功能，实现信访机构整合，统一协调处理信访事项，维护合法的信访权利，使信访制度成为一种公开和可信赖的利益表达机制。

（三）提出了信访立法理念和核心指导思想，统一了对信访立法相关理论问题的认识

信访立法研究提出了信访法立法理念和核心指导思想，制定信访法的理念是源头治理，从源头预防信访矛盾的产生。无论从理论研究成果还是从实际工作情况看，源头预防信访矛盾的发生，一方面可以最大程度地减少信访矛盾对社会不稳定造成的压力；另一方面，由于信访矛盾是社会矛盾的组成部分，因此预防信访矛盾的发生，也必将使社会矛盾的发生量大大减少。信访法的核心指导思想首先是约束行为，其次是规范程序。这里的约束行为首先是约束行政机关的行为，约束行为的手段即是规范行政行为的程序。

信访立法研究的相关理念和核心思想统一了理论研究者和实践工作者关于信访立法的共识。通过开展信访立法研究,研究中心在理论界积极发出声音,澄清了一些理论界对信访制度功能、定位、性质的误解。使一些原本对信访工作持消极态度和观点的学者,重新认识信访工作的作用,并给信访工作以支持。理论界和实务界就制定信访法的必要性和可行性统一了认识,达成了高度一致的观点,为信访法立法的深入开展提供了较好的客观条件。

(四)信访立法研究有助于推动信访热点难点问题的破解

实现信访工作法治化,必须加强信访法律制度建设,其中最基本的一条就是信访立法,完善信访法律体系,建立科学、合理的信访制度框架。信访立法可行性研究工作分析和评估了现行《信访条例》在实施过程中的作用和不足,基于国情,深刻说明在依法治国框架下推进信访法治化对促进政府依法行政所具有的重大意义。同时,信访立法相关研究也注重制度实效,先后起草的三部《信访法(草案)》专家建议稿都有针对性地回应了当前信访的疑难问题,如对信访的受理机制,信访的终结制度,信访制度与其他制度的边界等问题做了解答,为推动信访疑难问题的破解提供了重要参考,对于推动信访制度的发展和完善具有较强的实践指导意义。

三、研究中心在推动信访立法方面的开创性工作

信访立法工作作为研究中心近几年的重点工作,取得了诸多开创性成果。2018年9月,由中国社会科学院中国社会科学评价研究院编著的《社会治理智库建设——北京市信访矛盾分析研究中心评估报告》一书对研究中心推动信访立法工作深入开展,积极探索智库建设的实践创新作出详细介绍,充分肯定了研究中心的信访立法工作,信访立法可行性研究具有突出的创新意义和学术价值。作为最早参与信访立法工作的部门之一,研究中心在推动信访立法研究方面主要完成了如下四个方面具有开创性的重点工作。

(一)在充分调研论证的基础上,形成了三部《信访法(草案)》专家建议稿

围绕信访立法完成多项研究成果,构建了信访立法研究的理论框架和体系。2013年以来,研究中心重点围绕信访立法可行性研究项目,完成了《信访立法可行性研究工作报告》,该报告由一部主报告和七部分报告组成,其中包括了第一部《信访法(草案)》专家建议稿。此后,研究中心又分别于2014年12月和2018年4月完成第二部和第三部《信访法(草案)》专家建议稿。第一部建议稿于2013年11月完成,共10章123条。建议稿中增加了信访请求时效、信访听证等制度,增加了"源头预防责任",完善了信访回避制度,进一步加强了信访工作责任,详细区别和规范了信访事项和行政事项的处理程序,打通了信访事项与司法救济之间的途径。该"建议稿"既有实体法内容又有程序法内容的特征相当明显,由始至终体现了"约束行

为、规范程序"的指导思想。第二部建议稿于2014年12月完成,共10章75条。该建议稿重新界定了信访、信访请求等概念的法定内涵,坚持信访信息公开、信访与诉讼分离等原则,主动运用互联网公开信访信息,设置了"恳谈会""议事会"等新型信访工作机制,致力于推动信访工作从"一事一议"的个案解决模式转型为"一事众议""多事共议"的公共政策解决模式,推动政府公共政策自我优化,促进行政机关、行政人员依法行政。第三部专家建议稿于2018年4月完成,共8章63条。该建议稿突出信访正当程序的意义,规定了从信访提出、受理到信访复核的法定程序,并且明确了信访事项调解、听证的详细程序。确立了办理信访事项的民主机制,强调了听证在办理信访事项及信访复核程序中的重要价值。

(二)围绕信访立法完成多项研究成果,构建了信访立法研究的理论框架和体系

截至2018年5月,研究中心共设置信访立法相关的课题项目32项,专题研究15项,先后公开出版信访法治化专著、期刊近200万字。陆续出版著作8部,发表文章25篇,其中核心期刊文章4篇,多篇文章发表于《人民日报(理论版)》《中国青年报》等权威媒体,很多文章被广泛转载。此外,研究中心在《信访与社会矛盾问题研究》理论期刊先后4次设置"信访法治化"研究主题,发表"信访法治化"专业论文近60万字。以上研究成果系统探讨了信访制度的属性,信访制度的功能定位,信访立法的理论与现实依据,信访立法的基本思路、路径和原则等基础性问题,初步建构了信访立法研究的基本框架,界定了核心要素,是对信访理论研究的重大探索。

研究中心信访立法方面的研究成果先后荣获北京市第十三届哲学社会科学优秀成果二等奖、中国社科院评选的2018年"中国智库学术成果奖"。2014年11月,研究中心因其在信访立法理论研究和实践探索领域的突出贡献荣获"第三届中国法治政府奖"。

(三)探索建立信访立法的实证研究范式,建立信访立法的专业数据库

信访立法研究工作运用实证调查方式,从实践层面推进国家立法的进程。为充分听取信访实务界和理论界对信访立法的意见和建议,做好信访立法前期研究工作,研究中心课题项目组在全国范围内开展了一系列信访立法可行性调研及工作会议,共搜集了全国各地近200个部分的约700多名信访干部及相关部门工作人员关于信访立法的意见建议,共8大类23个方面,主要是关于《信访条例》本身存在的不足、《信访条例》实施过程中存在的问题以及对信访立法的意见、建议。课题组还邀请了清华大学、北京大学、中国人民大学、北京师范大学、中国政法大学、中南财经政法大学、西南政法大学、西北政法大学、华东政法大学等29余所高等院校近百位知名专家,召开调研会、讨论会60余次,充分听取专家意见。课题组围绕信访制度收集了约6000份、总计180余万字的相关文献资料。

此外,在国内外制度比较层面,与欧洲多个大学的学者进行交流和讨论,深入了解欧洲国家相关领域的立法情况,同时,推介我国的信访制度。在理论、实务以及国内外制度比较三个层面开展的调查研讨工作为信访立法奠定了扎实的基础和丰富的素材。为信访立法研究建立了一个包含座谈笔录、文献资料、语音数据在内的系统完整的实证资料库。研究中心以此为基础,建立了一个专门的"信访立法"的数据库。该资料库将为国家实施依法治国战略和法治中国的实现,推进依法执政、依法行政的落实以及进一步加强信访法治化建设提供扎实的理论支撑。

(四)积极整合学术研究资源,引领全国范围的信访立法研究与实践工作

为了提升信访立法研究的科学性,研究中心积极整合相关学术资源,组建了由26名国内外知名专家组成的"信访立法专家委员会"。委员会成员涵盖法学、行政学、政治学、社会学、经济学等多学科领域,从多元学科背景对信访立法的相关问题进行综合研究。该委员会负责在宏观层面组织把握信访立法的指导思想和价值取向,对信访立法进行整体规划和设计,为推进信访立法提供智力和人力支持,对信访法治化理论研究起到重要引领作用。2015 年 11 月,经研究中心积极推动,中国法学会党组正式批准成立"中国法学会行政法学研究会信访法治化专业委员会"。该委员会是第一个正式官方认定的全国性的信访法治化专业机构,填补了相关领域的空白。目前,信访法治化专业委员会在全国设立八个理论实践基地,覆盖全国各省市县级信访部门,构建推动信访立法的理论与实践交融的平台。

2016 年 3 月,研究中心创意提出并与中国法学会行政法学研究会信访法治化专业委员会合作设置全国"法治信访进步奖",并决定每两年在全国评选一次,这是国内第一个由专业研究机构发起设立、依据科学评价标准和公开评选程序对信访法治化建设工作进行表彰的奖项,该奖项的设置旨在总结、推广信访法治化建设的经验。2016 年,首届"法治信访进步奖"赢得了广泛关注和普遍赞誉,全国 16 个省、自治区、直辖市,63 个单位的 75 个项目参与申报首届奖项,浙江省海宁市信访局等10 个单位荣获全国首届"法治信访进步奖",江苏省南通市信访局等 5 个单位荣获全国首届"法治信访进步奖"入围奖。2018 年 4 月,第二届全国"法治信访进步奖"的评选工作进展顺利。截至 2018 年 8 月,中央多个部委,全国 21 个省、自治区、直辖市的信访机构主动申报创新奖项。人民网、新华网等多家媒体对奖项进行专门报道,产生了积极的社会影响,在全国范围内总结和推广了"信访法治化"建设的有益经验。

本书是对研究中心近年来在信访立法研究领域法治研究成果的全面整合,全书收录的三部《信访法(草案)》专家建议稿从程序和实体不同角度提出了信访法立法的具体建议。希冀本书的出版在信访立法领域能起到抛砖引玉的作用,供信访研究学术界及信访实务界参考并批评指正,共同推进信访法治化进程。

《中华人民共和国信访法(草案)》建议稿附立法说明[1]

(2013 年)

---

[1] 本部建议稿由北京市信访矛盾分析研究中心与中南财经政法大学(项目负责人:张红教授。参与编著者:袁野、康骁、赵丹、王世柱等)共同完成。建议稿于 2013 年初步成稿,2014 年正式成稿,2015 年至 2017 年修订完善,是国家社科基金重大项目《社会治理体制创新法制建设研究:以"信访法"立法为重点》的研究成果之一。

目　　录

第一章 总 则

本章说明

信访法的总则,是基于对现有信访立法体例与现有信访实践经验的总结与提炼,从整个信访制度中抽象出来的共同规则。在信访法中设立总则一章,乃遵循中国立法之惯例。通过总则中抽象的、普适性的规则,为整个信访工作的开展提供法律依据和法律解释的空间,使信访法与设计初衷相吻合。

本章的主要内容包括:信访法的立法目的、调整范围、功能定位、法律渊源、基本原则和基本制度等,构成了整部信访法的核心与灵魂。总则开章明义之规定,以表明立法者对信访的基本态度,对本法全文具有提纲挈领之效,兼具体系性和逻辑性。此外,基于总则的高度抽象性,其自不如分则对于信访法律关系主体的权利义务的明细分配;相反,正是这些原则性、指导性、宣言性的规范,构成了信访法律规则与信访法治化进程的基石。因此,总则之设立,使得信访法中信访工作与信访行为两大部分的内容得以整合,构成一个逻辑严密、前后呼应的有机整体,稳固信访法之根基。故设此章,以统全篇。

第一条 【立法目的和依据】

为了保持国家机关与公民的密切联系,保障信访人的合法权益,规范信访工作和信访行为,监督、改进国家机关的工作,维护信访秩序,促进社会主义社会和谐、稳定和发展,根据宪法,制定本法。

说 明

本条主要是对信访法立法目的和依据的规定。

信访法主要有以下立法目的。

一、保持国家机关与公民的密切联系。这是在中国特色社会主义法律体系的基本要求下,信访法所要承担的一项重要的政治责任,也是进一步巩固和扩大人民群众政治参与的必然要求。对于该目的有以下两点需要重点阐述:其一,用"公民"而非"人民群众"。首先,人民群众属于政治术语,公民属于正规法律概念,在立法语言体系中用"公民"更能凸显信访的法治化特征。其次,《信访法》中用"公民"是贯彻《宪法》中公民基本权利的应有之义,"法人""其他组织"归根结底也是通过"公民"来表达自己的权利诉求。因此,此处的"公民"是对人民群众的一种法治化表达，依旧体现了党始终站稳群众立场，坚持以人为本、执政为民，主动回应群众诉求的执政方略。其二，用"国家机关"而非"党"。一方面，从现有法学理论而言，政党并不能构成法律关系的主体，将党入法有违一般立法逻辑。而在信访法律关系中，国家机关是与信访人联系最为直接、最为紧密的法律主体，如此规定符合立法的应有之义。另一方面，中国共产党领导中国政权，党的利益与国家利益从根本上来说是一致的，保持国家机关与人民群众的密切联系是密切党同人民血肉联系的必然要求。因此，用"国家机关"与"公民"兼顾了法律属性与政治属性，较为妥当。

二、保障信访人的合法权益。这里的"信访人"在第二条中有明确界定，在此不多加赘述。这里的"合法权益"包括权利与利益。其中权利主要是指我国宪法规定的基本权利，主要有以下几类：（1）公民在法律面前一律平等，即中国公民不分民族、种族、性别、职业、家庭出身、宗教信仰、教育程度、财产状况、居住期限，一律平等地享有宪法和法律规定的权利，任何人都不得有超越宪法和法律的特权。（2）政治权利与自由，具体包括选举权与被选举权、言论、出版、集会、结社、游行、示威的自由。（3）宗教信仰自由，即每个公民既有信仰宗教的自由，也有不信仰宗教的自由；有信仰这种宗教的自由，也有信仰那种宗教的自由；在同一种宗教里面，有信仰这个教派的自由，也有信仰那个教派的自由；有过去不信教而现在信教的自由，也有过去信教而现在不信教的自由。（4）人身自由，即公民的人身自由不受侵犯；公民的人格尊严不受侵犯；公民的住宅不受侵犯，以及与人身自由有联系的公民的通信自由和通信秘密受法律保护。（5）公民有申诉、控告、检举权和取得赔偿权，有对于任何国家机关和国家工作人员提出批评和建议的权利。因国家机关和国家工作人员侵犯公民权利而受到损失的人，有依法取得赔偿的权利。（6）公民的社会经济权利，包括劳动权、休息权、退休人员的生活保障权、物质帮助权。（7）公民的教育、科学、文化权利和自由，包括受教育权、国家特别重视培养青少年和儿童在德、智、体等方面的全面发展；公民有从事科研、文艺创作和其他文化活动的自由。国家对于从事教育、科学、技术、文学、艺术和其他文化事业的公民的有益于人民的创造性工作，给予鼓励和帮助。[1]（8）财产权，财产权一般可分为国家财产权、集体财产权和私人财产权。而这里主要侧重于对信访人私有财产权的保护。另外，至于利益是否受到信访法的保护，取决于是否得到了现行法律的认可和规定，信访法并不保护信访人主观认为的任何利益。

三、规范信访工作与信访行为。信访法主要调整信访人与信访活动相关的国家机关之间的法律关系，因此其立法的重要目的则是要将这两个主体的行为纳入法治化的轨道。具体分为以下两个方面：一方面，"规范信访工作"，这主要是针对

---

〔1〕 参见《中华法系大辞典·宪法学卷》。

与信访活动有关的国家机关在机构设置、职责划分、功能界定以及在开展信访工作中所提出的要求。另一方面,"规范信访行为",则是要求信访人在提出信访请求时必须符合法律的规定,旨在逐步减少和消除无理访、越级访、群体访等非正常上访现象,引导信访人依法,文明上访。

四、监督、改进国家机关的工作。这里的"监督"与"改进"旨在进一步发挥信访民主监督的功能,更好地落实宪法所赋予的监督权、提出批评、建议、意见权。之所以强调"国家机关的工作",是因为一方面,国家机关在法律主体关系中相对而言处于强势地位,公权力的行使势必需要监督;另一方面,为人民服务、对人民负责是我国国家机关工作的基本要求,对其进行监督与改进是贯彻依法治国、依法行政方略,建设社会主义法治国家的应有之义。

五、维护信访秩序。信访法的规定既是行为规范,也是裁判规范。它既为信访人上访提供一种清晰稳定的行为预期,使其明白自己行为的法律后果,同时也为相应国家机关处理信访请求提供了裁判依据。在行为规范与裁判规范统一的前提下,良性的信访秩序才能得以建立,这也是建设和谐社会与法治国家的基础。

六、促进社会主义社会和谐、稳定与发展。信访是构建和谐社会的基础性工作,而目前信访现状存在诸多不和谐、不稳定因素,错综复杂的矛盾链条使得信访工作形势不容乐观。我国正处于社会发展的关键时期,一切的市场经济、民主政治以及文化建设都离不开和谐稳定的发展环境,对于社会性问题的解决最终必然会回归到社会本身。因此,信访法必须直面现实问题,提出法律对策,成为改善社会治理、促进社会发展的有力武器。

就信访法立法依据而言,"无规矩不成方圆",法治社会,任何个人和组织权利的行使都必须在宪法的框架下进行,不能超越一定的限度。之所以如此,这首先是因为"宪法乃是人为了自己的生存和发展有意识的组织政治共同体的规则,以及由该规则所构建的社会秩序"[1]。既然宪法是作为规则的宪法和作为社会秩序的宪法的统一,因此,信访制度作为政治共同体所构建出的规则,必须在宪法中有所依据;信访制度所构建的社会秩序必须在宪法的框架下予以调整。否则,它便和伦理、道德一样属于人类自律的范畴。因此,信访工作和信访活动不应偏离于宪法框架之外,否则基于维护社会秩序而衍生的信访制度就没有了讨论的平台,游离于规则体系之外的信访制度就会被贴上"人治"的标签。

立法理由

第一条明文规定"立法目的",是遵循中国立法的惯例。

---

[1] 刘茂林:《宪法究竟是什么》,载《中国法学》2002 年第 6 期。

信访是一项具有中国特色的活动,将其列入基本法律层面具有深厚的立法背景以及充分的立法依据。所谓立法背景,主要体现在必要性与可行性这两大方面。

首先,制定统一信访法具有必要性,具体主要体现在以下几个方面:(1)信访存废之争需要统一的信访立法予以调和。面对"信访洪峰"以及信访的制度困境和信访工作面临的尴尬状况,实务界与理论界主要存在两种改革方案,即"取消信访论"和"强化信访论"。尽管这两种观点皆具有一定的合理性与说服力,但立足于中国国情而言,单纯地取消或强化都不能从根本上解决当下中国所面临的信访问题。因此,一条通过渐进式整合信访制度的改革思路逐步受到各方重视。在坚持"依法治国"方略,尊重和结合中国既有的政治体制结构和法律制度的前提下,制定统一的信访法是符合宪法体制的最佳选择。一方面,原先信访制度"人治化"的一面将会减弱乃至去除,向"法治化"的要求逐渐靠拢。另一方面,现有消解、异化信访制度的创新性举措的负面影响也将会被消减。(2)既有的信访法律规范体系存在的问题需要统一的信访法予以解决。从法律层面进行信访立法,可以有效解决现有法律规范效力层级低、各级信访部门之间缺乏协调以及信访机构功能和各级信访立法不统一这三大方面的突出问题。(3)信访的制度功能有赖于统一的信访法予以实现。自信访制度建立以来,其功能得到了不断的丰富和拓展。信访从最初的政治参与功能逐步拓展到权利救济、民主监督功能。依法理,但凡人权及公民宪法性权利的规定,皆应由宪法规定。而目前所适用的《信访条例》本属行政法规,无法承担维护人权及公民宪法性权利的重任。因此,解决此项立法上难以逾越的障碍,需要依赖更高层次的信访立法方可为之。(4)现有的信访矛盾需要统一的信访法予以解决。信访的矛盾之所以多发且突出,主要是因为没有真正地用现代化的理念管理现代社会。要彻底转变管理模式,减少信访矛盾的产生,关键在于依法行政。而依法行政的关键则在于运用法律,规范政府及其官员的行为,降低信访矛盾发生的可能及其扩大的风险。因此,统一信访法的制定不仅能使群众通过信访活动更好地监督政府及其官员的行政行为,迫使其依法行政;而且使群众表达利益诉求的渠道更加规范、畅通,信访的从属性矛盾、隐性矛盾和裂痕性矛盾不至于激化、变质。(5)现有的制度困境需要统一的信访法立法予以化解。基本法律层面的统一信访法之阙如是导致信访制度困境及其实际陷入窘境的重要原因之一。制定统一的信访法,一则可以消除中央和地方在信访立法方面的差异,为各级信访部门和信访群众提供明确、权威的规范,指引其行为选择;二则可以为信访制度起到"确权"作用,以法律的形式明确信访的工作范围和相应的救济途径,减少因规则不明或缺失所引发的问题。(6)信访机制的良性运转需要统一的信访立法予以完善。信访机制的良性运转一方面有赖于其制度的完备性,另一方面依托于制度的科学性。就前者而言,目前国务院2005年《信访条例》所规定的内容更多地涉及信访程序问题,关于信访制度实体性的内容并没有涉及。就后者而言，国务院《信访条例》虽然对信访秩序、信访听证以及信访终结等问题有所规定，但这些既有规定在实践中很难操作。因此，制定统一的信访法既可以弥补现有信访立法的缺失，也可以增强既有法律规范之科学性，从制度上完善信访机制的良性运转。

综上所述，信访制度作为沟通执政党和人民群众之间关系的重要制度，极具中国特色。完善信访制度，进一步发挥其沟通民意、反馈诉求、化解矛盾、维护稳定等方面的作用，不仅是社会转型时期时代发展之要求，而且是党的十八大报告的明确指向。完善信访制度应当制定统一信访法，这对于解决目前信访所面临的实践困境和理论困境都大有裨益，同时对党的十八大报告提出的"积极稳妥地推进政治体制改革"亦有所帮助。

其次，以下主要条件的具备，为制定统一的信访法提供了可行性。（1）《中华人民共和国宪法》（以下简称《宪法》）为制定统一信访法提供了最高立法依据。（2）党和国家对信访工作的法治化要求为统一信访法的制定提供了政治保障。党的十八大报告明确指出，要"实现国家各项工作法治化""正确处理人民内部矛盾，建立健全党和政府主导的维护群众利益机制，完善信访制度"。2007 年 3 月，中共中央、国务院下发了《关于进一步加强新时期信访工作的意见》（以下简称《意见》）。该《意见》是中华人民共和国成立以来第一次以党中央、国务院的名义对信访工作进行全面安排部署的纲领性文件，是信访工作发展史上具有里程碑意义的重要政策文献。《意见》明确提出了积极"推进信访工作的制度化、规范化和法制化"的要求，为信访立法的具体构建和完善指明了方向。其后，国家机关不断对信访工作积累经验、总结教训，陆续出台了其他有关信访的规范性文件。因此，在新的历史时期，进一步推进信访制度的规范化、法制化，加快统一信访法的制定，是落实依法治国方略、构建社会主义和谐社会的时代要求。（3）社会各界的呼吁为统一信访法的制定提供了社会基础。近年来社会各界对信访工作的关注日益加强，不仅网络媒体将信访捧为热点，人大代表和政协委员对信访立法的呼声也日渐强烈。此外，信访制度、信访工作、信访问题也成为社会科学专家学者的重要研究课题，不少专家学者主张加强信访工作的法治化建设，将信访工作纳入法治轨道。如在 2009 年初中央党校政法部与国家信访局研究室联合举办的"信访、法治、科学发展观"研讨会上，与会的专家学者基本就制定统一信访法达成共识。[1] 研究信访史的专家李秋学教授也主张"制定全国统一的《信访法》"。[2]（4）现有信访理论研究成果为统一信访法的制定提供了理论基础。自 2003 年"信访洪峰"后，信访制度成为理论界研究的热点问

---

〔1〕 参见刘素华：《进一步改革完善信访制度："信访、法治、科学发展观"研讨会综述》，见新华网 http://news. xinhuanet. com/legal/2009 - 02/24/content_10883388. htm。

〔2〕 李秋学：《中国信访史论》，中国社会科学文献出版社 2009 年版，第 402 页。

题。在这个大背景下，信访的理论研究成果丰硕，涉及政治学、法学、社会学、历史学等多个学科。此外，2009 年"北京市信访矛盾分析研究中心"的成立，标志着信访理论研究逐步走上专业化道路。该中心的研究成果具有重要的参考价值和指导意义，得到了国家信访局和北京市委市政府的高度评价。这些现有的信访理论研究成果为未来统一信访法的制定提供了坚实的理论基础。（5）现有信访工作实践为统一信访法的制定提供了实践支持。在中央国家机关层面，2005 年国务院修订了《信访条例》后，党和国家根据信访工作实践陆续出台了新的法规、文件，进一步丰富了信访工作法规制度体系。2008 年中纪委《关于违反信访工作纪律适用〈中国共产党纪律处分条例〉若干问题的解释》，监察部、人社部、国家信访局共同发布的《关于违反信访工作纪律处分暂行规定》，就信访工作责任追究问题做出了专门规定，成为信访工作法规制度体系的重要组成部分。2009 年中央办公厅、国务院办公厅转发关于领导干部接访、机关干部下访、矛盾纠纷排查化解等三个意见，成为信访法规制度体系的重要补充。在各级地方，各省、自治区、直辖市结合各地信访工作的实际，出台了一系列有关指导信访工作的法规与文件，这些在信访工作实践中新的立法经验总结为统一信访法的制定提供了广泛的实践支持。例如 2012 年 12 月浙江省针对一些信访人缠访、闹访和非正常访制定了《浙江省特殊疑难信访事项公开评议终结办法（试行）》等文件，积极推进信访法治化工作。湖南省针对信访事项的复查复核问题，制定了《湖南省信访事项复查复核办法》，进一步细化了信访的复查复核制度。（6）涉法涉诉信访法治化改革为统一信访法的制定探明了方向。为了深入贯彻党的十八大精神，全面落实依法治国基本方略，适应刑事诉讼法、民事诉讼法修改实施对依法处理涉法涉诉信访问题的要求，提高对涉法涉诉信访问题处理的法治化水平，2014 年 3 月 19 日，中共中央办公厅、国务院办公厅联合下发了《关于依法处理涉法涉诉信访问题的意见》（以下简称《意见》）。《意见》明确了涉法涉诉问题的解决出路在于法治化，提出了实行诉讼与信访的分离制度、建立涉法涉诉信访事项导入司法程序机制、严格落实依法按程序办理等制度。《意见》强调，这次涉法涉诉信访问题改革不是一般的工作方式方法的问题，而是一个方向性问题，是全面推进依法治国、加快建设社会主义法治国家的重要举措。因此，涉法涉诉信访法治化改革不仅为统一信访法的制定在制度规范上提供了支撑，而且为统一信访法的制定确立了方向。（7）国外相似制度的立法为统一信访法的制定提供了域外经验。从国际法治经验来看，信访制度作为一种传递社情民意和替代性缓解或解决纠纷的方式，世界各地也有与之相似的制度，如瑞典、英国的议会监察专员制度、法国的调解专员制度、加拿大的申诉专员制度以及日本的苦情制度等[1]。这

---

[1]　参见陈小君：《国际视野下中国信访制度的功能回归》，载《信访与社会矛盾问题研究》2011 年第 2 期。

些国外的相似制度在诉讼制度之外的解决纠纷和代议制民主之外的政治沟通方向，都取到了良好效果，且有大量立法经验可供我们借鉴。如英国的《议会行政监察专员法》就对议会行政监察与司法的关系问题就有比较清晰的界定。该法规定凡是可以向行政裁判所提出控诉，可以由法院进行司法审查的案件，监察专员不得调查。但是，当认为裁判所、法院所解决的案件不适当时，可以对这种案件进行调查。因此，在国际视野之下，国外相似制度的立法为统一信访法的制定提供了域外经验。

综上，制定统一信访法不论对于中国特色社会主义法律制度的完善、法治社会的建设和推进、和谐社会和中国梦的实现，还是对于信访事业本身的发展，人民群众合法权益的保障以及社会的稳定，都极为重要。目前，制定统一信访法的时机已经成熟，条件已经具备，信访立法势在必行。

另外，第一条明文规定信访的"立法依据"，也是存在客观依据的。

尽管在我国的宪法中没有对"信访"进行明文规定，但是信访作为实践公民各种宪法性权利的方式是具备宪法依据的。具体体现在：第一，《宪法》第 2 条规定，中华人民共和国的一切权力属于人民，人民依照法律规定，通过各种途径和形式，管理国家事务，管理经济和文化事业，管理社会事务；第二，《宪法》第 27 条第 2 款规定，一切国家机关和国家工作人员必须依靠人民的支持，经常保持同人民群众的密切联系，倾听人民的意见和建议，接受人民监督，努力为人民服务；第三，《宪法》第 41 条规定，中华人民共和国公民对任何国家机关和国家工作人员，有提出批评和建议的权利，对于任何国家机关和国家工作人员的违法失职行为，有向有关国家机关提出申诉、控告或检举的权利。第四，《宪法》第 51 条规定，中华人民共和国公民在行使自由和权利的时候，不得损害国家的、社会的、集体的利益和其他公民的合法的自由和权利。

需要明确的是，信访在我国宪法中并不是作为公民的一项基本权利而存在的。它仅仅是批评权、建议权、申诉权、控告权和检举权这些宪法所明示的公民权利的行使形式或行为方式而已，其本身并不是一种基本权利，也不是某种基本权利的具体构成成分，它只是一种行使权利的方式，行使的是宪法和法律已经确立的各种基本权利。

立法例

1.《信访条例》（2005 年）

第一条 为了保持各级人民政府同人民群众的密切联系，保护信访人的合法权益，维护信访秩序，制定本条例。

2.《广东省信访条例》(2014 年)

第一条 为了保持国家机关同人民群众的密切联系,畅通信访渠道,监督和促进国家机关及其工作人员改进工作,维护信访人的合法权益,维护信访秩序,维护社会公平正义,根据宪法、有关法律和国务院《信访条例》的规定,结合本省实际,制定本条例。

3.《北京市信访条例》(2006 年)

第一条 为了保持国家机关同人民群众的密切联系,保护信访人的合法权益,规范信访工作和信访行为,保障信访活动依法有序进行,促进社会主义和谐社会建设,根据《中华人民共和国宪法》、《信访条例》和其他有关法律、行政法规,结合本市实际情况,制定本条例。

4.《天津市信访工作若干规定》(2005 年)

第一条 为了加强国家机关同人民群众的密切联系,保护信访人的合法权益,维护信访秩序,保障国家机关依法处理信访事项,根据国务院《信访条例》和其他法律、法规,结合本市实际情况,制定本规定。

5.《上海市信访条例》(2012 年)

第一条 为了保障公民、法人和其他组织的民主权利及其他合法权益,规范信访工作和信访行为,保持国家机关与人民群众的密切联系,促进国家机关的工作,根据宪法、《中华人民共和国各级人民代表大会常务委员会监督法》、国务院《信访条例》和其他有关法律、行政法规的规定,结合本市实际情况,制定本条例。

6.《江西省信访条例》(2009 年)

第一条 为了保障信访人的合法权益,规范信访行为和信访工作,保持国家机关同人民群众的密切联系,维护信访秩序,促进社会和谐稳定,根据《中华人民共和国宪法》、国务院《信访条例》及其他有关法律、行政法规的规定,结合本省实际,制定本条例。

7.《重庆市信访条例》(2009 年)

第一条 为了保持国家机关同人民群众的密切联系,保护信访人的合法权益,规范信访工作和信访行为,维护信访秩序,促进社会和谐,根据国务院《信访条例》和有关法律、法规,结合本市实际,制定本条例。

8.《湖北省信访条例》(2005 年)

第一条 为了保持国家机关同人民群众的密切联系,保障信访人的合法权益,规范信访工作和信访行为,维护信访秩序,促进社会和谐稳定,根据法律、法规的有关规定,结合本省实际,制定本条例。

立法参考

1.《中共中央关于全面深化改革若干重大问题的决定》(2013 年 11 月 15 日)

维护宪法法律权威。宪法是保证党和国家兴旺发达、长治久安的根本法,具有最高权威。要进一步健全宪法实施监督机制和程序,把全面贯彻实施宪法提高到一个新水平。建立健全全社会忠于、遵守、维护、运用宪法法律的制度。坚持法律面前人人平等,任何组织或者个人都不得有超越宪法法律的特权,一切违反宪法法律的行为都必须予以追究。

坚持用制度管权管事管人,让人民监督权力,让权力在阳光下运行,是把权力关进制度笼子的根本之策。必须构建决策科学、执行坚决、监督有力的权力运行体系,健全惩治和预防腐败体系,建设廉洁政治,努力实现干部清正、政府清廉、政治清明。

改进社会治理方式。坚持系统治理,加强党委领导,发挥政府主导作用,鼓励和支持社会各方面参与,实现政府治理和社会自我调节、居民自治良性互动。坚持依法治理,加强法治保障,运用法治思维和法治方式化解社会矛盾。坚持综合治理,强化道德约束,规范社会行为,调节利益关系,协调社会关系,解决社会问题。坚持源头治理,标本兼治、重在治本,以网格化管理、社会化服务为方向,健全基层综合服务管理平台,及时反映和协调人民群众各方面各层次利益诉求。

2.《坚定不移沿着中国特色社会主义道路前进 为全面建成小康社会而奋斗》——中国共产党第十八次全国代表大会报告(2012 年 11 月 8 日)

正确处理人民内部矛盾,建立健全党和政府主导的维护群众权益机制,完善信访制度,完善人民调解、行政调解、司法调解联动的工作体系,畅通和规范群众诉求表达、利益协调、权益保障渠道。

提高领导干部运用法治思维和法治方式深化改革、推动发展、化解矛盾、维护稳定能力。党领导人民制定宪法和法律,党必须在宪法和法律范围内活动。任何组织或者个人都不得有超越宪法和法律的特权,绝不允许以言代法、以权压法、徇私枉法。

第二条 【调整范围和概念说明】

本法适用于国家机关的信访工作和信访人的信访活动。

本法所称信访,是指公民、法人和其他组织采用书信、网络、传真、电话、短信和走访等形式,向国家机关信访工作机构反映情况、提出咨询、建议、意见或者投诉请求,依法应当由相关国家机关处理的活动。

本法所称信访人，是指采用前款规定的形式，向国家机关信访工作机构提出咨询、建议、意见或者投诉请求的公民、法人和其他组织。

本法所称信访请求，是指信访人向国家机关信访工作机构反映情况，提出的咨询、建议、意见或者投诉请求。

本法所称信访事项，是指各级国家机关依法受理的信访请求。

本法所称国家机关，是指各级人民代表大会及其常务委员会、人民政府及其工作部门、人民法院和人民检察院。

说 明

本条是对信访的法律界定。

本条第一款是对信访法调整范围的规定。调整范围主要是依据法律主体进行分类。一类是国家机关的信访工作，其中内含两层意思：一是国家机关信访工作机构的信访工作，其主要处理纷繁复杂的信访请求；二是国家机关的信访工作，其主要负责处理具体的信访事项。同是信访工作，但是所处阶段不同，处理的国家机关也有可能出现差异，但都需列入信访法的调整范围。另一类是信访人的信访活动。这两类调整对象完整地构成了整个信访法的核心，也是信访法律制度设计的初衷所在。

首先，信访法律关系主体包括信访人和国家机关。信访人是信访活动中的重要主体，是启动、参加和影响信访活动的当事人。没有信访人，也就没有信访行为。科学界定信访人的内涵有助于信访活动的制度化、规范化。这里的"信访人"与一般法律关系主体无异，包括公民、法人和其他组织。这里的"国家机关"是指我国的权力机关、行政机关和司法机关。在这里需要强调的是，"党委"和"政协"不在其列。尽管现有实践中党委和政协都设有信访工作机构并建立了相关信访制度，但是，从性质上而言，党委是政党内部机构，按照党政分离的原则，其不属于国家机关的范畴。而政协是中国人民爱国统一战线的组织，是中国共产党领导的多党合作和政治协商的重要机构，是中国政治生活中发扬社会主义民主的一种重要形式，本质上亦不属于国家机关。故党委和政协不能成为信访法律关系主体。

其次，从信访活动的内容来看，信访一般包括反映情况，提出咨询、建议、意见或投诉请求。反映情况是指信访人向国家机关信访工作机构告知某一社会现实或是为某一主观诉求提供客观事实作为基础。咨询是指信访人对于所提信访请求的相关情况向国家机关信访工作机构了解。建议是指信访人向国家机关信访工作机构提出具有参考性、建设性的主观看法。意见尽管也包括信访人对事物所产生的主观看法，但相对于建议而言偏重于不满意或是有待改进的意味，其意味接近于批评。至于投诉则有广义和狭义之分。狭义的投诉，是指合法权益受到他人违法行为侵犯的信访人向国家机关反映违法行为，要求国家机关查处的活动。广义的投诉包括申诉、控告、检举以及狭义的投诉。基于信访事实上是一项宪法性权利的实现方式，也是一种补充性救济制度，因此此处的投诉应取广义，将两者得以兼顾。

此外，信访的表现方式是随着历史发展而不断扩大的。最初的信访主要是指"群众的来信和走访"。随着社会经济的发展和科学水平的提高，电话、短信、传真、网络也逐步成为信访的新兴渠道。这里的"网络"是指信访人可以通过电子邮件、官网投诉、网络视频接访等借助官方网络平台的方式来表达自己的信访诉求。由于网络涵盖范围甚广，此处的网络重在强调官方性，向某一信访工作人员的邮箱、QQ 等其他网络工具投诉皆不视为此处所指的"网络"方式。

最后，本条根据信访人请求所属阶段不同将"信访请求"与"信访事项"进行了区别规定。由于信访人的请求纷繁复杂，如果不加分辨全权交由国家机关处理，本身职责范围所限的国家机关会更加不堪重负。因此，对于信访人的信访请求，国家机关将会有一个形式审查的过程，只有国家机关依法应当受理的信访请求才能转化为信访事项。而根据信访的定义不难看出，信访立法主要调整"依法应当由相关国家机关处理的活动"，这进一步表明了信访工作在立法上更加规范化和法治化，将现实中诸多无理访、缠访、非正常访等不符合法律规定的信访请求排除在外。因此，明确国家机关的信访工作职责范围与信访人的权利义务界限，对有效规范信访工作与信访行为，形成公民与政府良性关系具有重要意义。

立法理由

本条是沿用现有信访立法的惯例，在第 2 条中对信访进行法律界定和对信访法中的基本概念进行阐述，明确信访的调整范围，起提纲挈领之效。

信访是在社会转型时期的大背景下人民群众寻求意见表达和权利救济的一种制度化形式。信访制度是我国社会主义事业发展过程中一项具有中国特色的制度设计，是在我国在法治化进程中补充、健全现有制度缺陷的一种过渡性选择，具有广泛的政治参与、民主监督和权利救济等功能。然而，尽管信访在新时期承担着重要的历史使命和社会责任，这并非意味着信访是治国理政的"万能药方"。同时，基于保障公民合法权益之宗旨，信访制度与诉讼、仲裁、调整及行政复议、行政监督制度均属于解决矛盾纠纷和实现法律救济的制度。因此，准确界定信访的调整范围，对于切实高效发挥信访功能、贯彻落实"诉访分离"原则具有重要意义。

相对于 2005 年《信访条例》的第 2 条规定[1],本信访法对其进行以下修改、完善:其一,增加一款对调整范围的规定。一个国家的全部法律规则,构成一个内部井然有序的法律体系。法律体系划分为若干个重要构成部分,每个部分便成为一个独立的法律部门,每项部门法必然具有相应的调整对象。如今信访已然提升至法律层面的高度,明确其调整范围乃立法应有之义。其二,对信访活动的内容和形式进行了丰富和发展。信访的广泛性和多样性是信访的重要特征之一,信访无疑会随着时代的发展而发生一定程度的改变。其三,信访法律关系主体从行政机关扩展到国家机关。2005 年《信访条例》属于行政法规,只能调整行政范畴内的信访活动,而无法调整其他类型的信访活动,因此,信访法律关系主体的扩展既是回应这种窘境的必然选择,同时也是贯彻信访工作"统筹全局,齐抓共管"指导原则的重要体现。其四,区分信访请求与信访事项。此乃信访法重要的创新举措,意在对于现实诸多违法信访行为进行规制,从制度设计上对其进行过滤,提高信访工作效率,推进信访法治化进程。

立法例

1.《信访条例》(2005 年)

第二条 本条例所称信访,是指公民、法人或者其他组织采用书信、电子邮件、传真、电话、走访等形式,向各级人民政府、县级以上人民政府工作部门反映情况,提出建议、意见或者投诉请求,依法由有关行政机关处理的活动。

2.《上海市信访条例》(2012 年)

第二条 本条例所称信访,是指公民、法人和其他组织采用书信、电子邮件、传真、电话和走访等形式,向国家机关提出建议、意见或者投诉请求,依法应当由相关国家机关处理的活动。

3.《江西省信访条例》(2009 年)

第二条 本条例所称信访,是指公民、法人或者其他组织采用书信、电话、传真、电子邮件、走访等形式,向各级国家机关反映情况,提出建议、意见或者投诉请求,依法应当由有关国家机关处理的活动。

4.《深圳经济特区信访条例》(2011 年)

第三条 本条例所称信访,是指个人或者组织采用书信、电子邮件、传真、电话、手机短信、走访等形式向国家机关反映情况,提出批评、建议和意见,或者提出维护

---

[1] 2005 年《信访条例》:"第二条 本条例所称信访,是指公民、法人或者其他组织采用书信、电子邮件、传真、电话、走访等形式,向各级人民政府、县级以上人民政府工作部门反映情况,提出建议、意见或者投诉请求,依法由有关行政机关处理的活动。采用前款规定的形式,反映情况,提出建议、意见或者投诉请求的公民、法人或者其他组织,称信访人。"

其合法权益的请求,依法由有关国家机关处理的活动。

5.《广东省信访条例》(2014 年)

第二条 本条例适用于本省各级国家机关的信访工作和信访人的信访活动。

本条例所称信访,是指公民、法人或者其他组织采用网络、书信、传真、电话、短信、走访等形式,向国家机关反映情况,提出建议、意见或者投诉请求,依法由有关国家机关处理的活动。

本条例所称信访人,是指采用本条第二款规定的形式,向国家机关反映情况,提出建议、意见或者投诉请求的公民、法人或者其他组织。

本条例所称国家机关,包括本省各级人民代表大会、县级以上人民代表大会常务委员会、各级人民政府、县级以上人民政府工作部门、各级人民法院、各级人民检察院。

第三条 【信访的功能定位】

信访是国家机关密切联系公民的重要桥梁和纽带,是信访人依法参与社会公共事务管理、监督国家机关依法履行职责、维护自身合法权益,实现宪法所规定的各项基本权利的重要渠道。

说 明

本条主要是对信访功能的规定。

从 20 世纪 50 年代信访创设到现在,信访功能也得以不断地丰富与发展。基于对信访制度史的客观梳理以及对信访属性的深刻把握,信访主要具有以下三大功能:政治参与功能、民主监督功能和权利救济功能,分别对应法条中的"依法参与社会公共事务管理"、"监督国家机关依法履行职责"与"维护自身合法权益"。随着信访道路的不断探索与信访改革的不断深化,权利救济功能将伴随法治化进程的推进逐步回归到有关的行政机关与司法机关,因此信访法的立法导向会对权利救济功能予以弱化,而对宪法赋予信访人的各项基本权利予以确认和强化,即逐步加强信访的政治参与和民主监督功能,以增进国家与民众之间的密切联系,也是对本条首句"信访是国家机关密切联系公民的重要桥梁和纽带"的回应。

立法理由

制定统一信访法必须对信访的功能进行合理定位,这是充分发挥信访制度的功效和作用、维护社会稳定与和谐的关键。信访制度作为一项中国特色的制度,其功能经历了民主参与、权力监督、信息汇集,到权利救济,再到民主参与、权力监督、信息汇集和权利救济综合的演变历程。随着"信访洪峰"的到来,党和国家机关开始反思信访的功能定位。随着我国法制的不断健全,法定救济途径日益完善,信访的权利救济功能会不断地弱化,当代信访制度的主要功能应该是民主参与和权力监督,权利救济是其辅助功能,是对仲裁、行政复议、诉讼等法定救济途径的一种补充。

信访法将信访功能从法律层面进行单列规定,不仅是对 2005 年《信访条例》的重大创新,同时对于未来如何调整信访工作与信访行为具有里程碑式的意义。一方面,这是对信访制度发展史梳理之后对信访属性与信访功能的深刻把握。信访大致经历了创立探索阶段、恢复发展阶段与统和重塑阶段,每个阶段信访都受到政治环境和社会发展的深刻影响而呈现出不同的模式。经过历史的长期检验与信访学者的科学论证,最终从纷繁复杂的信访行为中抽象出权利救济、民主监督与政治参与三大功能。另一方面,这对以后信访工作的有效开展以及法治化进程的不断推进具有促进作用。信访的功能定位,直接关系到新形势下对信访工作思路的探索与信访具体制度的构建。只有深刻理解信访三大功能及其内在联系,才能在后续信访制度改革中做到有的放矢、事半功倍。同时,信访作为一种实现公民宪法性权利的重要方式,在法律层面上予以认可,不仅为将来建立与完善我国宪法监督制度打下伏笔,而且也标志着我国信访法治化进程迈上了新的台阶。

立法例

1.《上海市信访条例》(2012 年)

第三条 信访是公民、法人和其他组织依法参与管理社会公共事务、监督国家机关依法履行职责的重要途径,是国家机关密切联系人民群众,维护公民、法人和其他组织合法权益的重要渠道。

2.《内蒙古自治区信访条例》(2010 年)

第二条 信访工作是国家机关(自治区各级权力机关、行政机关、审判机关、检察机关以及它们的派出机关)密切联系人民群众,倾听群众意见和呼声的重要渠道,也是人民群众参政议政,监督国家机关及其工作人员的重要途径。

3.《深圳经济特区信访条例》(2011 年)

第三条 本条例所称信访,是指个人或者组织采用书信、电子邮件、传真、电话、手机短信、走访等形式向国家机关反映情况,提出批评、建议和意见,或者提出维护其合法权益的请求,依法由有关国家机关处理的活动。

4.《辽宁省信访条例》(2010 年)

第四条 国家机关受理信访是听取人民群众意见和建议,接受人民群众监督的重要途径,对来信来访必须认真受理、接待,及时处理。

第四条 【信访的法律适用】

国家机关信访工作机构应当严格按照本法规定处理信访请求。信访请求所涉及的行政事项或行政程序另有法律、法规规定的,应当依照其他法律、法规规定处理。

说 明

本条是对信访的法律适用做出的规定。

本条规定了信访法法律渊源的适用顺序。即首先应当遵循本法的规定处理信访请求。若对于涉及的行政事项或是行政程序另有法律、法规规定的,依特别法优先于普通法的原则,适用其他法律、法规的规定。该法律适用规则主要是针对行政信访所立的,是落实"诉访分离"原则,将信访与行政复议、行政诉讼划清界限。

基于本条是对信访活动中受理阶段的规定,旨在进一步区分信访制度与行政复议制度、行政诉讼制度的受理范围。因此只针对"信访请求",而并未将"信访事项"列入其中。

立法理由

信访工作的法律、政策渊源,是指党和国家机关颁布的规范信访工作的各种法律、法规和政策,它们对信访工作具有约束力,是信访工作的重要依据。与行政复议、行政诉讼、人民调解和仲裁等其他相关制度相比,当代中国信访法律渊源体系的特点成为制定统一信访法的重要原因之一。当代中国的立法属于"一元多层级"体制,即在全国人大及其常委会总揽立法权的同时,通过法律授权,允许行政部门及地方权力机关在一定范围内行使立法权。在这样的立法体制之下,关于信访的立法活动在过去相当长的时期内特别活跃,中央和地方基于社会发展和本地的实际情况,制定了大量的信访法规。迄今为止,所有法规加上内部规定,数量多达三百余部,这也在一定程度上反映了信访工作的复杂性和重要性。然而,这样庞大的信访立法体系却呈现出一个"金字塔式"的结构,即高层次、统一的中央立法相对比较稀缺;而地方性、部门性的低层次立法则蔚为大观。因此,将统一的信访法作为信访法律适用的首要依据,弥补信访法法律渊源位阶层级较低的缺陷,增强信访法律体系的协调性和规范性,成为信访法治化最为重要的工作。

此外,为了明晰信访制度与行政复议制度、行政诉讼制度、人民调解制度等权利救济制度的界限,在法律适用上需要进行区分规定。从理论上而言,在社会转型时期,权利救济不再是信访所要承担的主要功能,而是应当把信访定位为辅助核心政制的补充性权利救济手段。这就意味着必须把信访本不应当承担的部分职能还原到我国的诉讼制度、复议制度和调解制度中来,以便更好地发挥权利救济制度的合力。从现实角度来看,涉法涉诉信访问题是信访工作中的"老大难"问题。对此,2014年3月19日中共中央办公厅、国务院办公厅印发《关于依法处理涉法涉诉信访问题的意见》,该《意见》指出,信访工作应当实行"诉访分离"制度。把涉及民商事、行政、刑事等诉讼权利救济的信访事项从普通信访体制中分离出来,由政法机关依法处理。各级信访部门对到本部门上访的涉诉信访群众,应当引导其到政法机关反映问题;对按规定受理的涉及公安机关、司法行政机关的涉法涉诉信访事项,收到的群众涉法涉诉信件,应当转同级政法机关依法处理。因此,必须在法律适用上对于信访的本职工作进行明确划分和正确指引,以便更好地发挥信访制度的功能,化解社会矛盾,促进社会和谐。

立法例

1.《广东省信访条例》(2014年)

第三十条　公民、法人以及其他组织就下列事项向国家机关请求权利救济的,应当依照诉讼、仲裁、行政复议等法定程序向有关机关提出:

(一)公民、法人以及其他组织之间的民事纠纷和国家机关参与民事活动引起的民事纠纷,当事人协商不成的,依照《中华人民共和国仲裁法》、《中华人民共和国民事诉讼法》的规定向仲裁委员会申请仲裁或者向人民法院提起民事诉讼;

(二)对行政机关的具体行政行为不服的,依照《中华人民共和国行政复议法》、《中华人民共和国行政诉讼法》等法律的规定向行政复议机关申请行政复议或者向人民法院提起诉讼;

(三)土地、林地、林木所有权和使用权纠纷,当事人协商不成的,依照《中华人民共和国土地管理法》、《中华人民共和国森林法》的规定由有关人民政府处理;对有关人民政府的处理决定不服的,依照《中华人民共和国行政复议法》、《中华人民共和国行政诉讼法》等法律的规定向行政复议机关申请行政复议或者向人民法院提起诉讼;

(四)农村土地承包经营纠纷,依照《中华人民共和国农村土地承包经营纠纷调解仲裁法》的规定请求村民委员会、乡(镇)人民政府等调解;当事人和解、调解不成或者不愿和解、调解的,向农村土地承包仲裁委员会申请仲裁或者向人民法院起诉;

(五)劳动者与用人单位之间的劳动纠纷,依照《中华人民共和国劳动争议调解仲裁法》的规定向调解组织申请调解;不愿调解、调解不成或者达成调解协议后不履行的,向劳动争议仲裁委员会申请仲裁;对不属于终局裁决的仲裁裁决不服的,向人民法院提起诉讼;对属于终局裁决的仲裁裁决不服的,向人民法院申请撤销

裁决;

（六）对仲裁委员会作出的仲裁裁决不服的，依照《中华人民共和国仲裁法》、《中华人民共和国民事诉讼法》的规定向人民法院申请撤销仲裁裁决或者裁定不予执行仲裁裁决;

（七）对人民法院已经发生法律效力的民事判决、裁定、调解书不服的，依照《中华人民共和国民事诉讼法》的规定向人民法院申请再审;人民法院驳回再审申请、逾期未对再审申请作出裁定或者再审判决、裁定有明显错误的，可以向人民检察院申请检察建议或者抗诉;

（八）对已经发生法律效力的行政或者刑事判决、裁定、决定不服的，依照《中华人民共和国行政诉讼法》、《中华人民共和国刑事诉讼法》的规定向人民法院或者人民检察院提出申诉;

（九）法律、行政法规规定由法定途径解决的其他事项。

2.《上海市信访条例》(2012 年)

第三十六条 信访人提出的信访事项，属于本机关法定职权范围并符合本条例第三十三条规定的，应当受理;属于本机关法定职权范围但应当通过相关法定程序处理的，按照相关法定程序处理。

对不属于本机关职权的信访事项或者依法应当通过诉讼、仲裁、行政复议等法定途径解决的信访事项，不予受理并告知信访人向有关国家机关或者机构提出。

3.《深圳经济特区信访条例》(2011 年)

第二十六条 信访人要求国家机关维护其合法权益时，其诉求属于国家机关的工作职责且应当按照法定程序处理的事项，由国家机关按照法定程序处理，不作为信访事项受理。

4.《江苏省信访条例》(2006 年)

第二十条 信访事项已经受理尚未办结的，信访人在规定的办理期限内向受理、办理机关的上级机关再提出同一信访事项，该上级机关不予受理。

对依法应当通过诉讼、仲裁、行政复议等法定途径解决的投诉请求，信访人应当依照法定程序向有关机关提出。

立法参考

1.《关于依法处理涉法涉诉信访问题的意见》(2014 年 3 月 19 日中共中央办公厅、国务院办公厅印发)

《意见》提出，实行诉讼与信访分离制度。把涉及民商事、行政、刑事等诉讼权利救济的信访事项从普通信访体制中分离出来，由政法机关依法处理。各级信访部门对到本部门上访的涉诉信访群众，应当引导其到政法机关反映问题;对按规定受理的涉及公安机关、司法行政机关的涉法涉诉信访事项,收到的群众涉法涉诉信件,应当转同级政法机关依法处理。

《意见》要求,建立涉法涉诉信访事项导入司法程序机制。对涉法涉诉信访事项,各级政法机关要及时审查、甄别。对于正在法律程序中的,继续依法按程序办理;对于已经结案,但符合复议、复核、再审条件的,依法转入相应法律程序办理;对于已经结案,不符合复议、复核、再审条件的,做好不予受理的解释说明工作;对于不服有关行政机关依法作出的行政复议决定,经释法明理仍不服的,可引导其向人民法院提起行政诉讼。有关处理程序和结果,应当严格按照规定的期限和方式,及时告知当事人。

《意见》指出,严格落实依法按程序办理制度。各级政法机关对于已经进入法律程序处理的案件,应当依法按程序在法定时限内公正办结。对经复议、审理、复核,确属错案、瑕疵案的,依法纠正错误、补正瑕疵;属于国家赔偿范围的,依照国家赔偿法的有关规定办理。对经复议、审理、复核,未发现错误的,依法维持原裁决,并按照有关规定及时告知当事人。

第五条 【信访工作原则】

国家机关信访工作机构和国家机关的信访工作应遵循下列原则:

(一)诉访分离,分类处理;

(二)依法、公开、公正、公平、便民;

(三)属地管理、分级负责,谁主管、谁负责;

(四)处理实际问题与思想疏导、法制宣传教育相结合。

说 明

本条是对信访工作基本原则的规定。

信访工作原则,是指国家机关在开展信访工作时应遵循的基本准则,是体现信访工作价值取向、反映信访工作特点和规律、指导信访工作有效开展所必须遵循的基本准则。具体包括以下四个方面。

第一,诉访分离,是指在对信访请求受理的过程中,应当把涉及民商事、行政、刑事等诉讼权利救济的信访请求从信访体制中分离出来,由司法机关依法处理。强调信访制度与诉讼制度、复议制度、调解制度等其他权利救济制度划清界限。分类处理,则主要强调信访请求内部的分类,根据处理机关的不同来分别处理信访请求。具体而言,权力机关、行政机关、司法机关应当分别处理属于各自管理范围内的信访事项。因此,诉访分离,分类处理原则从内外两方面对信访请求的处理做了明确的区分导向,如此严格的程序设计是实现信访法治化、规范化的必要举措。

第二，依法、公开、公正、公平、便民原则是贯彻整个信访工作流程的概括性原则。依法是指严格依照法律法规开展信访工作，国家机关所做出的信访行为必须具有法律依据，法无规定即禁止。公开是指国家机关应当依法公开的事项必须向社会公布，增强信访工作的透明度。公正是指信访工作机构和国家机关的工作人员必须正直无私，平等客观地处理信访请求和信访事项。公平即不偏不倚，平等地对待每一位信访人，处理每一项信访请求和信访事项。

第三，属地管理、分级负责，是指按照信访问题发生地，把信访请求转送或者交办给有权受理的信访工作机构，属于哪一地区、哪一级，就由该地区、该级受理。谁主管、谁负责，是指各级国家机关按照信访事项的性质在各自职责范围内处理信访问题。即在明确信访请求的级别归属后，主管此项工作的国家机关应当承担具体办理信访事项，并承担相应的责任。谁主管、谁负责，包含了"归口管理"的内容，即信访工作机构要将具体的信访事项"归口"到有责、有权处理的国家机关，并督促该国家机关依法履行职责，处理信访事项。

第四，思想疏导与法制宣传教育是指做好说服、解释和思想政治工作，疏导群众情绪，对群众进行法制宣传教育，引导其知法、守法，依法信访，以理性合法方式表达利益诉求。处理实际问题与思想疏导与法制宣传教育相结合，强调信访工作既是处理群众反映问题的过程，又是疏导群众情绪、开展思想政治工作、对群众进行宣传教育的过程。在处理信访问题过程中，要通过为群众提供法律咨询等方式，向群众宣传法律、法规和政策；要就群众反映的问题是否合法作出明确答复，并讲清法律、法规和有关政策的规定；要向信访人讲清哪类问题依法应该到哪里去反映，对不属于本机构受理的信访请求，要告知其向有关机关提出；对信访过程中采取过激行为影响社会秩序和信访秩序的信访人，要及时加以劝阻、批评，告知其行为的后果；要将法制宣传教育贯穿于信访问题处理的全过程。

立法理由

对信访工作的基本原则进行法律规定，具有十分重要的意义。首先，信访工作作为国家机关各项工作的重要组成部分，国家机关必须从政治全局的高度，充分认识做好新时期信访工作的必要性和重要性，牢记信访工作的基本原则，认真履行做好信访工作的政治责任。其次，信访工作作为构建社会主义和谐社会的基础性工作，必须坚持党的正确领导，把信访工作放在党和国家全局工作中去谋划部署。最后，信访工作是党的群众工作的重要组成部分，必须充分发挥信访工作是党和国家机关密切联系群众的桥梁、倾听群众呼声的窗口、体察群众疾苦的重要途径等作用，要在正确处理人民内部矛盾，维护社会和谐稳定，加强党风廉政建设和反腐败斗争中发挥重要作用。[1] 因此,基于信访工作在新时期肩负重要历史使命和政治责任,必须建立科学合理的工作指导原则,引导信访工作依法有序开展,充分发挥信访工作的功能和作用。

信访请求和信访事项涉及社会的方方面面,其产生原因是多方面的。不同类型的信访请求处理程序等也不同,坚持诉访分离、分类处理,既是贯彻落实党的十八大和十八届三中全会精神的要求,又是贯彻实施修改后的刑事诉讼法、民事诉讼法的实际行动;既是全面推进依法治国的需要,又是维护人民群众合法权益的具体体现。坚持诉访分离、分类处理原则可以提高解决信访问题的针对性,明确信访制度与其他权利救济制度的界限,有利于纠正重程序轻解决、重稳控轻化解的倾向,实现维护人民群众合法权益与维护司法权威的统一。

坚持依法、公开、公正、公平、便民原则,是"立党为公,执政为民"在信访工作的具体体现,是信访工作必须要遵守的原则之一。坚持依法、公开、公正、公平、便民原则,有利于增强信访工作的透明度和公信力,是坚持科学发展,提高科学民主依法决策水平,统筹处理各方面利益关系的必然要求。深入实施依法治国基本方略,严格依法行政,公正廉洁司法,保障群众合法权益,维护社会公平正义的必然要求。

坚持属地管理、分级负责,谁主管、谁负责原则,明确了信访问题的处理应当以地方各级国家机关为主,在地方各级国家机关的统一领导下,协调、督促其有关工作部门依法解决信访问题,而不是把问题和矛盾上交,使大量信访问题聚集到中央,形成"倒金字塔"型分布。这一原则适应市场经济条件下,中央、地方合理分权的行政管理体制,有利于信访问题尽快、就地得到解决。坚持属地管理、分级负责、谁主管,谁负责原则,有利于提高基层化解矛盾的能力,加强基层党组织和基层政权建设,教育引导基层干部改进思想作风和工作作风,高度重视并认真解决群众初信初访反映的问题。

坚持处理实际问题与思想疏导、法制宣传教育相结合原则,是依法规范信访行为,进一步加强法制宣传教育,把握正确的舆论导向,引导群众正确履行公民权利和义务,以理性合法的形式表达利益诉求、解决利益矛盾,自觉维护社会安定团结的必然要求。坚持处理实际问题与思想疏导、法制宣传教育相结合原则,对于提高信访工作的社会效果,化解社会矛盾,维护社会稳定,增进社会和谐都具有重要意义。

立法例

1.《信访条例》(2005 年)

第四条 信访工作应当在各级人民政府领导下,坚持属地管理、分级负责,谁

---

[1] 中国行政管理学会信访分会编:《信访学概论》,中国方正出版社 2005 年版,第 43 - 46 页。

主管、谁负责,依法、及时、就地解决问题与疏导教育相结合的原则。

2.《北京市信访条例》(2006 年)

第五条 本市信访工作应当遵循下列原则:

(一)属地管理、分级负责,谁主管、谁负责;

(二)依法、及时、就地解决问题与疏导教育相结合;

(三)有关的国家机关、基层组织、社会团体、企业事业单位相互配合;

(四)方便信访人。

3.《上海市信访条例》(2012 年)

第五条 本市信访工作应当遵循下列原则:

(一)尊重人民群众意见,改进国家机关工作;

(二)属地管理,分级负责,分类处理;

(三)依法、及时、就地解决问题与疏导教育相结合。

4.《广东省信访条例》(2014 年)

第三条 信访工作应当遵循下列原则:

(一)属地管理、分级负责,谁主管、谁负责;

(二)诉访分离、分类处理;

(三)依法、及时、就地解决问题与预防、疏导教育相结合;

(四)公平、公正、公开、有序、便民。

5.《深圳经济特区信访条例》(2011 年)

第四条 信访工作实行属地管理、分级负责,谁主管、谁负责,依法、及时、就地解决问题与疏导教育相结合的原则。

6.《湖北省信访条例》(2005 年)

第五条 信访工作应当遵循下列原则:

(一)尊重人民群众意见,方便信访人提出信访事项,改进国家机关工作;

(二)依照法律、法规和政策办事,实事求是处理信访问题;

(三)坚持"属地管理、分级负责"与"谁主管、谁负责"相结合,及时就地解决问题;

(四)解决实际问题与思想疏导、政策宣传、法制教育相结合。

第六条 【信访人信访活动的法律保护】

信访人依法进行信访的行为受法律保护,任何组织和个人不得压制、打击报复。

说 明

本条规定的是对信访人依法进行的信访活动提供法律保护的条款。

此处的"法律"应当是指广义的法律,包括所有拥有立法权的国家机关依照立法程序制定和颁布的规范性文件。这里的"组织"泛指一切国家机关、社会团体、企业法人等具有群体性质的单位实体。压制是指强力限制或制止,其主要强调对正常信访活动进行拦截、追堵、封锁渠道等限制性违法措施。打击比压制的程度更深,其表明已经对信访人的合法权益造成了一定程度的侵害。报复的实质与打击无异,只是在对象上具有特定性,是指打击或伤害批评过自己或损害自己利益的信访人。

立法理由

之所以要对信访人的合法信访活动进行法律保护,是因为我国宪法对此有明确规定。《宪法》第 23 条规定:"国家尊重和保障人权。"这就从宏观角度表明对人权保护的基本态度和坚定决心,这也是法治中国不可脱离的主线。《宪法》第 41 条规定:"中华人民共和国公民对于任何国家机关和国家工作人员,有提出批评和建议的权利;对于任何国家机关和国家工作人员的违法失职行为,有向有关国家机关提出申诉、控告或者检举的权利,但是不得捏造或者歪曲事实进行诬告陷害。对于公民的申诉、控告或者检举,有关国家机关必须查清事实,负责处理。任何人不得压制和打击报复。"该条则具体落实到公民的基本权利上来,也是与信访法第六条联系最为密切、最为直接的宪法条款。

同时,政治参与和民主监督是信访在新时期下所要发挥的两大基本功能。功能的发挥需要法律制度予以保障,让信访人敢于发声、勇于献策、乐于参与。结合信访现实状况而言,信访人在进行信访活动中难免会对国家机关中的个别工作人员提出意见或是投诉,有时甚至会触犯部分群体的利益。个别地方国家机关为了案息事了,息诉息访,通过黑监狱、培训、公费旅游等变相非法压访行为来阻止或打击信访人的上访行为。因此,将信访活动的法律保护单列一条,对改善信访乱象,保护人权具有宣示性意义。只有逐步将信访人和国家机关的信访行为都纳入法治轨道,信访矛盾才能从根本上得到化解,社会才能真正地稳定和谐。

立法例

1.《信访条例》(2005 年)

第三条　各级人民政府、县级以上人民政府工作部门应当做好信访工作,认真处理来信、接待来访,倾听人民群众的意见、建议和要求,接受人民群众的监督,努力为人民群众服务。

各级人民政府、县级以上人民政府工作部门应当畅通信访渠道,为信访人采用本条例规定的形式反映情况,提出建议、意见或者投诉请求提供便利条件。

任何组织和个人不得打击报复信访人。

2.《深圳经济特区信访条例》(2011 年)

第九条 信访人依法进行的信访活动受法律保护,任何组织和个人不得压制和打击报复信访人。

3.《上海市信访条例》(2012 年)

第十三条 信访人依法信访受法律保护,任何组织和个人不得打击报复。

4.《北京市信访条例》(2006 年)

第十五条 信访人依法信访受法律保护,任何组织和个人不得压制、打击报复。

5.《湖北省信访条例》(2005 年)

第三条 信访人依法进行信访的行为受法律保护,任何组织和个人不得压制、打击报复。信访人反映的情况,提出的意见和建议,对经济和社会发展、改进国家机关工作以及保护社会公共利益有贡献的,有关国家机关应当给予表彰、奖励。

6.《湖南省信访条例》(2006 年)

第三条 信访人依法提出信访事项的行为受法律保护,任何组织和个人不得打击、报复信访人。

第七条 【人民意见征集制度】

信访人提出的信访事项,对国民经济和社会发展或者对改进国家机关工作以及保护社会公共利益有贡献的,有关国家机关应给予高度重视,并积极予以采纳。

对有突出贡献的信访人,有关国家机关应依法给予表彰、奖励。

说 明

本条是对人民意见征集制度的规定。

这里的"贡献"主要从三大方面进行考量:其一,国民经济和社会发展。国计民生涉及人民群众生活的方方面面,也与国家机关的职能密切相关。信访人对于这一部分提出的信访请求,既是对民众生活本身的关切,也是对国家机关工作的鞭策。其二,改进国家机关工作。此处侧重于强调人民群众对国家机关工作的监督。其三,保护社会公共利益。社会公共利益是指为广大公民所能享受的利益,这里所指的广大公民,是指特定范围内的广大,有全国性的广大,又有地区性的广大,其外延可以限制在享有立法权的建制区域。在中国,公共利益有社会利益(即国家利益)和集体利益之分。前者为整个社会所有,为全体公民享用,后者为某部分人所有,为部分人享用。随着社会主义建设的发展,全社会的公共利益将日益发展,为全体公民所享用的权益将日益扩大。在社会主义现代化建设中,教育人们关心公共利益、爱护公共利益、合理享用公共利益和反对损公肥私的行为,是社会主义精神文明的重要内容。[1] 因此,保护公共利益是国家机关之职,是公民之责。对于本条第2款中的"突出贡献"要求在某一地区需具有一定影响力、或是在某个领域或方面产生实质性影响等其他符合其实质内涵的条件。同时此处表彰奖励的依据应解释为广义上的法律,即具有规范性的法律文件皆可,包括法律、行政法规、地方性法规、部门规章,等等。

立法理由

本条重点体现信访的政治参与和民主监督功能。信访人提出意见和建议是信访活动的重要内容,也是人民群众参与社会公共事务管理和监督国家机关依法履行职责的重要渠道。从特征来说,信访具有强大的信息汇集效应,对信访信息进入公共决策领域、有效影响公共决策、促进公共决策的现代化、民主化、法治化具有重要作用。

具体而言,一方面,信访案件本身包含了丰富的信息,大量信访纠纷构成的统计数据,可以成为决策者参考的重要指标。充分挖掘信访材料包含的信息,将对公权力行使产生借鉴性意义。国家机关信访工作机构对人民群众的信访请求进行分析归类,可以及时掌握在现实生活中哪些问题涉及人民群众切身利益,应当给以充分重视;哪些问题对人民群众来说是暂时不必要做的,可以先放一放。通过抓主要矛盾,解决人民群众最为关心的问题,能够使党和国家的工作重点明确,出台的决策和文件更具针对性,从而更好地服务于人民群众。另一方面,信访作为社会情绪的发泄渠道,在某种程度上也扮演着社会解压器和减压阀的作用。社会矛盾的产生原因和表现形式复杂多样,其梳理和解决自然也需要一个过程。同时,信访所表达的负面情绪很多是对国家机关现有工作成效的不满和指正,这对监督国家机关改进工作、提高效率也具有促进作用。因此,本条对于信访人建言献策和表彰奖励的规定,是提高人民群众的主人翁意识、强化信访的政治参与和民主监督功能、增进国家机关与人民群众的密切联系的必要步骤。

立法例

1.《信访条例》(2005 年)

第八条 信访人反映的情况,提出的建议、意见,对国民经济和社会发展或者

---

[1] 参见《中国法学大辞典·宪法学卷》。

对改进国家机关工作以及保护社会公共利益有贡献的,由有关行政机关或者单位给予奖励。

2.《北京市信访条例》（2006 年）

第十一条 国家机关应当建立和完善人民建议征集制度。信访人提出的建议对国民经济和社会发展或者对改进工作以及保护社会公共利益有贡献的,由有关国家机关给予奖励和表彰。

3.《上海市信访条例》（2012 年）

第六条 各级国家机关应当建立、健全人民建议征集制度,并可以通过信访渠道,征集、梳理、分析信访人对社会公共事务提出的建议和意见。对有利于促进国民经济和社会发展、改进国家机关工作的建议和意见,应当予以采纳。

信访人提出的建议、意见,对国民经济和社会发展、改进国家机关工作以及保护社会公共利益有贡献的,由有关国家机关给予奖励。

4.《江苏省信访条例》（2006 年）

第九条 信访人反映的情况,提出的建议、意见,对国民经济和社会发展或者对改进国家机关工作以及保护社会公共利益有贡献的,由有关国家机关或者单位给予表彰、奖励。

对在信访工作中做出优异成绩的单位或者个人,由有关国家机关给予表彰、奖励。

5.《重庆市信访条例》（2009 年）

第七条 国家机关应当建立人民建议征集制度,鼓励信访人建言献策。

信访人有下列情形之一的,由信访工作机构建议有关主管机关或者单位给予表彰、奖励:

（一）提出的建议、意见对本行政区域的政治、经济和社会发展有重大价值的;

（二）提出的建议、意见对改进国家机关工作有重要作用的;

（三）检举违法违纪行为,对保护国家、集体利益、公民合法权益和维护社会稳定有显著成效的。

立法参考

1.《关于创新群众工作方法解决信访突出问题的意见》（2014 年 2 月 25 日中共中央办公厅、国务院办公厅印发）

完善决策机制和程序,增强决策透明度和公众参与度。建立健全人民建议征集制度,鼓励和引导人民群众对党和政府工作献计献策。对与人民群众利益密切相关的决策事项,要通过举行座谈会、听证会、论证会等形式广泛听取意见,充分考虑大多数人的利益。

> **第八条 【畅通信访工作渠道】**
>
> 国家机关信访工作机构应当畅通信访工作渠道,依法、及时、就地、有效地处理群众的信访请求。

说 明

本条是对畅通信访工作渠道的规定。

信访渠道,是指便利公民、法人或者其他组织反映情况,提出咨询、建议、意见或者投诉请求的信访救济途径。由于通过这条途径反映问题方便、快捷、成本低,便被形象地称为信访渠道,并已成为信访工作实践中约定俗成的特有名词。它一方面表述出信访制度救济的范围是有边界的,不是无所不包的,另一方面极具概括性地描述了信访过程是畅通或是不畅的本质。

信访渠道需要扎实的制度保障。信访渠道是指建立信访信息系统、领导接待日、社会参与化解纠纷等行之有效的工作机制并以法律法规等形式予以确认。要求各级国家机关、国家机关信访工作部门向社会公开相关信息,如信访工作机构的通信地址、电子邮箱、投诉电话等;要求各级国家机关建立领导下访制度;要求国家机关和国家信访工作机构建立信访信息系统。[1]

本条中的"依法"是指要依照法律、法规、规章和有关政策的规定,解决信访人提出的信访请求。对于信访请求事实清楚,符合法律、法规、规章和有关政策规定的,要及时地转送到有权处理的国家机关;对既缺乏事实依据又不合法的信访请求,要讲清道理,坚持原则,决不能"小闹小解决、大闹大解决"。

本条中的"及时、就地、有效"着重强调要提高信访请求处理的效率和水平,迅速、快捷地在当地解决群众信访反映的问题。要高度重视"初访",不能让小事酿成大事,小矛盾变成大矛盾。这也是依法治国、依法执政、便民利民的必然要求,也是不断提高信访工作效率和水平的必然举措。

立法理由

畅通信访工作渠道建立科学合理的决策机制的必要手段。来自信访渠道的社情民意信息,是一种宝贵的社会资源。畅通信访工作渠道,有利于完善信访信息汇集分析机制,综合开发利用信访信息资源、进一步提高分析研判水平,较好地发挥"第二研究室"的作用,为党和国家机关科学民主决策提供及时、全面、准确的参考。

畅通信访工作渠道是国家机关密切联系人民群众的必然要求。保持畅通的信

---

〔1〕 陈晓为:"谈如何畅通信访渠道",载《辽宁师专学报》2013 第 4 期。

访渠道,可以使来自群众的信息全面、准确地进入党和国家机关的决策系统,从而使决策满足人民群众的合理要求,符合人民群众的根本利益。

畅通信访工作渠道是监督国家机关改进工作的必要举措。信访制度属于国家权力监督体系中非国家机关监督的一种重要形式和途径。人民群众可以通过畅通的信访渠道,直接对各级国家机关及其工作人员的职务行为实施监督,真正落实权为民所用、情为民所系、利为民所谋。

畅通信访工作渠道维护社会稳定的必然步骤。通畅的信访渠道有利于国家机关及其工作人员及时纠正错误,改进工作;有利于复杂疑难问题及时得到协调解决;有利于国家机关根据社情民意和社会动态有效地调整决策,减少不安定因素,促进社会和谐稳定发展。

立法例

1.《信访条例》(2005 年)

第三条 各级人民政府、县级以上人民政府工作部门应当做好信访工作,认真处理来信、接待来访,倾听人民群众的意见、建议和要求,接受人民群众的监督,努力为人民群众服务。

各级人民政府、县级以上人民政府工作部门应当畅通信访渠道,为信访人采用本条例规定的形式反映情况,提出建议、意见或者投诉请求提供便利条件。

2.《北京市信访条例》(2006 年)

第四条 国家机关应当加强信访工作,畅通信访渠道,认真处理来信、接待来访,倾听人民群众的意见、建议和要求,接受人民群众的监督,保障信访工作依法有序进行。

3.《广东省信访条例》(2014 年)

第十九条 国家机关应当畅通网络信访渠道,加强宣传和引导,鼓励信访人通过网络信访渠道提出信访事项并提供相应的帮助。

4.《深圳经济特区信访条例》(2011 年)

第五条 国家机关应当加强信访工作,建立统一领导、部门协调,统筹兼顾、标本兼治,各负其责、齐抓共管的信访工作格局;应当畅通信访渠道,为信访人依法进行信访活动提供便利。

5.《江苏省信访条例》(2006 年)

第三条 各级国家机关应当科学、民主决策,依法履行职责,从源头上预防导致信访事项发生的矛盾和纠纷。

各级国家机关应当建立、健全并公开信访工作制度,畅通信访渠道,方便信访人提出信访事项。

立法参考

《关于创新群众工作方法解决信访突出问题的意见》(2014 年 2 月 25 日中共中央办公厅、国务院办公厅印发)

完善民生热线、视频接访、绿色邮政、信访代理等做法,更加重视群众来信尤其是初次来信办理,引导群众更多以书信、电话、传真、视频、电子邮件等形式表达诉求,树立通过上述形式也能有效解决问题的导向。

第九条 【国家机关密切联系机制】

国家机关应当加强与国家机关信访工作机构之间的联系,为信访人合法信访请求的实现和国家机关信访机构工作的顺利开展,提供便利条件。

说 明

本条是对国家机关密切联系机制的规定。

本条归根结底是便民原则的细化条款。在信访工作程序中,国家机关主要处理信访事项,国家机关信访工作机构主要处理信访请求。该条中"加强国家机关与国家机关信访工作机构的联系"有两层含义:其一,该国家机关与本机关信访工作机构应当加强联系,妥善处理信访人的信访事项。其二,国家机关应主动加强联系同级其他信访工作机构,以便及时、有效了解通过信访"窗口"所反映出来的社会矛盾和社会问题,为后续决策的制定和问题的解决提供切实可行的依据。

立法理由

建立健全国家机关密切联系制度,是对现有国家机关自身制度困境的有效回应。"责重权轻"的反差使得信访工作机构承受着巨大的压力,一方面它们承载着党和国家以及人民群众太多的希冀;另一方面囿于自身的职权范围,无法满足本机构的重任进行分担、协调和疏散,从而不利于提高信访工作机构的效率和水平和处理信访人合法的信访请求。

建立健全国家机关密切联系机制是着力完善工作格局,充分发挥党的领导的政治优势和群众工作优势的必然要求。建立健全国家机关密切联系机制有利于进一步强化统一领导、部门协调,各负其责、齐抓共管,增强解决信访问题的合力。建立健全国家机关密切联系机制有利于落实信访工作机构权责一致,提高国家机关整体工作效率,方便决策,从源头上及时、有效地化解矛盾。

立法例

　　1.《信访条例》(2005 年)

　　第五条　县级以上人民政府应当建立统一领导、部门协调,统筹兼顾、标本兼治,各负其责、齐抓共管的信访工作格局,通过联席会议、建立排查调处机制、建立信访督查工作制度等方式,及时化解矛盾和纠纷。

　　2.《广东省信访条例》(2014 年)

　　第六条　省、地级以上市、县(区、县级市)应当建立信访工作协调机制,发挥综合协调、组织推动、督导落实等作用,研究处理信访突出问题。

　　3.《重庆市信访条例》(2009 年)

　　第六条　建立市、区县(自治县)国家机关信访工作联席会议制度。

　　信访工作联席会议对本行政区域内国家机关信访工作进行统筹协调,研究处理信访突出问题。

　　4.《北京市信访条例》(2006 年)

　　第十条　本市建立信访工作联席会议制度,通过会商、协调、督查等方式,研究处理重大、复杂、疑难信访事项。

第十条　【信访信息系统和信访共享机制】

　　国家机关信访工作机构应当建立健全信访信息系统,为信访人在当地提出信访请求、查询信访请求处理情况和信访事项办理情况提供便利。

　　国家机关应建立健全全国信访信息共享机制,实现各国家机关之间信访信息的互通共享。

说　明

　　本条是对信访信息系统和信息共享机制的规定。

　　信访信息系统是各级国家机关信访工作机构开展信访工作的综合业务系统,该系统主要通过信息网络与通信网络为人民群众提供信访渠道,也为全国各级信访机构和部门在这个平台上快速的受理信访请求提供网上办公环境。信访信息共享机制建立在信访信息系统的基础之上,主要促进国家机关之间的信息互通,是借助信息化平台充分共享信访信息的一种信访机制。

　　信访信息系统和信访信息共享机制的目标任务是:实现全国互联互通,涵盖所有涉访部门、单位,具备登记、办理、分析、预测等完备的功能。具体来讲,有以下三个方面:一是在硬件建设上,建成中央和省级信访数据库,实现全国范围内国家、省、市、县四级互联互通的系统网络,不仅联结到信访部门,而且联结到所有涉访职能部门;二是在系统运行上,要将信访事项受理、信访档案建立、信访案件办理过程全部纳入其中,实现对信访事项的全过程管理、监督,与畅通有序务实高效的大信访格局相一致;三是在应用功能上,信访信息系统须具有综合处理、接收查询、督查督办和分析预测等全部功能,实现各级各地信访信息数据的顺畅交换和资源共享。通过这个系统,信访人可以方便快捷地反映诉求和查询办理情况,信访部门可以直接对信访事项进行受理办理和跟踪督查。其具体的工作规范大致可以概括为以下四十二个字:接谈登记规范——分类办理科学——紧急信息急报——特殊人员快启——结案标准从严——综合分析到位——法律责任牢记。

立法理由

信访信息化建设是推进信访工作畅通有序务实高效的客观需要。群众通过书信和走访形式反映信访请求,解决了不少实际问题。但是,随着改革的不断深化,新情况、新问题不断出现,群众提出的诉求事项日益增多、形式日趋多样化,书信和走访形式已不适应群众信访活动要求的弊病日益明显,群众信访便利性差、时效低、环节多、成本高、渠道窄。信访渠道不畅,处理信访请求效率不高,已成为群众长期信访、多头信访、重复信访、越级信访甚至赴省进京信访的重要原因之一。信访群众迫切需要畅通信访渠道,能够通过书信、走访、电话、网上信访等多种方式提出信访请求,并方便地查询信访请求处理情况,减少不必要的信访环节,从而降低信访成本,增加国家机关工作透明度,切实保障信访人的知情权、监督权。

信访信息化建设是进一步发挥信访工作促进党和国家机关科学决策的重要举措。信访工作是我们党和国家机关的一项重要群众工作,通过信访窗口,党和国家机关可以广泛了解社情民意,知晓群众的所想、所盼。在社会发展的过程中,大量矛盾纠纷通过信访渠道反映出来,群众出于对党和国家机关的信任,向各级信访部门写信走访,诉求内容中蕴含着大量的信息资源。这些信息资源直接来源于群众一线,是党和国家机关科学民主决策的重要参考依据,是检验各项政策文件落实情况的生动体现。充分利用信访信息技术对信访工作进行现代化管理,能够大大提升信访资源的综合分析研判质量,从而使信访工作为党和政府科学决策发挥更大作用。

信访信息化建设是现代信息技术下信访工作科学管理的要求。随着现代科学技术的发展,特别是随着计算机管理信访软件的开发、利用、升级,以计算机应用技术为主体的信访现代化管理技术已经在各层次信访系统中逐步推广应用。但是由于多种条件的制约,其利用的广度和深度远远没有公安、税务、工商等其他系统广泛和普遍。如果我们不充分认识信访信息化建设的紧迫性,不仅会使自身信访管理水平滞后,而且也会在履行职责等方面出现知识领域的"空白"。

目前运行的信访信息系统还有许多不完善的地方,与信息化建设的目标要求还有一定差距,客观上制约了信息系统应有功能的发挥,主要表现在两个方面:一是硬件建设不到位。现在信访信息系统还没有联通到所有涉及信访的党委、政府部门,特别是在县一级,信访信息系统只联通到信访部门;二是软件应用不到位。信访信息系统运行初期,信访部门多用其登记信访事项、录入信访信息,较少运用它的分析预测功能,致使信息系统的综合功能被削弱。

因此,建立健全信访信息系统和信息共享机制,是贯彻落实信访信息化建设的必要举措,是进一步拓宽信访渠道,搭建交流沟通平台的重要途径;是创新信访工作理念和手段,实现信访信息资源共享的重要途径,是提高信访工作效率,提高信访管理水平的重要保障。既有利于解决越级上访、重复上访等信访难题,也有利于保障信访人合法行使信访权利,节约信访人的信访成本。

立法例

1.《信访条例》(2005 年)

第十一条　国家信访工作机构充分利用现有政务信息网络资源,建立全国信访信息系统,为信访人在当地提出信访事项、查询信访事项办理情况提供便利。

县级以上地方人民政府应当充分利用现有政务信息网络资源,建立或者确定本行政区域的信访信息系统,并与上级人民政府、政府有关部门、下级人民政府的信访信息系统实现互联互通。

2.《上海市信访条例》(2012 年)

第十二条　本市建立信访信息共享机制,实现国家机关之间信访信息的互通共享。

3.《广东省信访条例》(2014 年)

第十八条　国家机关信访工作机构应当完善信访信息共享机制,方便国家机关和信访人查询相关信息。

4.《湖北省信访条例》(2005 年)

第十三条　各级国家机关应当充分利用现有政务信息网络资源,建立或者确定本行政区域、本系统的信访信息系统,并与上、下级国家机关的信访信息系统实现互联互通,为信访人在当地提出信访事项、查询信访事项办理情况提供便利。

5.《江苏省信访条例》(2006 年)

第十四条　各级国家机关应当通过公告或者互联网等方式,向社会公布其信访工作机构的地址、邮政编码、电子信箱、信访接待的地点、时间和电话,查询信访事项的处理进展情况及结果的方式,与信访工作有关的法律、法规、规章以及其他为信访人提供便利的相关事项。

各级国家机关应当充分利用信息网络资源,建立互联互通的信访信息系统,实现国家机关之间的信访工作资源共享。

立法参考

1.《关于创新群众工作方法解决信访突出问题的意见》(2014 年 2 月 25 日中共中央办公厅、国务院办公厅印发)

实行网上受理信访制度,大力推行阳光信访,全面推进信访信息化建设,建立网下办理、网上流转的群众信访事项办理程序,实现办理过程和结果可查询、可跟踪、可督办、可评价,增强透明度和公正性;逐步推行信访事项办理群众满意度评价,把办理工作置于群众监督之下,提高信访公信力。

2.《民政信访工作办法》(2011 年)

第十五条 各级民政部门应当充分利用现有政务信息网络资源,提高信访工作信息化水平,为信访人在当地提出信访事项、查询信访事项办理情况提供便利。

3.《环境信访办法》(2006 年)

第十三条 国务院环境保护行政主管部门充分利用现有政务信息网络资源,推进全国环境信访信息系统建设。

地方各级环境保护行政主管部门应当建立本行政区域的环境信访信息系统,与环境举报热线、环境统计和本级人民政府信访信息系统互相联通,实现信息共享。

第十一条 【信访档案制度】

国家机关信访工作机构对信访人的信访请求应当分类建档,并及时输入信访信息系统,信访人可以到国家机关信访工作机构指定的接待场所查询信访请求处理情况和信访事项办理情况。

说 明

本条是对信访档案制度的规定。

信访档案制度是信访工作中的一项基本制度。具体包括两方面的内容:其一,分类建档。信访档案是在处理人民群众的信访请求过程中直接形成的、对国家机关具有保存价值的各种文字、声像等不同形式的历史记录。其来源广泛、内容丰富,主要有四个方面的内容:一是信访请求的原始材料,国家机关领导或上级有关部门交办的信访件以及来信、来访、来电登记簿等;二是处理过程中所做的调查取证材料、协调会记录、转办单存根、结案材料、书面告知单存根等;三是重要的会议记录、领导讲话、会议签到表、向上级主管部门报送的会议交流材料、信访信息类刊物和发文登记簿;四是上级有关部门、领导对信访工作的批示、通知、文件及情况通报、工作交流等文字材料。其二,录入信访信息系统。随着计算机在信访工作中辅助作用的增大,目前国内许多国家机关的信访档案工作出现了传统信访档案归档和数字信访档案归档两种归档形式。建立信访信息网络数据库是数字信访档案的重要形式,既可以提高档案的利用效率,实现信访信息的互通共享,又可以减少借阅过程中对纸质档案的人为磨损,保障信访档案的安全。

立法理由

建立健全信访档案制度,是信访工作信息化建设的前提和条件。党的十六届六中全会审议通过的《中共中央关于构建社会主义和谐社会若干重大问题的决定》提出,要适应我国社会结构和利益格局的发展变化,进一步拓宽社情民意表达渠道,建立全国信访信息系统,搭建多种形式的沟通平台,把群众利益诉求纳入制度化、规范化、法制化的轨道。这是党中央、国务院站在政治的战略的高度做出的一项重大举措。2005 年新修订的国务院《信访条例》也对信访信息化建设作出规定,中央和国务院法规对信息化建设的发展指明了总体方向。根据党的文件和国务院《信访条例》要求,信访信息化建设的目标任务应该是:实现全国互联互通,涵盖所有涉访部门、单位,具备登记、办理、分析、预测等完备的功能。为此,信访工作要实现信息化,使自身工作逐渐向公开性、服务性、快节奏的方向发展,必须建立现代化的信访档案数字化平台。

建立健全信访档案制度,是拓宽信访档案功能的客观需要。信访档案是国家机关档案的重要组成部分,是新时期决策者和管理者的重要信息资源,折射着人民群众关注热点由“点”到“面”的动态信息,记载了职能部门处理这些新情况、新问题的经验与教训,对于提高管理部门、服务部门的运作效能,具有重要的现实意义。建立健全信访档案制度,不仅能够加强国家机关与人民群众的密切联系,而且可以促进国家机关之间的信息交流共享。人民群众可以“足不出户”地反映意见、查询问题,也可以减少因信息不对称而引发的不必要的信访矛盾。总而言之,构建现代化的信访档案数字化平台,有利于拓宽信访档案的服务功能,有利于畅通反映问题和查找问题的信访渠道。

建立健全信访档案制度,是实现国家机关信访档案管理现代化、规范化的具体体现。近年来,计算机在信访工作中的辅助作用越来越大,许多单位和部门已经研发运用了信访档案数字化管理系统,实现了对大量信访资料的高效管理、分类和统计,及时、准确地为上级领导和主管部门报送有关数据。从某种意义上说,按事先要求开发的管理平台或系统软件具有较强的适用性,所录入的信访档案数字化信息也就具有一定的规范性,更大程度地实现了信访档案的现代化、规范化管理。

立法例

1.《信访条例》(2005 年)

第十二条　县级以上各级人民政府的信访工作机构或者有关工作部门应当及时将信访人的投诉请求输入信访信息系统,信访人可以持行政机关出具的投诉请求受理凭证到当地人民政府的信访工作机构或者有关工作部门的接待场所查询其所提出的投诉请求的办理情况。具体实施办法和步骤由省、自治区、直辖市人民政府规定。

2.《广东省信访条例》(2014 年)

第二十条　县级以上人民政府应当建立本行政区域统一的网上信访平台,对信访事项进行登记、受理、分类、转交、转送、督办、反馈和公开,实现与上级人民政府、本级人民政府有关部门、下级人民政府及其他有关国家机关之间信访信息的互联互通,方便信访人在当地提出信访事项和查询信访事项办理情况。

3.《湖北省信访条例》(2005 年)

第十三条　各级国家机关应当充分利用现有政务信息网络资源,建立或者确定本行政区域、本系统的信访信息系统,并与上、下级国家机关的信访信息系统实现互联互通,为信访人在当地提出信访事项、查询信访事项办理情况提供便利。

各级信访工作机构应当及时将信访人的投诉请求输入信访信息系统,信访人可以持有关国家机关出具的投诉请求受理凭证到当地信访工作机构的接待场所查询其投诉请求的办理情况。

立法参考

1.《中共中央关于构建社会主义和谐社会若干重大问题的决定》(2006 年 10 月 11 日中国共产党第十六届中央委员会第六次全体会议通过)

统筹协调各方面利益关系,妥善处理社会矛盾。适应我国社会结构和利益格局的发展变化,形成科学有效的利益协调机制、诉求表达机制、矛盾调处机制、权益保障机制。坚持把改善人民生活作为正确处理改革发展稳定关系的结合点,正确把握最广大人民的根本利益、现阶段群众的共同利益和不同群体的特殊利益的关系,统筹兼顾各方面群众的关切。拓宽社情民意表达渠道,推行领导干部接待群众制度,完善党政领导干部和党代表、人大代表、政协委员联系群众制度,健全信访工作责任制,建立全国信访信息系统,搭建多种形式的沟通平台,把群众利益诉求纳入制度化、规范化、法制化的轨道。健全社会舆情汇集和分析机制,完善矛盾纠纷排查调处工作制度，建立党和政府主导的维护群众权益机制，实现人民调解、行政调解、司法调解有机结合，更多采用调解方法，综合运用法律、政策、经济、行政等手段和教育、协商、疏导等办法，把矛盾化解在基层、解决在萌芽状态。着力解决土地征收征用、城市建设拆迁、环境保护、企业重组改制和破产、涉法涉诉中群众反映强烈的问题，坚决纠正损害群众利益的行为。坚持依法办事、按政策办事，发挥思想政治工作优势，积极预防和妥善处置人民内部矛盾引发的群体性事件，维护群众利益和社会稳定。

2.《卫生信访工作办法》（2006 年）

第十七条 各级卫生行政部门应当充分利用现有政务信息网络资源，建立卫生信访信息系统，为信访人在当地提出信访事项、查询信访事项办理情况提供便利。

3.《国土资源信访规定》（2006 年）

第十四条 国土资源信访工作机构应当将信访人的投诉请求输入信访信息系统。信访人可以持有关的国土资源管理部门出具的投诉请求受理凭证，到当地国土资源管理部门的信访接待场所查询其所提出的投诉请求的办理情况。

4.《环境信访办法》（2006 年）

第十四条 环境信访工作机构应当及时、准确地将下列信息输入环境信访信息系统：

（一）信访人的姓名、地址和联系电话，环境信访事项的基本要求、事实和理由摘要；

（二）已受理环境信访事项的转办、交办、办理和督办情况；

（三）重大紧急环境信访事项的发生、处置情况。

信访人可以到受理其信访事项的环境信访工作机构指定的场所，查询其提出的环境信访事项的处理情况及结果。

第十二条 【信访重大风险评估机制】

国家机关应当依法履行应尽职责，科学、民主决策，建立健全重大决策风险评估机制，从源头上减少和预防导致信访请求的矛盾和纠纷。

说　明

本条是对重大决策风险评估机制的规定。

重大决策风险评估机制是指国家机关在对涉及人民群众重大利益的事项作出相应的处理决定时，对处理决定发生信访风险的可能性和缓急程度进行分析、预测和通报，制定化解工作预案，主动做好释法说理和教育疏导等息诉罢访工作的一种措施。其具体流程包括成立临时信访评估组织、开展民意调查、进行分析论证、提交评估报告。国家机关应当针对评估成果根据实际情况作出不同处理：对于绝大多数群众赞成的拟决策事项，应按照决策权限，提交有关会议研究决策；对于多数群众赞成的拟决策事项，同时提出了需要引起重视和妥善解决的实际问题，决策单位需对决策方案作进一步修改完善并提交有关会议讨论研究；对于拟决策事项正确，但多数群众不理解、不支持的，要加大宣传力度，做好解释工作，取得群众拥护和支持后再进入决策程序；对于拟决策事项虽然符合群众长远利益，但超出群众目前实际承受能力的，决策单位应暂缓作出决策；对于拟决策事项损害广大群众利益的，有关单位应终止决策。

立法理由

对涉及群众利益的重大决策事项进行信访评估，是贯彻落实源头治理方针的重要举措。对涉及群众利益的重大决策事项进行信访评估，广泛听取群众意见，从源头上倾听民声，从政策上反映民意，从制度上保障人民群众利益，关系到科学发展、关系到改善民生、关系到和谐社会建设，有利于调动社会各方面的积极因素，凝聚全国人民的力量，推动经济社会又好又快发展。

对涉及群众利益的重大决策事项进行信访评估，是提高科学执政、民主执政、依法执政能力的必要环节。对涉及群众利益的重大决策事项，通过调查研究、广泛征求意见和科学论证，进行信访评估，使制定的各项政策能够立足现实、着眼长远，既符合新形势新任务的要求，又切合本地本机关的客观实际，有利于国家机关科学决策、民主决策、依法决策，提高执政能力、改善执政方式，切实做到权为民所用、情为民所系、利为民所谋。

对涉及群众利益的重大决策事项进行信访评估，是解决目前信访突出问题的重要手段。定政策、作决策不尊重客观规律，不符合本地实际和广大人民的根本利益，是造成信访问题突出的根本原因。对涉及群众利益的重大决策事项进行信访评估，始终把人民赞成不赞成、拥护不拥护、满意不满意作为检验党和国家机关决策正确与否的根本标准，有利于上溯到造成信访问题的源头，从源头上解决信访突出问题，有利于正确反映和兼顾不同方面群众的利益，最大程度地增加和谐因素，最大程度地减少不和谐因素，实现人与自然的和谐、人与社会的和谐、人与人的和谐。

信访风险评估机制要求我们，一定要关注民生、听取民声。重大决策作出之前，必须做好充分的规划与调研，以沟通来消除隔阂，把可能的矛盾消弭于未成形之时。现实中，不少信访事项是由于政府决策失误而引起的。通过信访风险评估机制，强化决策责任、减少决策失误，可以从源头上预防和减少信访事项的发生。

立法例

1.《信访条例》(2005 年)

第五条第一款 各级人民政府、县级以上人民政府工作部门应当科学、民主决策,依法履行职责,从源头上预防导致信访事项的矛盾和纠纷。

2.《深圳经济特区信访条例》(2011 年)

第六条 国家机关应当科学、民主决策,建立重大事项信访风险评估机制,依法履行职责,从源头上预防导致信访事项的矛盾和纠纷。

3.《江苏省信访条例》(2006 年)

第三条 各级国家机关应当科学、民主决策,依法履行职责,从源头上预防导致信访事项发生的矛盾和纠纷。

4.《湖北省信访条例》(2005 年)

第四条 各级国家机关应当依法履行职责,科学、民主决策,从源头上减少和预防导致信访事项的矛盾和纠纷。

5.《北京市信访条例》(2006 年)

第七条 国家机关应当将通过信访渠道收集的信息纳入决策评价体系,科学、民主决策,依法履行职责,从源头上预防、化解导致信访事项的社会矛盾和纠纷。

立法参考

1.《中共中央关于构建社会主义和谐社会若干重大问题的决定》(2006 年 10 月 11 日中国共产党第十六届中央委员会第六次全体会议通过)

完善应急管理体制机制,有效应对各种风险。建立健全分类管理、分级负责、条块结合、属地为主的应急管理体制,形成统一指挥、反应灵敏、协调有序、运转高效的应急管理机制,有效应对自然灾害、事故灾难、公共卫生事件、社会安全事件,提高危机管理和抗风险能力。按照预防与应急并重、常态与非常态结合的原则,建立统一高效的应急信息平台,建设精干实用的专业应急救援队伍,健全应急预案体系,完善应急管理法律法规,加强应急管理宣传教育,提高公众参与和自救能力,实现社会预警、社会动员、快速反应、应急处置的整体联动。坚持安全第一、预防为主、综合治理,完善安全生产体制机制、法律法规和政策措施,加大投入,落实责任,严格管理,强化监督,坚决遏制重特大安全事故。

2.《关于创新群众工作方法解决信访突出问题的意见》(2014 年 2 月 25 日中共中央办公厅、国务院办公厅印发)

健全重大决策社会稳定风险评估机制,把社会稳定风险评估作为重大决策出台的前置程序和刚性门槛,对决策可能引发的各种风险进行科学预测、综合研判,确定风险等级并制定相应的化解处置预案。在评估中要充分听取信访、维稳、综治等部门的意见。健全决策纠错改正机制，实时跟踪决策实施情况，及时了解利益相关方和社会公众对决策实施的意见和建议，全面评估决策执行效果，适时决定是否对决策予以调整或者停止执行。

3.《民政信访工作办法》（2011 年）

第五条 各级民政部门应当完善依法、科学、民主决策机制、重大决策社会风险评估机制、信访问题排查化解机制、信访督办工作机制，从源头上减少和预防社会矛盾的发生，及时将矛盾纠纷化解在基层。

4. 中共广东省委办公厅、广东省人民政府办公厅印发《关于建立广东省重大事项社会稳定风险评估工作机制的意见的通知》（粤办发【2011】3 号）

5.《四川省社会稳定风险评估暂行办法（2010 年）》（四川省人民政府令第 246 号）

第十三条 【社会利益综合协调机制】

国家机关应当建立健全社会利益综合协调机制，综合运用法律、行政、经济、政策等手段预防和减少信访矛盾的发生。

说 明

本条是对信访社会利益综合协调机制的规定。

在社会科学研究中，"机制"是指社会有机体各部分相互联系、相互作用的方式。理解这一概念，最主要的是要把握两点：一是事物各个部分的存在是机制存在的前提，因为事物有各个部分的存在，就有一个如何协调各个部分之间的关系问题。二是协调各个部分之间的关系一定是一种具体的运行方式；机制是以一定的运作方式把事物的各个部分联系起来，使它们协调运行而发挥作用的。根据以上分析，信访工作的运行机制可界定为：在信访工作中，信访工作机构与国家机关、信访人之间相互联系、相互作用的方式，简称信访机制。社会利益综合协调机制是信访机制的重要组成部分，它主要是指调动各方主体力量、综合利用各种手段妥善处理和预防利益交织、错综复杂的信访矛盾。

立法理由

2007 年《关于进一步加强新时期信访工作的意见》把"构建统一领导、部门协调、统筹兼顾、标本兼治、各负其责、齐抓共管的信访工作新格局"作为新时期信访工作的重要任务之一。信访部门在党委的正确领导下，担负着对信访工作的综合协调、组织推动、督导检查、参谋助力等重要任务。建立健全信访工作综合协调机制,是构建信访工作新格局的重要内容。

当前形势下建立健全信访工作综合协调机制具有必要性。一方面,信访问题日趋复杂、涉及面广,仅靠一个或几个部门的力量去化解往往难以奏效,而且在群众上访中出现了历史遗留问题与现实问题相互交织、经济利益与政治利益相互交织、合理诉求与不合法方式相互交织、多数人的合理诉求与极少数人的无理取闹相互交织、群众自发行为与敌对势力恶意插手操纵相互交织的复杂局面,再加上信访工作还存在一些不协调的地方,这些都使新时期信访工作面临着严峻挑战和繁重任务。另一方面,目前的信访形势表明,只有坚持党委统一领导、依靠法律法规和政策,加强综合协调,多措并举、综合施策,才能收到定纷止争、案结事了的效果。这就要求我们必须建立健全社会利益综合协调机制,有效整合社会资源,逐步提高信访事项的办理效率和质量,不断化解信访问题存量、减少信访问题增量,确保群众合理诉求得到及时有效地处理。

全国性的集中处理信访突出问题及群体性事件联席会议机制是信访工作机制的重大创新举措,也是社会利益综合协调机制的核心。它优化了以往由信访部门交办,责任部门承办,有关领导批办的工作模式,形成了各级党政领导同志总负责,涉事部门主要领导牵头,集中有关部门力量,限期解决信访突出问题的上下齐抓共管的工作格局。几年来,中央联席会议办公室多次召开会议,作出一系列决策部署,组织了多次联合督查调研活动,推动了既定工作目标任务的落实。中央决定将中央联席会议办公室设到国家信访局后,促使信访部门的综合协调、参谋助手、督导落实的作用得到充分发挥。联席会议办公室和国家信访局全力推动中央决策部署的贯彻落实,站在一线协调解决和妥善处置了大量信访突出问题和群体性事件;加强对信访信息的综合分析,努力当好"第二研究室",为中央决策提供了大量有价值的参考;不断加强对全国信访工作的指导,及时总结推广了 500 多个典型经验,形成了上下呼应、协调联动的局面,也由此带动各级信访部门充分发挥应有作用。

立法例

1.《信访条例》（2005 年）

第五条 各级人民政府、县级以上人民政府工作部门应当科学、民主决策,依法履行职责,从源头上预防导致信访事项的矛盾和纠纷。

县级以上人民政府应当建立统一领导、部门协调,统筹兼顾、标本兼治,各负其责、齐抓共管的信访工作格局,通过联席会议、建立排查调处机制、建立信访督查工作制度等方式,及时化解矛盾和纠纷。

2.《广东省信访条例》（2014 年）

第六条 省、地级以上市、县（区、县级市）应当建立信访工作协调机制,发挥综合协调、组织推动、督导落实等作用,研究处理信访突出问题。

3.《北京市信访条例》(2006 年)

第七条 国家机关应当将通过信访渠道收集的信息纳入决策评价体系,科学、民主决策,依法履行职责,从源头上预防、化解导致信访事项的社会矛盾和纠纷。

国家机关应当建立健全社会利益协调机制,综合运用法律、行政、经济、政策等手段和教育、协调、调解等方法,依法、及时、合理地处理群众反映的问题。

4.《重庆市信访条例》(2009 年)

第六条 建立市、区县(自治县)国家机关信访工作联席会议制度。

信访工作联席会议对本行政区域内国家机关信访工作进行统筹协调,研究处理信访突出问题。

5.《山西省信访条例》(2010 年)

第四条 省、设区的市、县(市、区)应当建立、健全信访工作联席会议制度。信访工作联席会议应当至少每半年召开一次,通报本地区信访工作开展情况,研究解决信访工作的重大问题。

立法参考

《关于创新群众工作方法解决信访突出问题的意见》(2014 年 2 月 25 日中共中央办公厅、国务院办公厅印发)

综合运用法律、政策、经济、行政等手段和教育、协商、调解、疏导等办法,认真解决特殊疑难信访问题,做到诉求合理的解决问题到位,诉求无理的思想教育到位,生活困难的帮扶救助到位,行为违法的依法处理。

第十四条 【信访矛盾纠纷排查调处机制】

国家机关应当建立健全信访矛盾纠纷排查调处机制,及时预防和妥善处理排查出的社会矛盾和纠纷。

说　明

本条是对矛盾纠纷排查调处机制的规定。

信访矛盾纠纷排查调处机制,是指在信访工作中发动和依靠群众,及时对信访问题和矛盾隐患进行多层次的调查摸底,全方位的调解处理,以预防矛盾发生,避免矛盾激化的重要信访机制之一。[1] 建立健全信访矛盾纠纷排查调处机制,就是

---

〔1〕 参见邹守卫:《信访工作概论》,南方出版社 2007 年版,第 359 页。

要增强信访工作的前瞻性和主动性,把信访工作的重心从事后处理转移到事前排查化解上来,把更多的精力用于信访问题的早期防范上,有效预防问题积累和矛盾激化,做到各种信访苗头和问题发现得早、化解得了、控制得住、处理得好。

建立健全信访矛盾纠纷排查调处机制有以下具体要求:其一,始终坚持党的领导,构建全覆盖、无疏漏的大排查网络;其二,突出重点,兼顾一般,灵活落实信访问题排查化解工作;其三,分级负责,落实责任,及时化解矛盾纠纷;其四,创新方法、综合施治,建立排查化解长效机制。

立法理由

建立健全信访矛盾纠纷排查调处机制,是正确处理人民内部矛盾的需要,是把信访工作变被动为主动的治本之策之一。

首先,建立健全信访矛盾纠纷排查调处机制,有利于把问题解决在萌芽状态。信访问题是社会矛盾的"晴雨表",社会矛盾纠纷往往首先通过信访渠道反映出来。人民群众有意见、建议和诉求,经常会通过信访渠道提出。信访情况能够集中反映国家政治、经济和社会生活中的矛盾和问题,并昭示管理机构影响社会稳定的事件发生,都有一个酝酿、发酵的过程。做好排查化解工作,就能够抓住苗头,将大量的矛盾和问题化解在萌芽状态,有效避免矛盾升级和对抗加剧。

其次,建立健全信访矛盾纠纷排查调处机制,有利于应对错综复杂的矛盾纠纷。我国正处于社会转型的关键时期,随着所有制结构和分配结构的改变,出现了多种经济成分并存,形成了比较复杂的利益关系和社会矛盾。矛盾成因复杂,既有历史原因、政策原因、利益原因,也有处理方法不当的原因;多种矛盾交织,涉及人群多元,处理难度加大。必须构建相应的信访矛盾纠纷排查调处机制,对各类矛盾纠纷的化解超前谋划、统筹应对、协调处理,才能与信访形势的变化发展相适应。

最后,建立健全信访矛盾纠纷排查调处机制,有利于加强工作的主动性。只有建立健全信访矛盾纠纷排查调处机制,才能抓好政策源头、切实减少信访问题的产生,从根本上维护群众利益。

立法例

1.《信访条例》(2005 年)

第五条 各级人民政府、县级以上人民政府工作部门应当科学、民主决策,依法履行职责,从源头上预防导致信访事项的矛盾和纠纷。

县级以上人民政府应当建立统一领导、部门协调,统筹兼顾、标本兼治,各负其责、齐抓共管的信访工作格局,通过联席会议、建立排查调处机制、建立信访督查工作制度等方式，及时化解矛盾和纠纷。

2.《深圳经济特区信访条例》(2011 年)

第七条 国家机关信访工作实行领导责任制。

国家机关应当建立矛盾纠纷定期排查调处制度，负责人接待群众来访制度、走访信访人制度，信访工作督查、督办制度，信访工作责任追究制度等制度。

国家机关的信访工作应当纳入绩效考核体系。

3.《北京市信访条例》(2006 年)

第七条 国家机关应当将通过信访渠道收集的信息纳入决策评价体系，科学、民主决策，依法履行职责，从源头上预防、化解导致信访事项的社会矛盾和纠纷。

国家机关应当建立健全社会利益协调机制，综合运用法律、行政、经济、政策等手段和教育、协调、调解等方法，依法、及时、合理地处理群众反映的问题。

4.《天津市信访工作若干规定》(2005 年)

第五条 国家机关应当定期进行矛盾和纠纷的排查调处工作，对排查出的可能影响社会稳定的重大矛盾和突出问题，应当按照信访事项处理原则责令有关机关限期解决。

立法参考

《关于创新群众工作方法解决信访突出问题的意见》(2014 年 2 月 25 日中共中央办公厅、国务院办公厅印发)

加大社会矛盾纠纷排查化解工作力度。把矛盾纠纷排查化解工作的重心从事后处理转移到事前预防上来，做到发现得早、化解得了、控制得住、处理得好。健全矛盾纠纷预警机制，加强信息汇集分析研判；推行民情分析会、民情恳谈会等做法，充分发挥村(社区)、企事业单位信息员、调解员的作用。全面推行网格化管理模式，完善信访和人民调解、行政调解、司法调解联动工作体系，实现小事不出村、大事不出乡、矛盾不上交。

第十五条 【信访考核机制】

预防信访矛盾和处理信访事项的工作应当纳入到国家机关考核体系。

国家机关应当将信访工作绩效纳入公务员考核体系。

国家机关对在信访工作中做出优异成绩的单位或者个人，应当依法给予奖励。

说 明

本条是对信访考核机制的规定。

信访工作绩效是评价国家机关及其工作人员做信访工作的效率、效益和效果。信访工作绩效考核制度的目的是为了更好地促进国家机关综合运用行政协调、行政监督等手段,通过制定合理的政策,更好地解决群众遇到的实际问题,及时、有效地化解人民内部矛盾,并在行使职权过程中使社会变得更趋于公平、合理、和谐。

此处的"信访考核机制"包括两层意思:一是对国家机关开展信访工作的考核。在实际工作中,信访工作的绩效考核具有较强的专门性和一定程度的敏感性。专门性是指许多通用考核指标运用到信访工作考核时或是显得过于笼统,很难准确反映信访工作的具体绩效情况,或是显得比较生硬,结论太一般化,参考价值不大。敏感性则是说信访工作绩效考核方法和指标的导向作用,不仅会影响信访工作部门的工作质量,而且也会给信访工作的对象提供某种依据或参照,对上访行为产生作用,从而对解决民生问题和维护社会稳定带来影响。每个国家机关的工作性质和信访问题都不一样,结合各个国家机关的实际情况和责任制度,对国家机关分别建立信访工作考核机制,相对而言比较科学。二是对国家机关工作人员的考核。信访工作是国家机关工作的重要组成部分,结合《公务员法》的相关规定,理应将信访工作绩效纳入对信访工作人员的考核体系中来。信访工作绩效作为公务员绩效测评的内容,其对象不应仅限于信访工作机构的公务员,还应包括各级国家机关及其工作部门的公务员,特别要把对这部分公务员绩效情况作为考核重点。在本条第三款中还涉及了考核体系的奖励机制。在考核机制中表现突出的单位或个人,国家机关应当依照法律、法规、规章或有关政策的规定对其进行奖励。

立法理由

首先,信访考核机制关系到信访工作的导向。随着经济的快速发展,我国也进入了"黄金发展期"和"矛盾凸显期"并举的关键时期,很多长期积累的社会矛盾暴露出来,形成信访群众诉求越来越高,相关部门处理难度越来越大的态势。在新的历史时期,如何发挥信访工作在和谐社会建设中的作用,破解信访工作上存在的难点问题,是我们必须认真思考的问题。信访工作绩效考核机制是各级国家机关及其工作人员为群众解决信访问题的指挥棒和助推器。一套科学合理的信访工作绩效考核体系,能为维护社会和谐、促使社会稳定、推进社会管理创新起积极作用,促使各级国家机关及其工作人员加大加快解决群众民生问题,维护群众合法权益的工作更具有针对性和实效性。信访绩效考核的正确导向,将促使基层政府充分考虑决策的科学性,在推进政府重大决策和解决群众合理诉求之间寻求平衡点,把解决民生关注的热点难点问题作为政府工作的落脚点。

其次,信访考核机制关系到信访奖惩制度的建立健全。近年来,部分基层国家机关推行目标管理、绩效考核以及政风评议等形式各异的考核形式,都将"一票否决"作为强化管理的利器。"一票否决"意味着只要一项考核指标未达标，相关单位和个人的整体考核便遭"全盘否定"。作为纳入"一票否决"的考核项目之一的信访考核，直接关系到国家机关的评优和干部的晋升，更关系到信访工作责任的落实与强化。同时，信访考核机制是否科学合理、工作责任制是否健全在一定程度上决定着信访工作的实效。例如，实践中出现的进京上访、越级上访和集体上访，体现了群众对上级国家机关的信任。如果将进京上访、越级上访和集体上访作为信访考核的关键性指标，那么下级国家机关就可能采取截访等非法手段来解决信访问题，从而使信访步入歧路。建立健全信访工作考核机制有助于从制度上督促国家机关及其工作人员及时依法履行信访职责，实现信访问题的公平、公正解决。

此外，建立健全信访考核机制是实绩考核制度自身的内在要求。工作实绩是领导班子、领导干部主观努力的工作成效，客观、公正、准确地考核信访工作实绩主要看其主观努力所取得的信访工作成绩的大小。信访是人民内部矛盾的集中反映，群众信访量是体现人民内部矛盾状况的综合性指标。上访量的多少，既受主观努力的影响，又受客观条件的左右，既与信访工作有关，又与党的基层组织建设、基层民主政治建设及改革发展等工作有牵连。因此，当前我们将信访量的降低，特别是以进京、赴省、到市集体访的下降作为考核信访干部的工作目标和实绩评价标准，既不够客观，又不够公平，还不够准确，考核结果难以让被考核单位和被考核干部心服口服，也难以充分发挥考核机制的激励作用。所以，客观、公正、准确地考核信访工作实绩，要在全面考核的基础上，对领导班子、领导干部取得的信访工作实绩进行客观分析，分清主观努力的工作成效和客观因素的影响，切忌单凭信访量，特别是进京、赴省、到市集体访的多少，定实绩、论功过，充分调动信访工作人员的主动性和积极性。

总而言之，信访工作考核机制是国家机关实施公共管理总体绩效的重要组成部分。其绩效考核的内容和指标体系设置的缺失将关系到各级国家机关及其工作人员能否认真履行职责，能否为人民群众解决生产生活中遇到的实际困难，关系到党的执政基础，关系到政治安定和社会稳定。加强对信访工作绩效考核体系的研究，完善信访工作绩效考核体系，必将有助于推动信访工作向着健康、有序、良性的方向发展。

立法例

1.《信访条例》（2005 年）

第七条 各级人民政府应当建立健全信访工作责任制，对信访工作中的失职、渎职行为，严格依照有关法律、行政法规和本条例的规定，追究有关责任人员的责任，并在一定范围内予以通报。

各级人民政府应当将信访工作绩效纳入公务员考核体系。

2.《湖北省信访条例》(2005 年)

第四条 各级国家机关应当依法履行职责,科学、民主决策,从源头上减少和预防导致信访事项的矛盾和纠纷。

各级国家机关应当加强信访工作,畅通信访渠道,建立统一领导、部门协调,统筹兼顾、标本兼治,各负其责、齐抓共管的信访工作格局;根据信访工作的实际需要,建立由有关国家机关主导、社会参与、有利于迅速解决矛盾纠纷的工作机制;建立健全信访工作制度,依法受理和认真处理来信、接待来访。

各级国家机关的领导人员应当重视、指导本机关的信访工作,及时阅批重要来信、接待重要来访,研究解决信访工作中的突出问题。

各级国家机关应当将信访工作绩效纳入公务员考核体系,对在信访工作中做出优异成绩的单位和个人给予表彰、奖励。

3.《深圳经济特区信访条例》(2011 年)

第七条 国家机关信访工作实行领导责任制。

国家机关应当建立矛盾纠纷定期排查调处制度,负责人接待群众来访制度、走访信访人制度,信访工作督查、督办制度,信访工作责任追究制度等制度。

国家机关的信访工作应当纳入绩效考核体系。

4.《青海省信访条例》(2011 年)

第六条 各级国家机关信访工作实行领导责任制和过错责任追究制。

各级国家机关负责人履行信访工作职责的情况,应当列为其年度绩效考核的重要内容。

立法参考

1.《关于创新群众工作方法解决信访突出问题的意见》(2014 年 2 月 25 日中共中央办公厅、国务院办公厅印发)

健全科学合理的信访工作考核评价体系。改进和完善考核方式,综合考虑各地区经济社会发展情况、人口数量、地域特点、信访总量、诉求构成、解决问题的质量和效率等因素,合理设置考核项目和指标,不简单以信访数量多少为标准进行考评,推动各地区把工作重点放在预防和解决问题上。坚持量化考核和综合评议、上级评议和群众评议、平时考核和阶段性考核相结合,提高考核的科学性、客观性和可信度。

2. 国务院《关于加强市县政府依法行政的决定(2008 年)》

3. 国务院《关于加强法治政府建设的意见(2010 年)》

4.《浙江省信访事项复查复核办法》(2012 年)

第三十一条　县级以上人民政府应当加强对所属工作部门和下级人民政府信访事项复查、复核工作的监督和指导,建立健全复查、复核工作责任制,将复查、复核工作纳入本级人民政府信访工作目标管理考核。

第十六条　【信访领导责任制】

国家机关信访工作实行领导责任制。

国家机关主要负责人对信访工作负总责,主管负责人负主管责任,其他负责人按照工作分工负分管责任。

说　明

本条是对信访工作领导责任制的规定。

信访工作责任制是指运用岗位责任制对信访工作者进行管理的一种方法,其实质在于划分各级、各机关、各部门在处理信访事项的职责权限的基础上,明确各自的权力和责任,使各级、各机关、各部门及其工作人员各司其职,各尽其责,高质量、高效率完成各自承担的任务,从而提高信访工作的水平。信访工作领导责任制是信访工作责任制的重要组成部分,明确了国家机关领导干部在信访工作中应承担的责任内容、失职渎职行为标准和责任形式。

各级国家机关主要负责人是信访工作的责任主体。各地区、各机关、各部门的主要领导是信访工作的第一负责人,必须对本地区、本机关、本部门的信访工作负总责,对重要信访事项亲自推动解决;分管信访工作的领导负直接责任,抓各项工作的具体落实;其他领导成员"一岗双责",按照分工抓好分管方面的信访工作,形成一级抓一级、层层抓落实的信访工作领导责任体系。

此外,信访工作领导责任制是由多项工作制度和工作要求组成的,主要包括领导干部批阅群众来信制度、接待群众来访制度、带案下访制度和包案处理信访问题制度。实践中,这些制度不仅成为领导干部履行信访责任的方式,也成为畅通信访渠道、反映社情民意的重要方法。

立法理由

认真解决群众信访反映的问题,是各级领导特别是主要领导义不容辞的职责。近年来,各级国家机关高度重视和切实加强了对信访工作的领导。目前,全国各地建立了信访工作领导小组和处理信访问题联席会议制度。信访工作被各级国家机关纳入议事日程,国家机关主要负责人亲自抓信访工作。许多领导同志亲自阅批群众来信,定期接待群众信访,协调处理重大信访事项,督促解决信访问题。

但是,信访工作领导责任制并非要求主管领导亲自过问和处理每一件信访事项。之所以如此,一是由于信访工作只是国家机关工作的一部分,要求领导同志对信访问题凡事亲自过问,在实际工作中难以做到;二是过分强调领导亲自处理信访问题,容易形成错误的工作导向,使信访人只信访主要领导,反而消解了信访工作机构本身的权威和效用;三是信访问题的解决,如果仅依靠领导的权威,而非依靠一整套完善的信访工作制度,就无法为解决群众信访问题提供长效的、稳定的保障。因此,实行信访工作领导负责制要有严格的范围限制。根据 2005 年国务院《信访条例》以及各国家机关的工作职能,主要负责人亲自过问的事项一般限定在重要来信、重要来访。对信访工作的指导主要体现在:听取信访工作汇报,研究解决信访工作中的突出问题。如此规定,是为了充分发挥信访工作部门的主动性和积极性,发挥其在信访工作中的主力军作用,严格依照信访工作制度和程序来办理信访事项。

此外,"一岗双责"式的分管模式也是信访工作领导责任制的重要组成部分。首先,分管制有利于分管负责人更好地发挥其熟悉掌握分管领域方针政策,了解分管单位具体情况,特备是了解涉及群众利益事项的反馈情况等优势,在制定政策时加强信访评估工作,把改革的力度、发展的速度和社会可承受的程度有机统一起来,使出台的政策更加符合实际,更加符合群众的意愿,更加有利于社会和谐稳定。其次,分管负责人最了解分管单位工作人员的作风状况、业务状况和素质状况,最了解政策执行过程中容易发生的问题和情况,最有条件及时掌握群众对一些工作安排的反映。对一些有可能引发信访问题的工作,分管制有利于及时制定相应预防或解决信访问题的方案,确保有问题发生时能够发现得早、化解得了、控制得住、处理得好。最后,通过认真坚持领导干部批阅来信制度、定期接待群众来访、带案下访和包案处理信访问题等制度,充分运用领导干部丰富的法律、法规和政策知识,积极教育引导群众,同时督促调动分管部门工作人员认真地解决群众信访反映的问题。经常组织分管部门负责同志一道深入到分管领域困难多、信访问题多的地方,积极地帮助这些地方解决群众关心的实际问题,切实把影响社会和谐稳定的问题或矛盾及时妥善解决在基层,化解在萌芽状态。

立法例

1.《信访条例》（2005 年）

　　第五条　各级人民政府、县级以上人民政府工作部门应当科学、民主决策,依法履行职责,从源头上预防导致信访事项的矛盾和纠纷。

　　县级以上人民政府应当建立统一领导、部门协调,统筹兼顾、标本兼治,各负其责、齐抓共管的信访工作格局,通过联席会议、建立排查调处机制、建立信访督查工作制度等方式,及时化解矛盾和纠纷。

各级人民政府、县级以上人民政府各工作部门的负责人应当阅批重要来信、接待重要来访、听取信访工作汇报,研究解决信访工作中的突出问题。

2.《广东省信访条例》(2014 年)

第五十一条 国家机关应当建立和完善信访工作责任制,明确国家机关负责人和信访工作人员的责任,运用法律、政策、行政等手段和教育、协商、调解、疏导等方法,确保依法、及时、就地解决问题。

第五十二条 国家机关应当建立和完善信访事项首办责任制。信访事项发生地有权处理的国家机关是信访事项的首办单位。首办单位和具体承办人应当规范办理信访事项,及时解决问题。

信访事项的首办单位及其工作人员工作作风简单粗暴、敷衍塞责、推诿扯皮,或者不履行应当履行的信访工作职责,导致矛盾激化,引发越级走访、多人走访、重复信访的,严格依照有关法律、行政法规和本条例的规定追究责任。

第五十三条 国家机关应当建立和完善信访事项主办单位办理责任制。信访事项涉及多个国家机关的,由主办单位牵头办理和统一答复信访人,并做好相应的说服解释工作。主办单位应当会同相关部门,共同研究处理信访事项;对于重大、复杂、疑难的信访事项,可以组织有关部门联合办理。

信访事项的主办单位办理责任不落实,导致矛盾激化的,严格依照有关法律、行政法规和本条例的规定追究其责任。

3.《深圳经济特区信访条例》(2011 年)

第七条 国家机关信访工作实行领导责任制。

国家机关应当建立矛盾纠纷定期排查调处制度、负责人接待群众来访制度、走访信访人制度,信访工作督查、督办制度,信访工作责任追究制度等制度。

国家机关的信访工作应当纳入绩效考核体系。

4.《青海省信访条例》(2011 年)

第六条 各级国家机关信访工作实行领导责任制和过错责任追究制。

各级国家机关负责人履行信访工作职责的情况,应当列为其年度绩效考核的重要内容。

立法参考

《关于创新群众工作方法解决信访突出问题的意见》(2014 年 2 月 25 日中共中央办公厅、国务院办公厅印发)

严格落实信访工作责任。各级党委和政府要把信访工作作为党的群众工作的重要组成部分和送上门来的群众工作,把创新群众工作方法、解决信访突出问题列入重要议事日程,定期研究部署,认真组织推动。落实主要领导负总责、分管领导具体负责、其他领导一岗双责,一级抓一级、层层抓落实的领导体制,为解决和化解信访突出问题提供组织保障。加大问责力度,对损害群众利益、造成信访突出问题的,对群众反映的问题推诿扯皮、不认真解决造成不良影响的,严肃追究责任。

第十七条 【信访失职渎职的法律责任】

国家机关应当建立健全信访工作责任制,对信访工作中的失职、渎职行为,严格依照有关法律、行政法规和本法的规定,追究有关责任人员的责任。

说 明

本条是对信访工作责任制的细化,是对信访工作中的失职、渎职的法律责任的规定。

信访工作中的失职、渎职行为是指国家机关工作人员利用在其职务或工作便利故意或无意地侵害国家机关的正常活动,致使国家和人民的利益受到损失的行为。它是官员问责制在信访工作领域的具体体现。官员问责制,是指对国家机关工作人员的一切行为和后果都必须而且能够追究责任的制度。其实质是通过各种形式的责任进行约束、限制和规范公权力,属于一种责任追究的制度体系,是一个内涵极为宽泛的概念。官员问责制是把官员职位与责任直接挂钩起来的一种国家机关内部制约机制,是现代国家机关强化和明确责任,改善管理的一种有效的制度。从根本上说,官员问责制就是一种对官员的行为进行外部控制的设计,让掌握公共权力的国家机关工作人员对其行动负责,从而使公共职责得到忠实履行,进而使其行为符合公众期望的制度或机制。它所要"问"的是官员是否履行了其应尽的职责,不仅着眼于事后对官员的不当行为进行问责和追究,也着眼于事前的防范和控制。根据权责一致的法治理念,官员问责制将官员的职位与责任联系在一起,使得失职、渎职的国家机关工作人员必须对其职位负责,有利于促进国家机关工作人员的责任感、危机感和紧迫感,从而提高信访工作的效率和水平,并在一定程度上有利于维护政权统治的合法性与权威性。

对于信访工作的失职、渎职行为,只有本法、行政法规和其他法律才有规制效力。具体而言,对于失职、渎职行为的法律责任,主要包括行政处分和刑事处罚。一般而言,违犯行政法规和相关行政性法律主要受到行政处分,如《公务员法》等。若是失职、渎职行为达到了构成犯罪的,则要依照刑事法律追究相关负责人的刑事责任。

立法理由

　　当前中国正处于经济体制深刻改革,社会结构深刻变动,利益格局深刻调整,思想观念深刻变化发展的重要战略机遇期,各种社会关系异常复杂,不同阶层的利益冲突,各种社会矛盾凸显,使得信访工作责任重大,任务艰巨,挑战严峻。在我国,国家机关是信访工作的主导者,国家机关工作人员通过积极行使人民赋予的职权,依法开展信访工作,建设和谐社会。因此,信访工作要求国家机关工作人员切实履行为人民服务的责任,但部分国家机关工作人员,尤其是一些地方工作人员,在进行信访工作的过程中,滥用手中的权力,该管的事情未能管好,不该管的事情乱管,出现不作为和乱作为等渎职行为,造成许多本不该发生的社会事件发生,国家机关工作人员渎职成为了社会不和谐的一个重要诱因。国家机关工作人员在进行信访工作的过程中,因其具有一定的职务权力,容易出现滥用职权,玩忽职守等违法行为,情况严重时会导致渎职犯罪以及职务犯罪等。行政不作为和行政乱作为等失职、渎职行为造成信访工作效率低下,国家机关职能未能正确体现,破坏了政府的形象和公信力,损害了人民对政府的信心。有些失职、渎职行为甚至导致许多社会事件的发生,如群体性冲突事件、公共安全事件等,给社会带来了巨大的经济损失,严重阻碍了社会的发展。解决国家机关工作人员在进行信访工作过程中的失职、渎职问题是化解社会矛盾和激发社会活力的必由之路,是一项需要立即付诸实践的迫切任务。

　　在民主政治条件下,有权力就必然要有责任,任何权力都不能脱离责任而单独存在。要实现权力的清正廉洁,就要用责任对权力进行监督和制约,建立起科学而完备的责任追究机制。通过对信访工作中国家机关工作人员失职、渎职的表现形式进行分析,根据权责一致原则,对失职、渎职行为进行责任追究,完善现行的责任追究机制,可以减少和避免信访工作中因失职、渎职行为导致的各种损害,帮助人们提高对失职、渎职危害性的认识,促进信访工作的有序开展。本条是针对我国信访工作过程中国家机关工作人员失职、渎职行为,规范信访行为,促使国家机关工作人员在开展信访工作过程中依法办事,体现出“权为民所用,情为民所系,利为民所谋”的深刻内涵。健全和完善国家机关工作人员失职、渎职责任追究机制有助于加快我国社会主义民主文明建设,对我国进一步推进政治体制改革、转变国家机关职能、树立国家机关权威也有着重要的推动作用。

立法例

1.《信访条例》(2005 年)

　　第四十条　因下列情形之一导致信访事项发生,造成严重后果的,对直接负责的主管人员和其他直接责任人员，依照有关法律、行政法规的规定给予行政处分；构成犯罪的，依法追究刑事责任：

（一）超越或者滥用职权，侵害信访人合法权益的；

（二）行政机关应当作为而不作为，侵害信访人合法权益的；

（三）适用法律、法规错误或者违反法定程序，侵害信访人合法权益的；

（四）拒不执行有权处理的行政机关作出的支持信访请求意见的。

2.《广东省信访条例》（2014 年）

第七十三条　国家机关及其工作人员，有下列行为之一，导致信访事项发生且造成严重后果的，对直接负责的主管人员和其他直接责任人员依法给予处分；构成犯罪的，依法追究刑事责任：

（一）违反法律、法规或者其他有关规定进行决策，严重损害公民、法人或者其他组织合法权益的；

（二）超越或者滥用职权，侵害公民、法人或者其他组织合法权益的；

（三）依法应当作为而不作为，侵害公民、法人或者其他组织合法权益的；

（四）因故意或者重大过失导致认定事实错误，或者适用法律、法规错误，侵害公民、法人或者其他组织合法权益的；

（五）违反法定程序，侵害公民、法人或者其他组织合法权益的。

3.《上海市信访条例》（2012 年）

第四十九条　因下列情形之一导致信访矛盾发生，造成严重后果的，对直接负责的主管人员和其他直接责任人员，依照有关法律、行政法规的规定给予行政处分；构成犯罪的，依法追究刑事责任：

（一）超越或者滥用职权，侵害信访人合法权益的；

（二）应当作为而不作为，侵害信访人合法权益的；

（三）适用法律、法规、政策错误或者违反法定程序，侵害信访人合法权益的；

（四）无正当理由拒不执行信访办理意见的；

（五）打击报复信访人的。

有前款情形之一的，市和区、县人民政府信访工作机构可以向同级行政监察机关或者责任人员所在单位提出行政处分建议。

4.《辽宁省信访条例》（2010 年）

第三十四条　国家机关工作人员，在工作中有下列情形之一的，视情节轻重，分别给予批评教育或者行政处分；构成犯罪的，依法追究刑事责任：

（一）在信访工作中不履行职责，推诿、敷衍、拖延的；

（二）对上级国家机关、本级国家权力机关交办的信访案件顶着不办或弄虚作假、谎报处理情况的；

(三)泄露信访机密或将控告、检举信件的内容透露给被控告、被检举人的;

(四)丢失、隐匿或者私自销毁人民群众信访材料的;

(五)利用职权敲诈勒索、收受贿赂的;

(六)其他违法或者违反信访工作纪律的行为。

5.《山西省信访条例》(2010 年)

第三十九条 国家机关及其工作人员有下列情形之一的,对直接负责的主管人员和其他直接责任人员依法给予处分:

(一)对应当受理、转交的信访事项不受理、不转交的;

(二)丢弃、隐匿、毁损、篡改信访材料的;

(三)泄露信访秘密或者将控告、检举材料擅自转交给被控告、检举的单位和人员的;

(四)推诿、敷衍、拖延办理信访事项或者未按规定期限办结信访事项的;

(五)处理决定违反有关法律、法规或者政策的;

(六)适用法律、法规错误或者违反法定程序的;

(七)拒不执行有关国家机关作出的支持信访请求意见的;

(八)打击报复信访人的;

(九)利用职权徇私舞弊、索贿受贿的。

前款所列行为构成犯罪的,依法追究刑事责任。

立法参考

1.《行政机关公务员处分条例》(2007 年)

第二条第三款 地方性法规、部门规章、地方政府规章可以补充规定本条例第三章未作规定的应当给予处分的违法违纪行为以及相应的处分幅度。除国务院监察机关、国务院人事部门外,国务院其他部门制定处分规章,应当与国务院监察机关、国务院人事部门联合制定。

2.《公安机关信访工作规定》(2005 年)

第三十九条 公安机关及其有关部门在办理和督办信访事项过程中,违反本规定的,由其上级公安机关责令改正;造成严重后果的,对直接负责的主管人员和其他直接责任人员依法给予行政处分。

第四十一条 公安机关人民警察在信访工作中玩忽职守、徇私舞弊,或者打击报复信访人,或者将信访人的检举、揭发材料或者有关情况透露给被检举、揭发的人员或者单位的,依法给予行政处分;构成犯罪的,依法追究刑事责任。

公安机关人民警察在处理信访事项过程中,作风粗暴,激化矛盾并造成严重后果的,依法给予行政处分。

第十八条 【信访决策追责制度】

建立健全信访追责制。对于国家机关做出的决策引起重大信访事件的,依法追究相关国家机关相关责任人的责任。

说 明

本条是对信访决策追责制度的规定。

责任追究制度与责任制既相互联系,又互有区别。信访工作责任制应主要规范责任主体、责任内容、失职渎职行为标准、责任形式;责任追究制应主要规范责任的追究主体、责任的认定程序、责任的执行等。责任制的存在是责任追究制的前提,责任追究制的建立才能保障责任制的落实。

责任追究制度的效力来源于三种基本力量:自律、监督和惩罚。[1] 因而责任追究制度的健全和实施就在于如何通过制度化的规则、程序和方法来提升这三种力量和发挥出应有的效力。[2] 信访决策追责制度的法治化就是运用法律规范控制和约束信访决策责任追究过程,即用宪法和法律制约决策主体的行为,通过法律使得领导者对信访决策的失误承担责任,从而保证信访决策权力受到有效监督,促使行政决策的民主化和科学化。信访决策责任制度的法治化是一个系统工程,它包括追究主体,追究客体,追究程序,责任内容等各方面的制度都符合法治的原则,采用法治的方式。

本条中的“决策”应作如下理解:就决策主体而言,决策主体是指国家机关及其工作人员,包括立法机关,司法机关,和行政机关。就决策内容来讲,信访决策所针对的应该是其职权范围内关系基础性、战略性、全局性的问题。对人事的任免等内部行为的决策以及紧急状态下对公共安全事件的决策不属于该决策范围之内,信访决策所解决的问题应该是关系社会稳定、人民群众切身利益的重大信访事项。就决策后果而言,一般要求引起重大信访事件。这里的“重大”主要根据波及范围、涉及群体、影响力的大小等因素进行确定。如群体性上访事件、频繁性越级上访事件,等等。

立法理由

首先,在我国2005 年《信访条例》中并没有区分责任制和追究制,而是采取了实体与程序共存的信访工作责任制的大概念,将责任追究制作为责任制的有机组成部分。

---

〔1〕 王贤芳:“行政决策中的政府责任分析”,载《行政论坛》2004 年第 9 期。

〔2〕 刘莘:《法治政府与行政决策、行政立法》,北京大学出版社 2006 年版,第 36 页。

如在《信访条例》第 6 章中规定了信访工作的法律责任,但却没有规定具体的责任追究制内容。因此,在统一的《信访法》中明文确立信访决策责任追究制,从法律层面补充或完善信访责任制,对于《信访法》中责任制度的落实,具有十分重要的意义。

其次,建立信访决策追责制度是强化信访工作责任,从源头上化解信访矛盾的重要手段。透过严峻的"信访洪峰",展现在我们眼前的是:部分国家机关或其工作人员责任心不强,侵害群众合法权益,对发生的信访事项,推诿塞责、敷衍了事、久拖不决。前国家信访局局长周占顺在关于群众上访问题时谈到"四个 80%":在群众信访特别是群众集体信访反映的问题中,80% 以上反映的是改革和发展过程中的问题,80% 以上有道理或有一定实际困难和问题应予解决,80% 以上可以通过各级党委、政府的努力加以解决的,80% 以上是基层应该解决也可以解决的问题。建立信访决策追责制度,就能明确因违法决策行为侵害信访人合法权益、导致信访事项发生的责任人的责任范围;从而可以强化信访工作责任,督促有关国家机关及其工作人员严格依法办事、积极履行职责,着力解决群众反映的问题,最终从源头上减少因侵害群众利益引发的信访决策。

此外,建立信访决策追责制度,是保护信访人合法信访权益的重要途径。信访是公民实现建议和申诉权利的一条重要途径,也是公民参与公共事务管理的重要手段。畅通信访渠道是保障公民的建议权和申诉权,加强党和国家机关同人民群众联系、及时了解社情民意并迅速化解社会矛盾的重要措施。在目前有些地方国家机关滥用职权,疲于听取群众意见,疏于调研与分析,急于决策,导致部分信访矛盾扩大化、极端化,不利于社会的稳定与和谐。信访决策追责制度的建立,从根本上保障了人民群众的合法信访权利,保证国家机关必须认真处理来信、接待来访,倾听人民群众的意见、建议和要求,接受人民群众的监督,努力为人民服务。特别是在信访渠道畅通、信访事项处理及时、信访人的安全等方面,信访决策追责制度具有直接而重要的保障作用。

总之,信访决策追责制度的建立将强有力地保证信访工作合法有序开展,是信访工作责任制的可靠保障。目前,我们已经积累了不少信访工作经验,信访干部的责任意识、大局意识、工作能力、工作水平也有相当大的提高,信访工作的流程和处理也已逐步规范化、法治化,这对信访决策追责制度的建立提供了可行性保证。建立信访决策追责制度,是实现信访工作决策法治化、信访制度规范化、保护人民群众根本利益的必由之路。

立法例

1.《广东省信访条例》(2014 年)

第五十四条 国家机关应当建立和完善重大信访问题倒查责任制,查清产生重大信访问题的原因、责任;对负有责任的国家工作人员严格依照有关法律、行政法规和本条例的规定追究责任。

2.《深圳经济特区信访条例》(2011 年)

第七条第二款 国家机关应当建立矛盾纠纷定期排查调处制度,负责人接待群众来访制度、走访信访人制度,信访工作督查、督办制度,信访工作责任追究制度等制度。

3.《青海省信访条例》(2011 年)

第六条 各级国家机关信访工作实行领导责任制和过错责任追究制。

各级国家机关负责人履行信访工作职责的情况,应当列为其年度绩效考核的重要内容。

立法参考

《关于创新群众工作方法解决信访突出问题的意见》(2014 年 2 月 25 日中共中央办公厅、国务院办公厅印发)

落实决策责任追究制度,对违反决策规定、出现重大决策失误而造成重大损失或者恶劣影响的,按照谁决策、谁负责的原则,严肃追究决策者的党纪政纪责任,触犯法律的依法追究其法律责任。

第十九条 【信访社会参与预防、化解机制】

社会团体、企事业单位及其他社会组织应当兼顾员工或成员利益、社会公共利益,及时预防和妥善处理本组织的信访矛盾和纠纷。

说 明

本条是对信访社会参与预防、化解机制的规定。

信访工作不仅需要党和国家机关主持大局,同时更需要全社会积极参与,从源头上对信访出现的问题进行预防和根治。这里强调社会参与的主体主要是指社会团体、企事业单位及其他社会组织。社会团体主要包括共青团、妇联、人民政协等。企事业单位包括企业和事业单位。企业是指以营利为目的,从事生产、流通、服务等活动的自主经营、独立核算的经济单位。事业单位一般是指受国家行政机关领导,但不具有社会生产职能和国家管理职能的直接或间接地为上层建筑、生产建设和人民生活服务的社会组织或机构。它包括经济建设事业、文教科学卫生事业、社会福利事业、其他事业等部门和单位。企事业单位与员工的利益纠纷是信访矛盾高频地带之一。其他社会组织是个兜底说法,强调参与主体的广泛性,主要包括基层群众性自治组织、专业机构等社会性组织。

立法理由

信访矛盾主要是人民内部矛盾,信访矛盾解决的根本途径最终仍需回到社会本身。正是这些来源于社会不同阶层、不同领域、不同单位的利益诉求逐步积累成形势严峻的"信访洪峰"。因此,要着力加强源头预防和治理工作,坚持科学发展,提高科学民主依法决策水平,统筹处理各方面利益关系,汇集各方社会主体的力量,增强解决信访问题的合力,形成全社会关心支持信访工作的良好氛围,为全面建设小康社会、构建社会主义和谐社会作出更大贡献。

相对于2005年《信访条例》而言,信访法的视野更加开阔,重视程度和动员力度更是空前。信访的社会参与预防、化解机制不仅可以充分利用社会资源有效地解决信访问题,提升信访问题处理的效率,而且可以让社会团体、企事业单位及其他社会组织主动担负起其本应承担的义务和责任,从根本上减少和预防信访矛盾的产生。

立法例

1.《上海市信访条例》(2012年)

第九条 有关专业机构、社会团体和专业人员、社会志愿者等可以受国家机关邀请参与信访工作,为信访人和信访工作提供专业咨询和服务,代信访人提出信访事项。

居民委员会、村民委员会应当协助国家机关做好相关信访工作。

2.《北京市信访条例》(2006年)

第十二条 本市社会团体、企业事业单位的主要负责人对本单位信访工作负总责。

本市社会团体、企业事业单位应当兼顾单位利益、职工利益和社会公共利益,主动排查、妥善处理本单位导致信访事项的矛盾和纠纷,积极协助国家机关做好涉及本单位的信访工作,共同维护社会稳定。

3.《广东省信访条例》(2014年)

第九条 居民委员会、村民委员会应当协助国家机关做好相关信访工作。

企业事业单位、人民团体和其他社会组织应当协助国家机关做好涉及本单位的信访工作。

新闻媒体应当加强对信访相关法律法规的宣传,引导公众依照法定程序和渠道反映诉求、维护权益。

4.《青海省信访条例》(2011 年)

第十五条 信访工作机构应当组织相关社会团体、法律援助机构及相关专业人员、社会志愿者参与信访工作,运用咨询、教育、协商、调解等方法,依法、及时、合理处理信访事项。

5.《甘肃省信访条例》(2006 年)

第十四条 国家机关可以邀请律师或者其他法律工作者参与信访工作,为国家机关、信访工作机构和信访人提供法律咨询服务。

立法参考

1.《浙江省信访事项复查复核办法》(2012 年)

第七条 县级以上人民政府应当建立健全政府领导、部门负责、社会参与的信访事项复查、复核工作机制。

办理信访事项复查、复核,应当根据实际情况组织相关专家、社会团体、社会志愿者等参与,运用咨询、调解、听证等方式,提高复查、复核工作质量和效率。

2.《民政信访工作办法》(2011 年)

第十六条 各级民政部门应当建立有利于迅速解决矛盾纠纷的工作机制,可以邀请相关社会工作服务机构、法律援助机构等参与信访工作。

第二十条 【信访经费保障】

国家机关应当保障信访工作经费,并向社会公开。

说　明

本条是对信访经费保障的规定。

信访工作经费是信访工作有效开展的重要物质保障,各级国家机关应当将信访工作经费列入预算,并依法将使用明细向全社会公开,保障公正透明运行。

立法理由

在目前的信访现实困境中,信访工作经费不足是束缚信访公开有序高效开展的重要原因。尤其在基层,许多地方国家机关由于编制体系尚不完善,财政预算暂不支持等原因,在实际信访工作开展中面临着捉襟见肘的困境。因此,切实落实各级国家机关的信访工作经费,为信访工作提供强有力的物质支持,有利于增强信访工作人员的积极性和主动性,提高信访工作的效率和水平,也是解决其他信访难题的必要前提。

此外,信访工作经费归根结底属于财政预算的范围,为保障经费合理使用,落到实处,实行信访工作经费公开是应有之义。首先,信访工作经费公开化,有利于完善国家机关审计工作体系。当前,我国缺乏完善的国家机关信息披露监控机制,例如,对于国家机关信息披露的审计并未纳入国家机关审计的日常工作内容,仅仅是在审计实务具体操作时,顺带作为一个审计关注事项,并且审计结果也没有完全向公众公布,致使缺乏衡量国家机关审计效果、效率的有效指标。其次,信访工作经费公开化,有利于提高我国政府信息披露的治理水平。国家机关信息披露水平影响着公民的知情权,影响着公民参与国家管理的可能性及有效性,影响着国家机关的治理效率。目前,由于我国国家机关信息披露相关法规制度的不完善及监控机制的缺失,国家信息披露质量较低,实现信访工作经费公开化,能够促进国家机关信息披露质量的提高,改进国家机关治理水平。再次,信访工作经费公开化,有利于建立健全权力运行制约和监督体系。一方面,披露信访工作经费能够增加国家机关工作的透明度,逐步树立国家机关的廉政作风,增强国家机关公信力,转变国家机关职能,利于人民群众监督公权力的行使,以防止权力滥用,从而实现国家机关的良治。另一方面,公开信访工作经费是实现民主政治的基本渠道,是国家机关治理的重要内容,为了使公众能够准确、及时了解国家机关权力运行的合规性、合法性和效率性,必须在公民与国家机关之间建立系统、稳定、规范、高效的信息沟通渠道。披露高质量的财政预算信息能够使信访工作决策及执行过程公正透明,从源头上遏制腐败的发生,加大腐败被发现的风险,增加腐败的成本,降低腐败行为的收益期望,从而在一定程度上消除腐败赖以生存的环境。

立法例

1.《上海市信访条例》(2012 年)

第十一条　各级国家机关应当保障信访工作所需经费。

2.《青海省信访条例》(2011 年)

第七条　信访工作经费应当列入各级财政预算。

3.《山西省信访条例》(2010 年)

第七条　国家机关信访工作办公经费和处理信访事项的业务经费,列入本级年度财政预算,并予以保障。

4.《重庆市信访条例》(2009 年)

第十一条　信访工作经费列入同级财政预算。

5.《深圳经济特区信访条例》(2011 年)

第八条　信访工作经费列入本级财政预算。

立法参考

《中华人民共和国政府信息公开条例》(2008 年)

第十条 县级以上各级人民政府及其部门应当依照本条例第九条的规定,在各自职责范围内确定主动公开的政府信息的具体内容,并重点公开下列政府信息:

……(四)财政预算、决算报告……

第二章 信访人的权利和义务

本章说明

本章规定的是信访人的权利和义务,在总则之后首先对信访人的权利和义务加以规定具有提纲挈领的意义,权利(包括义务),是法律关系中最基本的细胞,是立法体系中最基本的元素,任何法律关系、法律规范最后都可归结为权利义务关系和权利义务结构。公民权利是国家权力的基础和目的,公民权利是国家权力的界限,没有公民权利,国家权力就在法治国家中失去了自身存在的价值意义和正当性,因此制定统一信访法的重要目的,在于对信访人的民主权利以及其他合法权益的维护,信访工作机构的设置以及在信访过程中公权力的授予与行使也应当以此为目标。"权利"既是现代法治的起点,也是现代法治的最终归宿与价值目标,将信访纳入法治轨道,必然要求对信访人的权利进行系统的规定。党的十八届三中全会中提出要建设"法治中国""推进国家治理体系和执政能力的现代化",这都离不开对权利的重视与保护。首先对信访人的权利和义务加以规定,符合时代的要求和现代立法精神的需要。

信访人的权利不仅仅是一种基于中国历史传统和社会主义国家性质的产物,而且是为宪法和法律所直接或间接规定所确认的。我国宪法第41条第1款规定:"中华人民共和国公民对于任何国家机关和国家工作人员,有提出批评建议的权利;对于任何国家机关和国家工作人员的违法失职行为,有向有关国家机关提出申诉、控告或者检举的权利,但是不得捏造或者歪曲事实进行诬告陷害。"第2款规定:"对于公民的申诉控告或者检举,有关国家机关必须查清事实,负责处理,任何人不得压制和打击报复。"依据宪法相关规定,在我国信访人的权利就是实践宪法所赋予每一个公民的这五大权利,即批评权、建议权、申诉权、控告权和检举权。从解释宪法的角度出发,这五大权利在理论上属于公民行使自由意愿和主张的权利,属表达权范畴。换言之,从更广泛的意义上讲,信访人的权利是指信访人在行使表达权的过程中所产生的具体性权利，信访人通过行使这些具体性权利而辅助其他基本权利之实现。故本章所规定的信访人的权利应当是信访人在信访活动中促进信访活动顺利进行，维护宪法所赋予的充分行使自由意愿和主张的各项基本权利。

对信访人权利的明确和保护是信访法治化过程中的重要环节，在2005年的《信访条例》中并没有对信访人的信访权利和信访义务进行系统性的规定，在实践中信访人权利保护缺位与信访人权利滥用反差性并存。具体而言，当前的信访问题变得越来越突出，同时信访人的权利遭受侵犯的事件也时有发生。在实体权利层面，信访人因信访而被拘留、"被精神病"的例子客观存在；"安元鼎事件""徐武事件""吴春霞事件"等在信访过程中仍然时有发生，侵犯了信访人的人身自由、人格尊严，而现有制度中却缺乏有效的保护机制。在程序权利层面，信访人往往缺乏对信访工作制度以及信访事项办理程序的了解，导致信访人的信访请求在各级机关之间遭到相互推诿，最终不了了之，信访人的程序权利得不到保障，进一步增加了缠访和闹访的发生。因此，本章专门对信访人在信访活动中的权利进行系统规定，为信访走向法治轨道奠定基础。

一方面，信访人的权利面临着极易遭受侵犯的局面；另一方面，信访人的权利滥用问题亦不可小觑。原国家信访局局长周占顺认为，信访人反映的意见和要求，80%以上有道理或有一定实际困难和问题应予以解决。但是，缠访、闹访、越级访、重复访、聚众访等无理访时有发生。信访是法律所赋予公民表达诉求的正当途径，但是信访表达诉求的行为应当在法律法规规定的范围内进行，然而少数人却忽视法律的规定，滥用信访权利。信访人利用信访制度，滥用信访权利，突破自己的合理合法诉求而借"上访"之名无休止地提出无理要求甚至以闹事等极端手段要挟地方政府、信访部门，破坏正常的社会秩序。有的信访人为了给下一级信访机关施加压力越过所在单位或所反映问题的管辖单位而到上级机关信访，每到重要节日、重要会议或是敏感时期，上访者们就会聚众上访，并常常会采取过激行为，如围堵党政机关大门、静坐、打横幅等，妨碍了正常的办公秩序和社会秩序。

没有无义务的权利，也没有无权利的义务，缺乏对信访人义务的规定必然导致信访人权利的滥用，因此，本章同时对信访人的义务进一步加以明确，以实现信访人权利义务的平衡，规范信访人的信访行为，促进信访人依法信访，在实现自己合法权益的同时，保持对他人权利与自由的尊重。

第二十一条　【信访人的权利】

信访人在信访活动中,享有下列权利:

(一)了解信访工作制度以及信访请求和信访事项的办理程序;

(二)要求信访工作机构提供与其提出的信访请求有关的咨询;

(三)对与信访请求和信访事项有直接利害关系的信访工作人员提出回避申请;

(四)分别向信访受理机关、办理机关查询本人信访请求处理结果和信访事项的办理结果,并要求答复;

(五)依法向信访办理机关提出举行听证的申请;

(六)要求信访受理机关、办理机关对涉及商业秘密、个人隐私等事项予以保密;

(七)法律规定的其他权利。

说　明

本条是对信访人权利的集中规定。

关于信访人的权利,2005 年国务院《信访条例》并没有明确列举。根据《信访条例》的精神和对信访实践的总结,借鉴其他省市的做法,本条例对信访人的权利进行了较为明确的规定。信访人权利的行使要有相应的保障机制,有关国家机关负有保障其有效实现的义务,不得压制和打击报复,对于这些权利的保护制度在本法的第 3 章、第 5 章、第 6 章、第 7 章中进行了详细规定。

第 1 项规定信访人有权了解信访工作制度以及信访请求和信访事项的办理程序。本项是对于信访人对信访工作制度知情权的概括规定,本项中的信访人应作广义上的解释,指的是存在潜在信访请求的一般公民、法人和其他组织,即一般公民、法人和其他组织有权了解信访工作制度以及信访请求和信访事项的办理程序。为保障信访人对信访制度的知情权,本法第 26 条第 8 项相应规定各级国家机关信访工作机构有义务"宣传有关法律、法规、政策,引导信访人依法信访"。

第 2 项规定信访人有权要求信访工作机构提供与其提出的信访请求有关的咨询。本项指信访人在具体的信访活动中有权向信访请求所指向的信访工作机构提出咨询,咨询的内容应当与信访请求内容相关,对信访人的权利,本草案第 26 条第 7 项规定信访工作机构有义务"提供与信访人提出的信访请求有关的咨询服务"。

第 3 项规定信访人有权对与信访人或信访事项有直接利害关系的信访工作人员提出回避申请。本项所规定的直接利害关系指的是存在亲属关系、参与信访事项的处理等足以导致信访工作人员不能公正处理信访案件的情形。本法中所指信访工作人员既包括信访工作机构的工作人员,也包括信访处理机关的工作人员。

本草案中第 29 条、第 30 条进一步规定"在信访请求受理过程中，信访工作人员与信访人或者信访请求有利害关系的，应当回避。信访工作人员的回避可由信访人向受理信访请求的信访工作机构提出，也可由信访工作人员自行向本机构提出，还可以由信访工作机构依职权提出。信访工作人员的回避，由信访工作机构负责人决定；信访工作机构负责人的回避，由所在国家机关负责人决定。""信访事项办理过程中，信访工作人员与信访人或者信访事项有利害关系的，应当回避。信访回避可由信访人向办理信访事项的机关提出，也可由信访工作人员自行向本机关提出，还可由信访事项办理机关依职权提出。信访工作人员的回避，由信访事项办理机关负责人决定；信访事项办理机关负责人的回避，由上级国家机关负责人决定。"

第 4 项规定信访人有权分别向信访请求受理机关、信访事项办理机关查询本人信访请求处理结果和信访事项的办理结果，并要求答复。本项所指信访人有权分别向信访受理机关和信访处理机关，查询本人信访请求的处理情况和信访请求的办理结果。信访请求受理机关和信访事项办理机关有义务，对信访人提出的要求，进行答复。本法第 10 条关于信访信息系统的建立，第 49 条、第 50 条、第 51 条、第 52 条、第 53 条关于各级信访工作机构对于信访请求处理情况的告知，第 55 条、第 60 条关于书面信访处理意见的规定，为信访人权利的实现提供了制度保障。

第 5 项规定信访人有向信访办理机关提出听证申请的权利，对于信访事项的办理，信访人有权利申请采取听证会的形式查明事实，分清责任，解决信访矛盾，信访听证应当由信访人向信访办理机关提出，本草案第 85 条规定了可以采取听证的情形，第 7 章信访听证一章对信访听证的事项进一步明确，从而保障信访人的听证权。

第 6 项规定信访人有权要求信访受理机关、办理机关对于涉及商业秘密、个人隐私等事项予以保密，与此相对应本法第 28 条第 4 项也相应地规定信访工作人员要"遵守保密制度，不得泄露工作秘密，不得扩散信访人要求保密的内容，不得将检举、控告材料及有关情况透露或者转送给被检举、控告的人员或者单位"，以保护信访人的权利。

第 7 项作为兜底性条款，表明信访人的权利并不仅仅局限于上述列举事项，对于本法以及其他法律规定的信访人的权利也应当加以保护。

立法理由

公法的目的在于限制公权力，保障私权利。2005 年《信访条例》并未对信访人的权利进行集中规定，本草案对信访人在信访活动中所享有的权利进行集中规定，有利于彰显现代立法中以保护私权为核心的本义，同时也对法典中所要构建的信访人权利保护制度加以明确，这些权利需要将其制度化，构成了本法的第 3 章、第 5 章、第 6 章、第 7 章中的相关内容。

本条第1、2、4项规定的都是信访人的知情权，即信访人了解信访制度的权利和主动向国家机关获取与信访请求有关受理的信息以及信访事项办理情况的权利。信访人的知情权是信访人提出信访请求、参与信访活动的前提。这是从各级国家机关义务的角度规定的，各级国家机关有义务向公民公开信访制度并提供相关的信息，联合国1946年第59（1）号决议提出"信息自由是一项基本人权，也是联合国所追求的所有自由的基石"，知情权的确立源于民主政治的需求，即"民众有权利知道政府在做什么"，美国司法部长克拉克在《信息自由法》即将实施时所做的一份声明的序言中指出"如果一个政府真正的是民主政府的话，人民必须能够详细知道政府的活动，没有任何东西比秘密更能损害民主，公众没有了解情况，所谓公民最大限度参与国家事务只是一句空话，如果我们不知道我们怎样受理，我们怎么能够管自己呢？在当前群众时代的社会中，当政府在很多方面影响每个人的时候保障人民了解政府活动的权利，比其他任何时代更为重要"。只有在知情权的基础上，信访人才能参与信访活动，才有可能进一步对各级国家机关及其信访工作机构行使公权力的过程进行监督。因此，信访人的知情权是最低限度程序公正标准的要求。此外，赋予信访人知情权还具有经济价值，因为政府是社会信息的最大占有者，公开意味着对政府信息利用的提高，并会进一步促进信访制度这一公共产品的有效利用，促进社会财富的积累。

第6项规定的是信访人向各级国家机关及其信访工作机构对于商业秘密个人隐私的保密请求权。信访人的知情权所对应的是各级国家机关及其信访工作机构的公开义务，但公开应当具有有限性，公开的有限性是指与公权力有关的事项如果法律有明确规定的可以不列入公开的范围，不公开事项范围之所以存在，是因为公开不能以损害他人利益为前提，公开所关系的公共利益必须和不公开的公共利益互相平衡，各种利益互相平衡是社会生活的重要基础。因此，在涉及商业秘密以及个人隐私等事项时，信访人有权利要求各级国家机关以及信访工作机构予以保密。

第3项规定的是信访人的回避申请权，回避是指与要处理的公共事务存在某种利害关系的公务人员不能处理该事务的制度，以防止公务人员偏私，避免其作出对信访人不利的决定。回避是程序公正的基本要求之一，英国普通法上的自然公正原则要求之一即是"自己不能做自己案件的法官"，这意味着案件涉及与争议方有利害关系的裁判者都应当回避。申请回避的权利是对于信访人那种要求受到公平对待的与生俱来的期待的维护，符合人类本性的需求，并有利于公正地、彻底地解决争议，维护一个良性的社会秩序，因此应当赋予当事人回避申请权。

第5项规定的是当事人的听证申请权。听证作为一种听取利害关系人意见的制度，是以司法权运作的模式出现的，它源于英国普通法院上自然公正原则的规则之一，即"听取另一方证词"，这一规则的基本含义是指：任何参与裁判争端或裁判某人行为的个人或机构,都不应该只听取起诉人一方的说明,而且要听取另一方的陈述,在未听取另一方陈述的情况下不得对其施行惩罚。听证程序司法化的程度较高,会对信访事项处理的效率产生影响,但当涉及信访人的重大利益时,应当更加追求公正,赋予信访人申请听证的权利,给予其公开表达意见的机会,是对信访人人格尊严的尊重,有利于提高信访处理意见的可接受程度,减少重复访、闹访的发生。确认信访人的听证权利,有利于形成约束行政权滥用的外在力量,增加信访处理过程的透明度,满足人民知情权的需求。

对于信访人权利的列举存在其局限性,本条中尚未列举的权利并非不重要,法律规定的本条列举之外的信访人的实体权利和程序权利,也应当给予尊重和保护。

立法例

1.《广东省信访条例》(2014 年)

第十一条　信访人在信访活动中享有下列权利:

(一)了解信访工作制度和信访事项的办理程序;

(二)要求信访工作机构提供与其提出的信访事项有关的咨询;

(三)对与信访事项有直接利害关系的信访工作人员提出回避申请;

(四)向办理机关查询本人信访事项的受理、办理情况并要求答复;

(五)要求对个人信息和隐私、商业秘密予以保密;

(六)依法提出复查、复核申请;

(七)法律、法规规定的其他权利。

2.《上海市信访条例》(2012 年)

第十四条　信访人在信访活动中,享有下列权利:

(一)了解信访工作制度及信访事项的处理程序;

(二)要求信访工作机构提供与其提出的信访事项有关的咨询;

(三)对与信访事项有直接利害关系的信访工作人员提出回避申请;

(四)向办理机关查询本人信访事项的办理结果并要求答复;

(五)要求对涉及商业秘密、个人隐私等事项予以保密;

(六)法律、法规规定的其他权利。

3.《北京市信访条例》(2006 年)

第十六条　信访人在信访活动中依法享有下列权利:

(一)了解信访工作制度和信访事项的处理程序;

(二)要求信访工作人员提供与其信访请求有关的咨询服务;

(三)对有直接利害关系的信访工作人员提出回避请求;

(四)向办理机关查询其信访事项的办理情况;

（五）要求对姓名以及涉及个人隐私的事项予以保密；

（六）法律、法规、规章规定的其他权利。

4.《重庆市信访条例》(2009 年)

第十三条　信访人享有下列权利：

（一）对国家机关及其工作人员提出批评和建议；

（二）对国家机关及其工作人员的违法、失职行为提出申诉、控告或检举；

（三）了解信访工作制度和信访事项的办理程序；

（四）向有关机关查询本人信访事项的受理、办理情况；

（五）要求信访工作人员提供与本人信访事项有关的法律政策咨询服务；

（六）要求对涉及个人隐私的事项予以保密；

（七）对有直接利害关系的信访工作人员提出回避申请；

（八）依法提出听证的申请；

（九）依法提出复查和复核的申请；

（十）法律、法规规定的其他权利。

5.《山西省信访条例》(2010 年)

第十条　在信访活动中，信访人享有以下权利：

（一）了解信访工作制度和信访事项的处理程序；

（二）要求信访工作人员提供与信访请求有关的咨询服务；

（三）对有直接利害关系的信访工作人员提出回避申请；

（四）查询其信访事项的办理情况及结果；

（五）要求对姓名或者涉及个人隐私的事项予以保密；

（六）法律、法规规定的其他权利。

第二十二条　【信访人的义务】

信访人在信访活动中，应当履行下列义务：

（一）遵守法律、法规和社会公德；

（二）不得损害国家利益、社会公共利益和其他公民的合法权益；

（三）如实反映情况，不得捏造、歪曲事实，不得诬告、陷害他人；

（四）依照法律、法规规定的方式和程序进行信访活动，遵守信访秩序；

（五）依法履行信访事项的处理决定；

（六）法律规定的其他义务。

说　明

本条是对信访人的信访义务的集中规定。

这些义务的制度以及违反义务所承担的责任分别在本草案第 5 章和第 9 章作出了详细规定。

本条对于信访人在信访活动中义务的规定具体包括三个方面：第 1、2 项概括地规定信访人行使信访权的前提是不得违反法律、法规，不得扰乱社会秩序，不得损害国家利益、社会公共利益和他人合法权益，这是一般权利行使都应当遵守的义务；第 3、4 项是具体针对信访活动过程中信访人义务的规定，在实体层面，要求在客观上信访人提出的信访请求内容应当尽量真实，在主观上，信访人不得以诬告陷害他人为目的，依照法定程序和途径行使权利是防止信访人滥用权利的必要举措；第 5 项要求信访人对于信访事项处理决定的服从，一方面要求信访人不得再就同一事项提出信访请求，另一方面要求信访人对于该处理决定的执行。信访人自愿采用信访途径解决矛盾，对于依法作出的信访事项的处理决定，信访人有义务服从和履行。

立法理由

虽然公法的终极目的在于对私权利的保障，但没有无义务的权利，也没有无权利的义务，缺乏对信访人义务的规定必然导致信访人权利的滥用，明确信访人义务便于信访人了解自己在信访中行使权利的边界，有助于信访人正确行使信访权利，也有助于维护信访秩序，因此，信访人义务的设定不是任意的，应该以维护正常信访秩序的必要为界。

为了解决当前信访人权利滥用的问题，需要集中对信访人的义务也做出集中的规定，以促进信访人依法信访，在实现自己合法权益的同时对社会公共秩序和他人合法权益加以尊重。第 1、2 项所规定的遵守法律、法规和社会公德，行使权利的同时不得损害国家利益、社会公共利益和他人合法权益这是权利行使的一般前提，信访人提出信访请求的同时也应当履行此项义务。

2005 年《信访条例》赋予了信访人提出信访请求的权利，但在实践中，信访人为达到自己的目的而滥用权利的现象广泛存在，信访者滥用权利在实体层面上表现为夸大事实甚至捏造事实。针对这种在实体层面上滥用权利的情形，第 3 项规定信访人在信访活动中应当"如实反映情况，不得捏造、歪曲事实，不得诬告、陷害他人"，并在第九章规定了具体的法律责任，以防止信访人的上述权利滥用现象的发生。

在程序层面上，信访者权利滥用体现为无秩序上访、闹访、集体上访，甚至还产生了所谓的"上访专业户"。无秩序上访是指信访人不按照现有法律、法规的规定提出信访请求，具体在实践中又体现为重复访、无序访和越级访三种。重复访是指某一机关已经受理、正在办理或已经处理结束的信访事项，信访人一而再再而三地就同一问题不断重复上访的行为。无序访指信访人不按照法律规定反映问题,就其同一信访请求,不仅到信访事项的直接处理机关信访,而且向其上级机关、其他部门以及党政机关进行信访的行为,即"一事多告,全面开花"。越级访是指信访人员不按照法定的程序问题进行问题反映,而是越过该问题的直接处理机关向其上级机关进行信访的行为,有的信访人甚至直接进京上访,寄希望于中央高层领导的关注。集体访是指上访人数较多,表达诉求行为较为激烈的信访行为,信访人往往认为上访人数越多问题越能得到解决,甚至有意无意地通过集体上访把纯粹私人权益的问题变成涉及地方稳定和社会秩序的"政治问题"。闹访指的是信访者在信访请求的提出过程中采取一些非理性甚至极端的手段,如静坐、发传单、拉横幅、堵截领导车辆,有的甚至采用爆炸、自焚、跳楼等极端暴力手段来表达诉求,错误地认为"大闹大解决、小闹小解决"。上述在程序上权利滥用的行为严重扰乱了信访秩序,极大地浪费了信访制度资源,降低了制度的运行效率,有的甚至对于社会稳定、公共秩序产生了恶劣影响,为规制上述情形本条第 4 项明确提出信访人在信访活动要"依照法律、法规规定的方式和程序进行信访活动,遵守信访秩序",并在第 5 章对于信访程序作出了进一步的规定,在第 9 章信访责任中对于上述权利滥用的情形规定了相应的法律责任。

信访人依法向信访工作机构提出信访请求,在信访人的参与之下信访处理机关经过调查核实依法作出处理决定,在处理决定作出的期间法律赋予了信访人在参与信访处理过程中有申请回避、听证等权利,以保证信访事项处理的公正性。对于信访处理决定不服的,法律赋予了信访人复查和复核的权利,如果信访人在法定期限内未申请复查或复核,信访处理决定生效后,意味着信访人自愿选择信访途径解决矛盾,并接受信访处理意见的约束。因此,一方面因为程序具有稳定性和终结性,对于未在法定期限提出复查、复核或经两级复查复核后已经生效的处理决定,信访人不得再就同一事项提出信访请求,因为如果一种争端解决程序总是因为同一事项而反复被启动,它就不可能成为程序,也不具备争端解决的功能。另一方面信访人有义务接受信访处理决定的约束。因此本条第 5 项规定信访人有义务"依法履行生效的信访事项的处理决定"。

立法例

1.《广东省信访条例》(2014 年)

第十二条 信访人在信访活动中应当依法履行下列义务:

(一)遵守社会公共秩序,不得损害国家利益、社会公共利益和其他公民的合法权利;

(二)提出的信访事项客观真实,不得歪曲、捏造事实诬告、陷害他人;

(三)依照法律、法规规定的方式和程序进行信访活动;

(四)法律、法规规定的其他义务。

2.《上海市信访条例》(2012 年)

第十五条 信访人在信访活动中,应当履行下列义务:

(一)不得损害国家利益、社会公共利益和其他公民的合法权益;

(二)如实反映情况,不得捏造、歪曲事实,不得诬告、陷害他人;

(三)遵守信访秩序;

(四)法律、法规规定的其他义务。

3.《北京市信访条例》(2006 年)

第十七条 信访人在信访活动中应当依法履行下列义务:

(一)遵守法律、法规,尊重社会公德,自觉维护社会公共秩序和信访秩序,不得损害国家、社会、集体的利益和其他公民的合法权利;

(二)提出的信访请求客观真实,不得歪曲、捏造事实,不得诬告、陷害他人;

(三)依照法律、法规规定的方式和程序进行信访活动;

(四)履行符合法律、法规、规章、政策的处理决定;

(五)法律、法规规定的其他义务。

4.《青海省信访条例》(2011 年)

第十九条 信访人在信访活动中应当履行下列义务:

(一)遵守法律、法规,维护社会公共秩序和信访秩序,不得损害国家、社会、集体利益和其他公民的合法权益;

(二)提出的信访事项应当客观真实,不得歪曲、捏造事实,不得诬告、陷害他人;

(三)依照法律、法规规定的方式和程序进行信访活动;

(四)服从符合法律、法规、规章和政策的处理决定;

(五)法律、法规规定的其他义务。

5.《江西省信访条例》(2009 年)

第十一条 信访人在信访活动中应当履行下列义务:

(一)遵守宪法、法律、法规和规章的规定,不得损害国家利益、社会公共利益和其他公民的合法权益;

(二)如实反映情况,对所提供材料内容的真实性负责,不得捏造、歪曲事实,不得诬告、陷害他人;

(三)依照法律、法规规定的方式和程序进行信访活动,遵守信访秩序;

(四)法律、法规规定的其他义务。

第三章 信访工作机构和信访工作人员

本章说明

信访组织体制设计科学与否是信访制度能否取得实效的组织保证。现实中,信访机构设置目前没有专门性的法律予以规定,信访工作机构呈现多元化特征,从中央到地方,各级党委、人大、法院、检察院、政府以及政府的职能部门,都设有信访工作机构,甚至有些地区在社区居委会也设立这一机构。信访组织体系呈现多元化但缺乏统一的领导和协调,致使信访事项管辖权混乱,导致信访请求受理及信访事项处理主体不明,从而加剧重复访、越级访等问题。同时,信访工作机构的程序性职能使得信访事项处理在一定程度上依赖于领导重视,领导的关注程度和判断标准决定了信访事项处理的效率和效果,从而导致许多信访事项久拖不决,"进京来省"现象日益增多。因此,科学的信访机构设置和权力配置是提高信访效率,实现信访制度功能的关键。

总体来看,我国各级国家机关信访工作机构主要包括:行政信访工作机构、人大信访工作机构、法院信访工作机构和检察院信访工作机构,行政信访工作机构又进一步可分为各级人民政府专职信访工作机构和各级政府工作部门的信访工作机构。我国行政信访机构设置的主要依据是 2005 年《信访条例》第 6 条"县级以上人民政府应当设立信访工作机构;县级以上人民政府工作部门及乡、镇人民政府应当按照有利工作、方便信访人的原则,确定负责信访工作的机构(以下简称信访工作机构)或者人员,具体负责信访工作"。早在 2002 年 2 月《中共中央办公厅、国务院关于印发〈国家信访局职能设置、内设机构和人员编制规定〉的通知》便对中央政府专职信访机构的设置进行规定,并在 2008 年 3 月《国务院办公厅关于印发国家信访局主要职责、内设机构和人员编制规定的通知》中对其进一步加以细化。根据此条规定,我国县级及以上政府都设立了专职信访工作机构,而在县级以下基层乡镇人民政府(含城市街道)信访机构的设置在实践中多有不同,一些乡镇政府单独设立了信访接待室,一些乡镇政府则设立了"综治维稳中心"或"群众工作部",由其负责信访工作,还有一些乡镇政府则指定政府办公室或其他职能部门负责信访工作。从形式上看,政府专职信访机构在各级政府中形成了一个纵向的体系结构,但这个纵向结构是相当松散的,2005 年《信访条例》第 6 条第 2 款第 5 项规定各级人民政府信访工作机构有权"对本级人民政府其他工作部门和下级人民政府信访工作机构的信访工作进行指导"。因此,上一级政府专职信访工作机构并不是下一级政府专职信访机构的领导机关,二者没有严格的上下级隶属关系,前者只在业务上对后者进行指导。任何一级政府的专职信访机构主要是对同级党委和同级政府负责，同级政府是其直接的上级机关。

依据2005年《信访条例》第6条县级以上人民政府工作部门内部也确定了负责信访的工作机构及人员，各部门内部的信访工作机构与本级政府专职信访工作机构一并形成了行政信访的横向结构。然而，这种横向结构关系也是非常松散的。专职信访工作机构由本级人民政府主管，各部门的信访工作机构由本部门主管，它们主要依据业务内容进行信访分工，专职信访工作机构并不是本级政府其他工作部门信访工作机构的领导机关，只是在业务上对后者进行指导。当然，专职信访工作机构并非对各部门的信访工作机构毫无约束力，专职信访工作机构可以对各部门的信访工作机构进行督办，并提出改进建议，可以针对职能部门信访工作人员的失职行为向职能部门提出行政处分建议。同理，地方各级政府专职信访机构并不是同级政府工作部门信访机构的领导机关，前者只是在业务上对后者进行指导，二者之间没有隶属关系。

我国人大信访工作机构、检察院信访工作机构、法院信访工作机构与行政信访机构是分别设立的。人大信访机构设置的相对较晚，通常设置为各级人大常委会的下属机构，如全国人大常委会办公厅信访局。虽然人大是权力机关，政府是行政机关，政府由同级人大产生并对其负责，但实际上行政信访机构与人大信访机构并没有这种直接的权责对应关系，行政信访机构不必向人大信访机构汇报工作，二者分别按照两套不同的体系从事信访工作。与行政机关、人大专门设立信访机构处理信访事项不同的是，人民法院、人民检察院虽然也有信访工作，但并没有成立专职的信访机构。目前，各级人民法院的立案庭一般都设立信访处、信访办公室或者信访组，负责对涉诉信访进行接待和审查。根据2007年《人民检察院信访工作规定》第12条规定："各级人民检察院应当设立控告申诉检察部门负责信访工作。人员较少的县级人民检察院应当确定负责信访工作的机构或者专职人员。"行政信访与人民法院信访、人民检察院信访分属不同系统，没有相互的对应关系。但实践中，行政信访机构往往会把特定的信访事项转交给人民法院和人民检察院办理。

从外部结构看，相对于人大信访、法院信访和检察院信访，行政信访是我国整个信访系统的核心子系统，而且也是备受公民信赖和依赖的信访子系统，行政信访受理的信访案件、承担的实际功能也远远超过其他子系统。因而在现行的信访机构设置中，人大信访、法院信访和检察院信访在机构设置层面的问题并不显著，而行政信访工作机构设置中所体现的矛盾最为突出。从机构属性上来看，目前的信访工作机构主要是一种协调性而非实权性行政机构，以信访业务为主线的联系方式在信访机构之间缺乏足够有效的约束力，不足以把整个信访体制有效地连接起来,形成一个有机统一、连贯畅通的整体。纵向信访机构之间缺乏强有力的连接纽带,上一级政府信访机构可以向下一级政府及其信访机构交办信访事项,并对后者加以督促检查,提出办理意见,甚至要求汇报办理情况。不过,下一级政府信访机构对于信访事项办理得好坏、快慢,往往并不取决于上一级政府信访机构的监督检查,而是取决于党委和政府对信访问题的重视程度和工作力度。从横向上看,行政信访机构往往有机构设置但缺乏相应的权力配置,难以督促职能部门,及时办理信访事项。在信访实践中,如果政府职能部门对同级政府专职信访机构转交的信访事项相互推诿或置之不理,专职信访机构凭借自身的权力配置通常无能为力,因为它不仅在机构设置格局中相对于职能部门处于劣势,而且缺乏明确的、具有法律效力的实质性监督权、督办权和处置权。

针对以上种种问题,为了切实推进信访工作的依法进行和有效进行,本章重点对以下三个方面进行规定:(1)在机构设置层面,按照精简、统一、效能和便民的原则,设立了统一的行政信访受理机构——各级人民政府信访工作机构,统一受理、交办、督办、转送行政信访事项,原则上政府职能部门不再设立或者确定信访机构,从而避免重复信访和职能部门工作推诿、不作为现象。维持了目前行之有效的人大信访、法院信访、检察院信访中的工作机构的组织体系,规定"各级人民代表大会常务委员会应当设立信访工作机构,建立统一的信访接待场所,配备相应的工作人员","各级人民法院和人民检察院应当根据需要设立或者确定负责信访工作的机构,配备相应的工作人员"。(2)在信访工作机构的权力配置上,加强了上下级专职信访机构之间的联系,并赋予其对同级政府职能部门和下级政府专职信访机构具有实质约束力的督办权,将纵向专职信访机构与横向政府职能部门连接成一个整体网络。(3)为保障制度效能的实现,对于信访工作人员的义务作出了进一步的规定,并建立稳定的培训、交流、激励机制,以良好的人员素质提升信访工作的效率和质量,为信访制度的顺畅运行和信访人权利的实现,提供保证。

第二十三条 【各级人大常委会信访工作机构的设置】

各级人民代表大会常务委员会应当设立信访工作机构,建立统一的信访接待场所,配备相应的工作人员。

说 明

本条规定的是各级人大常委会信访工作机构的设置。

各级人大的信访工作由各级人民代表大会常务委员会设立信访工作机构负责处理,各级人大常委会信访工作机构应当建立统一的接待场所,配备相应的接待人员。乡镇一级人民代表大会不设立人大常委会,由人大主席团处理人大的日常工作,乡镇一级人大职责范围内的信访工作也由人大主席团负责,由人大主席团根据需要确定相关人员负责信访工作,本法对此并不作明确规定,其具体职责和工作制度参考本法关于信访工作机构的相关规定。

立法理由

人大信访工作是人大工作的一项重要内容,从人大制度自身的特点来讲,人大信访是人民群众向人大及其常务委员会表达自己意愿的重要途径,也是人大及其常委会保障公民基本权利的重要职责;与此同时,人大信访也是人大及其常委会行使对"一府两院"监督权的一种重要形式,因此有必要在人大系统内部设立专门的信访工作机构负责信访工作。

关于人大信访工作机构的设置目前并没有专门性的法律予以规定,人大信访机构设置的相对较晚,通常设置为各级人大常委会的下属机构,人大常委会是人大的常设机关,在人民代表大会闭会期间代行人大的职能,因此人大信访工作机构也只能由各级人大常委会设立,通过人大常委会发挥其政治参与和权力监督的职能。

在当前的信访体制中,虽然有了正确的信访工作机构设置,但却并不能充分有效地解决信访矛盾,在信访机构设置层面,存在的突出问题是人大信访工作量大,却人力不足,一些基层的人大信访工作人员甚至还没有正式的编制,在这样行政级别比较低、专业工作人员又少,再加上缺乏相应的制约机制的情况下,人大信访机构对信访案件所做的交办就很难收到预期的效果。因此,本草案首先对目前行之有效的机构设置进行了维持和确认,并对人大信访工作人员的配备进行了明确,要求"各级人民代表大会常务委员会应当设立信访工作机构,建立统一的信访接待场所,配备相应的工作人员"。

立法例

1.《信访条例》(2005 年)

第六条 县级以上人民政府应当设立信访工作机构;县级以上人民政府工作部门及乡、镇人民政府应当按照有利工作、方便信访人的原则,确定负责信访工作的机构(以下简称信访工作机构)或者人员,具体负责信访工作。

2.《北京市信访条例》(2006 年)

第十八条 各级人民代表大会常务委员会应当设立信访工作机构,配备专职工作人员。

各级人民政府及街道办事处应当设立信访工作机构,配备专职信访工作人员;各级人民政府工作部门应当根据需要设立或者确定负责信访工作的机构,配备相应的专、兼职工作人员。

各级人民法院、人民检察院应当根据需要设立或者确定负责信访工作的机构,配备相应的工作人员。

3.《广东省信访条例》(2014 年)

第七条 县级以上人民代表大会常务委员会应当设立或者确定负责信访工作的机构,履行信访工作职责。

县级以上人民政府应当设立信访工作机构,履行信访工作职责。县级以上人民政府工作部门及乡(镇)人民政府、街道办事处应当按照方便信访人、有利于工作的原则,确定负责信访工作的机构和人员,负责相关信访工作。

各级人民法院、人民检察院应当根据需要设立或者确定负责信访工作的机构,负责相关信访工作。

4.《青海省信访条例》(2011 年)

第八条 县级以上人民代表大会及其常务委员会应当设立或者确定负责信访工作的机构,配备相应的工作人员。

县级以上人民政府应当设立信访工作机构;县级以上人民政府工作部门、乡(镇)人民政府应当确定负责信访工作的机构或者专(兼)职信访工作人员。

各级人民法院、人民检察院应当设立或者确定负责信访工作的机构,配备相应的工作人员。

5.《上海市信访条例》(2012 年)

第十九条 市和区、县人民代表大会常务委员会应当设立或者确定负责信访工作的机构,配备相应的工作人员。信访工作机构履行下列职责:

(一)受理、转送、交办信访事项;

(二)承办上级和本级人民代表大会及其常务委员会转送、交办的信访事项;

(三)督查、协调信访事项的办理和通报信访事项的办理情况;

(四)研究、分析信访情况,提出工作建议;

(五)依法应当由人民代表大会常务委员会信访工作机构履行的其他职责。

第二十四条 【各级人民政府及垂直管理的政府工作部门信访工作机构的设置】

各级人民政府应当设立统一的信访工作机构和信访接待场所,配备信访工作人员。

垂直管理的政府工作部门应当根据需要,设立或者确定负责信访工作的机构,配备相应的工作人员。

说 明

本条规定的是各级人民政府及垂直管理的政府工作部门信访工作机构的设置。

各级人民政府应当设立统一的信访工作机构和信访接待场所,配备信访工作人员负责信访工作。此处的各级人民政府包括乡镇一级人民政府,作为政府派出机关的街道办事处,按照本条规定的精神也应当设立统一的信访工作机构和信访接待场所,配备相应的信访接待人员负责信访工作。由中央垂直管理和实行省以下垂直管理的国家机关应当根据需要,设立或确定负责信访工作的机构,配备相应的工作人员,具体职责和工作制度参考本法关于信访工作机构的相关规定。

立法理由

在目前我国的信访制度中,信访工作机构呈现多元化,从中央到地方,各级党委、人大、政府,法院、检察院,都设有信访工作机构。在行政信访中,各级人民政府设立专职信访工作机构,各级人民政府工作部门内部也设立了信访工作机构,呈现出信访机构林立的现象。信访组织体系多元化,但缺乏相应的协调机制,致使信访事项管辖权混乱,导致信访事项受理及处理主体不明,从而造成了重复信访、越级上访等问题。在信访事项的处理中,信访工作机构只具有程序性和协调性职能而却缺乏对于下级信访工作机构和处理信访事项实体部门实质上的约束力,使得信访事项处理在一定程度上依赖于领导重视,领导的关注程度和判断标准决定了信访事项处理的效率和效果,从而导致"进京来访"现象日益增多,这是导致信访工作难以推进的实质原因。因此,按照精简、统一、效能的原则建立统一的信访工作机构组织体系成为信访法治化的客观要求。

在行政信访层面,本法对于2005年《信访条例》所确定的县以上各级人民政府设立专职信访工作机构,各级人民政府工作部门内部设立信访工作机构负责信访工作的组织体系进行了适当改进,原则上确立了统一的行政信访受理机构——各级人民政府信访工作机构,统一受理、交办、督办、转送行政信访事项,原则上政府职能部门不再设立或者确定信访机构,从而避免重复信访和职能部门工作推诿、不作为现象。

而针对行政系统中垂直管理的部门,由于其并不受地方政府的约束,地方政府的信访工作机构当然也不能够对其信访工作进行监督和约束,因而保留其内部原有的信访事项处理机制,允许其根据需要,设立或确定负责信访工作的机构,配备相应的工作人员。

在乡级政府层面,2005年《信访条例》规定"乡、镇一级人民政府应当按照有利工作、方便信访人的原则,确定负责信访工作的机构或者人员",这种软约束规定使得一些基层政府并不重视乡级(包括城市街道)信访机构的设置和人员配备。一些乡级政府并没有设立专职的信访机构,而是由其他机构负责信访工作,人员配备方面也参差不齐。一些乡级政府只有 1 名具有行政编制的信访工作人员,还有些乡镇政府甚至没有全职信访工作人员,他们的信访工作要么交给兼职人员负责,要么聘用人员办理。在信访问题特别多的乡镇、街道,由于缺乏信访人员编制,信访工作力量极其薄弱,难以应对大规模的信访,信访矛盾得不到及时化解,进而促使民众向县级或更高级政府提出信访请求,这又对县级有限的信访工作力量形成进一步的冲击。因此,本法中不再对于乡、镇人民政府加以区分,统一规定"各级人民政府应当设置专门信访工作机构,配备相应工作人员,负责信访工作"。

立法例

1.《信访条例》(2005 年)

第六条 县级以上人民政府应当设立信访工作机构;县级以上人民政府工作部门及乡、镇人民政府应当按照有利工作、方便信访人的原则,确定负责信访工作的机构(以下简称信访工作机构)或者人员,具体负责信访工作。

2.《北京市信访条例》(2006 年)

第十八条 各级人民代表大会常务委员会应当设立信访工作机构,配备专职工作人员。

各级人民政府及街道办事处应当设立信访工作机构,配备专职信访工作人员;各级人民政府工作部门应当根据需要设立或者确定负责信访工作的机构,配备相应的专、兼职工作人员。

各级人民法院、人民检察院应当根据需要设立或者确定负责信访工作的机构,配备相应的工作人员。

3.《广东省信访条例》(2014 年)

第七条 县级以上人民代表大会常务委员会应当设立或者确定负责信访工作的机构,履行信访工作职责。

县级以上人民政府应当设立信访工作机构,履行信访工作职责。县级以上人民政府工作部门及乡(镇)人民政府、街道办事处应当按照方便信访人、有利于工作的原则,确定负责信访工作的机构和人员,负责相关信访工作。

各级人民法院、人民检察院应当根据需要设立或者确定负责信访工作的机构,负责相关信访工作。

4.《青海省信访条例》(2011 年)

第八条 县级以上人民代表大会及其常务委员会应当设立或者确定负责信访

工作的机构,配备相应的工作人员。

县级以上人民政府应当设立信访工作机构;县级以上人民政府工作部门、乡(镇)人民政府应当确定负责信访工作的机构或者专(兼)职信访工作人员。

各级人民法院、人民检察院应当设立或者确定负责信访工作的机构,配备相应的工作人员。

5.《上海市信访条例》(2012 年)

第二十条 市和区、县人民政府应当设立信访工作机构和统一的信访接待场所;市和区、县人民政府工作部门及乡、镇人民政府和街道办事处应当按照有利于工作、方便信访人的原则,设立或者确定负责信访工作的机构,配备信访工作人员,具体负责信访工作。

第二十五条 【各级人民法院和人民检察院信访工作机构的设置】

各级人民法院和人民检察院可以根据需要,设立或者确定负责信访工作的机构,配备相应的工作人员。

说　明

本条是对各级人民法院和各级人民检察院信访工作机构设置的规定。

对于各级人民法院和各级人民检察院信访工作机构的设置,本法并未作出强制性的要求,而是尊重司法系统的特殊性质,允许各级人民法院和人民检察院根据需要,设立或者确定负责信访工作的机构,配备相应的人员。

立法理由

目前,关于各级人民法院和各级人民检察院信访工作机构的设置,法律中并没有作出明确的规定。尽管各级人民法院人和人民检察院也有信访工作,但并没有成立专职的信访机构。各级人民法院的立案庭一般都设立信访处、信访办公室或者信访组,负责对涉诉信访进行接待和审查。根据 2007 年《人民检察院信访工作规定》第 12 条规定:"各级人民检察院应当设立控告申诉检察部门负责信访工作。人员较少的县级人民检察院应当确定负责信访工作的机构或者专职人员。"在信访实践中,相对于行政信访,法院信访和检察院信访所承担的信访工作量相对较小,法院信访和检察院信访在信访工作机构设置中所体现的矛盾并不突出。

从信访的制度定位来看,信访制度的政治参与功能在法院信访和检察院信访中体现的并不显著,信访的权力监督与权利救济功能通过检察院与法院原本的机构设置就可以表达和体现,并不一定要重新设立专门的信访工作机构。

因此本法对于目前行之有效的法院信访和检察院信访的信访工作机构体制给予以肯定,规定"各级人民法院和人民检察院应当根据需要设立或者确定负责信访工作的机构,配备相应的工作人员"。

立法例

1.《信访条例》(2005 年)

第六条 县级以上人民政府应当设立信访工作机构;县级以上人民政府工作部门及乡、镇人民政府应当按照有利工作、方便信访人的原则,确定负责信访工作的机构(以下简称信访工作机构)或者人员,具体负责信访工作。

2.《北京市信访条例》(2006 年)

第十八条 各级人民代表大会常务委员会应当设立信访工作机构,配备专职工作人员。

各级人民政府及街道办事处应当设立信访工作机构,配备专职信访工作人员;各级人民政府工作部门应当根据需要设立或者确定负责信访工作的机构,配备相应的专、兼职工作人员。

各级人民法院、人民检察院应当根据需要设立或者确定负责信访工作的机构,配备相应的工作人员。

3.《广东省信访条例》(2014 年)

第七条 县级以上人民代表大会常务委员会应当设立或者确定负责信访工作的机构,履行信访工作职责。

县级以上人民政府应当设立信访工作机构,履行信访工作职责。县级以上人民政府工作部门及乡(镇)人民政府、街道办事处应当按照方便信访人、有利于工作的原则,确定负责信访工作的机构和人员,负责相关信访工作。

各级人民法院、人民检察院应当根据需要设立或者确定负责信访工作的机构,负责相关信访工作。

4.《青海省信访条例》(2011 年)

第八条 县级以上人民代表大会及其常务委员会应当设立或者确定负责信访工作的机构,配备相应的工作人员。

县级以上人民政府应当设立信访工作机构;县级以上人民政府工作部门、乡(镇)人民政府应当确定负责信访工作的机构或者专(兼)职信访工作人员。

各级人民法院、人民检察院应当设立或者确定负责信访工作的机构,配备相应的工作人员。

5.《上海市信访条例》(2012 年)

第二十一条 各级人民法院、人民检察院应当根据需要设立或者确定负责信访工作的机构,配备相应的工作人员。

第二十六条 【国家机关信访工作机构的职责】

国家机关信访工作机构依法履行下列职责:

(一)受理、转送、交办信访请求;

(二)对不属于本机构受理的信访请求向信访人告知;

(三)转送上级信访工作机构交办的信访请求;

(四)督查、协调信访事项的办理和信访事项办理意见的落实,提出改进工作、追究责任的建议;

(五)研究、分析信访情况,开展调查研究,及时向有关国家机关或其工作部门提出完善政策和改进工作的建议;

(六)指导、督促、检查下级信访工作机构的工作,总结、交流信访工作经验;

(七)提供与信访人提出的信访请求有关的咨询服务;

(八)宣传有关法律、法规、政策,引导信访人依法信访;

(九)依法应当由信访工作机构履行的其他职责。

说 明

本条规定的是国家机关信访工作机构职责。

国家机关信访工作机构的职责主要包括三个方面的内容。

第1、2、3项规定的是信访工作机构对信访请求的处理,本法第50、51、52、53条对于各级国家机关信访工作机构对于信访请求的处理作出了详细的规定,对属于本机构职责范围的信访请求以及上级信访工作机构交办的信访请求,应当予以受理并转送本级信访处理机关进行处理;对属于下级信访工作机构职责范围内的信访请求,交下级信访工作机构处理;对不属于本机构受理的,不予受理并作出解释,应当由其他机构受理的,告知信访人向相应机构提出。

第4项规定的是信访工作机构的督查、督办权,本法第6章对信访督办作出了详细规定,在信访事项的处理过程中信访工作机构有权对信访事项的处理进行监督、协调,各级国家机关信访工作机构发现信访事项的处理过程中以及信访处理意见的落实中存在不合理、不合法的现象,应当对信访处理机关及时督查、督办,并提出改进工作的建议;针对信访工作人员不履行职责或不正确履行职责的行为应当向本级组织、纪检、监察、人事等部门提出责任追究的建议,还可以通过上级信访工作机构将有关情况向其上级机关予以反映。

第5项规定各级国家机关信访工作机构要对信访情况进行总结、分析,开展调查研究,及时向有关国家机关提出完善政策和改进工作的建议。本法第82条、83

条针对信访机构的此项职责作出了配套性的制度规定,各级信访工作机构应当将受理信访的分类数据统计、信访事项涉及较多的领域、部门及分析情况以及信访人的意见、建议采纳情况作出情况报告定期提出,对于信访人提出的有关政策性问题的建议,信访工作机构应当及时报告,并提出完善法律、法规和政策、解决问题的建议。

第 6 项规定的是上下级信访工作机构之间的关系,上级信访工作机构有权对下级信访工作机构的信访工作进行指导、督促、检查,并组织进行信访工作经验的交流和总结。

第 7、8 项是针对第 2 章规定的信访人知情权而对信访工作机构作出的义务性规定,信访工作机构有义务宣传有关法律、法规、政策,使一般的公民、法人和其他组织了解国家的信访制度、工作程序以及相关法律法规,引导信访人依法信访。当信访人提出与其信访请求有关的咨询时,信访工作机构有义务作出告知。

立法理由

明确信访工作机构职责可以避免扯皮推诿现象,并为信访考核工作提供法律依据,从而有利于规范信访工作机构及其工作人员的职务行为,提高信访工作的效率和质量。同时,可以通过明确信访工作机构的职责来强化上下级信访工作机构以及与同级信访处理机构之间的关系,用法律规范信访事项的处理,而不是仅凭领导人个人意志推动信访事项的处理。为维护本法 21 条规定的信访人"了解信访工作制度以及信访请求和信访事项的办理程序""要求信访工作机构提供与其提出的信访请求有关的咨询"的权利,本法规定了信访工作机构具有畅通信访渠道,宣传有关法律、法规、政策,引导信访人依法信访,提供与信访人提出的信访请求有关的咨询服务的义务。作为信访程序的发起点和中转站,本法对于 2005 年《信访条例》所规定的程序性和协调性职能继续加以确认,规定信访工作机构有责任受理、转送、交办信访请求,对于不属于本机构受理的信访请求向信访人告知,对于上级信访工作机构交办的信访请求进行转送。

但是,为满足当前国家机关以及人民对于信访制度的期待,信访工作机构的职能不应仅止于程序性和协调性职能,更需要改变当前信访工作机构"责重权轻"的局面,以有效的制度构建推动信访工作依法有序进行。因此,本法强化了上下级信访工作机构的关系,规定上级信访工作机构有职责对于下级信访工作机构的工作进行指导、督促和检查,并组织交流信访工作经验。与同级信访处理机关之间,信访工作机构既有权力也有责任督查、协调信访事项的办理和信访事项办理意见的落实,提出改进工作的建议。本法第 6 章信访督办对于信访工作机构这一权力运行的制度作出了具体的规定。通过对信访工作机构职能的强化,在信访事项的处理过程中,信访工作机构不仅是参与者和协调者,更是有力的督促者和监督者。

同时,从信访的制度定位出发,信访的首要功能应当是各级国家机关密切联系群众、倾听民意的重要渠道。为实现信访制度的政治参与功能,本法规定信访工作机构有职责研究、分析情况,开展调查研究,及时向有关国家机关提出完善政策和改进工作的建议,以此拓宽社会公众自由表达政治意愿的途径,有利于发挥信访制度在促进公民参与社会公共事务的管理中的作用,保障公民宪法所赋予的批评、建议权的实现,辅助各级国家机关有效地制定、调整、执行公共政策,不断推进建设"善治政府"。

立法例

1.《信访条例》(2005 年)

第六条第二款 县级以上人民政府信访工作机构是本级人民政府负责信访工作的行政机构,履行下列职责:

(一)受理、交办、转送信访人提出的信访事项;

(二)承办上级和本级人民政府交由处理的信访事项;

(三)协调处理重要信访事项;

(四)督促检查信访事项的处理;

(五)研究、分析信访情况,开展调查研究,及时向本级人民政府提出完善政策和改进工作的建议;

(六)对本级人民政府其他工作部门和下级人民政府信访工作机构的信访工作进行指导。

2.《北京市信访条例》(2006 年)

第十九条 信访工作机构履行下列职责:

(一)处理信访请求;

(二)办理信访事项;

(三)协调、督促检查信访请求的处理和信访事项办理意见的落实,提出改进工作、追究责任的建议;

(四)提供与信访人提出的信访请求有关的咨询服务;

(五)研究、分析信访情况,开展调查研究,及时向有关国家机关提出完善政策和改进工作的建议;

(六)指导、督促、检查下级国家机关的信访工作,总结交流信访工作经验;

(七)宣传有关法律、法规、政策,引导信访人依法信访;

(八)其他依法应当履行的职责。

3.《深圳市信访条例》(2011 年)

第十三条 信访工作专门机构履行下列职责:

(一)受理、交办、转送、督查、督办信访事项;

(二)承办本级政府和上级机关批转、交办的信访事项;

(三)协调处理涉及两个或者两个以上单位的信访事项及其他重大信访事项;

(四)督促、检查有关信访法律、法规和政策的执行以及信访事项的处理;

(五)研究、分析信访情况,开展调查研究,及时向有关国家机关提出完善政策和改进工作的建议;

(六)对下级信访工作专门机构和本辖区国家机关的信访工作进行业务指导,并对信访工作人员进行业务培训;

(七)对本辖区国家机关的信访工作进行工作评价和考核;

(八)制定并发布本辖区信访工作规定或者指导意见;

(九)组织宣传信访法律、法规和政策;

(十)法律、法规规定的其他职责。

4.《西藏自治区信访条例》(2007 年)

第七条 县级以上国家机关信访工作机构履行下列职责:

(一)受理、交办、转送信访人提出的信访事项;

(二)承办上一级和本级国家机关及其负责人交其处理的信访事项;

(三)协调处理重要信访事项;

(四)督促检查信访事项的处理;

(五)研究、分析信访情况,开展调查研究,及时向本级国家机关提出完善政策或者改进工作的建议;

(六)对本级国家机关其他工作部门和下级国家机关的信访工作进行指导。

5.《山西省信访条例》(2010 年)

第十三条 负责信访工作的机构履行下列职责:

(一)受理、转交信访人提出的信访事项;

(二)承办有关信访事项;

(三)为信访人提供法律、法规和政策咨询;

(四)分析、研究信访情况,提出完善政策和改进工作的建议;

(五)法律、法规规定的其他职责。

县级以上国家机关负责信访工作的机构除履行前款规定的职责外,还应当履行综合协调、督促检查等职责。

6.《内蒙古自治区信访条例》(2010 年)

第九条 信访机构的职责是:

(一)接待来访、办理来信,承办上级机关和本机关负责人交办、转办的信访案件;

(二)向有关机关、单位转办、交办信访案件;

(三)调查有关信访案件,提出处理建议;

(四)协调有关机关、单位查处信访案件;

(五)分析研究信访动态,及时向有关领导反映情况;

(六)宣传法律和政策,为信访人提供咨询服务;

(七)督促、检查、指导本地区、本系统的信访工作;

(八)总结、推广信访工作经验,开展信访工作理论研究。

第二十七条 【畅通信访渠道】

国家机关信访工作机构应当建立健全信访工作制度,信访工作机构应当在信访接待场所、本机构网站或者通过其他方式向社会公布下列事项:

(一)信访工作机构的通信地址、电子信箱、受理电话、接待场所、来访接待时间;

(二)本机构信访请求受理范围;

(三)与信访工作有关的法律、法规、规章、工作规范以及信访请求的处理程序;

(四)查询信访事项办理情况的方式;

(五)其他方便信访人的事项。

信访人要求对公示内容予以说明、解释的,信访工作机构应当予以说明、解释。

说　明

本条是对各级国家机关信访工作机构畅通信访渠道的规定。

各级国家机关应当建立、健全信访工作制度,畅通信访渠道,通过在信访接待场所、本机构网站或其他方式向一般社会公众公开与提出信访请求和处理信访事项有关的本机构职责范围内的事项,方便信访人提出信访请求,参与信访事项的处理。公示的事项包括,本机构的通信地址、电子邮箱、受理电话、接待场所、来访接待时间,信访请求的办理范围,与信访工作有关的法律、法规、规章、工作规范以及信访请求的处理程序,查询信访事项办理情况的方式以及其他方便信访人的事项。这种公示并非仅仅是形式意义上的公示,信访人对公示的内容存在疑问,要求对公示内容予以说明、解释的,信访工作机构应当予以说明、解释。

立法理由

畅通信访渠道是提出信访请求、参与信访事项处理、行使信访权利的重要前提，是引导信访人依法信访的重要方式。基于当前信访工作形势的需求，本条对于畅通信访渠道作出了专门的规定。近年来随着改革的深入，信访的工作形势也发生了进一步的变化，信访逐渐从"信"访到"人"访，过去信访主要靠写信，现在变为主要是走访；从"个"访到"群"访，对某项工作或某一事件，如征地公共设施建设等涉及多数人的利益，因种种原因，得不到及时解决，群众又在短时间内不能理解，引发群体上访；从"文"访到"武"访，有的信访人为引起领导对于信访事项的重视，认为"事情闹得越大，问题越容易解决"，一些信访事项比较复杂难以在短时间内解决，有的信访人则会转而采取过激的行为；从本级访到越级访，一些信访人将主张权利的希望不是寄予法律，而是寄予拥有更高权力的领导身上，往往会不按照法定程序提出问题，而是直接越过本级向上级甚至直接赴省进京信访。上述行为扰乱了正常的信访工作秩序，给信访工作机构尤其是上级信访工作机构带来了巨大的工作压力，增加了信访人以及各级国家机关及其信访工作机构的信访成本。

面对新的挑战，重要解决途径之一就是畅通信访渠道，向信访人提供和公开简便易行而又多样化的信访渠道，公开信访制度的正常运行过程，这是对信访人知情权的维护，同时也有利于纠正很多人对于信访制度的错误认识，使信访人了解信访制度的法定运行轨道，从而对自己行为的后果进行预测，根据法律所规定的渠道和方式，理性地选择自己最合适的方式参与信访过程，从而有利于实现信访制度效益的最大化。

立法例

1.《信访条例》（2005 年）

第九条 各级人民政府、县级以上人民政府工作部门应当向社会公布信访工作机构的通信地址、电子信箱、投诉电话、信访接待的时间和地点、查询信访事项处理进展及结果的方式等相关事项。

各级人民政府、县级以上人民政府工作部门应当在其信访接待场所或者网站公布与信访工作有关的法律、法规、规章，信访事项的处理程序，以及其他为信访人提供便利的相关事项。

2.《广东省信访条例》（2014 年）

第十四条 各级国家机关应当在信访接待场所和政务网站向社会公布下列事项：

（一）网上信访平台、信访电子信箱、手机短信信访号码、信访工作机构的通讯地址、预约和咨询电话、接待场所、来访接待时间；

（二）本单位信访事项受理范围；

（三）有关信访的法律、法规或者其他有关规定以及信访事项的处理程序；

（四）查询信访事项办理情况的方式；

（五）应当告知信访人的其他事项。

3.《北京市信访条例》（2006 年）

第二十条　信访工作机构应当在信访接待场所、本机关网站或者通过其他方式向社会公布下列事项：

（一）信访工作机构的通信地址、电子信箱、受理电话、接待场所、来访接待时间；

（二）本机关信访事项受理范围；

（三）与信访工作有关的法律、法规、规章、工作规范以及信访事项的处理程序；

（四）查询信访事项办理情况的方式；

（五）实行负责人信访接待日的机关，公开接待日的安排；

（六）其他方便信访人的事项。

信访人要求对公示内容予以说明、解释的，信访工作机构应当予以说明、解释。

4.《湖北省信访条例》（2005 年）

第十二条　各级国家机关应当向社会公布信访工作机构的通信地址、邮政编码、电子信箱、接待时间地点和值班（传真）电话等；在接待场所或者网站公布与信访工作有关的法律法规、规章制度和信访事项的处理程序；改善接待场所的环境和条件，方便信访人反映问题。

5.《重庆市信访条例》（2009 年）

第十九条　国家机关在信访接待场所和互联网站应向社会公布下列事项：

（一）本机关信访工作机构的通信地址、电子信箱、投诉电话号码、传真号码、接待场所地址、接待时间；

（二）受理信访事项的范围；

（三）信访事项办理的程序；

（四）有关信访工作的法律、法规、规章、工作制度；

（五）其他方便信访人的事项。

第二十八条　【信访工作人员的行为规范】

信访工作人员在信访工作中，应当遵守下列规定：

（一）文明接待，尊重信访人，不得刁难和歧视。对依法不予受理的信访请求，应当告知信访人向有权受理的其他国家机关信访工作机构或有权处理的国家机关提出，并做好解释、疏导工作。

（二）按照信访工作程序，依法、公正办理信访事项，不得敷衍塞责，推诿拖延。

（三）坚持原则，秉公办事，不得徇私舞弊、接受馈赠或者收受贿赂。

（四）遵守保密制度，不得泄露工作秘密，不得扩散信访人要求保密的内容，不得将检举、控告材料及有关情况透露或者转送给被检举、控告的人员或者单位。

（五）对信访人有关信访请求办理情况和信访事项处理情况的查询，除涉及国家秘密、商业秘密、个人隐私的事项外，应当如实答复，不得拒绝。

（六）按照档案管理的规定，建立并妥善保管信访档案，不得丢失、篡改、隐匿或者擅自销毁。

（七）依法应当遵守的其他规定。

说　明

本条是对于信访工作人员行为规范的规定。

本条中的信访工作人员既包括信访工作机构的工作人员，又包括信访处理机关处理信访事项的工作人员。在职业道德层面，信访工作人员作为国家工作人员应当全心全意为人民服务，文明接待，尊重信访人，不得刁难和歧视，对于依法不予受理的信访请求，应当告知信访人向有权办理的其他国家机关信访工作机构或有权处理的国家机关提出，并做好解释、疏导工作；依法开展信访工作是对于信访工作人员的基本要求，信访工作人员应当坚持原则，秉公办事，不得徇私舞弊、接受馈赠或者收受贿赂，在工作过程中应当按照信访工作程序，依法、公正办理信访事项，不得敷衍塞责，推诿拖延。同时为保障信访人相关权利的实现，基于一定的工作业务要求，信访工作人员对信访人有关信访请求办理情况和信访事项处理情况的查询，除涉及国家秘密、商业秘密、个人隐私的事项外，应当如实答复，不得拒绝，同时要遵守保密制度，不得泄露工作秘密，不得扩散信访人要求保密的内容，不得将检举、控告材料及有关情况透露或者转送给被检举、控告的人员或者单位，按照档案管理的规定，建立并妥善保管信访档案，不得丢失、篡改、隐匿或者擅自销毁。

立法理由

信访工作人员是具体承担信访工作的人员，其素质和工作质量直接关系到信访事项处理的公正性和合理性，关系到社会矛盾的化解效率和效果。因此，信访工作人员必须遵循相应的行为规范，否则应该承担相应法律责任。对于法律、法规的遵守是信访工作人员作为国家工作人员最基本的要求。2006 年《公务员法》第 12条中明确规定"公务员要模范遵守宪法和法律""按照规定的权限和程序认真履行职责，努力提高工作效率"。因此，本条第 2、3 项规定信访工作人员要以法律为准绳,坚持原则,秉公办事,不得徇私舞弊、接受馈赠或者收受贿赂,按照信访工作程序,依法、公正办理信访事项,不得敷衍塞责,推诿拖延。依法履行职责往往并不等同于信访矛盾的有效解决,还应当增强信访工作者的服务意识,在信访工作的具体处理中,一些信访工作者责任意识和服务意识不高,导致群众问题没有得到及时有效的解决,部分信访工作人员对群众的合理要求应该答复的不答复,应该协调处理的问题拖着不办,对个别信访人过高和无理的要求,不做耐心细致的解释疏导工作,等等,这些信访工作者的主观原因降低了信访工作的效率。因此,本条第1项规定信访工作者应当文明接待,尊重信访人,不得刁难和歧视,对于对依法不予受理的信访请求,应当告知信访人向有权办理的其他国家机关信访工作机构或有权处理的国家机关提出,并做好解释、疏导工作。以全心全意为人民服务的态度减少信访人的抵触情绪,避免极端事件的发生,以耐心的解释和疏导让信访人清楚地意识到自己的权利和义务的界限,避免无休止的缠访、闹访、越级访、重复访,从根本上促进矛盾的解决。信访工作人员还应当遵循一定的业务规范,为维护法律赋予信访人的知情权,本条第4、5项规定信访工作人员对于信访人有关信访请求办理情况和信访事项处理情况的查询,除涉及国家秘密、商业秘密、个人隐私的事项外,应当如实答复,同时,信访工作人员也有义务遵守保密制度,不得泄露工作秘密,为了避免信访人遭受打击报复以及信访事项得到有效处理,信访工作人员不得扩散信访人要求保密的内容,不得将检举、控告材料及有关情况透露或者转送给被检举、控告的人员或者单位。此外,本条第6项还明确规定了信访工作人员应当按照档案管理的规定,建立并妥善保管信访档案,不得丢失、篡改、隐匿或者擅自销毁。2005年《信访条例》并未对此作出规定,信访档案制度是信访工作机构的一项基本工作制度,对信访工作人员的档案管理义务作出规定,有利于健全目前的信访档案制度,有助于规范接访工作、提高信访工作效率,也有利于信访工作责任制的实行,从而可以充分发挥信访档案资源的作用,有利于实现国家、省、市及各县区之间的信息联动,促进重复访、越级访案件的有效处理,并可以通过对于信访档案的总结归纳,为信访多发领域提供政策性建议,促进信访矛盾的源头解决,充分彰显信访工作在构建和谐社会中的基础作用。信访工作人员的行为规范,并不仅限于以上列举,还有的在现行法律法规中已有规定,如《公务员法》,为避免没有必要的重复,我们设置了第7项作为兜底条款。

立法例

1.《上海市信访条例》(2012年)

第二十三条 信访工作人员在信访工作中,应当遵守下列规定:

(一)文明接待,尊重信访人,不得刁难和歧视;

（二）按照信访工作程序,依法公正办理信访事项,不得敷衍塞责,推诿拖延;

（三）坚持原则,秉公办事,不得徇私舞弊、接受馈赠或者收受贿赂;

（四）遵守保密制度,不得泄露工作秘密,不得扩散信访人要求保密的内容,不得将检举、控告材料及有关情况透露或者转送给被检举、控告的人员或者单位;

（五）依照规定妥善保管信访材料,不得丢失、隐匿或者擅自销毁;

（六）依法应当遵守的其他规定。

2.《北京市信访条例》(2006年)

第二十二条 信访工作人员在信访工作中,应当遵守下列规定:

（一）文明接待,尊重信访人,不得刁难和歧视信访人。对依法不予受理的信访请求,应当告知信访人并做好解释、疏导工作;

（二）按照信访工作的处理程序,依法及时处理信访事项,不得置之不理、敷衍塞责、推诿拖延。对不属于本机关受理的信访请求,应当告知信访人向有权处理的国家机关提出;

（三）坚持原则,秉公办事,不得徇私舞弊、收受贿赂、接受信访人请客送礼;

（四）遵守保密制度,不得泄露控告人、检举人的姓名及控告、检举的内容,不得泄露、扩散信访人要求保密及可能对信访人权益造成损害的内容;

（五）对信访人有关信访事项办理情况的查询,除涉及国家秘密、商业秘密、个人隐私的事项外,应当如实答复,不得拒绝;

（六）与信访人或者信访事项有直接利害关系的,应当回避;

（七）按照档案管理的规定,建立并妥善保管信访档案,不得丢失、篡改、隐匿或者擅自销毁。

3.《湖北省信访条例》(2005年)

第十五条 各级国家机关信访工作人员必须熟悉法律政策、作风正派、廉洁奉公、责任心强,并在信访工作中遵守下列规定:

（一）文明接待,尊重信访人的人格和权利,不得刁难和歧视信访人;

（二）按照信访工作的处理程序,依法及时处理信访事项,不得置之不理,敷衍塞责,推诿拖延;

（三）坚持原则,秉公办事,不得徇私舞弊、收受贿赂,不得利用职务之便接受信访人请客送礼;

（四）遵守保密制度,不得泄露控告人、检举人的姓名及控告、检举的内容,不得泄露、扩散信访人要求保密及可能对信访人权益造成损害的内容;

（五）对信访人有关信访事项办理情况及结果的查询,除涉及国家秘密、商业秘密、个人隐私的事项外,应当如实答复,不得拒绝;

（六）与信访事项或者信访人有直接利害关系的,应当回避;

(七)妥善保管信访材料,不得丢失、隐匿或者擅自销毁。

4.《青海省信访条例》(2011年)

第十六条 信访工作人员在信访工作中应当尊重信访人的人格,不得刁难、歧视信访人;恪尽职守,秉公办事,依法及时处理信访事项,不得推诿、敷衍、拖延;妥善保管信访材料,不得丢失、隐匿或者擅自销毁;遵守保密制度,不得泄露信访人要求保密的内容,不得将检举、控告材料及有关情况透露或者转送给被检举、控告的单位和人员。

立法参考

1.《中华人民共和国公务员法》(2006年)

第十二条 公务员应当履行下列义务:

(一)模范遵守宪法和法律;

(二)按照规定的权限和程序认真履行职责,努力提高工作效率;

(三)全心全意为人民服务,接受人民监督;

(四)维护国家的安全、荣誉和利益;

(五)忠于职守,勤勉尽责,服从和执行上级依法作出的决定和命令;

(六)保守国家秘密和工作秘密;

(七)遵守纪律,恪守职业道德,模范遵守社会公德;

(八)清正廉洁,公道正派;

(九)法律规定的其他义务。

2.《民政信访工作办法》(2011年)

第十条 民政信访工作人员遵守下列规定:

(一)尊重信访人,不得刁难、歧视信访人;

(二)恪尽职守,秉公办事,依法及时处理信访事项,不得推诿、敷衍、拖延;

(三)妥善保管信访材料,不得丢失、隐匿或者擅自销毁;

(四)遵守保密制度,不得将信访人的检举、揭发材料及有关情况透露或者转给被检举、揭发的人员或者单位;

(五)与信访事项或者信访人有直接利害关系的,应当回避。

第二十九条 【信访请求受理阶段的回避制度】

在信访请求受理过程中,信访工作人员与信访人或者信访请求有直接利害关系的,应当回避。

信访工作人员的回避可由信访人向受理信访请求的信访工作机构提出,也可由信访工作人员自行向本机构提出,还可以由信访工作机构依职权提出。

> 信访工作人员的回避,由信访工作机构负责人决定;信访工作机构负责人的回避,由所在国家机关负责人决定。

说　明

本条是对信访请求受理阶段回避制度的规定。

在信访请求处理过程中,当信访工作人员与信访人或信访请求存在直接利害关系时,应当回避。这里的"利害关系"指的是与信访人存在亲属关系、参与信访事项的处理等足以导致信访工作人员不能公正处理信访案件的情形。信访回避请求的提出主体既包括与信访请求存在直接利害关系的信访工作人员自身、信访工作机构,也包括提出信访请求的信访人。信访回避请求向信访工作机构提出,由信访机构负责人决定。当涉及信访工作机构负责人的回避时,由所在国家机关负责人决定。

立法理由

回避是指与要处理的公共事务存在某种利害关系的公务人员不能处理该事务的制度,以防止公务人员偏私,避免其作出对相关权利主体不利的决定。回避是程序公正的基本要求之一,英国普通法上的自然公正原则要求之一即是"自己不能做自己案件的法官",这意味着案件涉及与争议方有利害关系的裁判者都应当回避。因此,本条规定信访工作人员与信访人或者信访请求有利害关系的应当回避。

2005年《信访条例》并未对信访请求处理过程中回避制度作出具体规定,本法对此作出了明确的规范。在信访请求的处理过程中,信访工作人员对于其自身与信访请求之间的利害关系最为了解,作为行使公权力的国家机关工作人员有责任保障信访程序的公正性,为了满足程序公正的基本要求,增强信访请求处理结果的可接受性,应当规定信访工作人员有义务主动申请回避和信访工作机构依职权提出回避。申请回避的权利是对于信访人与生俱来的受到公平对待的期待之维护,符合人类本性的需求,并有利于公正地、彻底地解决争议,维护一个良性的社会秩序,应当赋予当事人回避申请权。

当回避申请提出时,应当由信访机构负责人决定,当涉及信访机构负责人的回避时,应当由所在国家机关负责人决定,而不是由上一级信访工作机构负责人决定。这是因为,一方面,从处理效率的角度来看,上一级信访机构与下一级信访机构之间的联系不如信访工作机构与其所在国家机关的联系密切,上报上一级信访机构负责人决定需要将案卷等信息向上级移送,程序繁琐不利于信访请求的及时处理;另一方面,从权力运行关系的角度来看,上下级信访工作机构之间更多的是指导与监督的关系,而信访工作机构是所在国家机关的下属机构,从权力运行的角度来看,由所在机关负责人决定更为合理。

立法例

1.《信访条例》(2005 年)

第三十条 行政机关工作人员与信访事项或者信访人有直接利害关系的,应当回避。

2.《广东省信访条例》(2014 年)

第三十九条 信访工作人员与信访人或者信访事项有直接利害关系的,应当回避。

信访工作人员的回避,由信访工作机构负责人决定;信访工作机构负责人的回避,由所在国家机关负责人决定。

3.《上海市信访条例》(2012 年)

第二十四条 信访工作人员与信访人或者信访事项有直接利害关系的,应当提出回避。

信访工作人员的回避,由信访工作机构负责人决定;信访工作机构负责人的回避,由所在国家机关负责人决定。

立法参考

1.《中华人民共和国公务员法》(2006 年)

第七十条 公务员执行公务时,有下列情形之一的,应当回避:

(一)涉及本人利害关系的;

(二)涉及与本人有本法第六十八条第一款所列亲属关系人员的利害关系的;

(三)其他可能影响公正执行公务的。

2.《中华人民共和国行政诉讼法》(1990 年)

第四十七条 当事人认为审判人员与本案有利害关系或者有其他关系可能影响公正审判,有权申请审判人员回避。

审判人员认为自己与本案有利害关系或者有其他关系,应当申请回避。

前两款规定,适用于书记员、翻译人员、鉴定人、勘验人。

院长担任审判长时的回避,由审判委员会决定;审判人员的回避,由院长决定;其他人员的回避,由审判长决定。当事人对决定不服的,可以申请复议。

3.《中华人民共和国民事诉讼法》(2013 年)

第四十四条 审判人员有下列情形之一的,应当自行回避,当事人有权用口头

或者书面方式申请他们回避:

(一)是本案当事人或者当事人、诉讼代理人近亲属的;

(二)与本案有利害关系的;

(三)与本案当事人、诉讼代理人有其他关系,可能影响对案件公正审理的。

审判人员接受当事人、诉讼代理人请客送礼,或者违反规定会见当事人、诉讼代理人的,当事人有权要求他们回避。

审判人员有前款规定的行为的,应当依法追究法律责任。

前三款规定,适用于书记员、翻译人员、鉴定人、勘验人。

第四十六条 院长担任审判长时的回避,由审判委员会决定;审判人员的回避,由院长决定;其他人员的回避,由审判长决定。

4.《中华人民共和国刑事诉讼法》(2013 年)

第二十八条 审判人员、检察人员、侦查人员有下列情形之一的,应当自行回避,当事人及其法定代理人也有权要求他们回避:

(一)是本案的当事人或者是当事人的近亲属的;

(二)本人或者他的近亲属和本案有利害关系的;

(三)担任过本案的证人、鉴定人、辩护人、诉讼代理人的;

(四)与本案当事人有其他关系,可能影响公正处理案件的。

第三十条 审判人员、检察人员、侦查人员的回避,应当分别由院长、检察长、公安机关负责人决定;院长的回避,由本院审判委员会决定;检察长和公安机关负责人的回避,由同级人民检察院检察委员会决定。

对侦查人员的回避作出决定前,侦查人员不能停止对案件的侦查。

对驳回申请回避的决定,当事人及其法定代理人可以申请复议一次。

第三十条 【信访事项办理阶段的回避制度】

信访事项办理过程中,信访工作人员与信访人或者信访事项有利害关系的,应当回避。

信访回避可由信访人向办理信访事项的机关提出,也可由信访工作人员自行向本机关提出,还可由信访事项办理机关依职权提出。

信访工作人员的回避,由信访事项办理机关负责人决定;信访事项办理机关负责人的回避,由上级国家机关负责人决定。

说 明

本条是对信访事项办理过程中回避制度的规定。

在信访事项办理过程中,当信访工作人员与信访人或信访事项存在利害关系时,应当回避。这里的"利害关系"指的是与信访人存在亲属关系、参与信访事项的处理等足以导致信访工作人员不能公正处理信访案件的情形。信访回避请求的提出主体既包括与信访事项存在利害关系的信访工作人员自身、信访事项办理机关,也包括提出信访请求的信访人。信访回避请求向信访事项办理机关提出,由信访事项办理机关负责人决定。当涉及信访事项办理机关负责人的回避时,由信访事项办理机关上一级国家机关负责人决定。

立法理由

无论是在信访请求受理过程中,还是在信访事项办理过程中,当信访工作人员与信访人或信访事项存在利害关系时,都可能出现公务人员偏私而作出对信访人不利的决定。当信访工作人员与信访事项之间存在利害关系时,如果不允许当事人申请回避,信访人则有充分的理由怀疑其所作出的处理意见的公正性和合理性,因此,回避不仅适用于信访请求受理的过程中,也应适用于信访事项办理的过程中。回避的目的在于防止公务人员偏私,回避是程序公正的基本要求之一,程序公正是有效解决信访矛盾的前提,信访工作人员对于其自身与信访请求之间的利害关系最为了解,作为行使公权力的国家机关工作人员有责任保障信访程序的公正性,为了增强信访事项处理意见的可接受性,应当规定信访工作人员有义务主动申请回避和信访事项办理机关依职权依职权提出回避。申请回避的权利是对于信访人与生俱来的受到公平对待的期待之维护,符合人类本性的需求,并有利于公正地、彻底地解决争议,维护一个良性的社会秩序,因此也应当赋予当事人回避申请权。信访回避请求向信访事项办理机关提出,由信访事项办理机关负责人决定。当涉及信访事项办理机关负责人的回避时,由信访事项办理机关上一级国家机关负责人决定。

立法例

1.《信访条例》(2005 年)

第三十条　行政机关工作人员与信访事项或者信访人有直接利害关系的,应当回避。

2.《广东省信访条例》(2014 年)

第三十九条　信访工作人员与信访人或者信访事项有直接利害关系的,应当回避。

信访工作人员的回避,由信访工作机构负责人决定;信访工作机构负责人的回避,由所在国家机关负责人决定。

3.《上海市信访条例》(2012 年)

第二十四条 信访工作人员与信访人或者信访事项有直接利害关系的,应当提出回避。

信访工作人员的回避,由信访工作机构负责人决定;信访工作机构负责人的回避,由所在国家机关负责人决定。

立法参考

1.《中华人民共和国公务员法》(2006 年)

第七十条 公务员执行公务时,有下列情形之一的,应当回避:

(一)涉及本人利害关系的;

(二)涉及与本人有本法第六十八条第一款所列亲属关系人员的利害关系的;

(三)其他可能影响公正执行公务的。

2.《中华人民共和国行政诉讼法》(1990 年)

第四十七条 当事人认为审判人员与本案有利害关系或者有其他关系可能影响公正审判,有权申请审判人员回避。

审判人员认为自己与本案有利害关系或者有其他关系,应当申请回避。

前两款规定,适用于书记员、翻译人员、鉴定人、勘验人。

院长担任审判长时的回避,由审判委员会决定;审判人员的回避,由院长决定;其他人员的回避,由审判长决定。当事人对决定不服的,可以申请复议。

3.《中华人民共和国民事诉讼法》(2013 年)

第四十四条 审判人员有下列情形之一的,应当自行回避,当事人有权用口头或者书面方式申请他们回避:

(一)是本案当事人或者当事人、诉讼代理人近亲属的;

(二)与本案有利害关系的;

(三)与本案当事人、诉讼代理人有其他关系,可能影响对案件公正审理的。

审判人员接受当事人、诉讼代理人请客送礼,或者违反规定会见当事人、诉讼代理人的,当事人有权要求他们回避。

审判人员有前款规定的行为的,应当依法追究法律责任。

前三款规定,适用于书记员、翻译人员、鉴定人、勘验人。

第四十六条 院长担任审判长时的回避,由审判委员会决定;审判人员的回避,由院长决定;其他人员的回避,由审判长决定。

4.《中华人民共和国刑事诉讼法》(2013 年)

第二十八条 审判人员、检察人员、侦查人员有下列情形之一的,应当自行回避,当事人及其法定代理人也有权要求他们回避:

(一)是本案的当事人或者是当事人的近亲属的;

(二)本人或者他的近亲属和本案有利害关系的;

(三)担任过本案的证人、鉴定人、辩护人、诉讼代理人的;

(四)与本案当事人有其他关系,可能影响公正处理案件的。

第三十条 审判人员、检察人员、侦查人员的回避,应当分别由院长、检察长、公安机关负责人决定;院长的回避,由本院审判委员会决定;检察长和公安机关负责人的回避,由同级人民检察院检察委员会决定。

对侦查人员的回避作出决定前,侦查人员不能停止对案件的侦查。

对驳回申请回避的决定,当事人及其法定代理人可以申请复议一次。

第三十一条 【信访的社会参与】

国家机关信访工作机构可以邀请相关社会团体、法律援助机构、专业人员、学者、律师、社会志愿者等参与信访工作,为信访人和信访工作机构提供法律和其他专业知识的咨询、服务。

说 明

本条是社会力量参与信访制度的规定。

一方面,在处理信访请求的过程中,尤其是针对具有专业性的信访事项,信访工作机构可以邀请相关社会团体、法律援助机构、专业人员、学者、律师、社会志愿者等参与信访工作,为其自身处理信访请求提供咨询和服务;另一方面,各级国家信访工作机构对其认为需要帮助的信访人,可以邀请相关社会团体、法律援助机构、专业人员、学者、律师社会志愿者等参加信访工作,为信访人提供法律和其他专业知识的咨询和服务。

立法理由

在信访工作机构处理信访请求的过程中社会力量的参与具有两方面的意义:一方面,对于信访人而言,社会力量可以起到咨询者、辅导者、协调者的作用,信访人大部分处于基层,文化水平较低,对于各种政策和法律程序缺乏了解,在上访过程中容易受他人或小道消息的影响,常常容易出现从众和攀比心理,引进社会力量可以有针对性地帮助信访人获知各种相关政策及实施规则的信息,了解各种处理问题的方法,探讨各种政策的利弊得失,取得信访人的信任,减少信访量,减少不必要的信访成本;在信访问题解决过程中,可以让信访参与者、社会公众以及国家机关工作人员接受生动活泼的法治教育,提高整个社会的法治意识,从而减少信访事项的产生。社会力量在国家机关与信访人之间还可以充当协调者的角色，在某些情况下可以作为信访人的代言人与相关国家机关进行协商，寻求妥善解决问题的途径和方法，可以帮助信访人收集证据资料，当信访人的合法权益受到侵害时，社会力量可以辅助进行纠正或维护，使信访人的权利受到全方位的维护。引进第三方力量参与信访矛盾的解决，为大家搭建了一个平等对话、多方参与的平台，使案件置于社会公众的监督下，可以帮助信访人收集证据资料并使作出的信访处理决定更具有公信力和可接受性，避免针对信访疑难问题的不断缠访、闹访、重复访的发生，引进社会力量参与信访有利于把事情解决在基层、解决在当地。另一方面，针对各级国家信访工作机构而言，随着改革的逐渐发展深入，进入信访渠道的问题也往往具有疑难性，有的信访事项时间跨度久远，有的信访事项专业要求程度较高，一来目前信访存在着信访工作人员素质不高的问题，二来对多样化的信访请求，信访工作人员不可能对所有问题都能够独立而妥善的解决，引进第三方社会力量辅助信访工作机构处理信访请求，有利于减轻信访工作压力，促进信访请求的公正处理。

立法例

1.《信访条例》（2005 年）

第十三条 设区的市、县两级人民政府可以根据信访工作的实际需要，建立政府主导、社会参与、有利于迅速解决纠纷的工作机制。

信访工作机构应当组织相关社会团体、法律援助机构、相关专业人员、社会志愿者等共同参与，运用咨询、教育、协商、调解、听证等方法，依法、及时、合理处理信访人的投诉请求。

2.《广东省信访条例》（2014 年）

第十七条第二款 国家机关可以根据信访工作的实际需要，组织相关社会团体、法律援助机构、法律工作者等专业人士和社会志愿者参与信访工作，为信访人提供法律咨询、心理咨询疏导和专业社会工作服务。

3.《湖北省信访条例》（2005 年）

第十四条 各级信访工作机构可以邀请相关社会团体、法律援助机构、专业人员、社会志愿者等参与信访工作，为信访人和信访工作机构提供法律和其他专业知识的咨询、服务。

4.《上海市信访条例》（2012 年）

第九条 有关专业机构、社会团体和专业人员、社会志愿者等可以受国家机关邀请参与信访工作，为信访人和信访工作提供专业咨询和服务，代信访人提出信访事项。

居民委员会、村民委员会应当协助国家机关做好相关信访工作。

5.《青海省信访条例》(2011 年)

第十五条 信访工作机构应当组织相关社会团体、法律援助机构及相关专业人员、社会志愿者参与信访工作,运用咨询、教育、协商、调解等方法,依法、及时、合理处理信访事项。

6.《甘肃省信访条例》(2006 年)

第十四条 国家机关可以邀请律师或者其他法律工作者参与信访工作,为国家机关、信访工作机构和信访人提供法律咨询服务。

立法参考

《关于创新群众工作方法解决信访突出问题的意见》(2014 年 2 月 25 日中共中央办公厅、国务院办公厅印发)

组织动员社会力量参与。完善党代表、人大代表、政协委员联系群众制度,组织老干部、老党员、老模范、老教师、老军人等参与解决和化解信访突出问题相关工作。发挥工会、共青团、妇联等人民团体优势,做好组织引导服务群众和维护群众权益工作。制定扶持引导政策,通过政府购买服务、提供办公场所等形式,发挥好社会组织的积极作用。建立健全群众参与机制和激励机制,把群众工作触角延伸到家家户户;引导村(社区)制定符合国家法律的村规民约,运用道德、习俗、伦理的力量调节关系、化解纠纷。

第三十二条 【信访工作机构的职权】

信访工作机构及其工作人员有权依照法律的规定,在信访工作中开展调查、提出建议,发现突发事件的,应当及时向所在地人民政府及其相关部门报告突发事件信息,各级人民政府及其工作部门应当依法及时处置。

说 明

本条规定的是信访工作机构在信访工作过程中采取调查、建议并针对突发事件及时向本级政府及其相关部门报告的职权。

各级信访工作机构有权在信访请求处理过程中以及信访督办的过程中对与信访请求有关的事项展开调查;基于信访人反映的政策性问题的建议,信访工作机构有提出完善法律、法规和政策、解决问题的建议的权力;对于本级国家机关或其工作部门不依法履行职责的,各级信访工作机构有提出改进工作建议的权力;对于本级国家机关及其工作部门工作人员在信访工作中不履行或不正确履行职责的,各级信访工作机构有提出追究责任建议的权力。针对信访工作中发现的突发事件，信访工作机构应当及时向本级人民政府及其有关部门报告突发事件的信息，各级人民政府及其工作部门有权采取紧急处置措施的，应当及时采取相关措施，无权采取紧急处置措施的，应当及时向有权处置的政府及其工作部门报告。

立法理由

在目前的信访体制结构中，信访机构设置复杂而缺乏统一性，以行政信访为例，当前行政信访机构包括政府专职信访工作机构与政府职能部门的信访工作机构。政府专职信访工作机构与同级政府职能部门的信访工作机构及下级政府专职信访机构之间并没有直接的权力隶属关系，前者并非后二者的领导机关，只能在业务上对二者提供指导，缺乏实质的监督；而对于掌握实权的职能部门信访事项的处理也缺乏具有实质约束力的监督，难以协调各方信访工作的进行。

目前的信访体制是一个松散的结构，把纵向横向信访机构联系起来的是基于信访分工和指导的业务主线，仅凭业务上的指导和分工，政府专职信访机构对于同级政府职能部门信访机构和下级政府专职信访机构没有实质的约束力，而导致信访工作效率较低，信访事项的处理往往依赖于某个领导人的意志。因此，应当在信访工作的过程中配置一条具有实质约束力的权力链，充分发挥信访工作机构在协调、监督信访事项处理中的作用。

本法中已基本取消了政府职能部门的信访工作机构的设置，本条的目的在于赋予各级信访工作机构实质上的权力，信访工作机构作为信访程序的发起点，有权决定信访请求的受理与否，对信访事项的处理、信访处理意见的落实进行督查、督办。而这些法定职责的实现，应当以对信访过程中信息的充分了解为前提，所以应当赋予信访工作机构在信访工作中实质上的调查权，为其他权力的行使提供基础，本法第 79 条规定："国家机关信访工作机构督查督办可以采取阅卷审查、听取汇报、实地调查、约见信访人等方式进行。"从而进一步明确信访工作机构可以采取阅卷审查、听取汇报、实地调查、约见当事人的方式展开调查。同时，为了加强信访工作机构对于本级国家机关及其工作部门处理信访事项过程中的约束，结合信访工作机构在当前信访体制中的定位和优势，本法赋予了信访工作机构广泛的建议权。基于信访人反映的政策性问题的建议，信访工作机构有提出完善法律、法规和政策、解决问题的建议的权力；对于本级国家机关或及其工作部门不依法履行职责，各级信访工作机构有提出改进工作建议的权力。面对信访工作机构所提出的建议，根据本法及相关法律法规的约束，相关国家机关及其工作部门有责任认真对待并进行改进或作出相关处置。

信访工作机构作为信访程序的发起点，对于信访人反映的突发事件，或者信访工作机构在调查中发现的突发事件以及信访人闹访而引发的突发事件,由于其具有突发性和紧急性,若不及时处置,将发生严重后果。因此,本法规定,对于信访工作机构发现突发事件的,应当及时报告本级人民政府及其相关部门依法及时予以处置。

立法例

1.《信访条例》(2005 年)

第二十七条 对于可能造成社会影响的重大、紧急信访事项和信访信息,有关行政机关应当在职责范围内依法及时采取措施,防止不良影响的产生、扩大。

2.《湖北省信访条例》(2005 年)

第十六条 信访工作机构及其工作人员有权依照法律、法规的规定,在信访工作中开展调查、提出建议、处置应急事项。

3.《贵州省信访条例》(2006 年)

第二十一条 信访工作机构及其工作人员可以依照法律、法规的规定,在信访工作中开展调查、提出建议、处置紧急事项。

信访工作人员依法执行公务,其人身自由和安全受到侵害时,可以依法采取自我保护措施,并要求当地公安机关及时依法处理。

4.《吉林省信访条例》(2002 年)

第十二条 各级国家机关信访工作机构的职责是:

(一)处理信访事项;

(二)督促、检查、指导本地区、本系统的信访工作,对不负责任造成严重后果的单位和个人,提出处理建议;

(三)调查研究,综合分析信访情况,向有关机关提供信访信息;

(四)向上级国家机关报告重大、紧急信访事项;

(五)法律、法规规定的其他职责。

立法参考

《中华人民共和国突发事件应对法》(2007 年)

第三十九条 地方各级人民政府应当按照国家有关规定向上级人民政府报送突发事件信息。县级以上人民政府有关主管部门应当向本级人民政府相关部门通报突发事件信息。专业机构、监测网点和信息报告员应当及时向所在地人民政府及其有关主管部门报告突发事件信息。

有关单位和人员报送、报告突发事件信息,应当做到及时、客观、真实,不得迟报、谎报、瞒报、漏报。

第三十三条 【信访工作人员人身权利的保护】

信访工作人员的人身权利受法律保护。

信访工作人员的人身自由和安全受到威胁等侵害时,当地公安部门应当依法及时处理。

说 明

本条规定的是对信访工作人员人身权利的保护。

信访工作人员与普通公民一样享有人身权利,信访工作人员的人身权利受到法律保护,当信访工作人员因处理信访工作而使人身受到侵害时,当地公安部门有义务依法及时保护。要求当地公安部门加强与信访工作机构的联系,针对信访人缠访、闹访、侵害信访工作人员人身权利的情况形成相应的处理机制,当信访工作人员在信访工作的过程中人身自由和安全受到威胁等侵害时,公安部门应当依法及时处理。

立法理由

在当前基层信访实践中普遍存在这样的现象:信访人利用信访制度,以行使权利的方式提出诉求,并以群体聚集、闹事等极端手段要挟各级国家机关解决问题。在此类信访中,直接承受压力的主体是各级国家机关的信访工作人员,当信访工作人员作出的处理决定或意见不能满足信访人的个人要求时,这种极端情绪往往会愈演愈烈甚至危及信访工作人员的人身安全。作为普通公民的一员,信访工作人员的人身权利受法律保护,尤其是在执行公务的过程中,只有以人身权利不受侵害为基本前提,才能保障信访事项的公正处理。但是,各级信访工作机构以及信访处理机关往往不具有针对侵害信访工作人员人身权利行为的行政强制措施和行政处罚的实施权,一般要通过当地公安机关进行保护,作为公共秩序的维护者,当地公安机关有义务对此类行为依法进行及时处理。

但在实践中,针对侵害信访工作人员权利的行为,当地的公安部门往往不能及时处理,经常只是事后到场或者有意推脱。因为信访活动中侵害信访工作人员事件的发生,往往伴随着信访人情绪的极端化,在处理过程中,群众情绪对立,对民警到场持反感态度,处理不当,会促使矛盾对抗升级,极有可能"引火烧身";在处理工作中,有人"浑水摸鱼"对民警出冷拳,民警被打伤的事屡有发生,公安部门感到较难把握处理这类问题的政策法规,怕授人以柄,当事人动辄向上一级机关写信"举报"民警"违纪违规",民警不能不有所顾忌;信访作为工作绩效考察的"硬指标"会使公安机关不得不"谨慎处理",尤其是在群体性闹访事件中,如果官员处置不当,造成严重后果或恶劣社会影响，往往就要承担"一票否决"的后果，主政官员通常会遭遇停职处分。基于以上的种种原因，与信访有关的事件在有些公安部门眼中就成了"烫手山芋"，而为了切实保障信访工作人员的人身权利，对策之一就是用法律明确规定当地公安机关有依法及时处理的义务，促使公安机关加强与信访工作机构之间的联系，形成相应的处理机制，切实保障信访工作人员的人身权利，促使信访工作人员公正地解决信访矛盾。

立法例

1.《上海市信访条例》(2012 年)

第二十五条 信访工作人员的人身权利受法律保护。信访工作人员的人身自由和安全受到威胁等侵害时，当地公安部门应当及时依法处理。

2.《湖北省信访条例》(2005 年)

第十六条第二款 信访工作机构应当为信访工作人员依法执行公务提供必要的安全保障；信访工作人员的人身自由和安全受到侵害时，可以依法采取自我保护措施，并告知当地公安机关及时处理。

3.《内蒙古自治区信访条例》(2010 年)

第十一条 信访工作人员依法执行公务，受法律保护。其人身自由和安全受到侵害时，当地公安部门和司法机关应当及时处理。

4.《贵州省信访条例》(2006 年)

第二十一条第二款 信访工作人员依法执行公务，其人身自由和安全受到侵害时，可以依法采取自我保护措施，并要求当地公安机关及时依法处理。

5.《河南省信访条例》(2005 年)

第十七条 信访工作人员依法执行公务，受法律保护，其人身自由和安全受到侵害时，司法机关应当及时依法处理。

第三十四条 【信访工作人员的培训、交流机制】

国家机关信访工作机构应建立信访工作人员培训、交流、激励机制，提高信访工作人员的能力和水平。

说　明

本条规定的是信访工作人员的培训、交流机制。

各级国家机关信访机构应当形成对信访工作人员的培训机制，对信访工作人员实行定期或不定期的专业知识和技能的培训。健全交流机制，抽调优秀后备干部充实信访队伍,实行干部双向交流机制。

立法理由

　　信访工作需要信访工作人员拥有较高的素质和能力,但在目前的信访工作中信访干部的年龄偏高,45—55 岁年龄段的干部和工作人员占多数;信访工作人员整体学历偏低;专业结构不合理,文秘、管理专业多,熟悉经济、法律、城建、卫生等方面的人员少,法律专业人员少,缺乏干部交流,整体活力不够。由于整日忙于具体繁琐的接访、登记信息等工作,难以保证平日对法律法规、经济知识和各项政策的学习,相对缺乏深入研究,难以把握信访趋势。在信访工作的具体处理中,一些信访工作者责任意识和服务意识不高,导致群众的问题没有得到及时有效的解决,部分信访工作人员对群众的合理要求应该答复的不答复,应该协调处理的问题拖着不办,对个别信访人过高和无理的要求,不做耐心细致的解释疏导工作,等等,这些信访工作者的主观问题降低了信访工作的效率。

　　信访工作的质量取决于信访工作人员的素质,《公务员法》也明确规定了公务员有交流和参加培训的权利,第 60 条规定"机关根据公务员工作职责的要求和提高公务员素质的需要,对公务员进行分级分类培训",第 63 条规定"国家实行公务员交流制度"。加强信访工作的规范化建设,建立健全信访工作人员培训、交流机制不仅是提供信访工作人员素质和能力的需要,也是《公务员法》对信访工作人员的具体要求。为了更好地应对现实中复杂的信访问题,应当提高目前信访工作人员的专业化和法律化水平。各级信访工作机构应当对信访工作人员进行定期或不定期的培训,信访工作者面对的是千头万绪的信访请求,要求信访工作人员不仅要熟知本职业务知识,而且要研究与信访内容有关的其他领域知识,要求能够迅速准确地判断信访事件的性质及结构,对信访请求作出独立而正确的判断。信访工作人员尤其要具备一定的法律知识,瑞典行政监察专员大多由法官和律师担当,菲律宾规定担当监察专员的人必须有 10 年或以上的司法或律师经历,以法律知识为支撑有助于信访工作在法治范围内进行,使信访制度的运行和操作不会与现行司法体系冲突,有效处理有理信访和无理信访。同时,要健全干部交流制度,抽调优秀后备干部充实信访队伍,并通过信访工作人员到其他相关部门交流获得与信访事项相关的专业知识和技能,实行干部双向交流,进的来出的去,进来的能得到锻炼和提高,出去的能带着成果发挥作用。

立法例

1.《信访条例》(2005 年)

第八条第二款　对在信访工作中做出优异成绩的单位或者个人,由有关行政机关给予奖励。

2.《广东省信访条例》（2014 年）

第八条第二款 国家机关应当建立信访工作人员培训、交流、激励机制，提高信访工作人员的能力和水平。

3.《上海市信访条例》（2012 年）

第十条 国家机关建立信访工作人员培训、交流、激励机制，提高信访工作人员的能力和水平。

4.《湖南省信访条例》（2006 年）

第十六条 国家机关应当选派坚持原则、公正廉洁、责任心强，具有相应的法律知识、政策水平和群众工作经验的人员从事信访工作。

国家机关应当定期对信访工作人员进行法律、政策、业务等相关知识培训。

5.《江苏省信访条例》（2006 年）

第七条第二款 各级国家机关应当建立信访工作人员培训、交流机制，提高信访工作人员的素质和工作水平，并为信访工作机构及其工作人员提供工作场所和其他必要的工作条件。

立法参考

《关于创新群众工作方法解决信访突出问题的意见》（2014 年 2 月 25 日中共中央办公厅、国务院办公厅印发）

加强信访干部队伍建设。各级党委和政府要重视和加强信访干部队伍建设，根据形势任务需要，不断充实信访工作力量。完善后备干部、新提拔干部和中青年干部到信访部门、信访干部到基层一线挂职锻炼制度；选拔群众工作经验丰富的干部到信访部门工作，重视信访干部的使用，深入开展信访干部交流工作，增强信访干部队伍活力，不断提高做好新形势下群众工作、解决信访突出问题的能力。

第四章 信访请求的受理范围

本章说明

信访立法的重要创新之一就是区分信访请求与信访事项，信访请求只有进入国家机关受理程序之后才能转化为信访事项，信访法必须对可以转化为信访事项的信访请求范围进行界定，实际上就是信访工作机构受理信访请求的范围问题，即公民、法人或其他组织提出的哪些信访请求可以转化为信访事项。本章第 35、36、

37 和 38 条分别从人大、政府、法院和检察院四个角度，正面列举了信访请求的受理范围，第 39 条则通过反面列举的方式来界定信访请求的受理范围。

信访不仅仅是一种程序，还是一种具有宪法依据的权利。因此，未来的信访法应当是一部兼具实体法和程序法性质的法律。《信访法（草案）》体例的安排充分体现了信访立法这一定位。程序法以保障实体法上权利义务的实现为目的，草案在前 4 章主要规定了实体性内容，后 6 章则主要规定了程序性内容。一项法律关系由主体、客体和内容三要素构成，第 2、3 章规定了信访法律关系的主体及内容，第 4 章对信访法律关系的客体——信访事项进行界定。

信访立法始于 1995 年国务院制定的《信访条例》，由此我国信访工作开始步入了法治化轨道。此后数十年，不少省市对信访立法进行了探索。2005 年，国务院修订并颁布新的《信访条例》之后，地方性的信访条例如雨后春笋般纷纷涌出。这些立法基本上都规定了信访的范围。

1995 年《信访条例》在"第二章信访人"中对信访事项的范围进行了规定。《信访条例》第 8 条第 1 款规定："信访人对下列信访事项，可以向有关行政机关提出：（一）对行政机关及其工作人员的批评、建议和要求；（二）检举、揭发行政机关工作人员的违法失职行为；（三）控告侵害自己合法权益的行为；（四）其他信访事项。"该条第 2 款又规定："前款第（二）项、第（三）项信访事项，法律、行政法规对处理程序另有规定，信访人应当依照有关法律、行政法规的规定的提出。"第 9 条还规定："信访人对各级人民代表大会以及县级以上各级人民代表大会常务委员会、人民法院、人民检察院职权范围内的信访事项，应当分别向有关的人民代表大会及其常务委员会、人民法院、人民检察院提出。"

2005 年《信访条例》在"第三章信访事项的提出"中也对信访事项的范围进行了界定。该《信访条例》第 14 条第 1 款规定："信访人对下列组织、人员的职务行为反映情况，提出建议、意见或者不服下列组织、人员的职务行为，可以向有关行政机关提出信访事项：（一）行政机关及其工作人员；（二）法律、法规授权的具有管理公共事务只能的组织及其工作人员；（三）提供公共服务的企业、事业单位及其工作人员；（四）社会团体或者其他企业、事业单位中由国家行政机关任命、派出的人员；（五）村民委员会、居民委员会及其成员。"该条第 2 款规定："对依法应当通过诉讼、仲裁、行政复议等法定途径解决的投诉请求，信访人应当依照有关法律、行政法规规定的程序向有关机关提出。"第 15 条还规定："信访人对各级人民代表大会以及县级以上各级人民代表大会常务委员会、人民法院、人民检察院职权范围内的信访事项，应当分别向有关人民代表大会及其常务委员会、人民法院、人民检察院提出，并遵守本条例第十六条、第十七条、第十八条、第十九条、第二十条的规定。"

考察各省自治区直辖市的信访条例,不难发现,各地一般都采用肯定列举的方式从人大、政府、法院、检察院四个方面来界定信访事项的范围,这些规定大多独立成章或者与信访事项的办理共同组成一章,并冠以"受理""受理范围""信访受理范围""信访事项的提出与受理""信访事项的受理""受理的范围和渠道"等名称。在这些信访条例中,有关信访范围的立法不乏推陈出新的创举:一是将人大、法院、检察院的信访也纳入立法的范畴,使得人大、法院、检察院的信访有法可依;二是安徽、青海、广东三省的信访条例在肯定列举之外,还采用否定列举的方式将诉讼、仲裁、行政复议的管辖范围排除在信访的范围之外;三是北京市信访条例首次区分信访请求与信访事项,进一步明确并非所有的信访请求都应当通过信访途径予以解决。

国务院《信访条例》和各省、自治区、直辖市的《信访条例》对有关信访事项范围的界定进行了有益的探索,但是这些法律规范无法从宏观层面上明确信访事项的具体范围,也无法厘清信访途径和一般的法定途径(包括诉讼、仲裁和行政复议)之间的关系。因此,为了统一规定信访的范围,有必要在信访立法中设专章规定信访请求的受理的范围。其理由如下。

第一,对信访请求的受理范围进行专章规定是实现信访法治化、制度化的要求。信访制度为人所诟病的重要原因之一就是人治色彩浓厚,信访请求的受理往往依赖于领导人的意志。如果以法律的形式将信访请求的受理范围制度化地规定下来,那么信访工作机构或国家机关受理信访事项的过程中必须遵守信访法的规定,而不是服从领导人的意志。这将有利于推动信访的法治化和制度化,淡化其人治色彩,推动依法治国。

第二,对信访请求的受理范围进行专章规定是实现信访定位与功能的要求。信访制度的功能定位应当是国家辅助政治制度,以民主监督、政治参与为主,以有限的权利救济为辅。一般说来,只有科学把握和确定信访制度的性质和定位,才能清楚地认识到其适用范围,即它到底"能够做什么"或"能够管什么"。从反面而言,如果信访制度的功能发生了错位,做它不该做的,管它不该管的,那么实践中运行的信访制度也必然会与其应有的性质和定位发生偏差乃至异化,甚至会对核心政治制度产生危害。所以,信访制度的定位以及功能的实现,必然离不开科学合理地界定信访请求的受理范围,即信访的范围,以不断弱化信访的权利救济功能,强化其政治参与功能和民主监督功能。

第三,对信访请求的受理范围进行专章规定是实现"诉""访"分离的要求。2014年3月19日,中办和国办联合下发了《关于依法处理涉法涉诉信访问题的意见》(以下简称《意见》)。《意见》指出要实行诉讼与信访分离的制度,把涉及民商事、行政、刑事等诉讼权利救济的信访事项从普通信访体制中分离出来,由政法机关依法处理。要实现这一目标的重要前提,就是信访工作机构或者国家机关在受理当时人的信访请求时,把属于诉讼、仲裁、行政复议的事项或案件排除在信访事项的范围之外。从目前信访制度的实际操作来看,大量不属于信访部门受理的问题,不断涌入并沉淀在信访渠道。这不仅浪费了有限的信访工作力量,无益于问题的解决,而且还有损司法的权威,使得群众信"访"不信"法"。为了使这些问题得到有效的解决,需要采取多种措施,仅就信访的范围而言,需要在立法中明确信访的受理事项和不予受理的事项。

第四,对信访请求的受理范围进行专章规定是信访工作实践的需要。2005年《信访条例》规定的信访请求受理范围几乎涵盖了所有公共管理与公共服务领域的职务行为。这种规定也使得信访的范围几近于无限化,大量的事项或案件涌入信访工作机构。然而,实际上信访部门的职权却是有限的,对于很多信访事项,信访部门根本就无权作出处理或决定。从理论上讲,任何一项制度在范围上都必须恰当适度,否则极易导致权责不一的治理困境。从法治的角度来看,"信访洪峰"的出现就是信访范围无限化的结果。俗话说"信访是个大箩筐,什么东西都能往里装"。从缓解信访部门和信访工作人员的压力、减少信访矛盾、缓解信访洪峰的角度来看,也应当明确信访请求的受理范围。

第三十五条 【县级以上人大常委会信访工作机构受理信访请求的范围】

信访人可以就下列事项向县级以上人民代表大会常务委员会信访工作机构提出信访请求:

(一)对人民代表大会及其常务委员会职权范围内的工作进行咨询;

(二)对人民代表大会及其常务委员会颁布的法律、地方性法规、自治条例和单行条例以及通过的决议、决定的建议、意见;

(三)对行政法规、政府规章、部门规章,同级人民政府通过的决定、命令及其他规范性文件和同级人民法院、人民检察院制定的规范性文件的建议、意见;

(四)对同级人民政府、人民法院、人民检察院职权范围内工作的建议、意见;

(五)对人民代表大会及其常务委员会选举、决定任命、批准任命国家机关工作人员过程中的违法失职行为的申诉、控告或者检举;

(六)对人民代表大会代表、人民代表大会常务委员会组成人员及其机关工作人员的建议、意见和违法失职行为的申诉、控告或者检举;

(七)依法应当由人民代表大会常务委员会信访工作机构受理的其他信访请求。

说　明

本条规定了人大信访工作机构受理信访请求的范围。

人大系统的信访由人大常委会信访工作机构负责受理。

第1项规定的是信访人可以就人大及其常委会职权范围内的各项工作,向该级人大常委会信访工作机构提出咨询。

第2项规定的是信访人可以就人大及其常委会颁布的法律、地方性法规、自治条例和单行条例,通过决议、决定,向该级人大常委会信访工作机构提出建议、意见。

第3项规定的是信访人可以就行政法规、政府规章、部门规章,人民政府通过的决定、命令及其他规范性文件和人民法院、人民检察院制定的规范性文件向同级人大常委会信访工作机构提出建议、意见。

第4项规定的是信访人可以就人民政府、人民法院、人民检察院的职权范围内的工作向同级人大常委会信访工作机构提出建议、意见。

第5项规定的是信访人可以就人大及其常委会选举、决定任命、批准任命国家机关工作人员工作过程中的违法失职行为向该级人大常委会信访工作机构提出申诉、控告或者检举。

第6项规定的是信访人可以对人大代表、人大常委会组成人员及其机关工作人员提出的建议、意见,以及对其违法失职行为提出申诉、控告或者检举,该级人大常委会信访工作机构应当予以受理。

第7项是兜底性条款。该项规定表明信访人可以提起的信访请求并不局限于上面列举的事项,只要依法应当由人大常委会信访工作机构受理的信访请求,信访人就可以向该级人大常委会信访工作机构提出。

立法理由

信访是国家机关密切联系人民群众的重要渠道,人民代表大会作为我国的权力机关,代表人民行使国家权力,尤其需要密切联系人民群众,所以人大信访是信访系统的重要组成部分。在信访法中对人大信访的范围进行界定,有利于保障信访人的权利,明确各级人大在信访工作中的职责,畅通信访渠道,从而扭转人大信访无法可依的状况,实现人大信访工作的法治化。

第1项规定的是咨询的信访请求,信访人有权就人大及其常委会的各项工作提出咨询。2006年8月公布的《中华人民共和国各级人民代表大会常务委员会监督法》(以下简称《监督法》)在法律上确立了人大信息公开制度,《监督法》第7条"各级人民代表大会常务委员会行使监督职权的情况,向社会公开",该法分则中还有5

个条款对监督公开进行了具体的设计,主要体现在人大常委会听取和审议专项工作报告,听取和审议计划、预算的执行情况报告及审计报告,法律法规实施情况的检查这三章里面。[1] 虽然目前我国各级人大日益重视信息公开工作,并进行了积极的探索,也取得了一定的成效,但从总体上来说,我国人大信息公开程度与公众对政治信息透明化的需求尚有不小的差距。而作为密切联系人民群众的桥梁和纽带的信访制度,正好可以充当权力机关与人民群众的重要沟通渠道。信访人通过信访对人大及其常委会职权范围内的工作进行咨询,既可以完善人大的信息公开制度,满足公众对政治信息透明化的需求,又可以保护公民的知情权。

第2、3、4 项规定的建议、意见类的信访请求。我国宪法第41 条第1 款规定,"中华人民共和国公民对于任何国家机关和国家工作人员,有提出批评和建议的权利",第27 条第2 款还规定,"一切国家机关和国家工作人员必须依靠人民的支持,经常保持同人民的密切联系,倾听人民的意见和建议,接受人民的监督,努力为人民服务"。这些规定为第2、3、4 项规定的信访请求奠定了宪法基础。信访可以作为国家机关及国家工作人员的这些义务和公民的相关权利实现的制度化机制。权力机关的两项重要职权就是立法和监督"一府两院",所以人大信访中的建议、意见类的信访请求也就包括:对人大及其常委会制定的法律、地方性法规、自治条例和单行条例,通过的决议、决定的建议、意见;对行政法规、政府规章、部门规章,同级人民政府通过的、决定、命令及其它规范性文件和同级人民法院、人民检察院制定的规范性文件的建议、意见;对同级人民政府、人民法院、人民检察院职权范围内的工作的建议。这种安排能满足和配合国家的核心政治制度发挥作用。虽然我国《立法

---

[1] 《监督法》第8 条第2 款:"常务委员会听取和审议专项工作报告的年度计划,经委员长会议或者主任会议通过,印发常务委员会组成人员并向社会公布。"第14 条第2 款:"常务委员会听取的专项工作报告及审议意见,人民政府、人民法院或者人民检察院对审议意见研究处理情况或者执行决议情况的报告,向本级人民代表大会通报并向社会公布。"第20 条第2 款:"常务委员会听取的国民经济和社会发展计划执行情况报告、预算执行情况报告和审计工作报告及审议意见,人民政府对审议意见研究处理情况或者执行决议情况的报告,向本级人大代表大会代表通报并向社会公布。"第23 条第1 款:"常务委员会年度执法检查报告,经委员长会议或者主任会议通过,印发常务委员会组成人员并向社会公布。"第27 条第2 款:"常务委员会的执法检查报告及审议意见,人民政府、人民法法院和人民检察院对其研究处理情况的报告,向本级人民代表大会代表通报并向社会公布。"

法》建立的备案制度[1]与审查制度[2]能对行政法规、地方性法规、自治条例和单行条例、政府规章、部门规章的合宪性或合法性进行监督,但是,现有制度在实践中却无法监督其实际运行的效果,并且这种监督以其与宪法或法律相抵触为条件。《各级人民代表大会常务委员会监督法》虽然建立法律法规实施情况的检查制度,[3]但是这种监督是自上而下的,并且只限于"关系改革发展稳定大局和群众切身利益、社会普遍关注的重大问题"[4],显然具有较大的局限性。而第2、3、4的规定使得公民能够对法律、行政法规、地方性法规、自治条例和单行条例、政府规章、部门规章进行广泛的监督,并且这种监督不以其违反宪法或法律为条件,只要公民、法人或其他组织对其有建议、意见就可以提出信访请求。这使得国家机关能够通过信访这个中转站及时了解社情民意,而信访人也可以实现建议、意见背后的利益诉求。

第5项规定的是申诉、控告或者检举类的信访请求。国家的一切权力属于人民,各级人大及其常委会的权力源自人民,这就决定了各级人大及其常委会选举、决定任命、批准任命国家机关工作人员的活动当然应该接受社会公众的监督,但是这种监督目前尚缺乏常规的可操作的制度。而以民主监督为功能的信访制度正好可以填补这一空白。社会公众可以通过制度化的信访活动,来监督各级人大及其

---

[1] 《中华人民共和国立法法》第89条:"行政法规、地方性法规、自治条例和单行条例、规章应当在公布后三十日内依照下列规定报有关机关备案:(一)行政法规报全国人民代表大会常务委员会备案;(二)省、自治区、直辖市的人民代表大会及其常务委员会制定的地方性法规,报全国人民代表大会常务委员会和国务院备案;较大的市的人民代表大会及其常务委员会制定的地方性法规,由省、自治区、直辖市的人民代表大会常务委员会报全国人民代表大会常务委员会备案;(三)自治州、自治县制定的自治条例和单行条例,由省、自治区、直辖市的人民代表大会常务委员会报全国人民代表大会常务委员会和国务院备案;(四)部门规章和地方政府规章报国务院备案;地方政府规章应当同时报本级人民代表大会常务委员会备案;较大的市的人民政府制定的规章应当同时报省、自治区的人民代表大会常务委员会备案;(五)根据授权制定的法规应当报授权决定规定的机关备案。"

[2] 《中华人民共和国立法法》第90条:"国务院、中央军事委员会、最高人民法院、最高人民检察院和各省、自治区、直辖市的人民代表大会常务委员会认为行政法规、地方性法规、自治条例和单行条例同宪法或者法律相抵触的,可以向全国人民代表大会常务委员会书面提出进行审查的要求,由常务委员会工作机构分送有关的专门委员会进行审查、提出意见。前款规定以外的其他国家机关和社会团体、企事业组织以及公民认为行政法规、地方性法规、自治条例和单行条例同宪法或者法律相抵触的,可以向全国人民代表大会常务委员会书面提出进行审查的建议,由常务委员会工作机构进行研究,必要时送有关的专门委员会进行审查、提出意见。"91条:"全国人民代表大会专门委员会在审查中认为行政法规、地方性法规、自治条例和单行条例同宪法或者法律相抵触的,可以向制定机关提出书面审查意见;也可以由法律委员会与有关专门委员会召开联合审查会议,要求制定机关到会说明情况,再向制定机关提出书面审查意见。制定机关应当在两个月内研究提出是否修改的意见,并向全国人民代表大会法律委员和有关专门委员会反馈。"

[3] 《中华人民共和国各级人民代表大会常务委员会监督法》第四章。

[4] 《中华人民共和国各级人民代表大会常务委员会监督法》第22条。

常委会的选举、决定任命、批准任命国家机关工作人员的活动,甚至通过信访来启动其它的监督程序,比如人大的罢免程序。

第 6 项规定既包括建议、意见类信访请求又包括申诉、控告或者检举类信访请求,但是针对的对象是一致的,即人大代表、人大常委会组成人员以及人大常委会机关工作人员。根据宪法第 41 条的规定,公民对于任何国家工作人员,有提出批评和建议的权利,对于任何国家工作人员的违法失职行为,有向有关国家机关提出申诉、控告或者检举的权利;对于公民的申诉、控告或者检举,有关国家机关必须查清事实、负责处理。公众对上述人员的批评、建议和意见,目前尚无法通过制度机制来予以表达,因此,在信访立法中增加这一规定。对于上述人员的违法失职行为,如果构成犯罪,公众可以通过司法机关进行监督,但是对于较为轻微的不构成犯罪的违法失职行为,目前仍然缺乏常规的可操作的制度规定,而信访制度正好可以填补这一漏洞。对于较为轻微的违法失职行为,公众可以通过人大信访工作机构来监督。

人民群众在社会生活中发生的信访问题繁杂琐碎,通过列举式的立法根本无法穷尽所有信访请求类型,所以第 7 项特地作了兜底性的规定,对本条尚未列举的,但依法应当受理的信访请求也予以尊重和保护。

立法例

1.《河南省信访条例》(2010 年)

第十八条 县级以上地方人民代表大会及其常务委员会,乡(镇)人民代表大会及其主席团受理下列信访事项:

(一)对本级人民代表大会及其常务委员会、乡(镇)人民代表大会主席团和工作人员的建议、批评和意见;

(二)对本级国家行政机关、审判机关、检察机关遵守执行宪法、法律、法规情况的意见、建议和申诉;

(三)对本级和下一级人民代表大会及其常务委员会颁布的地方性法规或作出的决议、决定的意见和建议;

(四)对本级人民政府的决定、命令及其他规范性文件和本级审判机关、检察机关的规范性文件的意见和建议;

(五)对本级人民代表大会代表和本级人民代表大会及其常务委员会选举、任命的国家机关工作人员的建议、批评、意见,以及对上述人员违法、违纪、失职、渎职行为的检举、控告;

(六)属于人民代表大会及其常务委员会职权范围内的其他事项。

2.《吉林省信访条例》(2001 年)

第十四条 各级人民代表大会常务委员会受理本行政区域内下列信访事项

（一）对人民代表大会及其常务委员会的建议、批评和意见；

（二）对人民政府、人民法院、人民检察院的行政、司法行为的批评和意见，对人民法院、人民检察院生效的决定、判决、裁定的申诉；

（三）对人民代表大会及其常务委员会选举和任命的国家权力机关、行政机关、审判机关、检察机关工作人员违法行为的举报和控告；

（四）按照法律规定应当由各级人民代表大会常务委员会受理的其他信访事项。

3.《云南省信访条例》（2003 年）

第十四条 县级以上的地方各级人民代表大会及其常务委员会受理下列范围内的公民信访：

（一）对本级人民代表大会及其常务委员会的工作的建议、批评和意见；

（二）对本级人民代表大会及其常务委员会通过的决议、决定和制定的地方性法规的建议、批评和意见；

（三）对本级人民代表大会代表、常务委员会组成人员的建议、批评和意见；

（四）对本级人民代表大会代表、本级人民代表大会及其常务委员会选举和任命的国家工作人员、本级人民代表大会及其常务委员会的工作机构的工作人员违法失职行为的控告或者检举；

（五）对下一级人民代表大会及其常务委员会的决议的建议、批评和意见；

（六）对同级人民政府、人民法院和人民检察院违反法律的处理、决定的申诉和意见。

4.《黑龙江省信访条例》（2003 年）

第二十一条 各级人民代表大会及其常务委员会受理下列信访事项：

（一）对人民代表大会及其常务委员会履行职责的建议、批评和意见；

（二）对人民代表大会及其常务委员会制定的地方性法规、决议、决定以及其他规范性文件，人民政府及其所属部门制定的规范性文件的建议、批评和意见；

（三）对人民法院、人民检察院生效的判决、裁定、决定不服的申诉；

（四）对人民代表大会及其常务委员会选举、任命、批准任命的国家机关工作人员违法行为的控告或者举报；

（五）按照法律、行政法规、地方性法规规定应当由人民代表大会及其常务委员会受理的其他信访事项。

5.《湖北省信访条例》（2005 年）

第二十条 本省各级人民代表大会及其常务委员会负责受理下列信访事项：

（一）对人民代表大会及其常务委员会制定、批准的地方性法规、自治条例、单行条例或者通过的决议、决定以及其他工作的建议、批评和意见；

（二）对人民代表大会代表和人民代表大会及其常务委员会选举、任命的国家机关工作人员以及常务委员会机关工作人员的建议、批评和意见，对上述人员违法失职行为的控告或者检举；

（三）对人民政府的决定、命令及其他规范性文件和人民法院、人民检察院的规范性文件的意见和建议；

（四）对行政机关、审判机关、检察机关遵守执行宪法、法律、法规情况的意见、建议、申诉；

（五）依法应当由人民代表大会及其常务委员会受理的其他信访事项。

6.《安徽省信访条例》（2005 年）

第二十五条　县级以上人民代表大会常务委员会、乡镇人民代表大会受理下列信访事项：

（一）对本级和下一级人民代表大会及其常务委员会、本级人民代表大会代表和本级人民代表大会选举的上一级人民代表大会代表、本级人民代表大会常务委员会组成人员和机关工作人员履行职责的建议、批评和意见以及违法失职行为的申诉、检举或者控告；

（二）对本级和下一级人民代表大会及其常务委员会制定的地方性法规、决议、决定以及其他规范性文件，本级人民政府制定的规范性文件和人民法院、人民检察院制定的指导审判、检察工作的规范性文件的建议、批评和意见；

（三）对本级人民代表大会及其常务委员会选举、任命的国家机关工作人员违法、违纪行为的检举或者控告；

（四）对本级人民法院、人民检察院生效的判决、裁定、决定不服的申诉；

（五）依法应当受理的其他信访事项。

7.《江苏省信访条例》（2006 年）

第十条　地方各级人民代表大会及其常务委员会受理下列信访事项：

（一）对本级人民代表大会及其常务委员会通过的决议、决定和制定、批准的地方性法规的建议和意见；

（二）对本级人民代表大会及其常务委员会工作的建议和意见；

（三）对本级人民代表大会及其常务委员会选举、任命的人员和常务委员会机关工作人员违纪、违法行为的检举和控告；

（四）对本级人民代表大会代表执行代表职务的建议和意见；

（五）对同级人民政府、人民法院、人民检察院工作的申诉和意见；

（六）对下一级人民代表大会及其常务委员会不适当的决议、决定的建议和意见；

（七）依法应当由人民代表大会及其常务委员会受理的其他信访事项。

8.《湖南省信访条例》(2006 年)

第二十六条 乡(镇)人民代表大会和县级以上人民代表大会及其常务委员会受理下列信访事项:

(一)对地方性法规、自治条例、单行条例的意见;

(二)对本级和下一级人民代表大会及其常务委员会通过的决议、决定的建议和意见;

(三)对本级人民政府、人民法院、人民检察院制定的规范性文件的建议和意见;

(四)对本级人民代表大会代表、本级人民代表大会及其常务委员会选举、任命的国家机关工作人员、本级人民代表大会常务委员会组成人员和机关工作人员的批评、意见,以及对上述人员违法失职行为的申诉、控告或者检举;

(五)对本级人民政府及其所属部门、人民法院、人民检察院遵守、执行宪法、法律、法规情况的建议、意见、申诉;

(六)其他依法应当由人民代表大会及其常务委员会受理的信访事项。

9.《甘肃省信访条例》(2006 年)

第二十二条 各级人民代表大会及其常务委员会受理下列信访事项:

(一)对人民代表大会及其常务委员会制定、批准的地方性法规、自治条例、单行条例或者通过的决议、决定的意见和建议;

(二)对人民代表大会及其常务委员会选举、任命、决定任命、批准任命的国家机关工作人员违法、失职行为的申诉、控告或者检举;

(三)对本级人民代表大会代表、人民代表大会常务委员会组成人员以及人民代表大会常务委员会机关工作人员的意见、建议、批评和违法、失职行为的申诉、控告或者检举;

(四)对本级人民政府、人民法院、人民检察院的规范性文件的意见、建议和行政、司法行为的意见、批评;

(五)不服人民法院、人民检察院办理终结或者发生法律效力的判决、决定、裁定、调解的申诉;

(六)对下一级人民代表大会及其常务委员会不适当的决议、决定的意见和建议;

(七)依法应当由人民代表大会及其常务委员会受理的其他信访事项。

10.《北京市信访条例》(2006 年)

第二十九条 信访人可以就下列事项向本市各级人民代表大会及其常务委员会提出信访请求:

(一)对本级人民代表大会及其常务委员会颁布的地方性法规,通过的决议、决定的意见和建议；

（二）对本级人民政府的决定、制定的规范性文件的意见和建议；

（三）对本级人民政府、人民法院、人民检察院工作的意见和建议；

（四）对本级人民代表大会及其常务委员会选举、决定任命、批准任命的国家机关工作人员违法失职行为的申诉、控告或者检举；

（五）对本级人民代表大会代表、人民代表大会常务委员会组成人员以及人民代表大会常务委员会机关工作人员的建议、批评、意见和违法失职行为的申诉、控告或者检举；

（六）对下一级人民代表大会及其常务委员会不适当的决议、决定的意见和建议；

（七）依法应当由人民代表大会及其常务委员会受理的其他信访请求。

11.《贵州省信访条例》（2006 年）

第二十五条 各级人民代表大会及其常务委员会受理下列信访请求：

（一）对本级人民代表大会及其常务委员会通过的决议、决定和制定、批准的地方性法规、自治条例、单行条例的意见和建议；

（二）对本级人民代表大会及其常务委员会工作的意见和建议；

（三）对本级人民代表大会及其常务委员会选举、任命的国家工作人员和常务委员会机关工作人员违法、违纪、失职、渎职行为的控告和检举；

（四）对本级人民代表大会代表的意见和建议；

（五）对同级人民政府、人民法院、人民检察院工作的意见和建议；

（六）对下一级人民代表大会及其常务委员会的决议、决定的意见和建议；

（七）应当由人民代表大会及其常务委员会受理的其他信访请求。

12.《西藏自治区信访条例》（2007 年）

第二十条 县级以上人民代表大会及其常务委员会受理下列信访事项：

（一）对本级人民代表大会及其常务委员会工作的批评、意见和建议；

（二）对本级人民代表大会及其常务委员会选举、任命的国家机关工作人员和本级人民代表大会常务委员会机关工作人员的批评、意见，以及上述人员违法、违纪、失职行为的申诉、控告或者检举；

（三）属于人民代表大会及其常务委员会职权范围内的其他事项。

13.《重庆市信访条例》（2009 年）

第二十四条 本市各级人民代表大会及其常务委员会受理下列信访事项：

（一）对市人民代表大会及其常务委员会颁布的地方性法规的建议、意见；

（二）对本级人民代表大会及其常务委员会通过的决议、决定的建议、意见；

（三）对本级人民政府作出的决定、制定的规范性文件的建议、意见；

（四）对本级人民政府、人民法院、人民检察院工作的建议、意见；

（五）对本级人民代表大会及其常务委员会选举、决定任命、批准任命的国家机关工作人员违法失职行为的申诉、控告或者检举；

（六）对本级人民代表大会代表、人民代表大会常务委员会组成人员以及人民代表大会常务委员会机关工作人员的建议、批评和违法失职行为的申诉、控告或者检举；

（七）对下一级人民代表大会及其常务委员会不适当的决议、决定的建议、意见；

（八）依法应当由人民代表大会及其常务委员会受理的其他信访事项。

14.《江西省信访条例》（2009 年）

第二十二条　各级人民代表大会或者县级以上人民代表大会常务委员会受理下列信访事项：

（一）对本级人民代表大会及其常务委员会通过的决议、决定和制定、批准的地方性法规的意见和建议；

（二）对本级人民代表大会及其常务委员会工作的意见和建议；

（三）对本级人民政府的决定、制定的规范性文件的意见和建议；

（四）对本级人民代表大会及其常务委员会选举、任命的国家机关工作人员违法失职行为的申诉、控告或者检举；

（五）对本级人民代表大会代表、常务委员会组成人员及其机关工作人员的批评、意见和建议以及违法、违纪、失职、渎职行为的申诉、控告或者检举；

（六）对本级人民政府、人民法院、人民检察院工作的意见和建议；

（七）对下一级人民代表大会及其常务委员会的决议、决定的意见和建议；

（八）依法应当由人民代表大会及其常务委员会受理的其他信访请求。

15.《山西省信访条例》（2010 年）

第二十四条　各级人民代表大会或者县级以上人民代表大会常务委员会受理下列信访事项

（一）对本级人民代表大会及其常务委员会通过的地方性法规，通过的决议、决定的意见和建议；

（二）对本级人民政府的决定、制定的规范性文件的意见和建议；

（三）对本级人民政府、人民法院、人民检察院工作的意见和建议；

（四）对本级人民代表大会及其常务委员会选举、决定任命、批准任命的国家机关工作人员违法失职行为的申诉、控告或者检举；

（五）对本级人民代表大会代表、人民代表大会常务委员会组成人员以及人民代表大会常务委员会机关工作人员的建议、批评、意见和违法失职行为的申诉、控告或者检举；

（六）对下一级人民代表大会及其常务委员会不适当的决议、决定的意见和建议；

（七）对本级人民法院发生法律效力的判决、裁定，对本级人民检察院作出的处理决定，依法提出申诉后，人民法院、人民检察院未依法办理的；

（八）依法应当受理的其他事项。

16.《辽宁省信访条例》（2010 年）

第十九条　本省县级以上人民代表大会及其常务委员会、乡镇人民代表大会及其主席团受理下列来信来访

（一）对本级人民代表大会及其常务委员会和工作人员的意见、批评、建议；

（二）对本级国家行政机关、审判机关、检察机关遵守、执行宪法、法律、法规和本级人民代表大会及其常务委员会决议、决定的意见、建议和申诉；

（三）对本行政区内行政、事业管理工作重大问题的建议；

（四）对本级人民代表大会及其常务委员会选出的人民代表大会代表，选举、任免的国家机关工作人员的建议、批评、意见和对上述人员违法失职行为的检举、控告；

（五）对下一级人民代表大会及其常务委员会作出的决定、决议的意见和建议；

（六）上级人民代表大会常务委员会转办、交办的信访案件；

（七）应由县以上人民代表大会及其常务委员会、乡镇人民代表大会及其主席团处理的其他问题。

17.《青海省信访条例》（2011 年）

第二十三条　各级人民代表大会及其常务委员会受理下列信访事项：

（一）对本级和下一级人民代表大会及其常务委员会通过的决议、决定、制定和批准的地方性法规、条例的意见和建议；

（二）对本级人民代表大会代表、常务委员会选举、任命的国家机关工作人员、本级人民代表大会常务委员会组成人员以及常务委员会机关工作人员的意见和建议或者违纪、违法行为的申诉、检举或者控告；

（三）对本级人民政府、人民法院、人民检察院工作的意见和建议；

（四）对本级人民政府做出的决定、制定的规范性文件的意见和建议；

（五）依法应当由人民代表大会及其常务委员会受理的其他信访事项。

18.《上海市信访条例》（2012 年）

第二十九条　信访人可以向本市各级人民代表大会及其常务委员会提出下列信访事项：

（一）对人民代表大会及其常务委员会颁布的地方性法规，通过的决议、决定的

建议、意见;

(二)对人民政府、人民法院、人民检察院工作的建议、意见;

(三)对国家工作人员的申诉和意见;

(四)依法可以向人民代表大会及其常务委员会提出的其他信访事项。

19.《广东省信访条例》(2014 年)

第二十六条　信访人可以向县级以上人民代表大会常务委员会信访工作机构提出下列信访事项:

(一)对本级或者下一级人民代表大会及其常务委员会通过的地方性法规或者决议、决定的建议、意见;

(二)对本级人民政府制定的规章或者规范性文件的建议、意见;

(三)对本级人民代表大会及其常务委员会、人民政府、人民法院、人民检察院工作的建议、意见;

(四)对本级人民代表大会及其常务委员会选举、决定任命、批准任命的国家机关工作人员的建议、意见或者对其职务行为的投诉;

(五)对本级人民代表大会代表、人民代表大会常务委员会组成人员、人民代表大会常务委员会机关工作人员的建议、意见或者对其职务行为的投诉;

(六)依法属于本级人民代表大会常务委员会职权范围内的其它信访事项。

立法参考

1.《海南省各级人民代表大会常务委员会信访工作的规定》(1995 年)

第五条　各级人大常委会办理下列范围内的人民群众来信来访:

(一)对本级人大及其常委会通过的决议、决定和制定的地方性法规的建议、批评和意见;

(二)对本级人大及其常委会工作的建议、批评和意见;

(三)对本级人大代表的建议、批评和意见;

(四)对本级人民政府、人民法院、人民检察院违反法律的行为的批评和意见;

(五)对本级人大及其常委会选举和任命的地方国家机关工作人员违法渎职行为的检举和控告;

(六)对下一级人大及其常委会或乡镇人民代表大会的决议、决定的建议、批评和意见;

(七)对不服本级人民政府及其职能部门的处理,人民法院的判决、裁定和人民检察院免予起诉、不予起诉决定的申诉和意见;

(八)人大常委会职权内的其他重大问题。

2.《福建省各级人民代表大会常务委员会信访工作条例》（2000 年）

第五条　各级人大常委会受理下列信访事项：

（一）对人大及其常委会工作的建议、批评和意见；

（二）对人民政府、人民法院、人民检察院的行政、司法行为的批评和意见，对上述机关生效的决定、判决、裁定的申诉；

（三）对人大及其常委会选举和任命的国家权力机关、行政机关、审判机关、检察机关工作人员违法渎职行为的检举和控告；

（四）上级人大常委会和本级人大常委会组成人员转交的信访事项；

（五）本行政区域内的其他重要信访事项。

3.《内蒙古自治区人大常委会信访条例》（2006 年）

第六条　自治区各级人民代表大会常务委员会受理下列信访事项：

（一）对本级人民代表大会及其常务委员会的工作、颁布的地方性法规和通过的决议、决定的建议、批评和意见；

（二）对本级人大代表和本级人民代表大会选举产生的上一级人大代表的建议、批评、意见及违法行为的检举和控告；

（三）对本级人民政府、人民法院、人民检察院违反宪法、法律、法规等行为的申诉、检举和控告；

（四）对本级人民代表大会及其常务委员会选举、任命的国家机关工作人员违法渎职行为的检举和控告；

（五）其他属于本级人民代表大会常务委员会职权范围内的信访事项。

第三十六条　【人民政府信访工作机构受理信访请求的范围】

信访人可以就下列事项向人民政府信访工作机构提出信访请求：

（一）对人民政府及其工作部门职权范围内的工作进行咨询；

（二）对人民政府及其工作部门执行法律、法规、规章和同级人民代表大会及其常委会的决议以及上级国家行政机关的决定、命令方面的建议、意见；

（三）对人民政府及其工作部门的具体行政行为的建议、意见，申诉、控告或者检举；

（四）对国务院部门、地方各级人民政府及其工作部门的规定的建议、意见；

（五）对人民政府及其工作部门的工作人员的建议、意见以及对其违法失职行为的申诉、控告或者检举；

（六）对法律法规授权的具有管理公共事务职能的组织及其工作人员的建议、意见以及对其违法失职行为的申诉、控告或者检举；

（七）对提供公共服务的企事业单位及其工作人员的职务行为的建议、意见以及对其违法失职行为的申诉、控告或者检举；

（八）对社会团体或者其他企业事业单位中由行政机关任命、派出的人员的建议、意见以及对其违法失职行为的申诉、控告或者检举；

（九）对村民委员会、居民委员会及其成员的建议、意见以及对其违法失职行为的申诉、控告或者检举；

（十）依法可以向各级人民政府信访工作机构提出的其他信访请求。

信访人提出的信访请求属于人民政府及其工作部门法定职权范围内的事项，但是应当通过相关法定程序处理的，按照相关法定程序处理。

说　明

本条规定了政府信访工作机构受理信访请求的范围，即行政信访事项的办理范围。

行政信访请求由人民政府内设的信访工作机构受理。国务院 2005 年《信访条例》对各级人民政府信访受理范围作了规定。但这些规定还不够具体，部分内容与《行政复议法》《行政诉讼法》等法律存在冲突，根据行政信访的特点，本条在法定范畴内对行政信访范围予以具体化，并将与法律存在冲突的地方予以排除。

第 1 项规定的是信访人可以就人民政府及其工作部门职权范围内的工作向人民政府信访工作机构提出咨询请求。需要注意两点：一是信访人有权咨询的范围不限于《中华人民共和国政府信息公开条例》规定的政府信息；二是信访人的咨询请求能否得到满足，还取决于相关事项是否涉及国家秘密、商业秘密或个人隐私等根据法律规定免于公开的事项。

第 2 项规定的是，信访人可以就人民政府及其工作部门执行同级人大及其常委会决议以及上级国家行政机关的决定、命令等提出建议、意见，人民政府信访工作机构应当予以受理。

第 3 项规定的是，信访人可以就人民政府及其工作部门作出的具体行政行为提出建议、意见，申诉、控告或者检举，人民政府信访工作机构应予受理。需要注意的是，这里的建议、意见针对的是所有的具体行政行为，而申诉、控告或者检举针对的则是无法通过行政复议、行政诉讼救济的具体行政行为[1]。

第 4 项规定的是，信访人可以就人民政府及其工作部门作出的某些抽象行政行为提出建议、意见，人民政府信访工作机构应予受理。从大的范围来讲，抽象行政行

---

〔1〕 《中华人民共和国行政复议法》第二章、《中华人民共和国行政诉讼法》第二章详细规定了行政复议和行政诉讼的范围。

为包括:国务院制定、发布的行政法规和具有普遍约束力的决定、命令;有规章制定权的行政机关制定的行政规章和具有普遍约束力的规范性文件;其他各级行政机关制定的具有普遍约束力的规范性文件。而本项所规定的可信访的抽象行政行为只包括:国务院部门的规定;县级以上各级地方人民政府及其工作部门的规定;乡镇人民政府的规定。

第 5 项规定的是,信访人对人民政府及其工作部门的工作人员提出建议、意见,以及就其违法失职行为提出申诉、控告或者检举,人民政府信访工作机构应予受理。

第 6 项规定的是,信访人可以向法律法规授权的具有管理公共事务职能组织及其工作人员提出建议、意见,以及就其违法失职行为提出申诉、控告或者检举,人民政府信访工作机构应予受理。

第 7 项规定的是,信访人可以向提供公共服务的企事业单位及其工作人员提出建议、意见,以及其违法失职行为提出申诉、控告或者检举,人民政府信访工作机构应予受理。这里建议、意见,申诉、控告或者检举针对的都是企事业单位及其工作人员提供公共服务的行为,换言之这类组织及其人员的其他行为不属于信访的范围。

第 8 项规定的是,信访人向社会团体或者其他企事业单位中由行政机关任命、派出的人员提出建议、意见,以及对其违法失职行为的申诉、控告或者检举,人民政府信访工作机构应予受理。

第 9 项规定的是,信访人可以向村民委员会、居民委员会及其成员提出建议、意见类的信访请求,并对其违法失职行为的申诉、控告或者检举,属于人民政府信访工作机构应予受理。

第 10 项是兜底性的规定,信访人可以提出的信访请求并不限于本条列举的这些项目,还包括信访人依照宪法、其他法律、法规、规章可以提出其他的信访请求。

第 10 项第 2 款规定的是行政信访程序与其他行政程序的关系,如果信访人提出的信访请求属于人民政府及其工作部门法定职权范围内的事项,但是可以通过其他行政程序处理的,按照相关的行政程序处理。

立法理由

2005 年《信访条例》第 14 条对行政信访的范围规定为五类组织及其人员的职务行为,但是这种规定过于模糊和宽泛。这使得在实际工作中,所有的纠纷都涌入信访部门,引发了"信访洪峰",在一定程度上消解了司法权威。因此不能再延续2005 年《信访条例》的相关规定,而应当对其行政信访的范围进行具体化,推进信访制度的良性运行。

第 1 项规定的是咨询的信访请求,信访人可以就人民政府及其工作部门职权范围内的工作进行咨询。这里的咨询实际上是公民知情权的体现。尽管我国宪法并未明确将知情权列为公民的一项基本权利,但是它以分散规定的形式在有关条文中包含了知情权的内容。宪法第 2 条、第 27 条第 2 款、第 41 条第 1 款实际上都暗含了知情权的内容。根据宪法第 2 条的规定,一切权力属于人民,人民是国家的主人。要实现人民当家作主,就必须保证人民能通过各种合法的途径和形式及时准确地了解和知悉公共信息。第 27 条第 2 款规定的一切国家机关和国家工作人员要"经常保持同人民的密切联系",这就自然包括了信息的互通,而人民要实现对国家机关及国家工作人员的监督,并发表建议、意见,也必须先有信息的传递。第 41 条第 1 款规定的批评和建议权的行使也必须建立在对国家机关和国家工作人员行使公权力的情况有充分了解的基础上。不能保证公民知情权的实现,就无法对国家机关和国家工作人员的行为进行批评和建议。2007 年《政府信息公开条例》的出台有力促进了行政公开制度的发展,对保障公民的知情权起到了积极的意义。该条例第 9 条概括性地规定了政府应当主动公开的信息,第 10、11、12 条采用列举式的方式规定了各级人民政府及其工作部门应当重点公开的信息,第 13 条规定了依申请公开政府信息的情形,第 14 条采用排除法的方式界定了政府信息的公开范围。可以说条例的规定已经很完善了,但是由于政府工作人员公开意识淡薄、监督机制不到位等原因使得《政府信息公开条例》中的各项制度落实尚不到位,政府网站建设也不完善,政府信息公开的程度有待深化,范围有待扩展。赋予信访人提出咨询类信访请求的权利,一方面可以通过外部的监督的来推动政府信息公开制度的完善,维护公民的知情权、批评建议权、监督权等宪法权利,另一方面对于信访制度本身而言还可以强化信访的民主监督与政治参与的功能。

第 2 项规定的是建议、意见类的信访请求,信访人可以对人民政府及其工作部门执行同级人民代表大会及其常委会的决议以及上级国家行政机关的决定、命令提出建议、意见。这一规定主要是针对地方各级人民政府及其组成部门。信访制度形成之初,就是为了打破行政上的科层限制,对地方各级政府和部门的工作进行监督。根据《地方各级人民代表大会和地方各级人民政府组织法》第 59 条的规定,"执行本级人民代表大会及其常务委员会的决议,以及上级国家行政机关的决定和命令"是县级以上地方各级人民政府的重要职权。通过行政信访赋予信访人对人民政府及其工作部门行使职权提出建议和意见的权利,一方面可以实现对地方政府行使其职权的民主监督,另一方面还可以扩大政治参与的范围。

第 3 项规定的也是建议、意见类信访请求,信访人可以就人民政府及其工作部门负责的行政工作提出建议、意见。人民政府作为行政机关,其最为重要的职权就是负责管理本行政区域内的各项行政工作。公众对行政机关的行政管理工作提出建议、意见是政治参与的应有之义,也是公众对行政机关进行民主监督的重要内容。而信访制度正好以政治参与、民主监督为其功能。加之目前我国尚缺乏经常性的制度来落实公民对政府行政工作的建议和意见权。所以作此规定。

第 4 项规定的是针对具体行政行为的建议、意见，申诉、控告或者检举。一方面，本项规定是为了完善社会监督机制，更有力地监督行政机关的具体行政行为，从而推动依法行政。我国的行政监督制度内容十分丰富，包括人大监督、司法监督、行政机关内部监督，但是作为行政监督制度重要内容的社会监督机制却有待完善。信访所提供的实现公民提出建议、意见，申诉、控告或者检举权利的制度化机制正是完善社会监督的重要手段。这就使得几乎任何公民、法人或者其他组织都可以对具体行政行为进行监督。另一方面，本项规定是弥补行政诉讼和行政复议制度的缺陷的重要手段。我国现行《行政诉讼法》和《行政复议法》都采用概括＋肯定式列举＋否定式列举的方式来界定行政诉讼、行政复议的受案范围，即在总括的范围内将受理和不应受理的事项作各自具体的划分。这种划分使得各自的边界未能紧密对接，以至形成了一些既不属于明确规定应受理，又不属于明确规定不应受理的空白处。实践中，法院往往受制于无明确的受理法律依据，从而使诸多行政争议退出受案范围之外。不少案件也无法进入行政复议的渠道。当然这些缺陷理应通过修改《行政诉讼法》《行政复议法》来完善。但是行政诉讼制度和行政复议制度的完善非一朝一日之功，因此为了更好地保护公民、法人和其他组织的合法权益，不妨通过行政信访制度对这些权益进行救济，待将来行政诉讼制度和行政复议制度完善时，再予以取消。因此，本项规定，信访人可以针对具体行政行为提出申诉、控告或者检举的信访请求。

第 5 项规定的是针对抽象具体行政行为的建议、意见。目前我国《行政诉讼法》并未将抽象行政行为纳入审查范围，《行政复议法》也只是在严格的条件下将部分抽象行政行为纳入审查的范围。无论是从行政诉讼和行政复议自身来看，还是从保护公民权益的角度或者是维护国家行政法制统一的角度来看，都应将对抽象行政行为的审查纳入行政诉讼和行政复议的审查范围。但是短期内这一目标可能难以实现，所以不妨通过具有政治参与和民主监督功能的行政信访来实现对抽象行政行为的监督。从我国目前的国情和可行性条件来看，不宜将全部行政行为纳入行政信访的范围，对于不同层次的抽象行政行为需加以具体分析。国家信访局仅仅只是国务院办公厅管理的一个副部级单位，当然无法对国务院监督，所以国务院实施的抽象行政行为不宜通过行政信访来予以监督，而应当通过其他途径来监督，比如人大信访。从严格意义上来说，有规章制定权的部委或者地方政府制定的规章属于立法，因此应当予以排除。所以行政信访只对国务院部门的规定、县级以上地方各级人民政府及其工作部门的规定、乡镇政府的规定纳入其受理范围。当然，那些没有纳入行政信访范围的抽象行政行为并不意味着就不受到监督了，它们必须接受权力机关的监督,公民、法人或者其他组织可以通过人大信访来启动人大监督程序。

第6项规定信访人有权对政府及其工作部门的工作人员提出建议、意见以及对其违法失职行为提起申诉、控告或者检举。本项规定是为了更有效地实现人民群众对人民政府及其工作部门的工作人员的监督,以督促他们改进工作方法和工作作风。如果他们的违法失职行为构成犯罪,信访人可以直接向政法机关举报,但是如果情节较轻微尚未构成犯罪,则可以向政府信访工作机构申诉、控告或者检举,要求予以处理。

第7、8、9项针对的是较为特殊的主体的信访。法律法规授权的具有管理公共事务职能的组织及其工作人员,提供公共服务的企事业单位及其工作人员,社会团体或者其他企业事业单位中由行政机关任命、派出的人员一般都要接受相应的行政机关的监督。他们虽然也行使行政职权,但是他们并不是一级行政机关,而是作为企事业单位而存在,所以国家常规的监督制度往往容易忽视对他们的监督。而信访制度正好可以弥补这一缺陷。通过第7、8、9项的规定,可以发动各种社会力量对他们进行较为有效的监督,督促他们改进工作方法和工作作风。

第10项规定的是针对村民自治的信访。村民、居民自治组织不属于一级行政组织,所以有关争议往往无法诉诸司法机关。但是,村民、居民自治组织及其成员的工作要接受人民政府的指导,村民、居民自治组织及其成员也时常协助人民政府开展具体的行政工作。因而,第10项的规定就很有必要了。一方面,信访为村民、居民监督村民、居民自治组织及其成员提供了一种新的手段和方法,从而更有效地督促他们改进工作方法和工作作风,推动基层群众自治的发展;另一方面,也可以向人民政府反映基层行政工作开展的具体情况,从而有利于政府科学决策、民主决策。

第11项是兜底条款。行政领域所发生的信访问题极为繁杂琐碎,通过列举式的立法根本无法穷尽所有信访请求类型,所以第11项特地做了兜底性的规定,对本条尚未列举的但依法应当受理的信访请求也予以尊重和保护。

为了避免行政信访消解国家核心的、常规的各项行政制度的功能,避免行政信访对行政自身的过渡干预,本条第2款才作此规定,要求行政程序优先于信访程序,行政信访只是作为一种补充的、辅助的程序或者制度发挥作用。

立法例

1.《信访条例》(2005 年)

第十四条 信访人对下列组织、人员的职务行为反映情况,提出建议、意见,或者不服下列组织、人员的职务行为,可以向有关行政机关提出信访事项:

(一)行政机关及其工作人员;

（二）法律、法规授权的具有管理公共事务职能的组织及其工作人员；

（三）提供公共服务的企业、事业单位及其工作人员；

（四）社会团体或者其他企业、事业单位中由国家行政机关任命、派出的人员；

（五）村民委员会、居民委员会及其成员。

2.《河南省信访条例》（2010 年）

第十九条　人民政府受理下列信访事项：

（一）对执行本级人民代表大会及其常务委员会和上级行政机关决议、决定、命令方面的建议、批评和意见；

（二）对本级或下级政府及其工作人员违法、违纪、失职、渎职行为的检举与控告；

（三）对本级人民政府制定的规章及发布的决定、命令、本级人民政府所属部门和下级政府制定的规范性文件的建议、批评和意见；

（四）对本级人民政府所属工作部门和下级人民政府在有关问题处理方面的申诉、意见；

（五）对本级人民政府工作的建议、批评和意见；

（六）对设在本行政区域内无行政隶属关系的有关机关、企业事业单位遵守和执行法律、法规、规章和政策方面的意见；

（七）属于本级人民政府职权范围内的其他事项。

3.《吉林省信访条例》（2001 年）

第十五条　各级人民政府受理本行政区域内的下列信访事项

（一）对人民政府及其所属工作部门的建议、批评和意见；

（二）不服人民政府及其所属工作部门处理决定的申诉；

（三）对人民政府及其所属工作部门的工作人员违法违纪行为的举报或者控告。

4.《云南省信访条例》（2003 年）

第十五条　地方各级人民政府受理下列范围的公民信访：

（一）对本行政区域内的政治、经济、教育、科学、文化、卫生、民政、民族工作的建议、批评和意见；

（二）对本级人民政府或者下一级人民政府的规章、决定和命令的建议、批评和意见；

（三）对本级人民政府及其所属部门或者下一级人民政府处理不服的申诉；

（四）对本级人民政府所属部门的工作人员违法失职行为的控告或者检举；

（五）对本级人民政府职权范围内应予解决的公民的合法要求。

5.《黑龙江省信访条例》（2003 年）

第二十二条　各级人民政府及其所属部门受理下列信访事项：

（一）对人民政府及其所属部门的建议、批评和意见；

（二）对人民政府及其所属部门的处理决定要求给予复查或者重新处理的；

（三）对人民政府及其所属部门工作人员违法、违纪行为的控告或者举报；

（四）应当由人民政府及其所属部门受理的其他信访事项。

6.《湖北省信访条例》（2005 年）

第二十一条 本省各级人民政府及其工作部门负责受理下列信访事项：

（一）对行政机关及其工作人员的建议、批评和意见以及违法失职行为的控告、申诉；

（二）对法律、法规授权的具有管理公共事务职能的组织及其工作人员的建议、批评和意见以及违法失职行为的控告、申诉；

（三）对提供公共服务的企业、事业单位及其工作人员的建议、批评和意见以及违法失职行为的控告、申诉；

（四）对社会团体或者其他企业、事业单位中由行政机关任命、派出的人员的建议、批评和意见以及违法失职行为的控告、申诉；

（五）对村民委员会、居民委员会及其成员的建议、批评和意见以及违法失职行为的控告、申诉；

（六）依法应当由人民政府及其工作部门受理的其他信访事项。

7.《安徽省信访条例》（2005 年）

第二十六条 各级人民政府、县级以上人民政府工作部门受理信访人对下列组织、人员的职务行为反映情况，提出建议、批评和意见，或者不服下列组织、人员的职务行为，检举、控告或者提出投诉、求助请求的信访事项：

（一）本级和下级行政机关及其工作人员；

（二）法律、法规授权的具有管理公共事务职能的组织及其工作人员；

（三）提供公共服务的企业、事业单位及其工作人员；

（四）社会团体或者其他企业、事业单位中由国家行政机关任命、派出的人员；

（五）村民委员会、居民委员会及其成员。

8.《江苏省信访条例》（2006 年）

第十一条 地方各级人民政府及其工作部门受理下列信访事项：

（一）对本辖区内的经济、文化和社会事业的建议和意见；

（二）对本级人民政府或者下级人民政府规章、决定、命令等规范性文件的建议和意见；

（三）对本级人民政府及其工作部门的工作人员或者下级人民政府工作人员的违纪、违法行为的检举和控告；

（四）对本级人民政府及其工作部门或者下级人民政府所作出的具体行政行为

不服的意见;

(五)对本级人民政府和工作部门及其工作人员或者下级人民政府违法行使职权,侵犯他人合法权益的赔偿的请求;

(六)对本级人民政府及其工作部门职权范围内应予解决的合法、正当的要求的申请;

(七)依法应当由人民政府及其工作部门受理的其他信访事项。

9.《湖南省信访条例》(2006 年)

第二十七条 各级人民政府及其所属部门受理下列信访事项:

(一)对本级和下一级人民政府及其所属部门的工作提出的建议、意见;

(二)对本级和下一级人民政府及其所属部门工作人员履行职务行为的申诉、控告或者检举;

(三)对本级人民政府所属部门不适当的措施、指示和下一级人民政府及其所属部门不适当的措施、决定提出的改变或者撤销的要求;

(四)其他依法应当由人民政府及其所属部门受理的信访事项。

10.《甘肃省信访条例》(2006 年)

第二十三条 各级行政机关负责受理下列信访事项:

(一)对行政机关颁布的规章等规范性文件的意见、建议以及法定职责范围内工作的咨询;

(二)对行政机关及其工作人员的职务行为反映情况、提出建议、意见或者对其违法、失职行为的申诉、控告或者检举;

(三)对法律、法规授权的具有管理公共事务职能的组织及其工作人员的职务行为反映情况、提出建议、意见或者投诉;

(四)对提供公共服务的企业、事业单位及其工作人员的职务行为反映情况、提出建议、意见或者投诉;

(五)对社会团体或者其他企业、事业单位中由行政机关任命、派出的人员的职务行为反映情况、提出建议、意见或者投诉;

(六)对村民委员会、居民委员会(社区)及其成员的职务行为反映情况、提出建议、意见或者投诉;

(七)依法应当由行政机关受理的其他信访事项。

11.《北京市信访条例》(2006 年)

第三十三条 信访人对下列组织、人员的职务行为可以向有关行政机关提出信访请求:

(一)行政机关及其工作人员;

(二)法律、法规授权的具有管理公共事务职能的组织及其工作人员;

（三）提供公共服务的企业事业单位及其工作人员；

（四）社会团体或者其他企业事业单位中由国家行政机关任命、派出的人员；

（五）村民委员会、居民委员会及其成员。

12.《贵州省信访条例》（2006 年）

第二十六条 各级人民政府及其工作部门受理下列信访请求：

（一）对本辖区内的经济、文化和社会事业的意见和建议；

（二）对本级人民政府或者下级人民政府规章、命令、决定等的意见和建议；

（三）对本级人民政府及其工作部门的工作人员或者下级人民政府及其工作部门的工作人员违法、违纪、失职、渎职行为的控告和检举；

（四）对本级人民政府和工作部门及其工作人员或者下级人民政府违法行使职权，侵犯他人合法权益的赔偿的请求；

（五）对法律、法规授权的具有管理公共事务职能的组织及其工作人员的批评、意见和建议以及违法、违纪、失职、渎职行为的控告、检举、申诉；

（六）对提供公共服务的企业事业单位及其工作人员的批评、意见和建议以及违法、违纪、失职、渎职行为的控告、检举、申诉；

（七）对社会团体或者其他企业事业单位中由行政机关任命、派出的人员的批评、意见和建议以及违法、违纪、失职、渎职行为的控告、检举、申诉；

（八）对村民委员会、居民委员会及其成员的批评、意见和建议以及违法、违纪、失职、渎职行为的控告、检举、申诉；

（九）对本级人民政府及其工作部门职权范围内应当予以解决的合法、正当的要求的申请；

（十）应当由人民政府及其工作部门受理的其他信访请求。

13.《西藏自治区信访条例》（2007 年）

第二十一条 县级以上人民政府及其所属工作部门受理下列信访事项：

（一）对人民政府及其所属工作部门的批评、意见和建议；

（二）对人民政府及其所属工作部门工作人员的违法、违纪、失职行为的控告和检举；

（三）属于人民政府及其所属工作部门职权范围内的其他事项。

14.《重庆市信访条例》（2009 年）

第二十五条 本市各级人民政府及其工作部门受理下列信访事项：

（一）对本行政区域的经济、文化和社会事业的建议、意见；

（二）对本级人民政府作出的决定、制定的规范性文件的建议、意见；

（三）对本级人民政府及其工作部门或工作人员的批评、建议、检举、申诉、控告或不服其职务行为的投诉；

（四）对法律、法规授权的具有管理公共事务职能的组织及其工作人员的批评、建议、检举、申诉、控告或不服其职务行为的投诉；

（五）对提供公共服务的企业、事业单位及其工作人员的批评、建议、检举、申诉、控告或不服其职务行为的投诉；

（六）对社会团体或者其他企业、事业单位中由国家行政机关任命、派出的人员的批评、建议、检举、申诉、控告或不服其职务行为的投诉；

（七）对村民委员会、居民委员会及其成员的批评、建议、检举、申诉、控告或不服其职务行为的投诉；

（八）对本级人民政府及其工作部门职权范围内应当予以解决的合法、合理投诉；

（九）依法应当由人民政府及其工作部门受理的其他信访事项。

15.《江西省信访条例》（2009 年）

第二十三条　各级人民政府或者县级以上人民政府工作部门受理下列信访事项：

（一）对本辖区内的经济、文化和社会事业的意见和建议；

（二）对本级人民政府或者下级人民政府规章、命令、决定等的意见和建议；

（三）对本级人民政府及其工作部门的工作人员或者下级人民政府及其工作部门的工作人员的批评、意见和建议以及违法、违纪、失职、渎职行为的申诉、控告或者检举；

（四）对法律、法规授权的具有管理公共事务职能的组织及其工作人员的批评、意见和建议以及违法、违纪、失职、渎职行为的申诉、控告或者检举；

（五）对提供公共服务的企业事业单位及其工作人员的批评、意见和建议以及违法、违纪、失职、渎职行为的申诉、控告或者检举；

（六）对社会团体或者其他企业事业单位中由行政机关任命、派出的人员的批评、意见和建议以及违法、违纪、失职、渎职行为的申诉、控告或者检举；

（七）对村民委员会、居民委员会及其成员的批评、意见和建议以及违法、违纪、失职、渎职行为的申诉、控告或者检举；

（八）依法应当由人民政府及其工作部门受理的其他信访请求。

16.《山西省信访条例》（2010 年）

第二十五条　各级人民政府及其所属工作部门受理下列信访事项

（一）对人民政府及其所属工作部门的工作提出的建议和意见；

（二）对人民政府及其所属部门的规章、决定、命令等规范性文件的建议和意见；

（三）对人民政府及其所属工作部门工作人员违法失职行为的申诉、控告或者检举；

（四）对法律、法规授权的具有管理公共事务职能的组织及其工作人员违法失职行为的申诉、控告或者检举；

（五）对提供公共服务的企业事业单位及其工作人员违法失职行为的申诉、控告或者检举；

（六）对社会团体或者其他企业事业单位中由行政机关任命、派出的人员违法失职行为的申诉、控告或者检举；

（七）对村民委员会、居民委员会及其成员违法失职行为的申诉、控告或者检举；

（八）依法应当受理的其他事项。

17.《辽宁省信访条例》(2010 年)

第二十条 本省各级人民政府受理下列来信来访

（一）对执行本级人民代表大会及其常务委员会和上级行政机关决定、命令方面的建议、批评、意见；

（二）对政府机关及其工作人员违法失职行为的检举与控告；

（三）对本级人民政府制定的规章、发布的决定、命令的建议、批评和意见以及地方性法规具体应用中应由政府及其所属各工作部门解释的问题；

（四）对本级人民政府所属各工作部门和下级人民政府就有关问题处理的申诉、意见；

（五）对本级人民政府行政、事业管理工作的建议、批评、意见；

（六）对设在本行政区内无行政隶属关系的有关机关、企业事业单位遵守和执行法律、法规和政策方面的意见；

（七）应由本级人民政府处理的其他问题。

18.《青海省信访条例》(2011 年)

第二十四条 各级人民政府或者县级以上人民政府工作部门受理下列信访事项：

（一）对本辖区内的经济、文化和社会事业的意见和建议；

（二）对本级人民政府或者下级人民政府制定的规章、作出的决定、命令的意见和建议；

（三）对本级人民政府及其工作部门的工作人员或者下级人民政府及其工作部门的工作人员的批评、意见和建议以及违法、违纪、失职、渎职行为的申诉、控告或者检举；

（四）对法律、法规授权的具有管理公共事务职能的组织及其工作人员的批评、意见和建议以及违法、违纪、失职、渎职行为的申诉、控告或者检举；

（五）对提供公共服务的企业事业单位及其工作人员的批评、意见和建议以及违法、违纪、失职、渎职行为的申诉、控告或者检举；

（六）对社会团体或者其他企业事业单位中由行政机关任命、派出的人员的批评、意见和建议以及违法、违纪、失职、渎职行为的申诉、控告或者检举；

（七）对村民委员会、居民委员会及其成员的批评、意见和建议以及违法、违纪、失职、渎职行为的申诉、控告或者检举；

（八）依法应当由人民政府及其工作部门受理的其他信访事项。

19.《上海市信访条例》（2012 年）

第三十三条 信访人可以向人民政府及其工作部门提出下列信访事项：

（一）对本行政区域的经济、文化和社会事务的建议、意见；

（二）对人民政府及其工作部门作出的决定、制定的规范性文件的建议、意见；

（三）对人民政府及其工作部门和所属工作人员职务行为的建议、意见或者不服其职务行为的投诉请求；

（四）对法律、法规授权的具有管理公共事务职能的组织及其工作人员职务行为的建议、意见或者不服其职务行为的投诉请求；

（五）对提供公共服务的企业、事业单位及其工作人员职务行为的建议、意见或者不服其职务行为的投诉请求；

（六）对村民委员会、居民委员会及其成员职务行为的建议、意见或者不服其职务行为的投诉请求；

（七）依法可以向行政机关提出的其他信访事项。

20.《广东省信访条例》（2014 年）

第二十七条 信访人可以向各级人民政府信访工作机构提出下列信访事项：

（一）对本行政区域内的政治、经济、文化、社会和生态建设的建议、意见；

（二）对本级人民政府执行法律、法规、规章和本级人民代表大会及其常务委员会的决定、决议以及上级行政机关的决定、命令方面的建议、意见；

（三）对本级人民政府及其工作部门发布的规章、规范性文件的意见、意见；

（四）对本级人民政府工作人员、本级人民政府工作部门负责人、下一级人民政府负责人的建议、意见或者对其职务行为的投诉；

（五）属于本级人民政府职权范围但不属于诉讼、仲裁和行政复议等法定途径解决的诉求；

（六）本级人民政府复查、复核的信访事项；

（七）依法属于本级人民政府职权范围内的其他信访事项。

第三十七条 【法院信访工作机构受理信访请求的范围】

信访人可以就下列事项向各级人民法院信访工作机构提出信访请求:

(一)对人民法院职权范围内的工作进行咨询;

(二)对人民法院工作的建议和意见;

(三)对人民法院工作人员的违法失职行为的申诉、控告或者检举;

(四)依法应当由各级人民法院受理的其他信访请求。

说 明

本条旨在对法院信访工作机构受理信访请求的范围进行界定。

信访制度是中国珍贵的制度资源,具有民主监督和政治参与的重要功能,同时也兼具补充性质的权利救济功能。但是信访制度仅仅是一项辅助政治制度,而作为司法制度重要组成部分的审判制度,才是国家的核心政治制度。因此,在信"访"不信"法"的观念日渐蔓延的今天,有必要从制度上区分普通信访与司法申诉的范围,以实现"诉""访"分离,树立司法权威,维护国家核心政治制度,促进社会和谐稳定。此外,本条之规定也是实现信访制度民主监督功能的客观需要。

第1项规定的是,信访人可以就人民法院职权范围内的工作向法院信访工作机构提出咨询。

第2项规定的是,信访人可以就人民法院的工作向法院信访工作机构提出的建议和意见。这里的"工作"应当做广泛的理解,法院履行审判职能而进行的各项工作都属于这里的"工作",包括立案、庭审、调解、宣判、执行,等等。

第3项规定的是,信访人就法院工作人员的违法失职行为可以向法院信访工作机构申诉、控告或者检举。

第4项是指信访人可以依据宪法、其他法律的相关规定向法院信访工作提出其他信访请求。

立法理由

本条所要界定的就是在法院信访中,法院信访工作机构应当受理哪些信访请求从而将其转化为信访事项。

第1项关于咨询请求的规定。目前,我国法院越来越重视信息公开建设,2014年5月23日,最高人民法院院长周强在最高人民法院党组中心组学习(扩大)会议上指出,要充分认识推进信息化建设的重要性,要增强责任感和紧迫感,坚持以问题和需求为导向,全面推进最高人民法院和全国各级人民法院的信息建设。除了公开工作报告和司法解释之外,法院也经常会公布一些其他文件和审判信息。2013

年 11 月,最高人民法院启动了三大"公开平台"建设,将审判流程、裁判文书和执行信息向社会公开。这一举措有力地促进了法院的信息公开建设。但是这种公开是法院的主动公开,其公开范围是由法院自行划定的,而人民群众的信息需求则是多样化的,因而这种公开不一定在任何时候都能满足人民群众的需要,所以还应当在主动公开之外建立一种被动公开的制度。作为沟通国家机关和人民群众的重要渠道的信访制度正好可以承担这一任务。因为人民群众对法院的信息需求是多样的,为了更好地保护人民群众的知情权,本项特别规定人民群众可以对法院职权范围内的所有工作提出咨询请求。需要注意的是,这种规定并不意味着只要是法院工作范围内的咨询就能得到支持,如果请求公开或告知的信息属于依法应当予以保密的信息,则当事人的咨询请求不能获得支持。

第 2 项规定的是,信访人可以对法院的工作提出建议和意见的信访请求。根据宪法的规定,人民群众有权对法院的工作提出建议和意见,而作为密切联系人民群众的重要渠道的信访制度正好可以作为实现人民群众这一民主权利的重要工具。同时这一规定,还是在司法领域实现政治参与的重要举措。人民群众通过对法院各项工作提出建议和意见,从而推动司法领域的民主参与。

第 3 项规定的是,信访人可以对法院工作人员的违法失职行为向信访工作机构申诉、控告或者检举。根据宪法的规定,法院工作人员要接受人民群众监督。法院系统有一套内部监督制度,但是这种内部监督机制要更为有效地运行离不开来自人民群众的外部监督,而以民主监督为功能的信访制度是可以通过受理人民群众的投诉请求来启动内部监督的重要手段。本项规定旨在督促法院清除法官中的害群之马,维护法院及法官队伍的形象,并对因法院工作人员违法失职行为而对公民合法权益造成的损害提供救济途径。

第 4 项是兜底性条款。列举通常都是难以穷尽,再加上社会的不断变化,所以作此规定。公民、法人或者其他组织依据宪法、法律有权向法院信访工作机构提出的其他信访,法院信访工作机构也应当予以尊重和保护。

立法例

1.《河南省信访条例》(2010 年)

第二十条 人民法院受理下列信访事项:

(一)对本级或下级人民法院工作的建议、批评和意见;

(二)对本级和下级人民法院工作人员违法、违纪、失职、渎职行为的控告、检举;

(三)依法由人民法院管辖案件的告诉、上诉和申诉;

(四)应当由人民法院受理的其他信访事项。

2.《吉林省信访条例》(2001 年)

第十六条 各级人民法院受理下列信访事项

(一)对人民法院工作的建议、批评和意见；

(二)对审判人员以及法院其他工作人员违法违纪行为的举报或者控告；

(三)依照法律规定应当由人民法院管辖的刑事自诉、民事、行政及执行案件的告诉；

(四)对人民法院发生法律效力的判决、裁定、调解和有关执行案件的申诉。

3.《云南省公民信访条例》(2003 年)

第十六条 地方各级人民法院按照法律规定的级别管辖受理下列范围的公民信访：

(一)对本级人民法院工作的建议、批评和意见；等已经发生法律效力的判决、裁定的申诉；

(二)向县级人民法院提出的对告诉才处理和其他不需要侦查的轻微的刑事案件；民事纠纷的告诉或者检举；

(三)按照《最高人民法院处理刑事案件申诉的暂行规定》和《最高人民法院关于对各级人民法院处理民事和经济纠纷案件申诉的暂行规定》，对刑事、民事和经济案件的申诉；

(四)对本级人民法院机关工作人员的违法失职行为的控告或者检举。

4.《黑龙江信访条例》(2003 年)

第二十三条 各级人民法院受理下列信访事项：

(一)对人民法院工作的建议、批评和意见；

(二)对审判人员以及其他工作人员违法、违纪行为的控告或者举报；

(三)应当由人民法院管辖的刑事、民事、行政等案件的告诉或者申诉；

(四)对人民法院发生法律效力的判决、裁定、调解、决定以及执行案件的申诉。

5.《湖北省信访条例》(2005 年)

第二十二条 本省各级人民法院负责受理下列信访事项：

(一)对人民法院已经发生法律效力的判决、裁定不服，依法提出的申诉；

(二)对人民法院执行工作的申诉和控告；

(三)对人民法院工作的建议、批评和意见；

(四)对人民法院工作人员违法失职行为的控告或者检举；

(五)对人民法院及其工作人员违法行使职权，侵犯他人合法权益的赔偿的请求；

(六)依法应当由人民法院受理的其他信访事项。

6.《安徽省信访条例》（2005 年）

第二十七条 各级人民法院受理下列信访事项：

（一）对本级和下级人民法院工作的建议、批评和意见；

（二）对本级和下级人民法院的审判人员以及人民法院的其他工作人员违法、违纪行为的检举或者控告；

（三）告诉、申诉案件的信访。

7.《江苏省信访条例》（2006 年）

第十二条 地方各级人民法院受理下列信访事项：

（一）对本级人民法院或者下级人民法院已经发生法律效力的刑事、民事和行政案件的判决、裁定不服的申诉、再审申请；

（二）对本级人民法院或者下级人民法院执行工作的申诉和控告；

（三）对刑事自诉、民事和行政案件应当受理而没有受理的申诉；

（四）对本级人民法院或者下级人民法院及其工作人员违法行使职权，侵犯他人合法权益的赔偿的请求；

（五）对本级人民法院或者下级人民法院工作的建议和意见；

（六）对本级人民法院或者下级人民法院工作人员违纪、违法行为的检举和控告；

（七）依法应当由人民法院受理的其他信访事项。

8.《湖南省信访条例》（2006 年）

第二十八条 各级人民法院受理下列信访事项：

（一）对本级和下一级人民法院工作的建议、意见；

（二）对本级和下一级人民法院及其工作人员的违法失职行为的申诉、控告或者检举；

（三）对本级和下一级人民法院生效判决、裁定、调解不服的申诉；

（四）其他依法应当由人民法院受理的信访事项。

9.《甘肃省信访条例》（2006 年）

第二十四条 各级人民法院负责受理下列信访事项：

（一）对相关法律适用、法律程序问题的咨询；

（二）对人民法院工作的意见、建议和批评；

（三）对人民法院审判人员及其他工作人员违法、失职行为的申诉、控告或者检举；

（四）对人民法院已经发生法律效力的判决、裁定、调解不服，依法提出的申诉；

（五）对人民法院执行案件的申诉；

(六)同级人民代表大会常务委员会主任会议、专门委员会、常务委员会工作机构和分管信访工作的负责人转交的涉法涉诉信访事项;

(七)依法应当由人民法院处理的其他信访事项。

10.《北京市信访条例》(2006 年)

第五十四条 信访人可以就下列事项向本市各级人民法院提出信访请求:

(一)对人民法院工作的建议、批评和意见;

(二)对人民法院工作人员的违法失职行为的举报、控告或者申诉;

(三)依法应当由人民法院受理的其他信访请求。

11.《贵州省信访条例》(2006 年)

第二十七条 各级人民法院按照审级分别受理下列信访请求:

(一)对人民法院工作的批评、意见和建议;

(二)对人民法院已经发生法律效力的判决、裁定不服,依法提出的申诉和申请再审;

(三)对人民法院执行工作的控告、申诉;

(四)对人民法院工作人员违法、违纪、失职、渎职行为的控告或者检举;

(五)对人民法院及其工作人员违法行使职权,提出的赔偿请求;

(六)依法应当由人民法院受理的其他信访请求。

12.《西藏自治区信访条例》(2007 年)

第二十二条 各级人民法院受理下列信访事项:

(一)对人民法院工作的批评、意见和建议;

(二)对人民法院工作人员的违法、违纪、失职行为的控告和检举;

(三)对已经发生法律效力的判决、裁定、决定不服提出的申诉和再审申请;

(四)依法应当由人民法院处理的其他事项。

13.《重庆市信访条例》(2009 年)

第二十六条 本市各级人民法院受理下列信访事项:

(一)对人民法院工作的批评、建议、意见;

(二)对人民法院工作人员的违法、违纪、失职行为的控告、检举;

(三)依法应予受理的告诉、上诉、再审申请、申诉、执行申请、执行异议、违法确认申请、司法赔偿申请、复议申请,人民法院未受理又未出具不予受理的裁定书、决定书、通知书,信访人不服提出的申诉;

(四)经依法申请再审、申诉、申请复议后仍不服人民法院的生效判决、裁定、决定,以相同事实和理由提出的申诉;

(五)当事人不依法告诉、上诉、申请再审、申诉、申请违法确认、申请司法赔偿、申请执行、提出执行异议、申请复议,而向其他国家机关提出,其他国家机关转交人

民法院的;

(六)依法应当由人民法院受理的其他信访事项。

14.《江西省信访条例》(2009 年)

第二十四条 各级人民法院受理下列信访事项:

(一)对人民法院工作的批评、意见和建议;

(二)对人民法院工作人员的违法失职行为的申诉、控告或者检举;

(三)依法应当由人民法院受理的其他信访请求。

15.《山西省信访条例》(2010 年)

第二十六条 各级人民法院受理下列信访事项

(一)对人民法院工作的建议和意见;

(二)对人民法院及其工作人员违法失职行为的申诉、控告或者检举;

(三)依法应当受理的其他事项。

16.《辽宁省信访条例》(2010 年)

第二十一条 本省各级人民法院受理下列来信来访

(一)对人民法院工作的批评、意见和建议;

(二)对本级人民法院工作人员和下一级人民法院负责人违法失职行为的控告、检举;

(三)依法应由人民法院管辖案件的告诉和申诉;

(四)应由人民法院处理的其他问题。

17.《青海省信访条例》(2011 年)

第二十五条 各级人民法院受理下列信访事项:

(一)对人民法院工作的批评、意见和建议;

(二)对人民法院工作人员的违法、违纪、失职、渎职行为的申诉、控告或者检举;

(三)依法应当由人民法院受理的其他信访事项。

18.《上海市信访条例》(2012 年)

第四十三条 各级人民法院、人民检察院依法受理下列信访事项:

(一)对人民法院、人民检察院工作的批评、建议和意见;

(二)对人民法院、人民检察院工作人员的违法失职行为的举报、控告;

(三)依法应当由人民法院、人民检察院受理的其他信访事项。

> **第三十八条 【检察院信访工作机构受理信访请求的范围】**
>
> 信访人可以就下列事项向各级人民检察院信访工作机构提出信访请求：
>
> （一）对人民检察院职权范围内的工作进行咨询；
>
> （二）对人民检察院工作的建议和意见；
>
> （三）对人民检察院工作人员的违法失职行为的申诉、控告或者检举；
>
> （四）依法应当由各级人民法院受理的其他信访请求。

说　明

本条规定的是检察院信访工作机构受理信访请求的范围，即检察院信访工作机构办理信访事项的范围。

第1项规定的是，信访人可以对检察院职权范围内的工作提出咨询的信访请求，检察院应当予以受理。

第2项规定的是，信访人可以针对检察院的工作提出建议和意见的信访请求，检察院应当予以受理。

第3项规定的是，信访人可以对检察院工作人员的违法失职行为的提出申诉、控告或者检举的信访请求，检察院应当予以受理。

第4项是兜底性的条款。信访人还可以依宪法、法律提出其他的信访请求。

立法理由

与2007年《人民检察院信访工作规定》和各省自治区直辖市制定的《信访条例》相比，信访法草案对涉检信访的规定作了较大的改变，其原因：一是实现"诉""访"分离，避免信访制度对检察制度和诉讼制度产生破坏和消解的消极影响；二是实现司法领域的民主参与；三是实现人民群众对检察机关的民主监督。

根据最高人民检察院2007年制定的《人民检察院信访工作规定》第三条人民检察院依法处理下列信访事项：（一）反映国家工作人员职务犯罪的举报；（二）不服人民检察院处理决定的申诉；（三）反映公安机关侦查活动存在违法行为的控告；（四）不服人民法院生效判决、裁定的申诉；（五）反映刑事案件裁决、裁定的执行和监狱、看守所、劳动教养机关的活动存在违法行为的控告；（六）反映人民检察院工作人员违法违纪行为的控告；（七）加强、改进检察工作和队伍建设的建议和意见；（八）其他依法应当由人民检察院处理的信访事项。

而在实践中涉检信访的事项主要有：一是不服人民法院已经发生法律效力的民事行政判决或裁定以及民事调解书，不服人民法院的执行活动；二是属于刑事申诉的案件，亦即检察机关控告申诉部门的主要职能范围；三是属于检察机关法律监督职能的刑事申诉,比如不服公安机关不立案而请求检察机关行使立案监督权,或刑事案件判决后被害人请求检察机关抗诉等;四是举报国家机关工作人员贪污贿赂、渎职等,即举报中心的受理范围;五是其它性质的信访,本不属于检察机关管辖,但信访人认为检察机关是法律监督机关,可以监督一切,如不服行政机关的决定而没有走诉讼程序,不服公安机关对治安案件的处理或投诉法院、公安人员的工作失职、态度等,不一而足,但法律没有授权检察机关进行监督的内容。无论是《人民检察院信访工作规定》中的涉检信访事项还是实践中存在涉检信访事项,基本上都属于检察院职权范围内的工作。对于这些事项,应当通过法定的程序来予以办理,而不应当通过信访程序来办理。在这些事项中,信访程序只宜起到接待、分流、教育的作用,而不能作出实质性的处理决定。否则,信访程序就会对国家既有的检察制度和诉讼制度产生消解和破坏的负面影响。

实际上,中央已经高度重视这一问题。2014 年 3 月,中办和国办联合下发的《关于依法处理涉法涉诉信访问题的意见》,明确提出改革涉法涉诉信访工作机制,依法处理设法涉诉信访问题。《意见》指出,要实行诉讼与信访分离的制度,把涉及民商事、行政、刑事诉讼等诉讼权利救济的信访事项从普通信访体制中分离出来,由政法机关依法处理。信访法草案正是在此基础上,将属于法律监督范围内的信访事项剥离出来,依法纳入国家常规的检察制度和诉讼制度的范围。

我国是人民民主专政的国家,国家的一切权力属于人民,人民是国家的主人。人民有权对国家检察机关提出建议和意见。作为密切联系检察机关和人民群众关系的渠道,涉检信访制度充当了人民群众表达其对检察机关的建议和意见的重要工具。这一制度上的安排,可以在更大程度上促使公民参与国家的政治进程,也使得检察机关能更好地维护人民群众的利益,更人性化地对待人民群众的诉求,从而改变其工作作风,甚至是改变不合理的制度限制和非人性化的管理模式。因此,本条第 2 项规定,信访人对人民检察院工作的建议和意见属于应当予以受理的信访请求。

然而,信访人对检察院的工作提出建议和意见的前提是,信访人对检察院的工作的知情。为了保障信访人的知情权,本条第 1 项还专门规定,检察院信访工作机构应当受理信访人对检察院职权范围内的工作提出咨询请求。

当事人在维护自己合法权益的过程中,经常要与检察机关发生联系,为了督促检察机关的工作人员改进工作作风和工作方式,更好地为人民服务,防止其滥用公权力,本条第 3 项专门规定,检察院信访工作机构应当依法受理信访人对检察院工作人员违法失职行为的投诉。

本条第 4 项是兜底性条款。旨在尊重和保护那些本条尚未列举,而又具有宪法法律依据的信访请求。

立法例

1.《河南省信访条例》(2010 年)

第二十一条 人民检察院受理下列信访事项:

(一)对本级人民检察院工作建议、批评和意见;

(二)对本级或者下级人民检察院工作人员的违法、违纪、失职、渎职行为的控告、检举;

(三)对本级人民检察院的处理决定不服或者对下一级人民检察院的处理决定不服的申诉;

(四)对依法应由人民检察院侦查的刑事案件的控告、检举;

(五)对人民法院已经发生法律效力的判决、裁定不服,经人民法院复查后仍然不服,依法提起的申诉;

(六)对审判机关、公安机关、司法行政机关工作人员的违法、违纪、失职、渎职行为的控告、检举;

(七)应当由人民检察院受理的其他信访事项。

2.《吉林省信访条例》(2001 年)

第十七条 各级人民检察院受理下列信访事项:

(一)对人民检察院工作建议、批评和意见;

(二)对检察人员以及检察院其他工作人员违法违纪行为的举报或者控告;

(三)不服人民检察院决定的申诉案件;

(四)对公安机关侦查活动中和人民法院审判活动中违法行为涉嫌犯罪的检举或者控告;

(五)依照法律规定由人民检察院受理的其他检举、控告和申诉。

3.《云南省公民信访条例》(2003 年)

第十七条 地方各级人民检察院受理下列范围的公民信访:

(一)对本级人民检察院工作的建议、批评和意见;

(二)对依法应由检察机关侦查的犯罪的控告或者检举;

(三)对本级人民检察院处理不服或者下一级人民检察院经过复议处理仍不服的申诉;

(四)对经过同级人民法院复查仍不服的申诉;

(五)对本级人民检察院机关工作人员的违法失职行为的控告或者检举。

4.《黑龙江信访条例》(2003 年)

第二十四条 各级人民检察院受理下列信访事项:

(一)对本级人民检察院工作的建议、批评和意见;

(二)对检察人员以及其他工作人员违法、违纪行为的控告或者举报;

（三）对人民检察院处理决定不服的申诉案件；

（四）对国家工作人员贪污、贿赂犯罪行为以及国家机关人员渎职、利用职权侵犯公民的人身权利和民主权利的犯罪行为的控告或者举报。

5.《湖北省信访条例》（2005 年）

第二十三条　本省各级人民检察院负责受理下列信访事项：

（一）对依法应当由人民检察院侦查的刑事案件的控告、检举；

（二）对公安机关、司法机关及其工作人员在刑事诉讼活动中的违法失职行为的控告、申诉；

（三）对人民检察院的决定和人民法院已经发生法律效力的判决、裁定不服，依法提出申诉；

（四）对监狱、看守所等执行机关执行刑罚中违法行为的控告、申诉；

（五）对人民检察院及其工作人员违法失职行为的控告或者检举；

（六）对人民检察院及其工作人员违法行使职权，侵犯他人合法权益的赔偿的请求；

（七）依法应当由人民检察院受理的其它信访事项。

6.《安徽省信访条例》（2005 年）

第二十八条　各级人民检察院受理下列信访事项：

（一）对本级和下级人民检察院工作的建议、批评和意见；

（二）对本级和下级人民检察院的检察人员以及人民检察院的其它工作人员的违法、违纪行为的检举或者控告；

（三）对本级和下级人民检察院处理决定不服的申诉；

（四）对发生法律效力的判决、裁定不服的申诉；

（五）对国家机关工作人员涉嫌贪污、贿赂等犯罪行为，以及国家机关工作人员失职、渎职、利用职权侵犯公民的人身权利和民主权利等行为的检举或者控告。

7.《江苏省信访条例》（2006 年）

第十三条　地方各级人民检察院受理下列信访事项：

（一）对本级人民检察院或者下级人民检察院的处理决定不服的申诉；

（二）对依法应当由人民检察院立案的职务犯罪等刑事案件的控告或者检举；

（三）对本级人民法院或者下级人民法院已经发生法律效力的刑事、民事和行政判决、裁定不服的申诉；

（四）对被害人不服公安机关应当立案侦查而不立案侦查的案件的申诉；

（五）对本级人民检察院或者下级人民检察院及其工作人员违法行使职权，侵犯他人合法权益的赔偿的请求；

（六）对本级人民检察院或者下级人民检察院工作的建议和意见；

(七)对本级人民检察院或者下级人民检察院工作人员的违法、违纪行为的控告或者举报;

(八)依法应当由人民检察院受理的其他信访事项。

8.《湖南省信访条例》(2006 年)

第二十九条 各级人民检察院受理下列信访事项:

(1)对本级和下一级人民检察院工作的建议、意见;

(二)对本级和下一级人民检察院及其工作人员的违法失职行为的申诉、控告或者检举;

(三)对国家工作人员职务犯罪行为的控告或者检举;

(四)对属于人民检察院法律监督职权范围内的事项的申诉、控告或者检举;

(五)其他依法应当由人民检察院受理的信访事项。

9.《甘肃省信访条例》(2006 年)

第二十五条 各级人民检察院受理下列信访事项:

(一)对相关法律程序问题的咨询;

(二)对人民检察院工作的意见、建议和批评;

(三)不服人民检察院发生法律效力的决定的申诉;

(四)对人民检察院检察人员及其他工作人员违法、失职行为的申诉、控告或者检举;

(五)对公安机关、司法机关及其工作人员在刑事诉讼中的违法、失职行为的举报、控告或者申诉;

(六)对监狱、劳教所、看守所等管教场所及其工作人员违法行为的举报、控告或者申诉;

(七)同级人大常务委员会主任会议、专门委员会、常务委员会工作机构和分管信访工作机构的负责人转交的涉法涉诉信访事项;

(八)依法应当由人民检察院处理的其他信访事项。

10.《北京市信访条例》(2006 年)

第五十五条 信访人可以就下列事项向本市各级人民检察院提出信访请求:

(一)对人民检察院工作的建议、批评和意见;

(二)对人民检察院工作人员的违法失职行为的举报、控告或者申诉;

(三)依法应当由人民检察院受理的其他信访请求。

11.《贵州省信访条例》(2006 年)

第二十八条 各级人民检察院受理下列信访请求:

(一)对本级人民检察院或者下级人民检察院工作的意见和建议;

(二)对人民检察院的处理决定不服的申诉;

(三)对依法应当由人民检察院立案侦查的职务犯罪等刑事案件的控告或者检举;

(四)对人民法院已经发生法律效力的判决、裁定不服的申诉;

(五)对应当立案侦查而公安机关不立案侦查的案件的控告、申诉;

(六)要求人民检察院依法予以刑事赔偿的请求;

(七)对监狱、看守所等执行机关执行刑罚中违法犯罪行为的控告、申诉;

(八)对本级人民检察院或者下级人民检察院工作人员违法、违纪、失职、渎职行为的控告或者举报;

(九)依法应当由人民检察院受理的其他信访事项。

12.《西藏自治区信访条例》(2007 年)

第二十三条 各级人民检察院受理下列信访事项:

(一)对人民检察院工作的批评、意见和建议;

(二)对人民检察院工作人员的违法、违纪、失职行为的控告或者检举;

(三)不服人民法院生效的判决、裁定的申诉,以及不服人民检察院作出的处理决定的申诉;

(四)依法应当由人民检察院处理的其他事项。

13.《重庆市信访条例》(2009 年)

第二十七条 本市各级人民检察院受理下列信访事项:

(一)对人民检察院工作的批评、建议、意见;

(二)对人民检察院工作人员的违法、违纪、失职行为的举报、控告;

(三)对国家工作人员职务犯罪的举报、控告;

(四)不服人民检察院处理决定的申诉;

(五)反映公安机关侦查活动存在违法行为的控告;

(六)不服人民法院生效判决、裁定的申诉;

(七)对刑事案件判决、裁定的执行和监狱、看守所、劳动教养机关工作存在违法行为的控告;

(八)依法应当由人民检察院受理的其他信访事项。

14.《江西省信访条例》(2009 年)

第二十五条 各级人民检察院受理下列信访事项:

(一)对人民检察院工作的批评、意见和建议;

(二)对人民检察院工作人员的批评、意见和建议;

(三)对依法应当由人民检察院受理的其他信访请求。

15.《山西省信访条例》(2010 年)

第二十七条 各级人民检察院受理下列信访事项:

(一)对人民检察院工作的建议和意见;

(二)对人民检察院及其工作人员违法失职行为的申诉、控告或者检举;

(三)依法应当受理的其他信访事项。

16.《辽宁省信访条例》(2010 年)

第二十二条 本省各级人民检察院受理下列来信来访:

(一)对人民检察院工作的建议、批评和意见;

(二)对本级人民检察院工作人员和下级人民检察院负责人的违法失职行为的控告、检举;

(三)依法应由人民检察院受理的控告、检举、申诉;

(四)应由人民检察院处理的其他问题。

17.《青海省信访条例》(2011 年)

第二十六条 各级人民检察院受理下列信访事项:

(一)对人民检察院工作的批评、意见和建议

(二)对人民检察院工作人员的违法、违纪、失职、渎职行为的申诉、控告或者检举;

(三)依法应当由人民检察院受理的其他信访事项。

18.《上海市信访条例》(2012 年)

第四十三条 各级人民法院、人民检察院依法受理下列信访事项:

(一)对人民法院、人民检察院工作的批评、建议和意见;

(二)对人民法院、人民检察院工作人员的违法失职行为的举报、控告;

(三)依法应当由人民法院、人民检察院受理的其他信访事项。

立法参考

《人民检察院信访工作规定》(2007 年)

第三条 人民检察院依法处理下列信访事项:

(一)反映国家工作人员职务犯罪的举报;

(二)不服人民检察院处理决定的申诉;

(三)反映公安机关侦查活动存在违法行为的控告;

(四)不服人民法院生效判决、裁定的申诉;

(五)反映刑事案件裁决、裁定的执行和监狱、看守所、劳动教养机关的活动存在违法行为的控告;

(六)反映人民检察院工作人员违法违纪行为的控告;

(七)加强、改进检察工作和队伍建设的建议和意见;

(八)其他依法应当由人民检察院处理的信访事项。

第三十九条 【信访与诉讼等法定途径的关系】

依法可以通过诉讼、仲裁、行政复议等法定途径解决的纠纷,公民、法人或者其他组织应当依照有关法律、行政法规规定的程序提出。

公民、法人和其他组织对具体案件处理结果不服等申诉事项,应当通过诉讼等法定途径提出。

说 明

本条旨在厘清信访与诉讼、仲裁、行政复议等制度的关系,是对信访受理范围的排除规定。

第 1 款规定的是,依法可以通过诉讼、仲裁、行政复议等法定途径解决的纠纷,信访工作机构不应当受理,而应当引导信访人依法律、行政法规规定的程序向有关机关提出。

第 2 款规定的是,对具体案件的处理结果不服而提出的申诉,信访工作机构不应当受理,而应当引导信访人通过诉讼等法定途径提出。

立法理由

本条第 1 款沿袭了国务院 2005 年《信访条例》的规定,旨在实现"诉""访"分离。国务院 2005 年《信访条例》的这一规定在实践中之所以会落空,和司法制度的不足与缺陷、"人治"色彩的影响以及相关配套制度不完善有关,所以这一规定的落实不能仅仅寄希望于信访立法,还应当完善司法制度、推动依法治国的发展。

第 2 款的规定也是为了实现"诉""访"分离。前款是禁止本属于诉讼、仲裁、行政复议管辖的案件进入信访程序,而这一款则是禁止已经进入诉讼、仲裁、行政复议程序的案件在程序终结之前进入信访程序,即便这一案件属于信访的范围。本款规定也是为了建立涉法涉诉信访事项导入司法程序的机制。

立法例

1.《信访条例》(2005 年)

第十四条第二款 对依法应当通过诉讼、仲裁、行政复议等法定途径解决的投诉请求,信访人应当依照有关法律、行政法规规定的程序向有关机关提出。

2.《安徽省信访条例》(2005 年)

第三十条 对依法应当通过诉讼、仲裁、行政复议等法定途径解决的投诉请求,信访工作机构应当告知信访人依照有关法律、行政法规规定的程序向有关机关提出。

3.《青海省信访条例》(2011 年)

第二十七条 各级国家机关对信访人提出的信访事项,应当分别按照下列方式处理:

（二)对依法应当通过诉讼、仲裁、行政复议解决的信访事项,有关国家机关应当告知信访人依照有关法律、法规等规定向司法机关、仲裁机构、行政复议机关提出;对已经进入诉讼、仲裁、行政复议程序的信访事项,应当告知信访人依照法律、法规规定的程序解决;

4.《广东省信访条例》(2014 年)

第三十条 公民、法人以及其他组织就下列事项向国家机关请求权利救济的,应当依照诉讼、仲裁、行政复议等法定程序向有关机关提出:

（一)公民、法人以及其他组织之间的民事纠纷和国家机关参与民事活动引起的民事纠纷,当事人协商不成的,依照《中华人民共和国仲裁法》、《中华人民共和国民事诉讼法》的规定向仲裁委员会申请仲裁或者向人民法院提起民事诉讼;

（二)对行政机关的具体行政行为不服的,依照《中华人民共和国行政复议法》、《中华人民共和国行政诉讼法》等法律的规定向行政复议机关申请行政复议或者向人民法院提起诉讼;

（三)土地、林地、林木所有权和使用权纠纷,当事人协商不成的,依照《中华人民共和国土地管理法》、《中华人民共和国森林法》的规定由有关人民政府处理;对有关人民政府的处理决定不服的,依照《中华人民共和国行政复议法》、《中华人民共和国行政诉讼法》等法律的规定向行政复议机关申请行政复议或者向人民法院提起诉讼;

（四)农村土地承包经营纠纷,依照《中华人民共和国农村土地承包经营纠纷调解仲裁法》的规定请求村民委员会、乡(镇)人民政府等调解;当事人和解、调解不成或者不愿和解、调解的,向农村土地承包仲裁委员会申请仲裁或者向人民法院起诉;

（五)劳动者与用人单位之间的劳动纠纷,依照《中华人民共和国劳动争议调解仲裁法》的规定向调解组织申请调解;不愿调解、调解不成或者达成调解协议后不履行的,向劳动争议仲裁委员会申请仲裁;对不属于终局裁决的仲裁裁决不服的,向人民法院提起诉讼;对属于终局裁决的仲裁裁决不服的,向人民法院申请撤销裁决;

（六)对仲裁委员会作出的仲裁裁决不服的,依照《中华人民共和国仲裁法》、《中华人民共和国民事诉讼法》的规定向人民法院申请撤销仲裁裁决或者裁定不予执行仲裁裁决;

（七)对人民法院已经发生法律效力的民事判决、裁定、调解书不服的,依照《中华人民共和国民事诉讼法》的规定向人民法院申请再审；人民法院驳回再审申请、逾期未对再审申请作出裁定或者再审判决、裁定有明显错误的,可以向人民检察院申请检察建议或者抗诉；

(八)对已经发生法律效力的行政或者刑事判决、裁定、决定不服的,依照《中华人民共和国行政诉讼法》、《中华人民共和国刑事诉讼法》的规定向人民法院或者人民检察院提出申诉；

(九)法律、行政法规规定由法定途径解决的其他事项。

立法参考

《关于依法处理涉法涉诉信访问题的意见》(2014 年 3 月 19 日中共中央办公厅、国务院办公厅印发)

改革涉法涉诉信访工作机制、依法处理涉法涉诉信访问题的总体思路是:改变经常性集中交办、过分依靠行政推动、通过信访启动法律程序的工作方式,把解决涉法涉诉信访问题纳入法治轨道,由政法机关依法按程序处理,依法纠正执法差错,依法保障合法权益,依法维护公正结论,保护合法信访、制止违法闹访。努力实现案结事了、息诉息访,实现维护人民群众合法权益与维护司法权威的统一。

实行诉讼与信访分离制度。把涉及民商事、行政、刑事等诉讼权利救济的信访事项从普通信访体制中分离出来,由政法机关依法处理。各级信访部门对到本部门上访的涉诉信访群众,应当引导其到政法机关反映问题;对按规定受理的涉及公安机关、司法行政机关的涉法涉诉信访事项,收到的群众涉法涉诉信件,应当转同级政法机关依法处理。

建立涉法涉诉信访事项导入司法程序机制。对涉法涉诉信访事项,各级政法机关要及时审查、甄别。对于正在法律程序中的,继续依法按程序办理;对于已经结案,但符合复议、复核、再审条件的,依法转入相应法律程序办理;对于已经结案,不符合复议、复核、再审条件的,做好不予受理的解释说明工作;对于不服有关行政机关依法作出的行政复议决定,经释法明理仍不服的,可引导其向人民法院提起行政诉讼。有关处理程序和结果,应当严格按照规定的期限和方式,及时告知当事人。

严格落实依法按程序办理制度。各级政法机关对于已经进入法律程序处理的案件,应当依法按程序在法定时限内公正办结。对经复议、审理、复核,确属错案、瑕疵案的,依法纠正错误、补正瑕疵;属于国家赔偿范围的,依照国家赔偿法的有关规定办理。对经复议、审理、复核,未发现错误的,依法维持原裁决,并按照有关规定及时告知当事人。

建立涉法涉诉信访依法终结制度。中央政法机关按照修改后的刑事诉讼法、民事诉讼法和相关法律法规,修改完善涉法涉诉信访终结办法。对涉法涉诉信访事项，已经穷尽法律程序的，依法作出的判决、裁定为终结决定。对在申诉时限内反复缠访缠诉，经过案件审查、评查等方式，并经中央或省级政法机关审核，认定其反映问题已经得到公正处理的，除有法律规定的情形外，依法不再启动复查程序。各级各有关部门不再统计、交办、通报，重点是做好对信访人的解释、疏导工作。

第五章　信访工作程序

本章说明

本章规定了信访工作程序。分为三节，第一节"信访请求的提出和受理"、第二节"信访事项的办理"、第三节"信访事项处理意见的复查与复核"。在将信访制度纳入法治化的进程中，我们深知程序之重要性，在这种理念下，深入细致地研究设计探讨信访工作程序，使之成为"看得见的程序正义"，尤为必要。

信访请求的提出标志着信访活动的开始。本章第一节详细规定了信访请求如何提出、向谁提出、提出后如何处理以及信访请求不予受理等情况，有利于信访人及各级国家信访工作机构明确其权利义务，以妥善开展信访活动。

本章第二节规定了信访事项如何处理、以及处理过程中相关当事人的权利义务，使信访制度良好运转。

本章第三节规定了信访事项的复查和复核程序。复查和复核是信访工作程序中的一部分，但并非必经环节，是信访人在对处理意见和复查决定不服时自主提请的程序。无救济则无权利，复查和复核程序是救济性程序，对信访事项进行复查和复核目的在于保障信访人合法权益的实现，引导信访人依法有序进行信访和维护自身权利，同时也促进国家机关依法履行其职责，及时防止和纠正信访事项的错误处理，通过规范信访的救济程序来解决目前越级信访、重复信访、缠访闹访的问题，从而将信访程序纳入法治化轨道，用有序替代无序，建立和完善信访终结机制，促进和谐信访，保障信访人的权利。

2005年国务院《信访条例》规定了信访办理、复查、复核三级审查终结制度。国务院《信访条例》第34条和第35条分别就复查和复核程序作出了规定，但规定较简单且只针对行政信访中的复查和复核程序，部分地区如浙江、广东、山东等省份相继出台了信访事项复查和复核办法，规定各省行政信访的复查复核程序，但目前仍缺乏统一的立法，对于人大、法院、检察院的信访事项复查复核程序的规定仍为空白，因此对复查复核程序进行统一的梳理和规定十分必要。

从横向来看，信访是各级国家机关密切联系公民的重要桥梁和纽带，人民代表大会及其常务委员会、人民政府及其工作部门、人民法院、人民检察院等国家机关均可设立信访工作机构,均可作为信访事项的处理机关和复查复核机关,不同国家机关信访事项的复查复核程序基本一致,但不同国家机关作为复查复核机关时,由于原处理机关与复查机关、原复查机关和复核机关之间的关系不同,因而处理决定会有所不同。若为领导关系,如行政机关之间、上下级检察院之间则可以撤销或变更原处理或复查意见;若为监督关系,如上下级法院之间、上下级人大常委会之间只能对原处理或复查意见进行撤销。

从纵向来看,信访事项最多可以经过两级救济程序,即复查和复核,这里进行分别规定,目的在于防止复查和复核两级程序的混淆,明确信访人的权利,鼓励依法定程序提出异议,完善信访三级审查终结制度,维护信访人的利益。复查和复核都经过申请的提出、受理,调查听证与调解和解,复查复核处理意见的作出,意见书的制作和送达,信访终结和后续救济这几个环节。信访听证将在本法第七章进行详细规定,本章第三节将对信访复查复核程序中的其他问题加以系统地规定。

本章详细规定了大信访格局下的信访工作程序,以期从程序方面规范信访活动和信访工作,推进信访法治化进程。

第一节 信访请求的提出和受理

第四十条 【信访请求的提出】

信访人提出信访请求,应当依法向有权处理的国家机关信访工作机构提出。

对依法应当通过诉讼、仲裁、行政复议等法定途径解决的信访请求,信访人应当依照法定程序提出。

说 明

本条是信访人信访请求提出的规定。

本条第 1 款是关于信访人应向哪个信访工作机构提出其信访请求的规定,与本法第 3 章"信访工作机构和信访工作人员",第 4 章"信访请求的办理范围"联系密切。第 3 章规定了人大、政府、法院和检察院的信访工作机构的设立及其职责,第 4 章则规定了人大、政府、法院和检察院的信访工作机构受理信访请求的范围。总则中还确立了"归口管理,分级负责,谁主管,谁负责"的信访工作原则。

"向依法有权处理的各级国家机关信访工作机构提出",是指依据上述规定相应地向各级人大常务委员会、各级人民政府、各级人民法院、各级人民检察院所设立的信访工作机构提出。

第 2 款"对依法应当通过诉讼、仲裁、行政复议等法定途径解决的信访请求,信访人应当依照法定程序提出"是指,对于应该按照《中国人民共和国民事诉讼法》《中华人民共和国行政诉讼法》《中华人民共和国刑事诉讼法》《中华人民共和国仲裁法》《中华人民共和国行政复议法》等法定程序解决的信访请求,信访人应该按照法律规定的程序提出。

本条实际上是从程序上保证总则、第三章、第四章中有关信访请求的受理原则、受理机构、受理范围等规定的落实。

立法理由

2005 年国务院颁布的《信访条例》第 14 条、第 15 条规定:"信访人对下列组织、人员的职务行为反映情况,提出建议、意见,或者不服下列组织、人员的职务行为,可以向有关行政机关提出信访事项:(一)行政机关及其工作人员;(二)法律、法规授权的具有管理公共事务职能的组织及其工作人员;(三)提供公共服务的企业、事业单位及其工作人员;(四)社会团体或者其他企业、事业单位中由国家行政机关任命、派出的人员;(五)村民委员会、居民委员会及其成员。对依法应当通过诉讼、仲裁、行政复议等法定途径解决的投诉请求,信访人应当依照有关法律、行政法规规定的程序向有关机关提出。""信访人对各级人民代表大会以及县级以上各级人民代表大会常务委员会、人民法院、人民检察院职权范围内的信访事项,应当分别向有关的人民代表大会及其常务委员会、人民法院、人民检察院提出,并遵守本条例第十六条、第十七条、第十八条、第十九条、第二十条的规定。"

2005 年《信访条例》第 14 条、15 条的规定已经涉及了信访请求的提出,但是它是与信访的范围结合在一起,其程序意义的体现并不明显。而信访法则在信访工作程序之首明确信访请求应当向有权处理的国家机关的信访工作机构提出。本条第 1 款之所以作此规定,是为了便利信访人,节省信访资源。因为,任何信访请求的处理,最后都得由有权处理的国家机关办理。

本款之规定还旨在明确区分人大信访、行政信访、法院信访和检察院信访。贯彻信访案件分流处理的精神。

第 2 款规定,"对依法应当通过诉讼、仲裁、行政复议等法定途径解决的信访请求,信访人应当依照法定程序提出"。本款与第 39 条的规定是一脉相承的。本款规定了各种程序之间应如何衔接的问题,着重解决涉法涉诉类信访。信访主要有民主监督、政治参与、权利救济等功能,在构建大信访格局思路时,应弱化其权利救济功能,而强化其政治参与功能。在这种思路指导下,对于应按照诉讼、仲裁、行政复议等途径提出的,信访人应按照法定程序提出,而不是以信访代替之。

本款规定之旨趣也在于落实诉访分离之原则,以治理实践中诉访不分的乱象,维护司法的权威。

立法例

1.《北京市信访条例》(2006 年)

第二十三条 信访人提出信访请求,应当向依法有权处理的国家机关提出。

对依法应当通过诉讼、仲裁、行政复议等法定途径解决的信访请求,信访人应当依照法定程序提出。

2.《上海市信访条例》(2012 年)

第十六条 依法应当通过行政许可等行政程序处理或者依法可以通过诉讼、仲裁、行政复议等法定途径解决的事项,信访人应当依照法定程序向有关国家机关或者机构提出。

3.《湖北省信访条例)》(2005 年)

第十九条 依法应当通过诉讼、行政复议、仲裁解决的信访事项,信访人应当依法向司法机关、行政复议机关、仲裁机构提出。

4.《广东省信访条例》(2014 年)

第二十五条 信访人提出信访事项,应当分别向有权处理的人民代表大会常务委员会信访工作机构、人民政府信访工作机构、人民政府工作部门、人民法院、人民检察院提出。

第三十条 公民、法人以及其他组织就下列事项向国家机关请求权利救济的,应当依照诉讼、仲裁、行政复议等法定程序向有关机关提出:

(一)公民、法人以及其他组织之间的民事纠纷和国家机关参与民事活动引起的民事纠纷,当事人协商不成的,依照《中华人民共和国仲裁法》、《中华人民共和国民事诉讼法》的规定向仲裁委员会申请仲裁或者向人民法院提起民事诉讼;

(二)对行政机关的具体行政行为不服的,依照《中华人民共和国行政复议法》、《中华人民共和国行政诉讼法》等法律的规定向行政复议机关申请行政复议或者向人民法院提起诉讼;

(三)土地、林地、林木所有权和使用权纠纷,当事人协商不成的,依照《中华人民共和国土地管理法》、《中华人民共和国森林法》的规定由有关人民政府处理;对有关人民政府的处理决定不服的,依照《中华人民共和国行政复议法》、《中华人民共和国行政诉讼法》等法律的规定向行政复议机关申请行政复议或者向人民法院提起诉讼;

(四)农村土地承包经营纠纷,依照《中华人民共和国农村土地承包经营纠纷调解仲裁法》的规定请求村民委员会、乡(镇)人民政府等调解;当事人和解、调解不成或者不愿和解、调解的,向农村土地承包仲裁委员会申请仲裁或者向人民法院起诉;

(五)劳动者与用人单位之间的劳动纠纷,依照《中华人民共和国劳动争议调解仲裁法》的规定向调解组织申请调解;不愿调解、调解不成或者达成调解协议后不履行的,向劳动争议仲裁委员会申请仲裁;对不属于终局裁决的仲裁裁决不服的,向人民法院提起诉讼;对属于终局裁决的仲裁裁决不服的,向人民法院申请撤销裁决;

(六)对仲裁委员会作出的仲裁裁决不服的,依照《中华人民共和国仲裁法》、《中华人民共和国民事诉讼法》的规定向人民法院申请撤销仲裁裁决或者裁定不予执行仲裁裁决;

(七)对人民法院已经发生法律效力的民事判决、裁定、调解书不服的,依照《中华人民共和国民事诉讼法》的规定向人民法院申请再审;人民法院驳回再审申请、逾期未对再审申请作出裁定或者再审判决、裁定有明显错误的,可以向人民检察院申请检察建议或者抗诉;

(八)对已经发生法律效力的行政或者刑事判决、裁定、决定不服的,依照《中华人民共和国行政诉讼法》、《中华人民共和国刑事诉讼法》的规定向人民法院或者人民检察院提出申诉;

(九)法律、行政法规规定由法定途径解决的其他事项。

5.《深圳经济特区信访条例》(2011 年)

第二十六条 信访人要求国家机关维护其合法权益时,其诉求属于国家机关的工作职责且应当按照法定程序处理的事项,由国家机关按照法定程序处理,不作为信访事项受理。

第四十一条 【信访的形式】

信访人提出信访请求,一般应当采用书信、网络、传真、电话形式;采用走访形式的,应当在国家机关信访工作机构公布的接待时间内,到指定的接待场所提出。

信访人采用口头形式提出信访请求的,国家机关信访工作机构应当如实记录。

国家机关信访工作机构为方便、规范信访人提出信访请求,可以向信访人提供格式化文本。

说 明

本条是信访人信访的形式规定。

网络信访,是指公民、法人或者其他组织通过信访部门构建在互联网上的信访平台向国家机关反映情况、提出意见、建议或者投诉请求。开展"网上信访"是创新工作理念,拓宽信访渠道的必经之路,也是对探索反映民意和诉求表达机制提出的新要求。

走访,是指信访人本人或委托他人到各级国家机关信访工作机构面谈,提出信访事项,走访应当在公布的接待时间内到指定的接待场所提出信访请求。

立法理由

2005 年《信访条例》第 17 条第 1 款规定,"信访人提出信访事项,一般应当采用书信、电子邮件、传真等形式……"。本法根据社会发展实际,新增了"网络信访"这一新形式,以方便群众,便民利民。并增加列举"电话信访"这一形式。

信访提出方式的多样化,既方便群众依法行使民主权利,参与管理国家、社会事务,降低信访成本,也有利于国家机关发扬社会主义民主,听取人民群众意见、建议和要求,接受人民群众监督。同时,明确规定信访人进行信访的形式(包括书信、电子邮件、传真、网络平台、电话等),有利于规范信访人的信访行为,避免不规范的信访行为对国家机关的正常运作和群众正常生活造成不良影响。

允许各国家机关信访工作机构从接待处理的信访请求着手,总结经验规律,为信访人提供格式化文本,以规范信访工作秩序,提高信访效率,真正做到"权为民所用、情为民所系、利为民所谋"。

立法例

1.《北京市信访条例》(2006 年)

第二十四条 信访人提出信访请求,一般应当采用书信、电子邮件等书面形式;提出投诉请求的,应当提供真实姓名(名称)、住址、联系方式和基本事实、理由、明确的请求。

信访人采用口头形式提出信访请求的,有关国家机关应当如实记录。

国家机关为方便、规范信访人提出信访请求,可以向信访人提供格式化文本。

第二十五条 信访人采用走访形式提出信访请求的,应当在公布的接待时间到依法有权处理的本级或者上级机关设立或者指定的信访接待场所提出。

2.《上海市信访条例》(2012 年)

第十七条 信访人提出信访事项,一般应当采用书信、电子邮件、传真、电话形式;采用走访形式的,应当在国家机关公布的接待时间内到指定的接待场所提出。

信访人提出投诉请求的,应当提供明确的请求、事实、理由和真实姓名(名称)、住址、联系方式。

3.《湖北省信访条例》(2005 年)

第十七条 信访人提出信访事项,一般应当采用书信、电子邮件、传真等书面形式；信访人提出投诉请求的，应当载明信访人的姓名（名称）、住址、联系方式和请求、事实、理由。

信访工作人员对采用口头形式提出的投诉请求，应当记录信访人的姓名（名称）、住址和请求、事实、理由。

第十八条 信访人采用走访形式提出信访事项，应当向依法有权处理的本级或者上一级国家机关提出并到有关国家机关设立或者指定的接待场所反映。信访事项已经受理或者正在办理的，信访人在规定期限内向受理、办理机关的上级国家机关再提出同一信访事项的，该上级机关不予受理。

4.《广东省信访条例》（2014 年）

第三十一条 信访人提出信访事项，一般应当采用网络、书信、传真、短信等形式；信访人提出投诉请求的，还应当载明信访人的姓名（名称）、联系方式和请求、事实、理由等。国家机关对采用口头形式提出的投诉请求，应当记录信访人的姓名（名称）、联系方式和请求、事实、理由等。

第三十二条 信访人采用走访形式提出信访事项的，应当向依法有权处理的本级国家机关提出：

（一）信访事项属乡（镇）人民政府、街道办事处职权范围的，到乡（镇）人民政府、街道办事处的信访接待场所提出；

（二）信访事项属县（区、县级市）国家机关职权范围的，到县（区、县级市）国家机关的信访接待场所提出；

（三）信访事项属地级以上市国家机关职权范围的，到地级以上市国家机关的信访接待场所提出；

（四）信访事项属省国家机关职权范围的，到省国家机关的信访接待场所提出。

信访人应当以合法方式表达诉求，不得越级走访；信访人越级走访的，国家机关不支持、不受理。本级国家机关应当受理而不予受理或者受理后不依法处理的，信访人可以向其上一级国家机关提出；信访人未到有权处理的本级国家机关提出信访事项，直接向上级国家机关走访的，上级国家机关不予受理，告知其向本级国家机关提出。

信访人向当地信访工作机构或者其他国家机关提出属于上级国家机关职权范围的信访事项的，当地信访工作机构或者其他国家机关应当及时转送上级国家机关处理，并为信访人查询信访事项受理和办理情况提供帮助。

5.《深圳经济特区信访条例》（2011 年）

第十八条 信访人提出信访事项，一般应当采用书信、电子邮件、传真等书面形式；信访人提出维护其合法权益请求的，还应当载明信访人的姓名（名称）、通讯地址和请求、事实、理由等。

第十九条 信访人采用走访形式提出信访事项的,应当持本人身份证明到依法有权处理的国家机关设立或者指定的信访接待场所提出。

立法参考

《关于创新群众工作方法解决信访突出问题的意见》(2014 年 2 月 25 日中共中央办公厅、国务院办公厅印发)

健全公开透明的诉求表达和办理方式。完善民生热线、视频接访、绿色邮政、信访代理等做法,更加重视群众来信尤其是初次来信办理,引导群众更多以书信、电话、传真、视频、电子邮件等形式表达诉求,树立通过上述形式也能有效解决问题的导向。实行网上受理信访制度,大力推行阳光信访,全面推进信访信息化建设,建立网下办理、网上流转的群众信访事项办理程序,实现办理过程和结果可查询、可跟踪、可督办、可评价,增强透明度和公正性;逐步推行信访事项办理群众满意度评价,把办理工作置于群众监督之下,提高信访公信力。

第四十二条 【信访请求提出的格式】

信访人提出信访请求,应当提供明确的请求、事实、理由、相关证明材料和真实姓名(名称)、住址、联系方式。

说 明

本条是信访人信访请求提出的格式规定。

信访请求,是指信访人向各级国家机关信访工作机构反映情况,提出的咨询、建议、意见或者投诉请求。明确信访请求提出的具体要求,既有利于规范信访人的信访行为,也有助于规范国家机关的办信接访行为。

信访人提出的信访事项不同,其具体要求也有所不同。意见、建议类的信访事项,信访人只要提供基本事实、理由,姓名、住址、联系方式即可。对于申诉、控告、检举类的信访事项,信访人还应提出信访人的具体诉求,被申诉、控告、检举人的名称及相关的证据和材料。

立法理由

按照信访的目的,信访可以分为"参与型""求决型""申诉型"。参与型信访是指群众对国家机关的工作提出批评建议,求决型信访是指公民、法人、其他组织提出具体的问题要求国家机关解决,申诉型信访是指群众反映的不服处罚、合法权益和利益受到侵害,要求有关国家机关主持公道、纠正不合理处罚以维护自己的合法权益。信访人提出信访请求时,提供"明确的请求、事实、理由、相关证明材料和真实姓名(名称)、住址、联系方式"有利于信访工作机构开展工作,解决信访问题。

立法例

1.《北京市信访条例》(2006 年)

第二十四条 信访人提出信访请求,一般应当采用书信、电子邮件等书面形式;提出投诉请求的,应当提供真实姓名(名称)、住址、联系方式和基本事实、理由、明确的请求。

信访人采用口头形式提出信访请求的,有关国家机关应当如实记录。

国家机关为方便、规范信访人提出信访请求,可以向信访人提供格式化文本。

2.《上海市信访条例》(2012 年)

第十七条 信访人提出投诉请求的,应当提供明确的请求、事实、理由和真实姓名(名称)、住址、联系方式。

3.《湖北省信访条例)》(2005 年)

第十七条 信访人提出信访事项,一般应当采用书信、电子邮件、传真等书面形式;信访人提出投诉请求的,应当载明信访人的姓名(名称)、住址、联系方式和请求、事实、理由。

信访工作人员对采用口头形式提出的投诉请求,应当记录信访人的姓名(名称)、住址和请求、事实、理由。

4.《湖南省信访条例》(2006 年)

第十一条 信访人提出信访事项,一般应当采用书信、电子邮件、传真、电话等形式;信访人提出投诉请求的,还应当载明信访人的姓名(名称)、住址和请求、事实、理由等。

5.《深圳经济特区信访条例》(2011 年)

第十八条 信访人提出信访事项,一般应当采用书信、电子邮件、传真等书面形式;信访人提出维护其合法权益请求的,还应当载明信访人的姓名(名称)、通讯地址和请求、事实、理由等。

第四十三条 【信访人代表】

多人共同提出相同信访请求的,提倡采用书信、网络、传真、电话形式;采用走访形式的,应当推选代表提出,代表不得超过五人。

信访人代表应当向其他信访人如实告知信访办理意见及相关信息。

说　明

本条是信访人代表的规定。

本条中的"多人",一般是指"五人以上"。根据本法第 41 条,信访形式有"书信、网络、传真、电话、走访"等形式,多人信访当然可以采用以上这些形式;同时针对现实情况下"群体走访"问题,要求多人走访时推选代表,由代表提出信访请求,并规定信访人代表的相应职责,"应当向其他信访人如实告知信访办理意见及相关信息",以便信访人与信访工作机构有效沟通。

代表人参加信访并不意味着其他人退出了信访程序,代表人是代表信访人利益进行信访的,其所实施的行为的效力及于全体信访人,因此代表人负有客观反映全体信访人意见,并负有如实向其他信访人转达信访事项的处理或者答复意见的义务。

立法理由

多人采用走访形式提出共同的信访请求,应当推选代表,代表人数不得超过五人。这是对反映共同信访请求的代表人数的上线规定。若不限制代表人数,上访人数过多,上访人七嘴八舌,各执一词,既不利于上访人清楚冷静地反映情况,也不利于接待人员搞清问题。规定五人代表上限,是为了让上访群众在良好的秩序下,充分反映意见。同时也有利于维护信访工作的秩序,解决信访实践中无序访、群体访等难题。

实行信访代表人制度既可以节省信访人的信访成本,提高信访效率,又有利于推选熟悉法律、具有较高威信的人作为代表参加信访,形成统一意见,有效维护信访人的合法权益。

2005 年《信访条例》第 18 条规定:"信访人采用走访形式提出信访事项的,应当到有关机关设立或者指定的接待场所提出。多人采用走访形式提出共同的信访事项的,应当推选代表,代表人数不得超过 5 人。"本条在《信访条例》第 18 条的基础上新增了"信访代表人"对"信访人"的信息告知职责,有利于信访人放心大胆地推选代表人,有利于"信访代表"制度的有效贯彻落实。

立法例

1.《北京市信访条例》(2006 年)

第二十五条　信访人采用走访形式提出信访请求的,应当在公布的接待时间到依法有权处理的本级或者上级机关设立或者指定的信访接待场所提出。

多人采用走访形式提出共同信访请求的,应当推举代表,代表人数不得超过五人。代表应当如实向其他信访人转达处理或者答复意见。

第二十六条 信访人要求采用书面形式告知、答复的,应当采用书信、传真、电子邮件或者走访形式提出信访请求。

2.《上海市信访条例》(2012 年)

第十八条 多人共同提出相同建议、意见和投诉请求的,提倡采用书信、电子邮件、传真、电话形式;采用走访形式的,应当推选代表提出,代表不得超过五人。信访人代表应当向其他信访人如实告知信访办理意见及相关信息。

3.《湖北省信访条例)》(2005 年)

第十八条 信访人采用走访形式提出信访事项,应当向依法有权处理的本级或者上一级国家机关提出并到有关国家机关设立或者指定的接待场所反映。信访事项已经受理或者正在办理的,信访人在规定期限内向受理、办理机关的上级国家机关再提出同一信访事项的,该上级机关不予受理。

多人提出共同信访事项的,提倡采用书信、电子邮件、传真等形式提出;确需采用走访形式的,应当推选代表提出,代表人数不超过 5 人。

4.《广东省信访条例》(2014 年)

第三十三条 五人以上提出共同的信访事项的,一般应当采用网络、书信、传真等形式;确需采用走访形式的,应当推选代表,代表人数不得超过五人。代表应当如实向其他信访人转达国家机关的处理或者答复意见。

信访人采用走访形式提出共同的信访事项的,可以向有权处理的国家机关预约,按照预约的时间和地点走访。

5.《深圳经济特区信访条例》(2011 年)

第十九条 多人提出共同信访事项,确需采用走访形式的,应当推选代表,代表人数不得超过五人。

第四十四条 【信访代理】

信访人可以委托代理人提出信访请求。代理人向国家机关信访工作机构提出信访请求时,应当出示授权委托书,在授权范围内行使代理权。

委托人明确表示不再提出信访请求,代理人继续提出的,国家机关信访工作机构不再受理。

说 明

本条是信访人信访代理的规定。

代理,是指一人以他人的名义或以自己的名义独立与第三人为法律行为,由此产生的法律效果直接或间接归属于该他人的法律制度。在代理制度中,以他人名义或为他人实施法律行为的人,为代理人。由他人代为实施法律行为的人,为被代理人。

代理分为直接代理和间接代理。在本条文中,仅指直接代理。信访代理人进行代理活动时,应当出示授权委托书,并在授权范围内勤勉、忠实行使代理权,不得损害被代理人利益。

代理人应当在代理权限内为被代理人的利益,谨慎、勤勉、忠实地行使代理权。当委托人明确表示不再提出信访请求,代理事项完结,代理人继续提出,显然违背了被代理人意志,有关国家机关信访机构不应受理。

立法理由

信访代理制度有利于信访活动的正常开展,有利于信访人权利的有效保护。信访人可以委托律师代理信访,但并不意味着信访不能实行公民代理。只是在当前形势下,更应鼓励律师代理信访。

通过信访代理制度,信访人可以选择自己信任的、有能力的人代为处理,这不仅有利于信访人的信访利益更好地实现,而且有利于信访活动更高效有序地运行。由此可见,规定信访代理制度实为必要。与其同时,信访代理事关信访人重大利益,须慎重行事,合理限制亦在情理之中,因此,本条规定只有完全民事行为能力人才能委托代理人。

立法例

1.《北京市信访条例》(2006 年)

第二十七条　信访人可以委托代理人提出信访请求。代理人向有关国家机关提出信访请求时,应当出示授权委托书,在授权范围内行使代理权。

委托人明确表示不再提出信访请求,代理人继续提出的,有关国家机关不再受理。

2.《深圳经济特区信访条例》(2011 年)

第二十八条　代理他人提出维护合法权益请求的,应当出示利益诉求人的授权委托书,国家机关应当一并核实信访人和代理人身份。

第四十五条　【不完全民事行为能力人提出信访请求】

无民事行为能力人或者限制民事行为能力人的信访请求,由其监护人代为提出。

说 明

本条是不完全民事行为能力人提出信访请求的规定。

民事行为能力是指自然人能够独立通过意思表示，进行民事行为的能力。《民法通则》规定，"十周岁以上的未成年人是限制民事行为能力人""不能完全辨认自己行为能力的精神病人是限制民事行为能力人"。需注意的是，"十六周岁以上不满十八周岁的公民，以自己的劳动收入为主要生活来源的，视为完全民事行为能力人"。不满十周岁的未成年人是无民事行为能力人。

无民事行为能力人和限制民事行为能力人在理性能力上有所欠缺，所以他们的信访请求由其监护人代为提出。

监护是指对未成年人和精神病人的人身、财产及其他合法权益进行监督和保护的一种法律制度。履行监督和保护职责的人，称为监护人。监护人的设定方式分为：法定监护、协议确定监护、委托监护、遗嘱监护。

立法理由

不完全民事行为能力人不具有完全的意思表示能力，由监护人履行监护职责，保护被监护的人身、财产及其他合法权益。当不完全民事行为能力人提出信访请求时，因信访活动复杂且关系信访人切身重大利益，本条规定由监护人代为提出实为适宜。

立法例

1.《北京市信访条例》(2006 年)

第二十八条 无民事行为能力人或者限制民事行为能力人的信访请求，由其监护人代为提出。

2.《深圳经济特区信访条例》(2011 年)

第二十条 无民事行为能力或者限制民事行为能力的信访人可以由其监护人提出信访事项。

无民事行为能力或者限制民事行为能力的信访人采用走访方式提出信访事项无监护人陪护的，由国家机关通知其监护人或者其所在单位、所在地区有关机构将其接回。

无法联系监护人或者其所在单位、所在地区有关机构，或者监护人、其所在单位、所在地区有关机构不能及时将其接回的，由公安机关送相关救助或者福利机构。相关机构不得拒绝。

3.《甘肃省信访条例》(2006 年)

第二十一条 无民事行为能力人或者限制民事行为能力人的信访事项，由其监护人代为提出。

4.《江苏省信访条例》(2006 年)

第二十一条 精神病患者、传染病患者以及生活不能自理的人需要走访的,应当由其监护人或者委托代理人代为提出。

5.《辽宁省信访条例》(2010 年)

第三十条 精神病人有实际问题要求解决,应当由其监护人或亲属代为反映。

信访工作机构发现精神病人来访时,应当通知其所在地区、单位或监护人。精神病人所在地区、单位或监护人应当及时将其接回。

第四十六条 【身体障碍者提出信访请求】

因身体障碍不能正常表述本人意愿者提出信访请求的,应当委托他人代为提出。

说　明

本条是身体障碍者提出信访请求的规定。

因身体障碍不能正常表述本人意愿者提出信访请求的人,是指不属于本法第 45 条所规定的"无民事行为能力人或者限制民事行为能力人"且身体存在障碍不能正常表述意愿但欲提出信访请求的信访人。

立法理由

"因身体障碍不能正常表述本人意愿者提出信访请求的,应当委托他人代为提出"。本条规定"本人应当委托代理人代为提出信访请求",是考虑到如此规定,不但有利于切实维护身体障碍者的信访权利,更好地表达其诉求,而且也有利于信访活动的顺利开展。

立法例

1.《北京市信访条例》(2006 年)

第二十八条 因身体障碍不能正常表述本人意愿者提出信访请求的,应当委托他人代为提出。

2.《深圳经济特区信访条例》(2011 年)

第二十条 因身体残疾不便于信访的,可以委托他人代理提出信访事项。

3.《甘肃省信访条例》(2006 年)

第二十一条 不能正常表述本人意愿者的信访事项,应当委托他人代为提出。

4.《江苏省信访条例》(2006 年)

第二十一条　精神病患者、传染病患者以及生活不能自理的人需要走访的,应当由其监护人或者委托代理人代为提出。

第四十七条　【传染病患者走访规定】

传染病患者、疑似传染病患者需要以走访形式提出信访请求的,应当委托他人代为提出。

说　明

本条是传染病患者走访的规定。

依本法第 41 条规定,信访形式有"书信、网络、传真、电话、走访"等形式,信访人当然可以采取以上任一形式。走访,是指信访人本人或委托他人到各级国家机关信访工作机构面谈,提出信访事项,走访应当在公布的接待时间内到指定的接待场所提出。所谓"传染病患者、疑似传染病患者"是指属于《中华人民共和国传染病防治法》规定的应当采取隔离措施或不能出入公共场所的传染病的患者或疑似患者。

立法理由

本条作如此规定,是由于采取走访形式上访的信访人需要出入公共场所,如果上访者是传染病患者或疑似患者,则会危害他人的身体健康。基于维护公共利益的要求,也是为了规范信访秩序,传染病患者、疑似传染病患者应自觉委托他人代为走访。

立法例

1.《北京市信访条例》(2006 年)

第二十八条　传染病患者、疑似传染病患者需要以走访形式提出信访请求的,应当委托他人代为提出。

2.《江苏省信访条例》(2006 年)

第二十一条　精神病患者、传染病患者以及生活不能自理的人需要走访的,应当由其监护人或者委托代理人代为提出。

立法参考

《中华人民共和国传染病防治法》(2004 年)

第三十九条　医疗机构发现甲类传染病时,应当及时采取下列措施:

（一）对病人、病原携带者，予以隔离治疗，隔离期限根据医学检查结果确定；

（二）对疑似病人，确诊前在指定场所单独隔离治疗；

（三）对医疗机构内的病人、病原携带者、疑似病人的密切接触者，在指定场所进行医学观察和采取其他必要的预防措施。

拒绝隔离治疗或者隔离期未满擅自脱离隔离治疗的，可以由公安机关协助医疗机构采取强制隔离治疗措施。

第四十八条 【信访请求提出的时效】

信访人向国家机关信访工作机构反映的信访请求应是二十年内发生的。

起算时间从信访人向国家机关信访工作机构提出信访请求起计算。

说　明

本条是信访人信访请求提出的时效规定。

这是关于信访最长时效期间的规定。时效，是指一定的事实状态，经过一定的时间，会发生一定的法律效果。须注意，起算时间是从信访人向信访人向各级国家机关信访工作部门提出信访请求时起计算。即从信访人向信访工作信访请求提出之日，回溯20年。

立法理由

本条规定了信访人提出信访请求的最长时间期限。之所以如此规定，由于法律不保护在权利上的沉睡者，以维持既定法律秩序的稳定。若允许信访人无论何时均可提出信访请求，势必会影响法律秩序的稳定，损害不特定第三人的信赖利益。同时限制信访提出时间，可以避免信访人的提供相关证明材料的困难，促使其积极行使权利。

起算时间规定为"从信访人向各级国家机关信访工作部门提出信访请求起计算"，实际等同于"从信访事件发生之日向后计算二十年"。之所以采前种论述，是由于信访请求在本法中有明确定义，便于了解。本条借鉴了民法中关于"最长权利保护期限"的规定。

立法参考

《中华人民共和国民法通则》(1987年)

第一百三十七条　诉讼时效期间从知道或者应当知道权利被侵害时起计算。但是，从权利被侵害之日起超过二十年的，人民法院不予保护。有特殊情况的，人民法院可以延长诉讼时效期间。

第四十九条 【信访请求处理的一般规定】

国家机关信访工作机构收到信访人提出的咨询、建议、意见或者投诉请求等信访请求的,应当予以登记,并根据不同情况作出受理和不予受理的决定。

对于受理信访请求的,作出转送、交办、告知等处理。

对于不予受理信访请求的,作出必要的解释、说明工作,并依法给予正确引导。

说 明

本条是国家机关信访工作机构处理信访人信访请求的一般规定。

国家机关信访工作机构收到信访请求的,应当先予以登记,然后对信访请求进行形式上的审查,符合信访法规定的则依法作出受理决定,如果不符合则依法作出不予受理的决定。

对于受理的信访请求,应当依法转送、交办、告知。转送是指信访工作机构受理信访事项后,属于本信访工作机构受理,信访工作机构应当转送至相应信访处理机关。交办是指信访工作机构受理信访请求后,按照“谁主管,谁负责”的原则将事项函交相关主管部门办理,并要求汇报结果的制度。交办是信访机关受理信访请求以后,将有关信访事项交给下级部门处理。告知是指当信访请求不属于本国家机关信访工作部门体系内主管,告知其向其他国家机关信访部门提出。

对于不予受理的,信访工作人员应当做好解释说明工作,并依法予以正确的引导。

立法理由

各级国家机关信访工作部门收到信访请求时,应根据不同情况作出不同处理。本条设定信访请求处理的一般规定,有提纲挈领之功。

对于受理信访请求的,作出转送、交办、告知等处理,以使信访活动有效展开;对于不予受理信访请求的,作出必要的解释、说明工作,并依法给予正确引导,避免信访人缠访、闹访,甚至采取极端措施等现象的发生。

立法例

1.《上海市信访条例》(2012 年)

第二十六条 各级国家机关收到信访人提出的建议、意见或者投诉请求,应当予以登记,并根据不同情况作出受理、转送、交办、解释、告知等处理。

2.《湖北省信访条例)》(2005 年)

第二十五条 国家机关决定是否受理的信访事项,能够当场答复的,应当当场答复,决定受理的,应当出具受理凭证;不能当场答复的,应当自收到信访事项之日起 15 日内书面告知信访人。信访人的姓名(名称)、住址不清的除外。

第二十七条 各级国家机关对信访事项,应当按照下列方式处理:

(一)对本机关应当或者有权作出处理决定的信访事项,应当负责直接办理。

(二)对属于下级国家机关职责范围内的信访事项,自收到之日起 15 日内交责任归属机关办理。

(三)对属于其他国家机关职责范围内的信访事项,自收到之日起 15 日内转送责任归属机关办理。

(四)行政机关收到的信访事项涉及下级行政机关及其工作人员的,可以直接转送有权处理的行政机关办理;需要反馈办理结果的,应当要求其在指定办理期限内反馈结果,提交办结报告。

(五)对涉及两个或者两个以上行政机关职责范围内的信访事项,由首先收到该信访事项的机关会同其他行政机关协商办理;对办理责任有争议的,由其共同的上一级行政机关协调,指定办理或者直接办理。

(六)对信访事项负有办理责任的国家机关分立、合并、撤销的,由继续行使其职权的国家机关或者依法授权的组织办理。

(七)对转送不当的信访事项,接受机关应当立即与转送机关联系,并自收到之日起 5 日内附上书面意见,退回转送机关。

3.《广东省信访条例》(2014 年)

第三十四条 国家机关收到信访人提出的信访事项,应当予以登记,区分情况在十五日内按照下列方式处理并以书面方式或者信访人提供的其他联系方式告知信访人:

(一)属于本国家机关职权范围的信访事项,应当予以受理;

(二)对依法应当由下级国家机关处理的信访事项,应当按规定转交下级国家机关;

(三)对依法应当由其他国家机关处理的信访事项,告知信访人向有权处理的国家机关提出;法律、行政法规规定应当转送的,按规定转送有权处理的国家机关;

(四)属于诉讼、仲裁、行政复议等法定途径解决的,不予受理,告知信访人依照有关法律、行政法规规定程序向有关机关提出。

按照前款第二项、第三项规定,有权处理的国家机关应当自收到转交、转送的信访事项之日起十五日内决定是否受理,以书面方式或者信访人提供的其他联系方式告知信访人并通报转交、转送的国家机关。

4.《深圳经济特区信访条例》(2011 年)

第二十九条 信访人向国家机关提出维护其合法权益请求的,有关国家机关应当予以登记;属于本机关法定职权范围的,应当受理;不属于本机关法定职权范围的,应当告知信访人向有权处理的机关提出。

有关国家机关收到信访人维护其合法权益的请求后,能够当场答复是否受理的,应当当场答复;不能当场答复的,应当自核实信访人身份之日起十五日内书面告知信访人。

第三十条 信访人对国家机关的工作提出批评、建议和意见或者对其工作人员提出申诉、控告或者检举的,国家机关应当登记并及时处理;不属于本国家机关职责范围的,应该告知信访人到有权处理的国家机关提出请求。

国家机关应当自处理完毕之日起五个工作日内将处理情况告知信访人。

5.《湖南省信访条例》(2006 年)

第三十二条 国家机关收到信访事项后,应当予以登记、审查,及时将信访人的投诉请求输入信访信息系统。

有关国家机关收到信访事项后,能够当场答复是否受理的,应当当场书面答复;不能当场答复的,应当自收到信访事项之日起十五日内书面告知信访人。但是,信访人的姓名(名称)或者住址不清的除外。

第三十四条 国家机关对信访人提出的信访事项,应当按照下列方式处理:

(一)对本国家机关有权作出处理决定的信访事项,应当直接办理;

(二)对属于下级国家机关职责范围内的信访事项,自受理之日起十日内交有权处理的国家机关办理,并书面告知信访人,但对反映重要情况或者紧急问题的越级信访事项,受理机关可以直接办理;

(三)对属于其他国家机关职责范围内的信访事项,自收到信访事项之日起十日内转送有权处理的国家机关办理,并书面告知信访人;

(四)对涉及下级国家机关或者其工作人员的信访事项,可以直接转送有权处理的国家机关办理,同时抄送下一级国家机关信访工作机构;

(五)对转送、交办不当的信访事项,接受机关应当自收到该转送信访事项之日起五日内附上书面意见,退回转送机关。

6.《浙江省信访条例》(2009 年)

第二十五条 国家机关收到信访事项,应当区分情况,按照下列规定处理:

(一)对本机关依法应当或者有权作出处理决定的信访事项,应当直接受理,并自收到之日起十五日内书面告知信访人;

(二)对属于下级机关职责范围内的信访事项,应当自收到之日起十五日内交

责任归属机关办理,有关国家机关应当自收到交办的信访事项之日起十五内决定是否受理并书面告知信访人;

(三)对属于上级机关或者其他机关职责范围内的信访事项,采用书信、传真、电子邮件等形式提出的,应当自收到之日起十五日内报送或者转送依法有权作出处理决定的国家机关办理,有关国家机关应当自收到报送或者转送的信访事项之日起十五日内决定是否受理并书面告知信访人;采用电话、走访等形式提出的,应当告知信访人向依法有权作出处理决定的国家机关提出;

(四)信访事项涉及的原国家机关合并或者分立的,由继续行使其职权的国家机关受理;原国家机关已撤销的,由其上一级国家机关受理;

(五)涉及两个或者两个以上国家机关职责范围的信访事项,由所涉及的国家机关协商受理;受理有争议的,由其共同的上一级国家机关确定受理机关。

第五十条 【人大信访工作机构对信访请求的处理】

各级人民代表大会常务委员会信访工作机构收到信访请求的,应当予以登记,并在十五日内分别作如下处理:

(一)属于本级人民代表大会及其常务委员会信访工作机构职责范围的信访请求,应当予以受理并转送本级人民代表大会各专门委员会、人民代表大会常务委员会各工作委员会及其他工作机构;

(二)属于下级人民代表大会及其常务委员会信访工作机构职责范围的信访请求,应当予以受理并交办下级人民代表大会常务委员会信访工作机构;

(三)属于本级行政机关、人民法院、人民检察院信访工作机构职责范围的信访请求,应当不予受理并告知信访人到本级相应信访工作机构提出信访请求;

(四)属于下级行政机关、人民法院、人民检察院信访工作机构职责范围的信访请求,应当不予受理并告知信访人到下级相应信访工作机构提出信访请求。

说 明

本条是人大信访工作机构对信访请求的处理规定。

人大常委会信访工作机构收到信访人的信访请求应当先进行登记,并在 15 日内作出处理。属于本级人大常委会信访工作机构职责范围内的信访请求,应当予以受理并转送本级人大常委会专门委员会等相关机构处理。如果属于下级人大常委会信访工作机构职责范围内的信访请求,则也应当予以受理并交办下级人大常委会信访工作机构。如果属于本级或行政机关、人民法院、人民检察院信访工作机构职责范围内的信访工作,则不应受理并告知信访人向相关信访工作机构提出信访请求。

立法理由

我国的政治体制为"人民代表大会领导下的一府两院",在大信访格局下,分为人大信访、行政信访、法院信访、检察院信访,各个国家机关各司其职,互相配合。各级国家机关信访工作机构收到信访请求时,应根据不同情况作出"转送、交办、告知"等处理方式,而不能越俎代庖,诱导信访人"多头信访""重复信访"。

立法例

1.《北京市信访条例》(2006年)

第三十一条 市和区、县人民代表大会常务委员会信访工作机构收到信访请求,应当予以登记,在15日内分别按下列方式处理:

(一)属于本级人民代表大会及其常务委员会信访事项受理范围内的信访请求,转送常务委员会有关工作机构办理,并答复信访人;

(二)属于本级或者下级人民政府及其工作部门、人民法院、人民检察院职责范围内的信访请求,转送相关国家机关处理,可以要求反馈处理结果,由办理机关答复信访人。

2.《上海市信访条例》(2012年)

第三十条 人民代表大会常务委员会信访工作机构收到信访事项的,应当予以登记,并在十五日内分别作如下处理:

(一)属于本级人民代表大会及其常务委员会职责范围的信访事项,转送人民代表大会各专门委员会、人民代表大会常务委员会各工作委员会及其他工作机构,并由人民代表大会常务委员会信访工作机构统一答复信访人;

(二)属于下一级人民代表大会及其常务委员会职责范围的信访事项,转送下一级人民代表大会常务委员会信访工作机构或者主席团;

(三)属于本级行政机关、人民法院、人民检察院职责范围的信访事项,转送有权处理的国家机关;

(四)属于下一级行政机关、人民法院、人民检察院职责范围的信访事项,转送下一级人民代表大会常务委员会信访工作机构。

国家机关应当自处理完毕之日起五个工作日内将处理情况告知信访人。

第五十一条　【行政信访工作机构对信访请求的处理】

各级人民政府信访工作机构收到信访请求的,应当予以登记,并在十五日内分别作如下处理:

(一)属于本级人民政府信访工作机构职责范围的信访请求,应当受理并转送有权处理的本级人民政府或者其工作部门;

(二)属于下级人民政府信访工作机构职责范围的信访请求,应当受理并交办下级人民政府信访工作机构;

(三)属于本级人民代表大会常务委员会、人民法院、人民检察院信访工作机构职责范围的信访请求,应当不予受理并告知信访人到本级相应信访工作机构提出信访请求;

(四)属于下级人民代表大会常务委员会、人民法院、人民检察院信访工作机构职责范围的信访请求,应当不予受理并告知信访人到下级相应信访工作机构提出信访请求。

信访请求涉及两个或者两个以上人民政府或者其工作部门的,由其共同的上一级行政机关指定办理或者直接办理。

说　明

本条是人民政府信访工作机构对信访请求的处理规定。

人民政府信访工作机构收到信访请求应当先进行登记,并在十五日内做出处理决定。如果属于本级人民政府信访工作机构职权氛围内的信访请求,应当受理并转送有权处理的本级人民政府或其工作部门办理。如果属于下级人民政府信访工作机构职权范围内的信访请求,应当受理并交下级人民政府信访工作机构处理。如果属于本级或下级人大常委会、人民法院、人民检察院信访工作机构职权范围内的信访请求,应当不予受理并告知信访人到相应的信访工作机构提出信访请求。

如果信访请求涉及两个或者两个以上的政府工作部门的,则由其共同的上一级行政机关指定某一部门办理或者由该机关直接办理。

立法理由

我国的政治体制为“人民代表大会领导下的一府两院”,在大信访格局下,分为人大信访、行政信访、法院信访、检察院信访,各个国家机关各司其职,互相配合。各级国家机关信访工作机构收到信访请求时,应根据不同情况作出“转送、交办、告知”等处理方式。

由于不同的政府工作部门的职权存在交叉的可能,以及同一事项可能牵涉多个政府工作部门,所以在信访工作中会会出现一个信访请求涉及两个或者两个以上的政府工作部门的情况。此时,容易出现争着管或推诿踢皮球的现象,导致信访人上访无门,权益得不到保障,民意无法表达。为了避免这种现象的发生,第2款才规定了指定办理和直接办理的制度。

2005年《信访条例》没有对信访处理机关如何确定作出具体规定,只是抽象地规定为有权处理机关。根据宪法、组织法的规定,对信访事项负有处理职责的国家机关应该是信访处理机关。由于行政权力主动直接而广泛地介入生活,并且由于行政体制的特殊性,当信访请求涉及两个或者两个以上人民政府或者其工作部门的,由其共同的上一级行政机关指定办理或者直接办理,实为适宜。

立法例

1.《北京市信访条例》(2006年)

第三十四条 人民政府信访工作机构收到信访请求,应当予以登记,在15日内分别按下列方式处理:

(一)依照法定职责属于本级人民政府或者其工作部门处理的信访请求,应当转送有权处理的行政机关;情况重大、紧急的,应当及时提出建议,报请本级人民政府决定;

(二)依照法定职责属于下级行政机关处理的信访请求,区分情况,转送下一级人民政府信访工作机构,或者直接转送有权处理的机关并抄送下一级人民政府信访工作机构;

(三)对转送中的重要情况需要反馈结果的,可以直接交有权处理的行政机关,并要求其在指定期限内反馈结果。

县级以上人民政府信访工作机构应当定期向下一级人民政府信访工作机构通报转送、交办情况,下级人民政府信访工作机构应当定期向上一级人民政府信访工作机构报告转送、交办信访请求的受理或者办理情况。

第三十五条 人民政府信访工作机构以外的政府工作部门收到信访请求,应当登记,并自收到信访请求之日起15日内分别按下列方式处理:

(一)信访人直接向其提出的信访请求,按照本部门法定职责范围和本条例第二十三条第二款规定作出受理或者不予受理的决定,并书面告知信访人;属于下级工作部门职责范围内的,转送下级工作部门,同时告知信访人;

(二)上级工作部门转送、交办的信访请求,属于本部门法定职责范围的,应当受理,并书面告知信访人,按要求报告上级工作部门;不属于本部门职责范围内的,应当自收到该信访请求之日起5个工作日内向转送、交办工作部门提出异议,并交还相关材料。

2.《上海市信访条例》(2012 年)

第三十四条 人民政府信访工作机构收到信访事项的,应当予以登记,并在十五日内分别作如下处理:

(一)依法应当由本级人民政府或者其工作部门处理的,转送有权处理的行政机关;

(二)依法应当由下级人民政府或者其工作部门处理的,转送有权处理的行政机关;

(三)对转送并需要反馈办理结果的,有关行政机关应当在指定期限内反馈办理结果。

第三十五条 人民政府信访工作机构以外的政府工作部门收到信访事项的,分别作如下处理:

(一)人民代表大会常务委员会信访工作机构、人民政府信访工作机构、上级主管部门转送、交办的信访事项,属于本机关法定职权范围的,应当自收到转送、交办之日起十五日内决定是否受理并告知信访人,并按要求通报转送、交办机构;不属于本机关法定职权范围的,应当及时将相关材料退回转送、交办机构;

(二)信访人直接提出的信访事项,能够当场答复是否受理的,应当当场书面答复;不能当场答复的,应当自收到信访事项之日起十五日内告知。

受理或者不予受理情况应当书面告知信访人,但是信访人的姓名(名称)、住址、联系方式不清的除外。不予受理的,还应当说明理由。

第五十二条 【人民法院信访工作机构对信访请求的处理】

各级人民法院信访工作机构收到信访请求的,应当予以登记,并在十五日内分别作如下处理:

(一)属于本级人民法院信访工作机构职责范围的信访请求,应当受理并转送有权处理的本级人民法院各工作部门;

(二)属于下级人民法院信访工作机构职责范围的信访请求,应当受理并交办下级人民法院信访工作机构;

(三)属于本级人民代表大会常务委员会、人民政府信访工作机构职责范围的信访请求,应当不予受理并告知信访人到本级相应信访工作机构提出信访请求;

(四)属于下级人民代表大会常务委员会、人民政府信访工作机构职责范围的信访请求,应当不予受理并告知信访人到下级相应信访工作机构提出信访请求。

说　明

本条是人民法院信访工作机构对信访请求的处理规定。

人民法院信访工作机构收到信访请求应当先进行登记，并在十五日内做出处理决定。如果属于本级人民法院信访工作机构职权氛围内的信访请求，应当受理并转送有权处理的本级人民法院工作部门办理。如果属于下级人民法院信访工作机构职权范围内的信访请求，应当受理并交下级人民法院信访工作机构处理。如果属于本级或下级人大常委会、人民政府、人民检察院信访工作机构职权范围内的信访请求，应当不予受理并告知信访人到相应的信访工作机构提出信访请求。

立法理由

我国的政治体制为"人民代表大会领导下的一府两院"，在大信访格局下，分为人大信访、行政信访、法院信访、检察院信访，各个国家机关各司其职，互相配合。各级国家机关信访工作机构收到信访请求时，应根据不同情况作出"转送、交办、告知"等处理方式。

立法例

1.《北京市信访条例》(2006 年)

第五十六条　人民法院、人民检察院对信访人提出的属于其职责范围内的信访请求，应当予以登记，依照法律或者相关规定处理，告知、答复信访人。

2.《上海市信访条例》(2012 年)

第四十四条　各级人民法院、人民检察院收到信访事项的，应当予以登记；属于其职责范围的，应当依照法律、法规或者相关规定办理。

第五十三条　【人民检察院信访工作机构对信访请求的处理】

各级人民检察院信访工作机构收到信访请求的，应当予以登记，并在十五日内分别作如下处理：

(一)属于本级人民检察院信访工作机构职责范围的信访请求，应当受理并转送有权处理的人民检察院各工作部门；

(二)属于下级人民检察院信访工作机构职责范围的信访请求，应当受理并交办下级人民检察院信访工作机构；

(三)属于本级人民代表大会常务委员会、人民政府信访工作机构职责范围的信访请求，应当不予受理并告知信访人到本级相应信访工作机构提出信访请求；

（四）属于下级人民代表大会常务委员会、人民政府信访工作机构职责范围的信访请求，应当不予受理并告知信访人到下级相应信访工作机构提出信访请求。

说 明

本条是人民检察院信访工作机构对信访请求的处理规定。

人民检察院信访工作机构收到信访请求应当先进行登记，并在 15 日内做出处理决定。如果属于本级人民检察院信访工作机构职权氛围内的信访请求，应当受理并转送有权处理的本级人民检察院工作部门办理。如果属于下级人民检察院信访工作机构职权范围内的信访请求，应当受理并交下级人民检察院信访工作机构处理。如果属于本级或下级人大常委会、人民法院、人民政府信访工作机构职权范围内的信访请求，应当不予受理并告知信访人到相应的信访工作机构提出信访请求。

立法理由

我国的政治体制为"人民代表大会领导下的一府两院"，在大信访格局下，分为人大信访、行政信访、法院信访、检察院信访，各个国家机关各司其职，互相配合。各级国家机关信访工作部门收到信访请求时，应根据不同情况作出"转送、交办、告知"等处理方式。

立法例

1.《北京市信访条例》(2006 年)

第五十六条 人民法院、人民检察院对信访人提出的属于其职责范围内的信访请求，应当予以登记，依照法律或者相关规定处理，告知、答复信访人。

2.《上海市信访条例》(2012 年)

第四十四条 各级人民法院、人民检察院收到信访事项的，应当予以登记；属于其职责范围的，应当依照法律、法规或者相关规定办理。

第五十四条 【信访请求不予受理的情形】

　　信访人提出信访请求有下列情形之一的,国家机关信访工作机构的不予受理:

　　(一)违反法律、法规规定的;

　　(二)不属于国家机关信访工作机构信访请求受理范围的;

　　(三)信访请求正在受理,信访人在受理期限内,就原信访请求,再次提出的;

　　(四)信访请求已经受理,信访人在办理期限内,就原信访请求,再次提出的;

　　(五)信访人对信访事项的办理意见不服,在复查、复核过程中,就原信访请求,再次提出的;

　　(六)处理复查、复核意见书已送达信访人,信访人就原信访请求,再次提出的;

　　(七)超过提出信访请求受理时间限制的;

　　(八)法律、法规规定的其他不予受理的情形。

说　明

　　本条是国家机关信访工作机构对信访请求不予受理情形的规定。

　　第1项规定,违反法律、法规规定的信访请求不予受理。第2项规定,不属于国家机关信访工作机构受理范围的信访请求不予受理。第3项规定,信访请求已经登记,正处于受理期限的,信访人就原信访请求再次提出信访请求的。第4项规定,信访请求已经受理,正处于办理期限的,信访人就原事项再次提出信访请求的。第5项规定,信访人对信访事项的办理意见不服而提出复查、复核,并且尚未结束的,不得再次提出信访请求。第6项规定,处理复查、复核意见书已经送达信访人,信访人就原事项再次提出信访请求的,不予受理。第7项规定,超过受理时效提出的信访请求不予受理。第8项规定是兜底性条款。

立法理由

　　信访活动必须依法进行,不得违反相关的法律法规,所以对于违反法律、法规的信访请求不予受理。

　　本法第36条、第37条、第38条分别规定了人大常委会、人民政府、人民法院和人民检察院的信访工作机构受理信访请求的范围。所以不属于其受理范围的,当然不予受理。

信访作为一种程序,当然也奉行程序法的基本原则,即一事不再理,以维护信访程序的公正和权威。所以对于已经进入信访程序的信访请求和信访程序已经终结的信访请求,应当不予受理。如本条第3、4、5、6 项的规定。

本法第48 条,规定了信访提出的时效,以督促当事人行使权利。如果当事人超过时效而不行使权利,为了社会秩序的稳定,对其信访请求将不予受理。

第8 项为兜底条款,以求周全。

本条之所以这样规定,也是为了避免在实践中"重复访""越级访""无理访"的出现。

立法例

1.《北京市信访条例》(2006 年)

第三十二条　下列信访请求不予受理:

(一)对依照法律程序正在审理之中的案件提出的信访请求;

(二)经过行政机关复核,信访人仍然以同一事实和理由提出的信访请求;

(三)其他依照法律规定不予受理的信访请求。

2.《湖南省信访条例)》(2006 年)

第三十一条　信访事项已经受理或者正在办理的,信访人在规定期限内向受理、办理机关的上级国家机关再提出同一信访事项的,该上级机关不予受理。

3.《深圳经济特区信访条例》(2011 年)

第二十七条　信访人提出的信访事项有下列情形之一的,国家机关不予受理:

(一)已经或者依法应当通过诉讼、仲裁、行政复议等法定途径解决的;

(二)经调解形成信访调解书并已生效的;

(三)处理或者复查意见书已送达信访人,信访人无正当理由未在规定期限内提出复查或者复核申请的;

(四)复核终结,信访人以同一事实和理由再次提出的;

(五)超越国家机关信访事项受理范围的;

(六)其他不符合法律、法规规定的。

4.《重庆市信访条例》(2009 年)

第三十三条　信访人提出信访事项有下列情形之一的,国家机关不予受理:

(一)信访事项违反法律、法规规定或者违背公共道德的;

(二)信访事项经调解形成信访调解书并已生效的;

(三)信访事项的处理、复查意见书已送达信访人,信访人无正当理由未在规定期限内提出复查、复核申请的;

(四)信访事项已经复核终结,信访人以同一事实和理由再次提出的;

(五)超越国家机关信访事项受理范围的；

(六)其他依法不予受理的。

立法参考

《关于进一步规范信访事项受理办理程序引导来访人依法逐级走访的办法》
(国家信访局2014年4月23日印发)

第六条　对属于各级人民代表大会以及县级以上各级人民代表大会常务委员会、人民法院、人民检察院职权范围内的信访事项，以及已经或者依法应当通过诉讼、仲裁、行政复议等法定途径解决的，各级人民政府信访工作机构及其他行政机关不予受理，但应当告知来访人依照有关法律、行政法规规定的程序向有关机关提出。

第七条　信访事项已经受理或者正在办理，来访人在规定期限内向受理或办理机关的上级机关再提出同一信访事项的，上级机关不予受理。

第九条　对信访事项处理(复查)意见不服，但无正当理由超过规定期限未请求复查(复核)的，不再受理。

已经省(自治区、直辖市)人民政府复查复核机构审核认定办结，或已经复核终结备案并录入全国信访信息系统的信访事项，来访人仍然以同一事实和理由提出投诉请求的，各级人民政府信访工作机构和其他行政机关不再受理。

第十条　中央和国家机关来访接待部门对应到而未到省级人民政府信访工作机构和其他行政机关提出信访事项，或者省级相关部门正在处理且未超出法定处理期限的，不予受理；信访事项已经复核终结的，不再受理。

第二节　信访事项的办理

第五十五条　【信访事项的办理及其期限】

国家机关或其工作部门(信访处理机关)在收到国家机关信访工作机构转送的信访事项后，应当在六十日内向信访人作出书面处理意见，并抄送相应各级国家机关信访工作机构；情况复杂的经信访处理机关负责人批准，可以适当延长处理期限，延长期限不得超过三十日，同时应将延期理由书面告知信访人，并抄送相应各级国家机关信访工作机构。

说　明

本条是信访事项的办理及其期限的规定。

　　信访处理机关是指调查、处理具体信访事项的国家机关,不同于信访受理机关。《信访条例》称之为"有权处理的行政机关",因本法还涉及人大信访、法院信访、检察院信访,因而本法称之为"信访处理机关"。

　　一般期限为 60 日,即信访事项应自收到国家机关信访工作机构转送的信访事项之日起 60 日内办结。

　　最长期限为 90 日,对于一些比较合理的客观原因致使信访处理机关无法在 60 日内办结,可以延长办理期限,但必须符合以下要求:(1)具有信访事项复杂等正当理由;(2)经处理机关负责人批准;(3)申请延长的期限不超过 30 日;程序上应当告知信访人延期理由,并抄送相应的各级国家机关信访工作机构。

立法理由

　　2005 年《信访条例》第 21 条第 2 款规定,"按照前款第(二)项至第(四)项规定,有关行政机关应当自收到转送、交办的信访事项之日起 15 日内决定是否受理并书面告知信访人,并按要求通报信访工作机构"。也就是说,在《信访条例》所规定的行政信访工作程序中,还存在一个行政机关针对信访请求是否受理,将其转化成为信访事项的一个环节。由于在实践中,信访工作机构根本无法有效地限制、约束具体行政机关,因而,时常会出现行政机关不将信访请求转化为信访事项的情况。因此,本法省去了这一行政机关的"转化"环节。之所以如此的另外一个重要的原因是,本法第 4 章已经明确了"信访请求的受案范围",而且在第 5 章第 1 节已经在制度上规定了国家机关信访工作机构,而不是国家机关或其工作部门,才是"信访请求"是否应转化为"信访事项"的评判机关。

　　另外,2005 年《信访条例》第 33 条规定,"信访事项应当自受理之日起 60 日内办结;情况复杂的,经本行政机关负责人批准,可以适当延长办理期限,但延长期限不得超过 30 日,并告知信访人延期理由。法律、行政法规另有规定的,从其规定。"本条文与《信访条例》相比,新增加了"并抄送相应的各级国家机关信访工作机构"。将信访处理的后续状况通知各级国家机关信访工作机构,建立信息交流,有利于信访工作更好地开展。同时,对受理期限进行时间限定,是督促信访工作人员尽职尽责,提高工作效率的必然要求。

立法例

　　1.《北京市信访条例》(2006 年)

　　第四十条　人民政府及其工作部门决定受理的信访事项,应当自受理之日起 60 日内办结;情况复杂的,经本机关负责人批准,可以适当延长办理期限,但延长期限不得超过 30 日,并告知信访人延期理由。法律、行政法规另有规定的,从其规定。

第四十六条 人民政府及其工作部门对交办的信访事项应当在指定的期限内将办理结果报送至交办机关;不能按期办结的,应当说明原因并报告阶段性工作情况。法律、法规另有规定的,从其规定。

2.《湖北省信访条例)》(2005 年)

第二十八条 有权处理信访事项的国家机关应当自受理之日起 60 日内办理完毕;情况复杂的,可以适当延长办理期限,但延长期限不得超过 30 日,并告知信访人延期理由。法律、法规另有规定的,从其规定。

国家机关决定交办、转送的信访事项,应当履行书面手续。对交办的信访事项,承办机关应当在指定办理期限内报告办理结果,法律法规另有规定的,从其规定;不能按期报告办理结果的,应当向交办机关说明理由;对转送的信访事项中有重要情况需要反馈办理结果的,承办机关应当在规定时间内提交办结报告。

交办机关对承办机关办理信访事项的报告,认为处理恰当的,应当予以办结;认为事实不清或者处理不当的,应当退回承办机关重新办理,重新办理期限不得超过 30 日。法律、法规另有规定的,从其规定。

第二十九条 有权处理信访事项的机关应当在信访事项办结时限内,将办理结果书面告知信访人。

3.《广东省信访条例》(2014 年)

第四十六条 信访事项应当自受理之日起六十日内办结;情况复杂的,经本机关负责人批准,可以适当延长办理期限,但延长期限不得超过三十日,并告知信访人延期理由。法律、行政法规另有规定的,从其规定。

第四十七条 对转送信访事项中的重要情况需要反馈办理结果的,有权处理的国家机关应当在规定办理期限内向转送机关反馈结果,提交办结报告。

下级人民政府信访工作机构应当定期向上一级人民政府信访工作机构报告转送、转交信访事项的办理情况。

4.《浙江省信访条例》(2009 年)

第二十八条 对上级国家机关交办的信访事项,办理机关应当将办理结果在规定的期限内报告交办机关;不能按期办结的,应当向交办机关说明原因。

交办机关认为对交办的信访事项办理不当的,可以要求办理机关重新办理,也可以直接办理。重新办理、直接办理的期限不得超过六十日。

5.《上海市信访条例》(2012 年)

第三十七条 信访事项应当自受理之日起六十日内办结;情况复杂的,经本行政机关负责人批准,可以适当延长信访处理期限,但延长期限不得超过三十日,并告知信访人延期理由。法律、行政法规另有规定的,从其规定。

6.《深圳经济特区信访条例》(2011 年)

第三十五条 信访人提出维护其合法权益请求的,有权处理的国家机关应当自受理或者收到其他单位转送处理函之日起六十日内办结;情况复杂的,经本机关负责人批准,可以适当延长办理期限,但延长期限不得超过三十日,并书面告知信访人延期理由。

法律、行政法规另有规定的,从其规定。

第五十六条 【信访处理机关的职责】

国家机关及其工作人员办理信访事项,应当听取信访人陈述事实和理由,并要求有关组织和人员说明情况;需要进一步核实有关情况的,可以向有关组织和人员调查,及时妥善处理信访事项,不得推诿、敷衍、拖延。

说 明

本条文是关于信访处理机关职责的规定。

本规定包括听取信访人陈述的义务、及时妥善处理信访事项的义务,以及相应地要求有关组织和人员说明情况、进行调查的权力。

信访调查,是指信访事项的办理机关在依法办理信访事项后、办理决定作出之前,为了查明信访事项所涉及的基本事实,依据职权所进行的资料收集、证据调取的活动。

立法理由

2005 年《信访条例》第 28 条规定,"行政机关及其工作人员办理信访事项,应当恪尽职守、秉公办事,查明事实、分清责任,宣传法制、教育疏导,及时妥善处理,不得推诿、敷衍、拖延"。本条文进一步明确规定了信访处理机关的职责。包括要求相关人员说明情况、调查的权力,有利于信访处理机关更好地开展工作,不推诿、敷衍、拖延,及时妥善地处理信访事项。

公正是国家机关处理信访事项需要坚持的重要原则。这就要求信访事项处理机关及其工作人员在处理信访事项时不偏不倚,同时听取双方当事人的意见,最大限度地收集与信访事项有关的意见陈述和证明材料,以做出最为客观公正的处理决定。因此,赋予信访处理机关调查的权力,是还原事实真相,妥善做出决断的必要步骤,也是切实维护信访人的合法权益、树立国家机关公信力的重要举措。

立法例

1.《信访条例》(2005年)

第二十七条 对于可能造成社会影响的重大、紧急信访事项和信访信息,有关行政机关应当在职责范围内依法及时采取措施,防止不良影响的产生、扩大。

2.《湖北省信访条例》(2005年)

第十六条 信访工作机构及其工作人员有权依照法律、法规的规定,在信访工作中开展调查、提出建议、处置应急事项。

3.《贵州省信访条例》(2006年)

第二十一条 信访工作机构及其工作人员可以依照法律、法规的规定,在信访工作中开展调查、提出建议、处置紧急事项。

信访工作人员依法执行公务,其人身自由和安全受到侵害时,可以依法采取自我保护措施,并要求当地公安机关及时依法处理。

第五十七条 【信访处理机关对政治参与类信访事项的处理】

国家机关或其工作部门对信访人信访事项中,有利于国家机关改进工作、促进国民经济和社会发展、保护社会公共利益以及对各项法律、法规、政策性规定的良好建议,应当认真研究论证并积极采纳。

说 明

本条是信访处理机关对政治参与类信访事项的处理规定。

信访制度作为一种独特的政治参与渠道,其参与政治功能具有个案化的特征。通过设定一种渠道方便民众政治表达和实现具体的利益诉求来监督公职行为和政制运行过程,由此达到影响政治决策、抵制违法违纪行为和落实执行国家法律政策的效果。

这里的"有利于"主要从四大方面进行考量:其一,国民经济和社会发展。国计民生涉及人民群众生活的方方面面,也与国家机关的职能密切相关。信访人对于这一部分提出的信访请求,既是对民众生活本身的关切,也是对国家机关工作的鞭策。其二,改进国家机关工作。此处侧重于强调人民群众对国家机关工作的监督。其三,保护社会公共利益。社会公共利益是指为广大公民所能享受的利益,这里所指的广大公民,是指特定范围内的广大,有全国性的广大,又有地区性的广大,其外延可以限制在享有立法权的建制区域。其四,对法律、法规、政策等良好建议。我国是人民民主专政国家,人民是国家的主人。法律、法规、政策等是具有普遍约束力的规范性文件,无论是作为制订者,还是受约束者,都有权利和义务为法治建设建言献策。

立法理由

信访作为公民的一项宪法基本权利,民众政治参与和表达意愿方式,体现了政治参与功能,确保了公民权利表达的维护。信访制度参与政治功能并不是让民众直接参与公共决策或管理国家事务,而是以个案监督的方式实现民众对公共事务的"监督权""批评建议权"。因此,重视、挖掘信访个案中所反映的相关政治问题,是实现公民通过信访参与政治的关键。

信访部门践行政治参与功能的重要表现就是及时发现和了解社会矛盾和亟待解决的问题,成为社会矛盾的"晴雨表"。因此,通过信访个案的收集、综合,分析当前社会矛盾的主要表现,把握规律,寻找对策。以便将群众因政策信访产生的问题及时地反馈给相关制定政策的部门,促使他们进一步完善、修正相关政策,真正体现信访制度的政治参与功能。

立法例

1.《湖北省信访条例)》(2005 年)

第三十四条 县级以上国家机关信访工作机构对于信访人反映的涉及本省法规、规章、决议、决定等规范性文件或者政策性问题,应当及时向本级国家机关报告,提出建议。

2.《广东省信访条例》(2014 年)

第十六条 国家机关及其工作人员应当到基层了解民情、倾听民声,就信访工作中反映的突出问题直接听取信访人的意见和建议,及时研究、分析、处理反映比较集中的信访事项。

国家机关及其工作人员可以采取约访、专题接访、下基层接访的方式,当面听取信访人的陈述并协调解决相关信访问题。

第五十八条 【信访处理机关对人民建议类信访事项的处理】

国家机关或其工作部门应当建立、健全人民建议征集制度,并通过信访渠道,征集、梳理、分析信访人对社会公共事务提出的建议和意见,及时研究处理反映比较集中的信访事项,对国家机关或其工作部门的科学决策作出建议。

说 明

本条是信访处理机关对人民建议类信访事项处理的规定。

信访人对社会公共事务提出建议和意见是参与性信访的一种,属于公益性信访,对于信访人的此类信访,我国国家机关或其工作部门应当鼓励此类信访,利用信访渠道广泛征集人民的建议和意见,并对反映比较集中的信访事项进行研究归纳,用于制定科学决策和改进工作中。

立法理由

信访制度设立的初衷是搭建政府和民众之间沟通的桥梁以便更好地反映民意进行人民监督,是中国共产党"群众路线"的产物,在倾听人民呼声,对人民意见、建议和申诉进行处理的过程中,使公民合法权益得到保护和救济,国家机关违法和不当行为得到纠正。因此,信访制度是一项具有中国特色的民主参与制度、权力监督制度和补充性权利救济制度。信访人对社会公共事务提出建议和意见,是发挥信访政治参与功能的体现,因此对于人民的建议和意见,国家机关应当充分研究和吸收,并鼓励人民广泛提出建议和意见。

立法例

1.《上海市信访条例》(2012 年)

第六条 各级国家机关应当建立、健全人民建议征集制度,并可以通过信访渠道,征集、梳理、分析信访人对社会公共事务提出的建议和意见。对有利于促进国民经济和社会发展、改进国家机关工作的建议和意见,应当予以采纳。

2.《山西省信访条例》(2010 年)

第九条 国家机关应当建立和完善人民建议征集制度。信访人提出的建议、意见,对国民经济和社会发展、改进国家机关工作或者保护社会公共利益有贡献的,有关国家机关应当给予表彰、奖励。

在信访工作中作出突出成绩的单位或者个人,有关国家机关应当给予表彰、奖励。

3.《北京市信访条例》(2006 年)

第十一条 国家机关应当建立和完善人民建议征集制度。信访人提出的建议对国民经济和社会发展或者对改进工作以及保护社会公共利益有贡献的,由有关国家机关给予奖励和表彰。

立法参考

1.《中共中央、国务院关于进一步加强新时期信访工作的意见》(2007 年)

广泛征集人民群众的意见和建议。要建立健全人民建议征集制度,切实保障公民的知情权、参与权、表达权、监督权,引导人民群众对党和政府的工作积极献计献策,鼓励和支持人民群众以各种方式参与国家事务管理。要对人民建议进行认真汇集和分析研究,对重要的意见和建议进行深入调研和论证,对正确合理的意见充分肯定和采纳,及时发现问题,改进工作,完善政策,接受监督。

2.《关于创新群众工作方法解决信访突出问题的意见》(2014 年 2 月 25 日中共中央办公厅、国务院办公厅印发)

完善决策机制和程序,增强决策透明度和公众参与度。建立健全人民建议征集制度,鼓励和引导人民群众对党和政府工作献计献策。

第五十九条 【信访事项的具体处理】

国家机关或者工作部门对信访事项经调查核实,应当依照有关法律、法规、规章及其他有关规定,分别作出以下处理,并出具书面信访处理意见答复信访人:

(一)请求事实清楚,符合法律、法规、规章或者其他有关规定的,予以支持,并按有关法律、法规规定的程序处理。

(二)请求事由合理但缺乏法律依据的,应当做好解释工作;

(三)请求缺乏事实根据或者不符合法律、法规、规章或者其他有关规定的,不予支持;

(四)属于本法第五十七条、第五十八条的信访事项,应认真听取、研究、论证和改进。

说 明

本条是关于信访事项具体处理的规定。

根据信访请求内容的类型对信访事项进行分类,可以分为求决类、参与类、举报类、申诉类等信访类型,不同类型的信访具有不同的特点和情况,相应的处理方式就有所差别,信访事项的处理可以划分为两种,一种为求决类、举报类、申诉类的处理方式,另一种则是本法第 57 条、第 58 条所规定的参与类信访的处理方式,本条的前 3 项规定的是第一种信访处理,第 4 项规定的是参与类信访的处理。

对于求决类、举报类、申诉类的信访事项,信访处理机关经过调查核实,处理结果不外乎两大类,予以支持和不予支持,对于事实清楚,符合法律、法规、规章或者其他有关规定的,理应予以支持,并按有关法律法规规定的程序处理。不予支持的情况又分为合理不合法、既不合理也不合法两种,对于事由合理但缺乏法律、法规、规章或者其他有关规定依据的,不予支持,但应当对信访人做好解释工作,对于缺乏事实根据或者不符合法律、法规、规章或者其他有关规定的,不予支持。

针对第 2 项所规定的合理但是不合法的情况,信访处理机关应充分做好说服、解释工作。信访处理机关对信访事项经调查核实作出处理意见,并出具书面信访处理意见答复信访人。

立法理由

社会转型时期,公民提出的信访事项纷繁复杂类型多样,几乎所有的社会矛盾、社会问题都能够投射到信访领域,对于不同类型的信访事项,信访人进行信访的内容和目的都是不同的,对于"公益"性信访,信访人为公共利益积极进行信访,为国家机关献计进言,目的在于希望国家机关对其建议、意见进行考虑研究和采纳,因此相应的对于此类信访事项的处理方式应该是认真听取、研究、讨论和改进,以鼓励此类信访事项的提出。对于"权益"性信访,更多与自身利益相关联,信访的目的在于使国家机关作出决断,以提供政策法律上的支持,相应的处理机关的处理意见就应当是予以支持或不予支持。

请求事由合理但缺乏法律依据的属于信访请求合理但不合法的事项,在处理意见上,处理机关立场仍是不予支持,原因在于法律依据的缺乏,但请求在一定程度上从公民的一般认识上看存在一定的合理性,不能完全否定,此时处理机关应当做好解释工作,从根源上解决信访人的问题,防止缠访闹访的产生,维护国家机关的公信力。

信访处理机关对信访事项经调查核实作出处理意见,并出具书面信访处理意见答复信访人,做到充分论证,有据可循,有助于监督信访处理机关的工作,也便于信访人在不服时及时进行救济。

立法例

1.《信访条例》(2005 年)

第三十二条 对信访事项有权处理的行政机关经调查核实,应当依照有关法律、法规、规章及其他有关规定,分别作出以下处理,并书面答复信访人:

(一)请求事实清楚,符合法律、法规、规章或者其他有关规定的,予以支持;

(二)请求事由合理但缺乏法律依据的,应当对信访人做好解释工作;

(三)请求缺乏事实根据或者不符合法律、法规、规章或者其他有关规定的,不予支持。

有权处理的行政机关依照前款第(一)项规定作出支持信访请求意见的,应当督促有关机关或者单位执行。

2.《上海市信访条例》(2012 年)

第三十八条 对投诉请求类信访事项,依法负有处理职责的行政机关(以下简称信访处理机关)经调查核实,应当依照有关法律、法规、规章及其他有关规定,分

别作出以下处理,并出具书面信访处理意见,但是信访人的姓名(名称)、住址、联系方式不清的除外:

(一)请求事实清楚,符合法律、法规、规章或者其他有关规定的,予以支持;

(二)请求事由合理但缺乏法律依据的,应当做好解释工作;

(三)请求缺乏事实根据或者不符合法律、法规、规章或者其他有关规定的,不予支持。

3.《山西省信访条例》(2010 年)

第三十一条 对信访事项有权处理的国家机关经调查核实,应当按照下列规定,分别作出处理:

(一)请求事实清楚,符合法律、法规、规章或者有关政策的,予以解决;

(二)请求事由合理,但因客观条件不具备难以解决的,做好解释工作;

(三)请求缺乏事实根据,不符合法律、法规、规章或者有关政策的,做好说服教育工作。

4.《重庆市信访条例》(2009 年)

第三十七条 对建议、批评类信访事项,有权处理的国家机关应当研究、论证,在规定的期限内书面答复信访人。

第三十八条 对检举、控告、申诉类信访事项,有权处理的国家机关应按有关法律、法规规定的程序处理。

第三十九条 国家机关受理的投诉类信访事项,应当依据相关的法律、法规、规章及其他有关规定,按下列情况作出书面处理意见并送达信访人:

(一)投诉事实清楚,符合或者部分符合法律、法规、规章或者其他有关规定的,予以支持或者部分支持;

(二)投诉缺乏事实根据或者不符合法律、法规、规章或者其他有关规定的,不予支持;

(三)投诉缺乏法律、政策依据无法解决的,书面告知信访人,并做好解释工作。

国家机关作出支持或者部分支持投诉意见的,应当督促有关机关或组织执行。

立法参考

《中国保险监督管理委员会信访工作办法(2005 年)》

第三十一条 承办部门对接办的信访事项应当逐件登记,分类办理。对意见、建议类信访事项,应当认真研究。对解决问题类和举报类信访事项,应当按照国家法律、行政法规和本办法规定,组织调查处理。

> **第六十条 【信访处理意见书的内容】**
>
> 国家机关或者工作部门信访事项处理意见应当包括下列事项:
>
> (一)信访人的信访请求;
>
> (二)对基本事实的认定;
>
> (三)依据的法律、法规、规章及其有关规定;
>
> (四)对信访事项的处理意见;
>
> (五)信访人不服处理意见,寻求救济的法定途径和期限。

说 明

本条规定了信访事项处理意见中应当包含的内容。

信访处理机关的工作程序按照受理信访请求、调查核实事实理由、根据法律规定作出处理意见的程序进行,应当将工作程序完整充分地反映在信访事项的处理意见之中,信访请求是作出信访处理意见的前提和基础。对基本事实的认定及其依据的法律法规、规章及有关规定和对信访事项的处理意见是信访意见书的核心部分,是信访意见中最为重要的说理部分,应当进行详细论述,尤其是在合理不合法的情形下,处理意见书中应当对事实理由的合理部分进行肯定,并说明缺乏法律依据的情况,详尽论述不予支持的理由,另外,信访人不服答复意见寻求救济的法定途径和期限,是信访意见中必不可少的内容。

立法理由

信访工作程序是由信访人提出信访请求开始的,信访机关受理信访请求后,对信访请求中的事实理由进行审查,依法作出处理意见都是围绕申请人的请求进行的,因此应当在信访意见中列明信访请求。对基本事实的认定及其依据的法律法规、规章及有关规定和对信访事项的处理意见是信访意见书的核心部分,只有充分说明和论述事实理由和法律依据,才能使信访人真正接受,从源头上解决信访问题、预防矛盾的产生,也有助于信访人自觉终结信访。最后,应当告知信访人不服答复意见时寻求救济的法定途径和期限,是便民主义原则的体现,保护了信访人的知情权,促进信访人积极对自我权利进行救济。

立法例

1.《重庆市信访条例》(2009 年)

第四十一条 信访事项处理意见应当包括下列内容:

(一)信访人的基本情况;

（二）信访人投诉的事项；

（三）对基本事实的认定；

（四）依据的法律、法规、规章及其他有关政策；

（五）对信访事项的处理意见；

（六）信访人不服处理意见的救济途径和时限等。

2.《贵州省信访条例》（2006 年）

第四十一条 有权处理信访事项的国家机关应当向信访人送达盖有本机关印章或者信访专用章的信访处理意见。

信访处理意见应当包括信访人的基本情况，信访人反映的主要问题及其请求，办理机关查证认定的事实、依据和办理结论等内容。

3.《安徽省信访条例》（2005 年）

第四十二条 有权处理信访事项的国家机关应当向信访人送达盖有本机关印章或者信访专用章的信访处理意见。

信访处理意见应当包括信访人的基本情况，信访人反映的主要问题及其请求，办理机关查证认定的事实、依据和办理结论等内容。

第六十一条 【几种特殊信访事项的处理】

国家机关或者其工作部门对于以下情形，按照以下方式处理：

（一）信访事项涉及多个有权处理机关办理的，由主办机关集中相关办理意见，答复信访人；

（二）多人提出共同信访事项的，可以对代表告知、答复；

（三）与信访请求有关的咨询，以及建议、意见类信访事项，可以口头告知、答复。

说 明

本条规定的是几种特殊信访事项的处理方式。

本法第 40 条规定，信访人提出信访请求，应当向依法有权处理的各级国家机关信访工作机构提出，信访请求的办理范围具体规定在本法第 4 章，各信访工作机构受理之后再对信访请求进行转送、交办、告知等处理，在实践中，经常出现在一个信访请求中出现涉及多个有权处理机关处理事项的情况，这种情况下，信访工作机构应当确立转送主办机关，多个有权机关就涉及各自管辖事务范围的事项内容进行办理，最终由主办机关集中办理意见，共同出具一份信访处理意见书书面答复给信访人。根据本法第 43 条规定，多人共同提出相同建议、意见和投诉请求的，采用走访形式的，应当推选代表提出，信访人代表应当向其他信访人如实告知信访办理意见及相关信息。信访处理机关作出处理意见,可以仅向代表进行告知和答复,而不必向每个信访人答复,信访人代表有义务如实告知其他信访人信访处理意见。

对于关于信访请求的咨询,以及建议、意见类信访事项,可以口头告知、答复,而不必采取书面形式,但应当进行必要的登记。

立法理由

本条规定的这三种特殊信访事项的处理方式都体现了效率原则和便民原则。

信访事项涉及多个有权处理机关办理的,由主办机关集中相关办理意见,答复信访人,能够避免多头处理相互推诿情况的产生,集中处理意见答复信访人有助于信访处理效率的提高,同时,确立一个主办处理机关,也为信访人不服处理意见时提出复查申请提供便捷,避免管辖的难以确定。在多人共同信访中,国家处理机关可以选择仅向信访代表人进行告知答复,节约了成本提高了工作效率,同时信访代表人也在一定程度上起到了传达、解释、说服的作用,更能被信访人所接受,能够取得更好的社会效果。对与信访请求有关的咨询,以及建议、意见类信访事项进行口头告知、答复,也充分体现了效率原则,能够使信访人提出的咨询得到较为及时的答复,避免书面答复的繁杂和迟延,建议、意见等不必进行书面答复的信访类型,处理机关选择使用口头方式答复,一方面达到了信访的目的和作用,另外一方面提升了效率,为其他复杂的信访事项的处理节省出更多的时间。

立法例

1.《甘肃省信访条例》(2006 年)

第三十二条 国家机关对于以下信访情形,分别按照下列方式处理:

(一)信访事项涉及多个有权处理机关办理的,由主办机关集中相关办理意见,书面答复信访人;

(二)多人提出共同信访事项的,对其代表人作出书面答复;

(三)咨询、建议、意见类信访事项,可以口头告知、答复;

(四)因信访事项内容或者信访人的姓名(名称)、住址、联系方式不清等原因无法告知、答复的,存档备查。

2.《北京市信访条例》(2006 年)

第四十四条 人民政府及其工作部门对于以下情形,分别按照下列方式处理:

(一)信访事项涉及多个有权处理机关办理的,由主办机关集中相关办理意见,答复信访人;

(二)多人提出共同信访事项的,可以对代表告知、答复;

(三)与信访请求有关的咨询,以及建议、意见类信访事项,可以口头告知、答复;

(四)因信访人的姓名(名称)、住址、联系方式不清、不实等原因无法告知、答复的,不予告知、答复。

第六十二条 【信访事项办理的简易程序】

国家机关或其工作部门在收到国家机关信访工作机构转送的信访事项之日起十五日能够办结信访事项的,经信访人同意,可以口头告知、答复。

对于口头告知、答复的,国家机关或其工作部门应当将告知、答复内容进行登记,并抄送相应各级国家机关信访工作机构。

说　明

本条规定的是信访事项办理的简易程序。

根据本法第 60 条的规定,信访处理意见一般都以书面形式答复信访人,本条规定在一定情况下,信访事项处理机关可以以口头告知和答复,但有三个方面的限制:(1)可以进行口头告知答复的必须为较为简单的信访事项,在处理时间上要求处理机关自收到信访请求之日起 15 日内办结,根据本法第 55 条规定,信访事项一般的处理时限是 60 日,情况复杂时可予以适当延长。能够在 15 日内办结的信访事项难度和争议较小,因此可以采取口头方式告知说明。(2)口头答复需经信访人的同意,这是另一个必要前提。(3)口头告知、答复的,各级国家机关或其工作部门应当将告知、答复内容进行登记,并抄送相应各级国家机关信访工作机构。

立法理由

口头告知、答复相对于书面答复简单便捷,节约成本,是效率原则的具体体现,在情节简单、争议不大、能够在较短时间快速办结的情况下,对处理意见进行口头告知答复,能够节约国家机关的行政成本,促进信访事项的快速办结。

但是,采取口头告知没有信访处理意见书,对于公民深入了解信访事项办理过程、作出处理意见的理由和依据、对信访处理机关进行监督都是不利的;此外,信访人提出信访复查请求时也要求提交信访处理意见书,因此对于口头告知、答复的情况应当在条件和程序两个方面加以限制,必须经过信访人的同意和进行登记,同时还应当抄送相应各级国家机关信访工作机构以实现信访督办,防止因处理意见的口头告知答复而造成对信访人权利的损害和对信访处理机关监督的不力。

立法例

《北京市信访条例》(2006 年)

第四十五条 人民政府及其工作部门自收到信访请求之日起 15 日内已经办结的信访事项,经信访人同意,可以口头告知、答复。

第六十三条 【处理意见无法告知、答复的处理】

因信访人的姓名(名称)、住址、联系方式不清、不实等原因无法告知、答复的,国家机关或其工作部门将不能答复、告知的原因登记后,可以不予告知、答复。

说 明

本条是国家机关或其工作部门对处理意见无法告知、答复的处理规定。

根据本法第 60 条的规定,信访处理机关经过调查核实,依法作出处理,并出具书面信访处理意见答复信访人。信访处理机关有义务将处理情况及时告知给信访人,但在特殊情况下,信访处理机关可以不予告知答复,即当信访人的姓名(名称)、住址、联系方式不清不实等原因无法告知、答复的,可以不予告知答复,在程序上要求将不能答复、告知的原因进行登记。

立法理由

信访人的姓名(名称)、住址、联系方式不清不实等原因均为因信访人过错导致的原因,在客观上导致信访处理机关难以告知,信访人应当对其过错负责,告知答复不能的结果应由信访人承担。但不予告知答复的情况及原因应当依法进行登记,防止信访人事后扯皮,另一方面也便于公民和其他机关的监督。

立法例

《北京市信访条例》(2006 年)

第四十四条 人民政府及其工作部门对于以下情形,分别按照下列方式处理:

(一)信访事项涉及多个有权处理机关办理的,由主办机关集中相关办理意见,答复信访人;

(二)多人提出共同信访事项的,可以对代表告知、答复;

(三)与信访请求有关的咨询,以及建议、意见类信访事项,可以口头告知、答复;

(四)因信访人的姓名(名称)、住址、联系方式不清、不实等原因无法告知、答复的,不予告知、答复。

第六十四条 【信访事项不能办结的处理】

国家机关或其工作部门对转送的信访事项,应当在指定的期限内办理。

不能按期或延期办结的,应当向信访人及相应各级国家机关信访工作机构说明原因并报告阶段性工作情况。

说　明

本条是国家机关或其工作部门对信访事项不能办结的处理规定。

信访事项的转送机关为国家机关的各级信访工作机构,根据本法第 77 条的规定各级国家机关信访工作机构应当及时督查督办各级国家机关或其部门的信访处理工作,并提出改进工作的建议。各级国家机关或其工作部门对转送的信访事项应当在指定的期限内,将办理结果送交至信访工作机构。对于不能按期办结的信访事项,信访处理机关应当向信访人及转送信访事项的信访工作机构说明原因并报告阶段性工作情况。

立法理由

一般情况下,信访事项处理机关应当在规定期限内,办理信访事项。但是,实践中某些信访事项由于特殊的原因,使得信访事项处理机关不能在这一期限内彻底办结此信访事项,因此,本条特对这一情形做出规定。

但是,为了防止信访事项处理机关有意的不作为,本条又规定,信访处理机关必须向转送的信访工作机构汇报处理结果和阶段性工作情况。这有助于信访工作机构对信访处理机关处理意见的科学性、合理性、合法性的审查,在不能按期办结的情况下,督促信访处理机关依法办案,从而维护信访人的权利,促进信访事项的办结,化解社会矛盾,提高国家机关的公信力。

立法例

《北京市信访条例》(2006 年)

第四十六条　人民政府及其工作部门对交办的信访事项应当在指定的期限内将办理结果报送至交办机关;不能按期办结的,应当说明原因并报告阶段性工作情况。法律、法规另有规定的,从其规定。

第三节　信访事项处理意见的复查与复核

第六十五条　【信访复查的申请】

　　信访人对国家机关或其工作部门信访事项的处理意见不服的,可以自收到信访处理意见之日起三十日内,请求原处理机关的上一级国家机关进行复查。

　　信访人申请复查,应以书面形式提出,并附原信访处理机关处理意见书。书面申请确有困难的,可以口头申请,由复查机关制作复查申请笔录,并经申请人核实后签字或盖章确认。

说　明

　　本条是关于信访复查的申请人、被申请人、复查申请提出的期限、方式以及复查机关的规定。

　　2005 年国务院《信访条例》规定了信访办理、复查、复核三级审查终结制度,信访复查是整个信访事项处理过程的中间环节,非必经环节,是指当信访人基于特定原因对信访处理机关处理信访事项的意见不服时,在法定期限内向复查机关提出复查请求的一种救济手段,提出复查请求是信访人一项重要的程序性权利,是维护信访人权益、监督信访处理机关依法处理信访事项、维护信访秩序的保障。

　　根据本条的规定,信访复查的申请人是不服信访处理机关处理意见的信访人,其他人不能成为提出复查申请的主体。原信访人为多人时,提出同一复查申请时,应当推选不超过 5 人为代表。且与信访事项有利害关系的公民、法人或其他组织可以作为第三人参与复查但不能成为申请人。

　　信访复查的被申请人是对该信访事项进行处理给予处理意见的原信访处理机关,包括有权处理信访事项的各级国家机关。

　　复查机关是指依法履行复查职责、具体办理复查事项的国家机关,各级国家机关应设立具备专业知识的专职工作人员开展复查工作。信访复查申请人向复查机关提出复查申请,复查机关为原处理机关的上一级国家机关。当被申请人是人民政府时,复查机关是上一级政府,国务院除外;当被申请人是政府工作部门时,复核机关为本级人民政府和上一级主管部门,实行垂直领导的,复核机关为其上一级主管部门,原处理机关为国务院工作部门的,应向国务院申请复查;当被申请人为派出机关的,派出机关具有独立的行政主体资格,复核机关为设立该派出机关的人民政府;被申请人是法律法规授权的组织,复查机关为该组织和直接管理该组织的政府部门。当被申请人为人大常委会、法院、检察院时,复查机关分别为上一级人大常委会、法院、检察院。

复查申请提出的期限是自收到信访处理意见之日起 30 日,超过 30 日的,除因不可抗力或其他正当理由的,复核机关不予受理。因为不可抗力和其他理由未能在规定 30 日期限内提出复查申请的,应及时说明理由并提出申请。期限的起算点是收到信访处理意见之日,能够提起复查的事项必须是经过原处理机关处理的事项,对于原处理机关未处理的信访事项、信访请求不能申请复核。

复查申请应以书面形式提出,这是原则性规定,申请人应当以书面方式阐述其复查的请求、理由和事实,并提供相关材料和原处理意见书。书面申请确有困难的,可以口头申请,由复查机关制作复查申请笔录,并经申请人核实后签字或盖章确认。

立法理由

本条对申请人、被申请人、复核机关的主体资格以及申请复核的方式和时限进行规定,从侧面也规定了复核机关受理条件,即必须是不服信访事项处理的信访人在收到处理意见 30 日内向有管辖权的复核机关书面提出的有事实理由的复查申请,满足这几方面的要求复查机关才能进行复查,从而对信访复查的范围作出了限制和规范。

将申请人限制于原信访人,保障了信访人权利的自我救济,使其权利的行使和救济程序的启动不受他人的控制干涉,也维护了信访事项处理的程序和秩序;明确规定复查机关为原处理机关的上一级国家机关,目的在于防止"重复访""越级访"的发生,避免信访矛盾的积累;规定申请复查的时限,可以督促信访人及时提出复查申请,也有助于复查机关及时处理信访事项,维护社会的秩序与稳定,但由于不可抗力,或者因为某些国家机关滥用职权所导致的不能及时申请的,应当予以排除;以书面形式提出复查申请为原则,目的在于防止复查机关推诿不作为,使申请有据可查,切实保护信访人的权利。

立法例

1.《信访条例》(2005 年)

第三十四条 信访人对行政机关作出的信访事项处理意见不服的,可以自收到书面答复之日起 30 日内请求原办理行政机关的上一级行政机关复查。收到复查请求的行政机关应当自收到复查请求之日起 30 日内提出复查意见,并予以书面答复。

2.《湖南省信访条例》(2006 年)

第四十条 信访人对行政机关作出的信访事项处理意见不服的,可以自收到书面答复之日起三十日内,请求原办理行政机关的上一级行政机关复查。收到复查请求的行政机关应当自收到复查请求之日起三十日内提出复查意见,并予以书面答复。

3.《浙江省信访条例》(2009 年)

第二十九条 信访人对信访事项的办理结果有异议的,可以自收到办理结果之日起三十日内向办理机关的上一级机关申请复查;收到复查请求的机关应当自收到复查申请之日起三十日内提出复查意见。

4.《北京市信访条例》(2006 年)

第四十七条 信访人对人民政府及其工作部门作出的信访事项办理意见不服的,可以自收到办理意见之日起 30 日内请求原办理机关的上一级行政机关复查;对复查意见不服的,可以自收到复查意见之日起 30 日内请求复查机关的上一级行政机关复核。

立法参考

《广东省信访事项复查复核办法》(2013 年)

第二条 本办法所称的复查,是指信访人对本省行政机关作出的信访事项处理意见不服而提出申请,依法由原办理机关的上一级行政机关对该信访事项处理意见及有关情况进行审查,并提出复查意见的行为。

第六十六条 【信访复查的受理】

复查机关收到复查申请后,应及时予以登记,自收到申请之日起十日内,区分情况进行如下处理:

(一)申请符合受理条件的,应当受理,并书面告知申请人,同时将申请书副本、提出答复通知书及相关材料送达被申请人。

(二)申请不符合受理条件的,不予受理,并书面告知申请人不予受理的决定和理由;同时,对于不属于本机关复查事项受理范围的申请,应书面告知申请人向有权机关提出。

申请材料不完备或者表述不清楚的,应当当场或在收到申请 3 日内通知信访人及时补正。申请材料补正之日为收到申请之日。

说 明

本条是关于复查机关受理信访复查申请的规定。

对于已经过原处理机关处理后而提出复查申请的信访事项,无须再进行实质性审查,只需从外观上进行形式审查即可,根据本法第 65 条的规定,审查的内容主要包括:复查申请人主体资格是否合法,是否在法定期限内向有管辖权的复查机关提出,复查申请的形式是否符合要求,申请中是否有具体的请求和事实依据。

当符合以上受理条件时,复查机关应当受理,并以书面形式告知申请人,同时将申请书副本、提出答复通知书及相关材料送达被申请人;不符合以上受理条件的,应当作出不予受理的决定并书面告知申请人,在因不属于申请机关的复查管辖范围而做出不予受理决定的情况下,应当告知申请人向有权机关提出。

申请材料不完备或表述不清楚时,复查机关不能直接做出不予受理的决定,而应当先行通知申请人补正,可以当场通知的当场进行,不能当场通知的,应在 3 日内通知,申请材料补正完毕提交之日为收到申请之日,并自该日起重新计算受理期限。

立法理由

信访复查的对象是经过原处理机关处理后而信访人对其处理意见不服的信访事项,在原处理机关受理信访请求时,已经进行了受理审查,信访请求已转为信访事项,因此无须再进行实质审查,只需根据第 65 条对申请主体、复查机关管辖范围、申请方式、申请内容进行形式审查。

在信访人提出复查申请后,复查、复核机关受理后将申请书副本、提出答复通知书等相关材料送达原处理机关有助于原处理机关及时提出书面答复、提交相关处理依据和证据、补充相关材料,来协助信访事项的复查。对不予受理决定进行书面告知并说明理由,可以使信访人明白不予受理的原因,增强决定的可接受性,有利于防止缠访闹访情况的出现,促使信访人自觉维护正常的信访秩序。

对不属于本机关复查事项受理范围的申请应当告知信访人向有权机关提出,对于申请材料不完备或表述不清楚的,及时通知其补正后进行申请,是便民原则在复查阶段的具体体现,有利于畅通信访渠道,树立国家机关的良好形象。

立法例

《广东省信访条例》(2014 年)

第五十一条 复查、复核机关收到申请,应当予以登记,并区分情况,在收到申请之日起 10 个工作日内分别按下列方式处理:

(一)申请符合规定的,予以受理,并书面告知信访人,同时将申请书副本、相关材料送达原处理、复查机关。

(二)申请不符合规定的,作出不予受理决定,并说明理由。

(三)申请材料不完备或者表述不清楚的,应当通知信访人及时补正。申请材料补正之日为收到申请之日。

对不属于本机关复查、复核事项受理范围的申请,应当告知信访人向有权机关提出。

立法参考

1.《山东省信访事项复核复查办法》(2008 年)

第十二条 复查复核机关收到复查、复核申请,应当予以登记,并在 3 日内分别按下列方式处理:

(一)对符合法定受理条件,并属于本机关职责范围的,应当受理,并书面通知申请人,同时向被申请人送达提出答复通知书和申请书或者申请笔录副本;

(二)对符合法定受理条件,但不属于本机关职责范围的,应当书面告知申请人向有权复查、复核的机关提出;

(三)对不符合法定受理条件的,不予受理,并书面告知申请人不予受理的理由,同时通知有关机关做好相关工作。

第十三条 两个行政机关有权受理同一复查、复核申请时,申请人应当选择向其中的一个行政机关提出,收到申请的行政机关应当受理,不得推诿、移送另一个有权受理的行政机关;受理有争议的,由其共同的上一级行政机关决定受理机关。

2.《广东省信访事项复查复核办法》(2013 年)

第十二条 复查、复核机关收到申请,应当予以登记,并区分情况,在 10 个工作日内分别按下列方式处理:

(一)申请符合规定的,予以受理,并书面告知信访人,同时将申请书副本、相关材料送达原办理、复查机关。

(二)申请不符合规定的,不予受理,并作出不予受理决定。

(三)申请涉及多个问题的,既有符合规定的,也有不符合规定的,予以部分受理,并书面告知信访人相关情况。

(四)申请材料不完备或者表述不清楚的,应当通知信访人及时补正。申请材料补正之日为收到申请之日。

不予受理决定书应当载明理由;对不属于本机关复查、复核事项受理范围的申请,应当同时告知信访人向有权机关提出。

本条规定的期限,自复查、复核机关负责复查、复核工作的机构收到申请之日起计算。

3.《浙江省信访事项复查复核办法》(2012 年)

第十四条 复查、复核机关收到复查、复核申请后,应当在 7 日内进行审查,对符合本办法第十条规定的申请,应当予以受理,并书面告知申请人,同时将申请书副本或者申请笔录复印件送达被申请人。

复查、复核申请材料不齐全或者表述不清楚的,复查、复核机关应当当场或者自收到该申请之日起 7 日内书面通知申请人需要补正的内容。申请材料补正之日为收到申请之日。

第十五条 经审查,复查、复核申请有下列情形之一的,复查、复核机关不予受理,并按照第二十八条规定作出不予受理的复查、复核决定:

(一)不符合本办法第十条规定的;

(二)属于依法应当或者已经通过诉讼、仲裁、行政复议等法定途径解决的投诉请求的;

(三)属于依法应当由各级人民代表大会及县级以上各级人民代表大会常务委员会、人民法院、人民检察院处理的信访事项的;

(四)属于对依照技术标准、技术规范作出的鉴定、认定、检测、检验、检疫等结论的投诉请求的;

(五)要求审查行政机关制定、发布的具有普遍约束力的决定、命令的;

(六)信访事项正在处理或者已经终结的;

(七)申请的内容超过原信访事项处理、复查的请求范围的;

(八)法律、法规和规章规定的其他不予受理的情形。

不予受理复查、复核意见书应当载明不予受理的理由;对其中不属于本机关复查、复核职权范围的申请,应当同时告知申请人向有权机关提出。

第六十七条 【信访复查的审查和决定】

收到复查申请的国家机关或其工作部门,应当自受理复查申请之日起三十日内,对信访事项进行全面审查,区分情况,按下列方式作出书面复查意见:

(一)处理意见认定事实清楚,适用依据正确的,程序合法的,予以维持。

(二)处理意见认定事实不清,适用依据错误,或者违反法定程序的,区分情况,予以撤销或者变更。予以撤销的,应当责令原信访处理机关限期重新作出处理意见。

复查意见书应当送达信访人。

说 明

本条是关于信访复查审查和处理决定的规定。

复查机关对信访事项进行审查采取全面审查的原则,复查机关应当对原信访事项处理机关的职责权限、处理意见的事实认定、证据依据及办理程序进行全面的审查。审查一般采取书面审查的形式,通过申请人复查申请上的请求和理由以及被申请人书面答复进行审查,但必要时可听取申请人的陈述或向有关单位和人员调查取证,对于重大复杂疑难的事项申请人可申请听证,复查机构认为必要时可采取听证的方式,具体在本法的第7章进行详细规定。

复查机关经审查、调查后,应分别情况,做出不同处理。复查意见作出的时限为自受理申请之日起30日内,复查意见应当采取书面的形式,并及时送达给信访人。

复查意见分为三种情况:维持处理意见,撤销处理意见并责令限期重新作出处理,变更处理意见。其一,对于事实清楚证据充分、适用依据正确、符合法定程序的处理意见予以维持。其二,对于事实不清、证据不足、适用依据错误或违反法定程序的,应当分情况进行讨论:(1)当复查机关为原处理机关时,对原处理意见进行变更;(2)当复查机关与原处理机关之间为领导关系时,如上下级政府、地方政府和其派出机关、各级政府与其所属的工作部门、上下级检察院,可以撤销原处理意见并责令被申请人限期重新作出处理,也可以在查清事实、补足证据、适用合理依据的基础上变更原处理决定,但违反法定程序的必须对原处理意见进行撤销;(3)如果复查机关和原处理机关是监督关系,如上下级法院之间、上下级人大常委会之间则只能撤销。对原处理意见予以撤销的,应当责令被申请人限期重新作出处理、复查决定。

立法理由

针对信访事项的复查内容采取全面审查的原则,本条要求复查机关不仅要审查原处理机关、复查机关的职责权限,还要从事实认定、依据适用和处理程序等多个方面对原处理意见进行全面审查,在方式上采取以书面审查为主,兼采约访、调查、听证等多种方式进行审查,明确审查的内容和方式,有利于规范复查机关的复查工作,提升复查质量,保障信访事项处理结果的公正合理,维护信访人权益。

经过复查机关的审查,应当根据不同情况做出不同的处理意见,分别是维持、撤销和变更,在没有维持原处理决定时,应当根据复查机关和原处理机关之间的关系进行处理,原因在于上下级之间的关系不同,则彼此之间的权利义务关系和约束程度亦不同,根据我国《宪法》的规定,上下级政府、政府和政府工作部门、上下级检察院之间都属于领导和被领导的关系,上级对下级的管理和约束力较强,因此既可以改变,又可以撤销下级所做出的决定。而上下级法院、上下级人大之间属于监督和被监督关系,上级不能领导下级,对下级的约束力较弱只能进行监督,因此只能对下级的决定进行撤销不能变更,由于是监督关系,撤销后应当责令下一级原处理机关限期重新做出处理,及时解决信访问题。宪法是我国的基本法,其它法律应当在遵守宪法的基础上进行规定,此种划分是基于宪法对于我国国家机关上下级之间关系的界定而设定的。

复查意见应当采取书面的形式,便于信访人不服时继续申请复核,做到有据可循,防止复查机关推诿责任,监督复查机关的工作。复查意见书及时送达给信访人,让信访人及时了解信访事项的处理情况,便于其后续信访活动的进行。

立法例

1.《信访条例》(2005 年)

第三十五条 信访人对复查意见不服的,可以自收到书面答复之日起 30 日内向复查机关的上一级行政机关请求复核。收到复核请求的行政机关应当自收到复核请求之日起 30 日内提出复核意见。

复核机关可以按照本条例第三十一条第二款的规定举行听证,经过听证的复核意见可以依法向社会公示。听证所需时间不计算在前款规定的期限内。

信访人对复核意见不服,仍然以同一事实和理由提出投诉请求的,各级人民政府信访工作机构和其他行政机关不再受理。

2.《广东省信访条例》(2014 年)

第五十三条 复查、复核机关应当自受理之日起 30 日内进行审查,并做出复查、复核意见:

(一)原处理、复查意见认定事实清楚,证据确凿,适用依据正确,程序合法,内容适当的,予以维持;

(二)原处理、复查意见有下列情形之一的,决定撤销或变更原处理、复查意见:

1. 主要事实不清、证据不足的;

2. 适用依据错误的;

3. 违反法定程序的;

4. 超越或者滥用职权的;

5. 明显不当的。

复查、复核机关应当在 15 个工作日内将复查、复核意见书送达信访人。属于复查意见的,应当告知信访人申请复核的机关和期限;属于复核意见的,应当告知信访人信访事项终结。

3.《湖北省信访条例》(2005 年)

第三十一条 信访人对行政机关复查意见不服的,可以自收到书面答复之日起 30 日内向复查机关的上一级行政机关请求复核。复核机关应当自收到复核请求之日起 30 日内提出复核意见,书面告知信访人,并抄送原复查机关和办理机关。

信访人对复核意见不服,仍然以同一事实和理由提出投诉请求的,行政机关不再受理。法律法规对复查、复核程序和时限要求另有规定的,按有关规定办理。

信访人对其他国家机关办理信访事项有异议的,可以依照法律法规的规定提出。

省人民政府根据本条例,对信访事项的复查、复核办法作出具体规定。

立法参考

1.《广东省信访事项复查复核办法》(2013年)

第二十一条 复查、复核机关审查、调查后,按照下列规定作出复查、复核意见:

(一)原处理、复查意见认定事实清楚,证据确凿,适用依据正确,程序合法,内容适当的,予以维持;

(二)原处理、复查意见有下列情形之一的,决定撤销或变更原处理、复查意见:

1.主要事实不清、证据不足的;

2.适用依据错误的;

3.违反法定程序的;

4.超越或者滥用职权的;

5.明显不当的。

决定撤销的,可以责令原办理、复查机关在一定期限内重新作出处理、复查意见。

(三)原办理、复查机关超越职权、层级办理的,复查、复核机关可以撤销原处理、复查意见,责令下级行政机关按照规定办理、复查。

2.《山东省信访事项复查复核办法》(2008年)

第二十一条 复查复核机构经过审查,提出处理意见,报复查复核机关批准后,按照下列规定作出决定,并书面答复申请人:

(一)原处理、复查意见认定事实清楚、适用依据正确,程序合法,内容适当的,决定维持。

(二)原处理、复查意见有下列情形之一的,决定变更或者撤销:

1.主要事实不清的;

2.适用依据错误的;

3.违反法定程序的;

4.超越或者滥用职权的;

5.明显不当的。

(三)被申请人未依照本办法第十五条的规定提出书面答复、提交作出处理、复查意见的证据、依据和其他有关材料的,视为该处理、复查意见没有证据、依据,决定撤销。

(四)申请人在复查、复核申请中提出的新信访事项,应当告知其向依法有权处理的行政机关提出。

决定撤销的,应当责令被申请人或者有关行政机关在一定期限内重新作出处理意见。

第六十八条 【信访复查意见书的内容】

信访复查意见应当包括以下事项:

(一)复查申请人和被申请人;

(二)信访复查的具体请求;

(三)复查请求的事实认定情况、复查依据和意见;

(四)信访人不服复查意见申请复核的途径、期限和应当提交的材料等。

说 明

本条规定了信访复查意见书中应当包含的内容。

根据本法第 65 条的规定,复查申请人是不服原处理意见的信访人,被申请人是原处理机关,在信访复查意见书中应当注明。同时,复查意见书应当详细列出信访复查申请人的具体请求,这是构成复查意见书其他内容的前提和基础。复查请求的事实认定、复查依据和意见是复查意见书的核心部分,应当在对事实认定和复查依据进行详细论述后,在全面审查的基础上作出,复查意见应明确复查机关具体做出何种决定。此外,在复查意见中必须告知信访人不服复查意见申请复核的途径、期限和应当提交材料等。这四个部分都是复查意见书内容中的必要组成部分。

立法理由

信访复查程序是申请人自行提出的程序,复查机关的全面审查是围绕申请人的复查请求进行的,信访复查请求的其他部分都是在复查请求的基础上做出的,因此信访复查的请求部分不可缺少。事实认定、复查依据和意见部分是整个复查意见书中说理和结论的核心部分,只有对理由进行详尽说明,才能使信访人真正接受,从源头上解决信访问题、预防矛盾的产生,增强复查意见书的公信力和可接受性,是坚持信访源头治理的体现,促进信访人自觉终结信访。复查意见中,应告知信访人下一步申诉途径、期限,切实保障信访人的知情权,方便信访人及时行使复核申请权维护自身权利,这对于贯彻落实便民原则,增强复查意见书的公信力都有着重要意义。

立法例

《上海市信访条例》(2012 年)

第三十九条第二款 信访复查意见应当载明复查申请人和被申请人、信访复查的具体请求、复查请求的事实认定情况、复查意见及依据、信访人不服复查意见申请复核的途径、期限和应当提交的材料。

立法参考

1.《广东省信访事项复查复核办法》(2013 年)

第二十二条 复查、复核意见书的主要内容:

(一)信访人的请求;

(二)复查、复核意见所认定的事实和依据;

(三)结论性意见;

(四)属于复查意见的,应告知信访人下一步申诉途径、期限;属于复核意见的,应告知信访人此信访事项终结。

经审查,不属于复查、复核机关受理范围的申请,说明理由,引导信访人依照有关法律、行政法规规定的程序向有关机关提出申请。

复查、复核机关可以向原办理、复查机关提出工作建议。

2.《湖北省信访事项复查复核办法》(2011 年)

第二十五条 复查复核机关应当自收到复查复核申请之日起 30 日内作出复查复核意见,制作复查复核意见书,并加盖行政机关印章或复查复核专用章。

复查复核期间,不停止原处理、复查意见的执行。

复查复核意见书应当包括申请人和被申请人名称、复查复核机关、申请人具体请求和被申请人答复、查明的事实及法律政策依据、复查复核意见。复查意见书应告知申请人申请复核的权利,复核意见书应告知申请人复核意见为信访终结意见。

复查复核意见书送达申请人和被申请人,抄送有关行政机关和工作部门。

信访人对依法终结的信访事项不服,仍然以同一事实和理由进行信访的,各级人民政府信访工作机构和其他行政机关不再受理。

3.《山东省人民政府信访事项复核规程(试行)》(2009 年)

第十二条 信访事项办理、复查意见书应当包括下列内容:

(一)信访人的信访请求、复查申请;

(二)原办理机关的答辩;

(三)经审查查明的基本事实;

(四)依据的法律、法规、规章及其他有关规定;

(五)对信访事项的处理、复查决定;

(六)作出不支持信访人请求处理、复查决定的,履行了书面说明理由的义务;

(七)信访人不服办理、复查意见请求复查、复核的法定途径和期限。

对不符合上述规范性要求的办理、复查意见,省复核机构应当退回被申请人、第三人重新处理。

4.《湖南省信访事项复查复核暂行办法》(2007 年)

第十五条 复查复核机关应当根据复查(复核)结果制作复查(复核)意见书,经复查复核机关的领导审批后,加盖本机关公章。复查(复核)意见书应当载明信访人请求复查(复核)的事项、要求,经复查(复核)核实的情况,复查(复核)意见及依据等。复查意见书应告知请求人如对复查意见不服,可以在规定时间内向有关机关请求复核。复核意见书应当告知信访人该复核意见为信访终结意见。

第六十九条 【信访复核的申请】

信访人对信访事项的复查意见不服的,可以自收到信访复查意见之日起三十日内,向复查机关的上一级国家机关申请复核。

信访人申请复核,应以书面形式提出,并附原信访处理机关处理意见书及信访复查请求书。书面申请确有困难的,可以口头申请,由复查机关制作复查申请笔录,并经申请人核实后签字或盖章确认。

说 明

本条规定了信访复核的申请人、被申请人、申请期限、方式以及复核机关的规定。

信访的复核程序是信访事项处理程序中的最后环节,是三级审查终结制度的最后一级,信访复核与复查一样,都是救济性程序,也是由信访人自行提起的非必经性程序。与信访复查不同的是,信访复核的申请人是不服复查意见的信访人,被申请人是原复查机关,复核机关是原复查机关的上一级国家机关,提出申请的时间为收到复查意见之日起 30 日内,信访复核申请的其他规定都与信访复查相同。

立法理由

信访复核与信访复查都为救济性程序,是信访事项经过处理、复查后,信访人对复查申请仍不服进而向更高一级国家机关申请复核的程序,因此,信访复核与信访复查在程序上基本一致,进行分开规定是为了防止信访人混淆复查和复核程序而放弃申请信访复核的权利,从而错失一次救济的机会,矛盾得不到解决就会导致矛盾的积累激化,引发缠访、闹访、无序访的产生,威胁社会秩序的稳定。

因此,这里与 2005 年国务院《信访条例》不同,特别对信访复核加以规定,目的就是为了明确信访三级审查终结机制,避免信访复查与信访复核的混淆。

立法例

1.《信访条例》(2005 年)

第三十五条 信访人对复查意见不服的,可以自收到书面答复之日起 30 日内向复查机关的上一级行政机关请求复核。收到复核请求的行政机关应当自收到复核请求之日起 30 日内提出复核意见。

2.《浙江省信访条例》(2009 年)

第二十九条第二款 信访人对复查意见不服的,可以自收到书面答复之日起三十日内向复查机关的上一级机关请求复核;收到复核请求的机关应当自收到复核请求之日起三十日内提出复核意见。复核机关可以依法举行听证,经过听证的复核意见可以依法向社会公示。

立法参考

1.《广东省信访事项复查复核办法》(2013 年)

第二条第二款 本办法所称的复核,是指信访人对本省行政机关作出的信访事项复查意见不服而提出申请,依法由原复查机关的上一级行政机关对该信访事项复查意见及有关情况进行审查,并提出复核意见的行为。

2.《山东省信访事项复查复核办法》(2008 年)

第二条第二款 本办法所称复核,是指信访人对复查意见不服,可以自收到书面答复之日起 30 日内向复查机关的上一级行政机关请求复核,由收到复核请求的行政机关作出复核意见的活动。

第七十条 【信访复核的受理】

复核机关收到复核申请之日起十日内,应区分情况做出受理或不予受理的决定,并书面告知申请人,具体参照本法第六十六条信访复核受理的规定。

说 明

本条规定了信访复核的受理。

信访复核与信访复查的受理、审查、处理在原则上和程序上都基本一致。复核机关受理期限的起算点是收到复核申请之日,而复核的处理期限起算点为受理复核申请之日。复核机关进行是否受理复核申请的审查决定时仍然只进行形式上的审查，即对这四个方面进行审查：（1）申请人是否为不服复查意见的信访人；（2）申请中是否有具体的复核请求和事实依据；（3）是否在法定申请期限内提出；（4）是否属于该机关复核事项受理管辖范围。对于不属于本机关复查事项受理范围的申请，应书面告知申请人向有权机关提出。申请材料不完备或者表述不清楚的，应当当场或在收到申请后 3 日内通知信访人及时补正，申请材料补正之日为收到申请之日。

立法理由

信访复核是更高层级的国家机关对信访事项的进一步审查与裁量，在受理程序、审查原则和处理意见上与信访复查基本一致，规定受理和审查期限是为了督促复核机关尽职尽责，高效率地处理信访事项，防止矛盾的扩大和升级。

立法参考

《山东省信访事项复核复查办法》（2008 年）

第十二条　复查复核机关收到复查、复核申请，应当予以登记，并在 3 日内分别按下列方式处理：

（一）对符合法定受理条件，并属于本机关职责范围的，应当受理，并书面通知申请人，同时向被申请人送达提出答复通知书和申请书或者申请笔录副本；

（二）对符合法定受理条件，但不属于本机关职责范围的，应当书面告知申请人向有权复查、复核的机关提出；

（三）对不符合法定受理条件的，不予受理，并书面告知申请人不予受理的理由，同时通知有关机关做好相关工作。

第十三条　两个行政机关有权受理同一复查、复核申请时，申请人应当选择向其中的一个行政机关提出，收到申请的行政机关应当受理，不得推诿、移送另一个有权受理的行政机关；受理有争议的，由其共同的上一级行政机关决定受理机关。

第七十一条　【信访复核的处理】

收到复核申请的国家机关或其工作部门，应当自受理复核申请之日起三十日内，对信访事项进行全面审查，区分情况，按下列方式做出书面复查意见：

（一）处理意见认定事实清楚，适用依据正确的，程序合法的，予以维持。

（二）处理意见认定事实不清，适用依据错误，或者违反法定程序的，区分情况，予以撤销或者变更。予以撤销的，应当责令原信访处理机关限期重新作出处理意见。

复核意见书应当送达信访人。

说　明

本条规定了信访复核的处理。

对于已经受理复核申请的信访事项,同样遵守全面审查的原则,采用以书面审查为主的多种审查方式,复核意见同样分为三种情况:维持处理意见、撤销处理意见并责令限期重新作出处理、变更处理意见。具体划分以及关于撤销和变更的规定参见信访复查处理意见的规定,此处不再赘述。

立法理由

经过两级受理审查后,在信访复核阶段对于信访事项的在处理中仍须进行全面审查,以保证对信访事项公正公平的处理。复核意见书以书面形式做出并及时送达给信访人,做到有据可循,防止复核机关推诿责任,有效监督复核机关的行为,维护信访人的权利。

立法参考

1.《湖南省信访事项复查复核暂行办法》(2007 年)

第十四条　复查复核机关对信访人提出的复查(复核)请求进行审查后,按照下列规定作出复查(复核)意见:

(一)事实清楚,证据确凿,适用法律、法规、规章、政策正确,程序合法,处理恰当的,维持原处理(复查)意见;

(二)事实不清,证据不足,适用法律、法规、规章、政策错误,程序违法,处理不恰当的,直接变更原处理(复查)意见或责令原办理机关(单位)重新办理。

被责令重新作出处理(复查)意见的机关,不得以同一事实或理由作出与原处理(复查)意见相同或者基本相同的意见。

2.《广东省信访事项复查复核办法(2013 年)》

第二十一条　复查、复核机关审查、调查后,按照下列规定作出复查、复核意见:

(一)原处理、复查意见认定事实清楚,证据确凿,适用依据正确,程序合法,内容适当的,予以维持;

(二)原处理、复查意见有下列情形之一的,决定撤销或变更原处理、复查意见:

1.主要事实不清、证据不足的;

2.适用依据错误的;

3.违反法定程序的;

4.超越或者滥用职权的;

5.明显不当的。

决定撤销的,可以责令原办理、复查机关在一定期限内重新作出处理、复查意见。

（三）原办理、复查机关超越职权、层级办理的,复查、复核机关可以撤销原处理、复查意见,责令下级行政机关按照规定办理、复查。

第七十二条　【信访复核终结】

信访复核机关作出的复核意见为信访事项终结意见。

信访人对复核意见不服,继续信访的,应视为无理信访,各级国家机关不予受理。

说　明

本条是关于信访复核终结的规定。

信访事项按照法定程序,经过三级国家机关依次做出处理决定、复查意见、复核意见后,该信访事项处理终结,复核意见为信访事项的终结意见,不能进行更改,信访人不服复核意见时不能再提请信访程序。继续信访是指以同一事实和理由向任何国家机关提请的信访请求,这种情况应视为无理信访,各级国家机关不再受理。信访人可以以新的事实和理由提出另一个新的信访请求,信访程序重新启动,国家机关经过审查做出处理意见,当信访人不服处理意见时可以提出信访复查和复核申请。

立法理由

解决重复信访、缠访闹访等问题的前提是建立科学有效权威的信访问题解决机制和终结机制,本法第 10 条规定了信访公开、信息共享制度,信访终结制度和信访公开、信息共享机制有机结合,在实现信息共享互通的基础上,实现信访程序的公开,在信访处理民主化公开化的前提下确定信访复核终结制度,有助于维护信访秩序,降低信访成本,提高信访效率,防止重复上访和缠访,促进社会的和谐与稳定。

立法例

1.《信访条例》(2005 年)

第三十五条第三款　信访人对复核意见不服,仍然以同一事实和理由提出投诉请求的,各级人民政府信访工作机构和其他行政机关不再受理。

2.《湖北省信访条例》(2005 年)

第三十一条第二款　信访人对复核意见不服,仍然以同一事实和理由提出投诉请求的,行政机关不再受理。法律法规对复查、复核程序和时限要求另有规定的,按有关规定办理。

立法参考

1.《广东省信访事项复查复核办法》(2013年)

第二十四条　信访人对复核意见不服,仍然以同一事实和理由提出投诉请求的,各级人民政府信访工作机构和其他行政机关,只进行登记,不再受理。

2.《湖南省信访事项复查复核暂行办法》(2007年)

第十八条　复核意见为信访终结意见。信访人对复核意见不服,仍然以同一事实和理由提出投诉请求的,各级人民政府信访工作机构和其他行政机关不再受理。

3.《民政信访工作办法》(2011年)

第二十四条　信访人对民政部门作出的信访事项处理意见不服的,可以依照《信访条例》和国务院有关规定申请复查或者复核。

收到复查或者复核请求的民政部门应当自收到复查或者复核请求之日起30日内提出复查或者复核意见,并书面答复信访人。

信访事项的办理、复查意见作出后,信访人无正当理由未在规定期限内提出复查、复核申请的,或者信访人对复核意见不服,仍以同一事实和理由提出投诉请求的,各级民政部门不再受理。

第七十三条　【复核意见的内容】

信访复核意见应当包括以下事项:

(一)复核申请人和被申请人;

(二)信访复核的具体请求;

(三)复核请求的事实认定情况、最终复核意见及依据。

说　明

本条是关于信访复核意见书内容的规定。

信访复核意见以书面形式作出,这四项内容是缺一不可的。根据第69条的规定,复核申请人是不服复查意见的信访人,被申请人是原复查机关,应当予以列明;复核意见是围绕复核申请中的复核请求展开的,因此也应按照复核申请中的具体请求列明;第三部分是复核意见书的核心内容,是以复核请求出发进行事实依据的认定从而做出最终的复核意见的书面说明,根据第71条规定,最终复核意见包括维持、变更或撤销这三种形式。同时，在复核意见中必须告知信访人不服复核意见时的救济途径，根据第 72 条的规定，复核意见为信访事项终结意见，因此若信访人对复核意见不服，不能再通过信访途径解决，信访机关将不受理。

立法理由

现实中依法应该终结的信访案件却往往终而不结，原因是多方面的，国家机关依法公正做好信访工作，作出意见决定有理有据，充分做好信访人的思想工作，向群众做好宣传教育和解释说明的工作，才能从根本上解决问题，做到终而亦结。

复核意见是信访的最终处理意见，在复核意见中应当充分详尽进行说理，以事实认定、最终复核意见及依据部分为核心，同时全面涵盖复核申请人和被申请人双方和具体的请求内容，实现信访程序的圆满终结，提高复核意见的可接受性和公信力，减少社会矛盾的产生，维护信访秩序。

立法例

《上海市信访条例》（2012 年）

第四十条　信访人对投诉请求类信访事项的复查意见不服的，可以自收到信访复查意见之日起三十日内，向复查机关的上一级行政机关申请复核。收到复核申请的行政机关应当自收到复核申请之日起三十日内出具书面信访复核意见。

信访复核意见应当载明复核申请人和被申请人、信访复核的具体请求、复核请求的事实认定情况、最终复核意见及依据。

立法参考

1.《湖北省信访事项复查复核办法》（2011 年）

第二十五条　复查复核机关应当自收到复查复核申请之日起 30 日内作出复查复核意见，制作复查复核意见书，并加盖行政机关印章或复查复核专用章。

复查复核期间，不停止原处理、复查意见的执行。

复查复核意见书应当包括申请人和被申请人名称、复查复核机关、申请人具体请求和被申请人答复、查明的事实及法律政策依据、复查复核意见。复查意见书应告知申请人申请复核的权利，复核意见书应告知申请人复核意见为信访终结意见。

复查复核意见书送达申请人和被申请人，抄送有关行政机关和工作部门。

信访人对依法终结的信访事项不服，仍然以同一事实和理由进行信访的，各级人民政府信访工作机构和其他行政机关不再受理。

2.《山东省人民政府信访事项复核规程（试行）》（2009 年）

第十八条　拟定的复核意见书应当包括下列内容：

(一)申请人、被申请人和第三人的基本情况;

(二)申请人的复核请求;

(三)被申请人、第三人的答辩;

(四)经审查查明的基本事实;

(五)对申请人、被申请人之间的争议进行评价和认定;

(六)依据有关法律政策作出的复核决定。

第七十四条 【复查、复核期限的延长】

复杂、疑难的信访事项受理后需进一步调查核实情况,在法定期限内无法作出复查、复核意见的,经复查、复核信访处理机关负责人批准,可以延长期限,延长期限不得超过三十日,延期决定和理由应当书面告知信访人,并抄送相应各级国家机关信访工作机构。

说　明

本条是关于复查、复核期限延长的规定。

根据本法第 67 条和第 71 条的规定,信访复查和复核的决定自信访复查复核机关受理信访复查复核申请之日起 30 日内作出,延长复查复核处理期限必须满足两个条件:(1)从申请延长的信访事项本身来看,要达到复杂、疑难并在法定期限内无法作出意见的程度,主要包括这几种情形:信访事项复杂事实认定困难、目前缺乏适用的法律依据、涉及面广范围大需要协调多方,等等。(2)从程序上来看,需经过复查、复核信访处理机关的负责人批准。延长的期限不能超过 30 日,复查、复核意见的作出自受理申请之日起算最多 60 日。延期的决定是复查、复核机关根据情况自行作出的,延期决定和理由应当以书面形式告知信访人并抄送至本级相应信访工作机构。

立法理由

本条是对复杂疑难信访事项的复查、复核时限的灵活处理和适当延长,是对特殊情况的特殊处理,防止处理机关因时间限制的原因而有失谨慎、敷衍了事,作出不公正不正确的处理,破坏国家机关的公信力,损害信访双方当事人的利益,导致效率的低下、矛盾的积累,最终破坏社会的稳定。同时,对期限延长的条件和延长时间进行严格规定,防止滥用导致信访事项的久拖不决。此外,延期决定和理由应当书面告知信访人,保护信访人的知情权和提出异议的权利,便于其提出意见、安排时间和对复查复核机关进行监督。根据本法第 77 条的规定,各级国家机关信访工作机构对本级相应的国家机关或工作部门,应及时督查督办,并提出改进工作的意见,将延长处理时限的事由及时抄送本级相应信访工作机构,以便于对处理机关进行监督。

立法例

1.《北京市信访条例》（2006 年）

第五十条 复查、复核机关经审查决定受理复查、复核申请的,应当书面告知信访人,自收到申请之日起 30 日内,按照下列方式作出复查、复核意见,并书面答复:

（一）办理、复查意见认定事实清楚,适用依据正确的,予以维持;

（二）办理、复查意见认定事实不清,适用依据错误,或者违反法定程序的,区分情况,予以撤销、变更或者责令办理、复查机关限期重新作出答复意见。

办理、复查机关由于认定事实不清、适用依据错误,被责令重新作出答复意见的,不得作出与原意见相同或者基本相同的答复意见。

复查、复核机关经审查决定不予受理的复查、复核申请,应当书面告知信访人理由。

复杂、疑难的信访事项在法定期限内无法作出复查、复核意见的,经本级复查、复核委员会批准,可以延长期限,但延长期限不得超过 30 日,并告知信访人延期理由。

2.《重庆市信访条例》（2009 年）

第四十三条 行政机关收到复查、复核申请,应当自收到申请之日起十五日内决定是否受理并书面告知信访人;自决定受理申请之日起三十日内,区分情况,按下列方式作出复查、复核意见,并书面送达信访人:

（一）处理意见、复查意见认定事实清楚,适用依据正确的,予以维持;

（二）处理意见、复查意见认定事实不清,适用依据错误,或者违反法定程序的,区分情况,予以撤销、变更或者责令原处理、复查行政机关限期重新作出处理、复查意见。

复查、复核行政机关经审查决定不予受理的复查、复核申请,应当书面告知信访人并说明理由。

复杂、疑难的信访事项受理后需进一步调查核实情况,在法定期限内无法作出复查、复核意见的,经本级行政机关负责人批准,可以延长期限,延长期限不得超过三十日,延期决定应当书面告知信访人。

复核机关作出的复核意见为信访事项终结意见。

立法参考

1.《广东省信访事项复查复核办法》(2013 年)

第二十三条 复查、复核机关应当自收到复查、复核申请之日起,30 个工作日内作出复查、复核意见。但补正申请材料、举行听证、专家论证、组织审查小组进行审查、调解、中止等所需时间不计算在内。情况复杂的复查、复核事项,可以适当延长办理期限,并告知信访人延期理由;但延长期限不得超过 60 个工作日。

复查、复核机关应当制作复查、复核意见书,加盖复查、复核机关印章或者复查、复核专用章。

复查、复核机关作出复查、复核意见后,应当在 15 个工作日内将复查、复核意见书送达信访人。送达程序参照《中华人民共和国民事诉讼法》的有关规定执行。

2.《浙江省信访事项终结办法》(2005 年)

第七条 信访人对信访事项处理意见不服的,可以自收到书面答复之日起 30 日内请求原办理行政机关的上一级行政机关复查;信访人对复查意见不服的,可以自收到书面答复之日起 30 日内向复查行政机关的上一级行政机关请求复核。

对复查、复核期限,法律、法规、规章另有规定的,从其规定;因不可抗力或者其他正当事由在规定期限内无法请求复查、复核的,在障碍消除后 3 日内,可以申请延长期限。复查、复核的行政机关经核实无误后,应当批准其申请。

非因前款规定而逾期提交复查、复核请求的,各级信访工作机构和其他行政机关可以不受理。

3.《浙江省信访事项复查复核办法》(2011 年)

第二十八条 复查、复核机关应当自收到申请之日起 30 日内作出复查、复核决定;但补正申请材料、举行听证、专家论证、组织审查小组审查、和解、调解、中止等所用时间不计算在内。

复查、复核机关作出复查、复核决定,应当制作复查、复核意见书,加盖复查、复核机关印章或者复查、复核专用章。

复查、复核机关作出复查、复核决定后,应当在 15 日内将复查、复核意见书送达申请人。送达程序参照《中华人民共和国民事诉讼法》的有关规定执行。

第七十五条 【复查、复核意见书不予送达】

信访人地址、联系方式不明确或拒绝接受复查、复核意见书的,作出复查、复核意见的机关将情况进行书面登记后,可以不予送达。

说　明

本条规定的是复查、复核意见书不予送达的情况。

根据本法第 67 条和第 71 条的规定,复查、复核的意见书应当及时送达给信访人。但由于信访人原因而导致无法送达的情况下,信访复查、复核机关可以不予送达。不予送达的情况有:(1)信访人地址、联系方式不明确。信访人在进行复查复核申请时,没有写明自己的地址联系方式导致复查、复核机关客观上无法进行送达,处理机关可以不予送达;(2)信访人拒绝签收复查、复核意见书,处理机关无法获得信访人的签章进行送达时,也可以不予送达。不予送达在程序上要求作出复查、复核意见的机关进行书面登记载明情况。

立法理由

不予送达的两种情况在一定程度上都是由信访人的原因造成的,地址和联系方式不明是在进行复查复核的申请时信访人怠于说明自己的真实情况导致无法送达,拒绝接受复查复核意见书也是由于信访人原因而导致客观上的无法送达,在这两种情况下,复查复核机关有理由不予送达。但不予送达的情况应当进行书面登记说明情况,防止信访人事后扯皮,也便于公民和其他机关的监督。

立法参考

1.《广东省信访事项复查复核办法》(2013 年)

第二十三条　复查、复核机关作出复查、复核意见后,应当在 15 个工作日内将复查、复核意见书送达信访人。送达程序参照《中华人民共和国民事诉讼法》的有关规定执行。

2.《浙江省信访事项复查复核办法》(2011 年)

第二十八条第三款　复查、复核机关作出复查、复核决定后,应当在 15 日内将复查、复核意见书送达申请人。送达程序参照《中华人民共和国民事诉讼法》的有关规定执行。

3.《四川省人民政府规范省级信访事项复查复核暂行办法》(2008 年)

第七条　(五)复查(复核)意见书应当直接送达信访人。直接送达复查(复核)意见书有困难的,可以邮寄送达。直接送达信访人而被拒绝接收的,留置送达,并在复查(复核)办理卷宗中将情况予以记录。邮寄送达应当采用挂号信或特快专递等方式送达,并保留邮寄存根。受送达信访人下落不明或用本办法规定的其他方式仍无法送达的,公告送达。送达完毕后,复查(复核)的有关材料由复查复核机构归档保管。

4.《吉林省信访事项复查复核办法》(2009 年)

第二十七条 复查(复核)意见书应直接送达信访申请人。

直接送达有困难的,可以邮寄送达。对直接送达时信访申请人拒绝接收的,留置送达,并在送达回证中将情况予以说明。邮寄送达应当采用挂号信或特快专递方式,并保留邮寄存根。因信访申请人下落不明等原因无法送达的,可进行公告送达。

第七十六条 【信访复查、复核的公开】

复查、复核机关应当将信访事项的所有材料、证据以及复查、复核意见书向社会公开,涉及国家秘密、商业秘密或者个人隐私的除外。

说　明

本条是关于信访复查、复核公开的规定。

经过信访的复查、复核处理程序,除了出具复查、复核意见书之外,也应当将信访事项的材料、证据、意见书向社会公开,其他公民或组织可以申请复查、复核机关进行查看,复查、复核机关不得拒绝。涉及国家秘密、商业秘密或个人隐私的不对外公开,对外公开的,追究该国家机关的责任。

立法理由

目前我国面临缠访、闹访、越级访、重复访的信访难题,解决这些无序访问题,建立有效的信访终结机制,需要信访公开制度和信息共享机制的配合,将信访复查、复核的情况进行公开也是信访公开制度的一个重要环节,将信访事项的所有材料、证据以及复查、复核意见书向社会公开,既有助于督促信访处理机关和复查、复核机关依法处理信访事项,也有助于提高信访处理的公信力,促进信访人自愿终结信访,同时也为其他相似信访事项的处理提供参考,促进信访处理机关作出公正的处理,维护社会的公平正义。

立法例

《信访条例》(2005 年)

第九条 各级人民政府、县级以上人民政府工作部门应当向社会公布信访工作机构的通信地址、电子信箱、投诉电话、信访接待的时间和地点、查询信访事项处理进展及结果的方式等相关事项。

各级人民政府、县级以上人民政府工作部门应当在其信访接待场所或者网站公布与信访工作有关的法律、法规、规章,信访事项的处理程序,以及其他为信访人提供便利的相关事项。

立法参考

1.《广东省实施〈信访条例〉办法》(2006 年)

第十条 各级人民政府和县级以上人民政府工作部门应当开通电子信箱,有条件的应当设立电子网站,公开信访信息。

2.《环境信访办法》(2006 年)

第四条 环境信访工作应当遵循下列原则:

(四)维护公众对环境保护工作的知情权、参与权和监督权,实行政务公开;

3.《国土资源信访规定》(2006 年)

第十二条 县级以上国土资源管理部门应当通过互联网或者发布公告等方式,向社会公开下列信访信息:

(一)信访工作机构的通信地址、电子信箱和投诉电话;

(二)信访接待的时间和地点;

(三)查询信访事项处理进展及结果的方式;

(四)与信访工作有关的法律、法规、规章;

(五)信访事项的处理程序;

(六)其他为信访人提供便利的相关事项。

第六章 信 访 督 办

本章说明

信访制度是一项具有中国特色的政治参与、民主监督和权利救济的政治制度。在信访制度建立以来 50 多年的历程中,信访制度在了解民情、化解矛盾、解除民忧、发挥民众对党和政府的监督、为党和政府的决策提供参考信息等诸方面发挥了重要的作用,历来受到党和国家的高度重视,人民对于信访制度也有较高的期待。但信访机构权力有限却职责重大成为信访制度中的重要困境之一。

在实际运行中,信访工作机构在实际工作中被要求承担多方面、多层次的工作内容,信访部门既要处理公民对国家机关工作人员的批评、建议与要求,乃至对其失职行为的检举、揭发,还要受理公民对侵害自己合法权益行为的控告,甚至还要承担许多间接的、高层次的政治要求,其中包括但不限于落实科学发展观、发展社会主义民主政治、维护人民群众合法权益、加强党风建设尤其是干部作风建设、密切联系党和人民群众的血肉联系、全面建设小康社会、构建社会主义和谐社会、考核地方政府绩效等。但从法律对于信访工作机构权力的设定上来看,信访工作机构并不具备独立行政的职能和权力,信访工作机构本身也不是单独序列的国家机构,其处理信访事项的权能十分有限,不可能去解决本应由负有一定职责的国家机关办理的社会事务。根据2005年《信访条例》的规定,信访部门在处理信访案件时只有受理、交办、协助处理等职责,并没有解决实际问题的行政权力。在信访制度的运行中信访工作机构仅仅是一个"传达室""中转站",仅仅负责信访程序的启动,信访事项的实际处理仍然需要掌握实权的职能部门进行办理。但是,如果职能部门对同级政府专职信访机构转交的信访事项推诿拖延或置之不理,专职信访工作机构凭借自身的权力配置往往无能为力,因为它不仅在机构设置格局中相对于职能部门处于劣势,而且缺乏明确的、具有法律效力的实质性监督权、督办权和处置权。缺乏有效的督促机制导致信访工作的效率低下,信访事项的处理往往不是依靠信访制度的平稳有序运行,而是取决于党委和政府对信访问题的重视程度和工作力度。在一项对六百多名上访人的调查中,发现他们上访通常要奔走于六到十八个部门之间,其中超过七成的受访群众对政府部门的印象是部门之间相互推诿,这样也进一步加剧了缠访、闹访、越级访、重复访的发生。

为解决以上问题,改善信访工作机构"责重权轻"甚至是有责无权的现象,有人提出进一步扩权强化信访制度,赋予信访工作机构处理信访中问题的实体权力。但是,信访制度所面临的问题是"大政府"尚未完全解决的问题,进一步强化信访工作机构建立一个"小政府"也很难彻底解决问题,而只会导致权力运行的复杂,甚至错乱,而无助于当前信访矛盾的解决。

解决之道应当是在现行的制度框架之下,仍然将政府及其职能部门作为信访问题处理的主体,而加强信访工作机构与信访处理机关之间的关系,让信访工作机构不仅成为信访程序的起始点,更成为整个信访过程的掌控者,发挥信访工作机构在信访过程中的信息优势和专业优势,从信访制度的定位出发赋予信访工作机构督查、督办的权力,以实现信访制度应有的功能。

因此,本章对信访督办作出了详细的规定,信访督办制度的完善是实现信访制度定位的关键。本章从三个方面加强了信访工作机构与各级国家机关及其工作部门的权力纽带关系:第一,对于本级国家机关及其工作部门的信访事项处理工作,信访工作机构有权督查、督办,提出改进建议;第二,对于本级国家机关及其工作部门的工作人员在信访工作中的行为,信访工作机构可以进行反映,并提出追责建议;第三,从政治参与的功能定位来看,公民信访所反馈的情况将通过信访工作机构传达给各级国家机关,作为决策的参考信息,实现其对各级国家机关及其工作部门实际工作的影响。

第七十七条 【信访督办的范围】

国家机关信访工作机构发现本级相应国家机关或其工作部门有下列情形之一的,应当及时督查督办,并提出改进工作的建议:

(一)在信访工作中未执行有关法律、法规和政策的;

(二)无正当理由,未按规定的期限办理信访事项的;

(三)未按规定反馈转送信访事项办理结果的;

(四)依照法定职责属于本机关办理的信访事项,推诿、敷衍、拖延的;

(五)不执行信访事项处理、复查、复核意见的;

(六)虚报信访工作情况和统计数据的;

(七)其他需要督查督办的事项。

说 明

本条规定的是各级国家机关信访工作机构对本级国家机关及其工作部门的督查督办。

各级国家机关信访工作机构有权对本级国家机关及其工作部门在信访工作中不合法或者不合理的行为进行督查督办,大致包括如下情形:(1)在信访工作中未执行有关法律、法规和政策的不作为行为;(2)无正当理由未按规定的期限办理信访事项的,超过法定的办理时限;(3)信访事项处理之后未按相关规定反馈信访工作机构所转送的信访事项的办理结果的;(4)对于法定职责内的信访事项,应当进行处理而推诿、敷衍、拖延;(5)对于已经发生终局效力的信访处理意见、信访复查意见、信访复核意见不予执行的;(6)对于信访工作情况和统计数据进行虚报的。对于上述情形,信访工作机构应当进行督办,督办的对象是信访工作中的不合理和不合法行为,督办的形式是提出改进工作的建议。

立法理由

为了保证依法进入信访程序的信访事项都能依照法律的规定得到有效处理,而不是仅仅依靠党政机关领导人的重视程度得以处理,加强对信访事项的督办非常必要。加强对信访事项处理的督办,有利于加快信访事项的处理和提升处理质量。信访工作机构作为本级国家机关唯一专门负责信访工作的机构,具有专业上的优势,同时,信访工作机构是信访程序的起始点,更有能力对信访事项的处理情况进行整体上的把握,赋予信访工作机构以督查督办权,有利于改善目前信访工作机构责重权轻的局面。当信访处理机关对于转交的信访事项推诿或置之不理时,信访工作机构有权进行督查督办,进而推进信访事项的有效处理,从而改变过去某些部门根据领导人的注意程度决定信访事项处理顺序的局面;同时,也避免信访人进一步闹访、采取极端手段提高注意度的恶性循环。信访工作机构督查督办的对象针对的是本级国家机关及其工作部门在处理信访工作中的行为,既应当包括违反相关法律、法规、政策的行为,也应当包括在并未违反相关规定但进行恶意的推诿、敷衍、拖延的行为,以保证信访处理过程合理、合法进行,实现信访事项的依法有效处理。

立法例

1.《信访条例》(2005 年)

第三十六条 县级以上人民政府信访工作机构发现有关行政机关有下列情形之一的,应当及时督办,并提出改进建议:

(一)无正当理由未按规定的办理期限办结信访事项的;

(二)未按规定反馈信访事项办理结果的;

(三)未按规定程序办理信访事项的;

(四)办理信访事项推诿、敷衍、拖延的;

(五)不执行信访处理意见的;

(六)其他需要督办的情形。

收到改进建议的行政机关应当在 30 日内书面反馈情况;未采纳改进建议的,应当说明理由。

2.《重庆市信访条例》(2009 年)

第四十六条 信访工作机构发现本级国家机关工作部门和下级国家机关有下列情形之一的,应当及时督查督办,并提出改进工作的建议:

(一)未执行有关法律、法规和政策的;

(二)无正当理由未按规定的期限登记、受理、办理信访事项的;

(三)未按规定反馈转送、交办信访事项办理结果的;

(四)依照法定职责属于本机关受理、办理的信访事项,推诿、敷衍、拖延;

(五)不执行信访事项处理、复查、复核意见的;

(六)虚报信访工作情况和统计数据的;

(七)其他需要督查督办的事项。

收到改进工作建议的机关应当在规定时限内书面反馈情况,未采纳建议的,应当在收到建议之日起十日内说明理由。

督查督办可以按照有关规定采取阅卷审查、听取汇报、实地调查、约见信访人等方式进行。

3.《江西省信访条例》(2009 年)

第四十一条 县级以上国家机关的信访工作机构发现有关国家机关有下列情形之一的,应当及时督办,并提出改进建议:

(一)信访事项的处理不符合有关法律、法规、规章或者政策规定的;

(二)未按规定程序受理、办理信访事项,或者无正当理由未在规定期限内反馈信访事项办理结果的;

(三)办理信访事项推诿、敷衍、拖延或者弄虚作假的;

(四)不执行信访处理意见的;

(五)其他需要督办的情形。

收到改进建议的国家机关应当在三十日内书面反馈情况;未采纳改进建议的,应当说明理由。

4.《青海省信访条例》(2011 年)

第三十九条 信访工作机构发现有关国家机关有下列情形之一的,应当及时督办,并提出改进建议:

(一)无正当理由未按规定的办理期限办结信访事项的;

(二)未按规定反馈信访事项办理结果的;

(三)未按规定程序办理信访事项的;

(四)办理信访事项推诿、敷衍、拖延或者弄虚作假的;

(五)不执行信访处理意见的;

(六)处理意见认定事实不清、依据或者程序存在明显错误的;

(七)其他需要督办的情形。

收到改进建议的国家机关应当在三十日内书面反馈改进情况。

县级以上人民政府信访工作机构应当指派信访督查专员协调和督办重点、疑难信访案件。

5.《深圳经济特区信访条例》(2011 年)

第三十八条 信访工作专门机构发现本级国家机关的工作部门和下级国家机关有下列情形之一的,应当及时督查、督办,并提出改进工作的建议:

(一)未执行有关法律、法规和政策的;

(二)未按规定的期限登记、受理、办理信访事项的;

(三)未按规定反馈转送、交办信访事项办理结果的;

(四)推诿、敷衍、拖延依照法定职责属于本国家机关受理、办理的信访事项的;

(五)不执行信访事项处理、复查、复核意见的;

(六)虚报信访工作情况和统计数据的;

(七)其他需要督查、督办的事项。

收到改进工作建议的国家机关应当在规定时限内书面反馈情况。

督查、督办可以按照有关规定采取听取汇报、实地调查、约见信访人等方式进行。

第七十八条 【信访督办的反馈】

收到信访工作机构改进工作建议的信访处理机关,应当在签收改进工作建议之日起三十日内,书面反馈情况;未采纳建议的,应当在收到建议之日起十日内书面说明理由。

说　明

本条规定的是信访督办提出改进工作建议后,本级国家机关或其工作部门的反馈义务。

本级国家机关或其工作部门在收到改进工作建议后,予以采纳并改进的,应当在签收之日起30日内对改进情况作出书面反馈。若认为改进工作建议不合理,则应当在10日内以书面的形式向信访工作机构说明理由。

立法理由

信访工作机构作为督办权的实施主体,有对本级国家机关或其工作部门的信访工作督查督办的权力,但同时信访工作机构也是本级国家机关的内部机构,无权亲自撤销本级国家机关或其工作部门的行为或进行追责,而只能根据其自身对于信访情况处理的信息优势和专业优势对本级国家机关或其工作部门提出改进工作的建议,改进工作的建议有其自身的约束力,督促本级国家机关或其工作部门对其在信访工作中的行为进行重新自我审查。对于未意识到的不合理以及不合法行为应当进行自我改正,并向信访工作机构反馈,这有利于信访工作机构进一步的督查督办。而对于信访工作中恶意作出的不合理、不合法行为,仍旧约束信访处理机关在法定期限内书面说明理由,可以根据其书面理由对单位和相关责任人进一步追责。信访督办工作改进建议的提出与采纳情况也将制作成信访情况分析报告书定期向本级国家机关报告,对于信访处理机构具有进一步的督促和约束力。

本草案通过对本级国家机关及其工作部门规定上述义务,增强改进工作意见书的实质约束力,督促信访事项处理过程有效进行。

立法例

1.《重庆市信访条例》(2009 年)

第四十六条第二款　收到改进工作建议的机关应当在规定时限内书面反馈情况,未采纳建议的,应当在收到建议之日起十日内说明理由。

2.《江西省信访条例》(2009 年)

第四十一条第二款　收到改进建议的国家机关应当在三十日内书面反馈情况;未采纳改进建议的,应当说明理由。

3.《湖北省信访条例》(2005 年)

第三十三条第三款　收到督办意见和改进建议的有关国家机关应当在 30 日内书面反馈情况;未采纳改进建议的,应当说明理由。

4.《广东省信访条例》(2014 年)

第五十八条　县级以上国家机关信访工作机构发现本级国家机关工作部门或者下级国家机关有不依法受理、办理信访事项,办理信访事项推诿、敷衍、拖延、弄虚作假或者不执行与信访事项有关的法律法规和信访事项处理意见等情形的,应当及时督办,并提出改进工作的建议。收到改进工作建议的国家机关应当在三十日内书面反馈情况;未采纳改进建议的,应当说明理由。

5.《北京市信访条例》(2006 年)

第五十二条第二款　收到改进建议的行政机关应当在指定时限内书面反馈情况,未采纳建议的,应当在 3 个工作日内说明理由。

第七十九条　【信访督办的方式】

国家机关信访工作机构督查督办可以采取阅卷审查、听取汇报、实地调查、约见信访人等方式进行。

说　明

本条是对国家机关信访工作机构信访督办方式的规定。

各级国家机关信访工作机构督查督办可以按照有关规定采取阅卷审查、听取汇报、实地调查、约见当事人等方式进行。在各级国家机关信访工作机构信访督办的过程中,信访人和各级国家机关及其工作部门应当给予必要的配合,信访工作机构采取阅卷调查的方式进行时,相关部门应当及时传送;信访工作机构采用听取汇报的方式时,信访处理机关相关负责人应当及时而全面地汇报信访工作的相关情况;信访工作机构进行实地调查时,相关部门和人员应当创造必要的条件,不得故意妨碍和阻拦;信访工作机构采取约见当事人的方式时,当事人应当在指定的时间和地点尽力配合陈述与信访事项相关的案件情况。

立法理由

有效的信访督办建立在信访工作机构对于信访事项的处理情况全面了解的基础之上，在目前的信访制度之中，信访工作机构往往只有受理、交办、转送、协助处理的职责，仅仅是一个"传达室""中转站"。对于已经受理、转送的信访事项，信访工作机构缺乏进一步的跟进，对于信访事项的了解往往仅限于信访事项转送之前的情形，对于已经转送给实体部门的信访事项，由于信访工作机构本身地位低于本级国家机关及其工作部门，又缺乏跟进和了解的法定手段，信访工作机构如果需要向信访处理机关了解其转送的信访事项的处理情况，信访处理机关很容易推诿或置之不理，缺乏足够的信息获取手段，信访督办也就成了一句空谈。

基于此种原因，本法赋予信访工作机构在信访督办过程中采取阅卷审查、听取汇报、实地调查、约见信访人等方式的权力，以保障信访工作机构对于信访事项处理全过程的充分了解，提出正确的建议，为实现有效的督查督办提供前提条件。

立法例

1.《广东省信访条例》(2014 年)

第五十六条 县级以上国家机关的信访工作机构应当加强信访事项的督查工作。督查可以采取阅卷审查、听取汇报、约见信访人、召开听取意见座谈会、问卷调查、走访调研等方式进行。

2.《深圳经济特区信访条例》(2011 年)

第三十八条第三款 督查、督办可以按照有关规定采取听取汇报、实地调查、约见信访人等方式进行。

3.《重庆市信访条例》(2009 年)

第四十六条第三款 督查督办可以按照有关规定采取阅卷审查、听取汇报、实地调查、约见信访人等方式进行。

4.《贵州省信访条例》(2006 年)

第四十八条 县级以上国家机关的信访工作机构，应当对转送、交办信访事项的处理情况进行督促检查。督促检查可以按照有关规定采取阅卷审查、听取汇报、实地调查、约见信访人等方式进行。

5.《江苏省信访条例(1997 年)》

第三十二条 县级以上各级国家机关信访工作机构可以依法对转送、交办的有关信访事项的办理情况进行督查。督查可以采取阅卷审查、听取汇报或者直接调查等方法进行。

各级国家监察机关依法对有关机关重要信访事项的办理情况进行监察。

第八十条　【信访工作人员的本级监督】

国家机关信访工作机构对本级相应国家机关或其工作部门工作人员，在信访工作中不履行或不正确履行职责，造成社会影响或严重后果的，应当向本级组织、纪检、监察、人事等部门提出责任追究的建议。

相关部门应认真对待本级国家机关信访工作机构提出的建议，并将处理意见及时反馈。

说　明

本条是信访工作机构对于本级国家机关或其工作部门工作人员监督的规定。

对于本级国家机关或其工作部门工作人员在信访工作中不履行或不正确履行职责，造成严重后果的行为，应当向本级组织、纪检、监察、人事等部门提出追究责任的建议。相关部门在收到追责建议之后有义务认真对待，依法处理后要将意见及时反馈。

立法理由

在法律意义上，信访事项的处理主体由本级国家机关或其工作部门执行，但在实际意义上信访工作的完成仍然需要具体的人来完成，相关工作人员主观因素的存在仍然会导致信访工作的难以推进和无效率。对于不依法履行职责并造成严重后果的行为，也应当依法追究其责任，实践中，仅仅依靠之前 2005 年《信访条例》规定的"改进工作的建议"，无法完成对具体责任人的责任追究。

在信访工作的具体处理中，部分工作人员责任意识和服务意识不高，导致群众问题没有得到及时有效的解决，部分信访工作人员对群众的合理要求应该答复的不答复，应该协调处理的问题久拖不决，等等。信访工作者的不作为和乱作为降低了信访工作的效率，有的甚至违反相关法律法规造成了严重后果，应当对具体责任人追究责任。加强对相关工作人员职务行为的有效监督有利于增强信访制度的执行力，增强各级国家机关及其工作部门工作人员对信访工作机构的重视程度，相应地会增强对于各级国家机关及其工作部门信访督办的力度，促进信访的依法有效推进。

而对于相关工作人员的监督，并非是由信访工作机构直接对其施加处分追究责任，而是以现行制度框架为基础，发挥信访工作机构对信访事项处理过程中所具有的专业优势和信息优势,将其掌握的相关工作人员不履行或不正确履行职责的情况向有处分权的本级组织、纪检、监察、人事等部门汇报,提出责任追究的建议,由相关部门具体进行认定和处罚。相关部门有义务认真对待并及时反馈,通过加强与有处分权的本级组织、纪检、监察、人事等部门之间的联系实现对相关工作人员的督查督办。

立法例

1.《江西省信访条例》(2009 年)

第四十二条 县级以上国家机关的信访工作机构对有下列情形之一的国家机关工作人员,可以向有关国家机关提出给予处分的建议:

(一)办理信访事项推诿、敷衍、拖延、弄虚作假,造成严重后果的;

(二)在处理信访工作过程中渎职、失职,处置不当,造成严重后果的;

(三)其他依法应当给予处分的情形。

2.《湖北省信访条例》(2005 年)

第三十五条 县级以上国家机关信访工作机构,对在信访工作中推诿、敷衍、拖延、弄虚作假造成严重后果或者压制、打击报复信访人的国家机关及其工作人员,可以向有关国家机关提出追究行政责任的建议。

3.《山西省信访条例》(2010 年)

第三十五条 县级以上国家机关负责信访工作的机构对在信访工作中推诿、敷衍、拖延、弄虚作假造成严重后果的国家机关工作人员,可以向有关国家机关提出给予处分的建议。

4.《重庆市信访条例》(2009 年)

第四十七条 国家机关工作人员在信访工作中不履行或不正确履行职责,造成社会影响或严重后果的,信访工作机构应当向有关机关提出责任追究的建议。

5.《广东省信访条例》(2014 年)

第五十九条 县级以上国家机关信访工作机构对在信访工作中推诿、敷衍、拖延、弄虚作假造成严重后果的国家工作人员,可以向有关国家机关提出给予处分的建议。

县级以上国家机关信访工作机构发现国家工作人员违法行为,应当按照规定程序提请监察机关、人民检察院依法查处。

第八十一条 【信访工作人员的上级监督】

国家机关信访工作机构对本级相应国家机关或其工作部门工作人员在信访工作中不履行或不正确履行职责,可以通过上级国家机关信访机构将有关情况向不履行或不正确履行职责国家机关或其工作部门的上级予以反映。

上级国家机关或其工作部门应认真对待本级国家机关信访工作机构转送的情况说明,并将处理意见及时反馈。

说 明

本条规定的是信访工作机构对本级国家机关或其工作部门工作人员通过其上级机关的监督。

对于本级国家机关或其工作部门工作人员在信访工作中不履行或不正确履行职责的行为,信访工作机构可以通过上级国家机关信访工作机构将有关情况反映给不履行或不正确履行职责国家机关或其工作部门的上级,上级国家机关或工作部门在收到其本级信访工作机构反映的情况后应认真对待,依法处理后要将意见及时反馈。

立法理由

信访工作的处理最终还是要依靠具体的国家机关或其工作部门的工作人员来完成,对于不依法履行职责的行为仅仅依靠改进工作的建议也无法追究相关工作人员的责任,加强对相关工作人员职务行为的有效监督,有利于增强信访制度的执行力。增强各级国家机关及其工作部门工作人员对信访工作机构的重视程度,相应地会增强对于各级国家机关及其工作部门信访督办的力度,从各级国家机关及其工作部门和相关工作人员两个层面实行信访督办,更有利于促进信访的依法有效推进。

对于相关工作人员的监督,本法第80条规定了信访工作机构通过本级组织、纪检、监察、人事等部门对于本级信访工作人员的监督,但由于地方保护主义以及"人情"等干扰因素的存在,仅仅通过本级组织、纪检、监察、人事等部门有时候并不能很好地实现对于相关工作人员不履行或不正确履行职责的工作人员的监督和追责,并不能很好地发挥督查督办的作用,因此,本法允许信访工作机构选择通过上级国家机关信访工作机构向不履行或不正确履行职责的国家机关或其工作部门的上级反映情况,由上级国家机关或其工作部门追究具体责任人的责任,加强信访工作机构的督查督办力度。

立法例

1.《江西省信访条例》(2009 年)

第四十二条 县级以上国家机关的信访工作机构对有下列情形之一的国家机关工作人员,可以向有关国家机关提出给予处分的建议:

(一)办理信访事项推诿、敷衍、拖延、弄虚作假,造成严重后果的;

(二)在处理信访工作过程中渎职、失职,处置不当,造成严重后果的;

(三)其他依法应当给予处分的情形。

2.《湖北省信访条例》(2005 年)

第三十五条 县级以上国家机关信访工作机构,对在信访工作中推诿、敷衍、拖延、弄虚作假造成严重后果或者压制、打击报复信访人的国家机关及其工作人员,可以向有关国家机关提出追究行政责任的建议。

3.《山西省信访条例》(2010 年)

第三十五条 县级以上国家机关负责信访工作的机构对在信访工作中推诿、敷衍、拖延、弄虚作假造成严重后果的国家机关工作人员,可以向有关国家机关提出给予处分的建议。

4.《重庆市信访条例》(2009 年)

第四十七条 国家机关工作人员在信访工作中不履行或不正确履行职责,造成社会影响或严重后果的,信访工作机构应当向有关机关提出责任追究的建议。

5.《广东省信访条例》(2014 年)

第五十九条 县级以上国家机关信访工作机构对在信访工作中推诿、敷衍、拖延、弄虚作假造成严重后果的国家工作人员,可以向有关国家机关提出给予处分的建议。

县级以上国家机关信访工作机构发现国家工作人员违法行为,应当按照规定程序提请监察机关、人民检察院依法查处。

第八十二条 【信访工作机构对政策类建议的处理】

国家机关信访工作机构对于信访人反映的本级有关政策性问题建议,应当及时向本级国家机关报告,并提出完善法律、法规和政策、解决问题的建议,接到书面报告的机关应在六十日内书面答复报告机关,并告知信访人。

国家机关信访工作机构对于信访人反映的有关政策性问题建议,不属于本级国家机关或其工作部门解决的,应当书面报告上一级国家机关信访工作机构,由其向本级国家机关报告,并提出完善法律、法规和政策、解决问题的建议,接到书面报告的机关应在六十日内书面答复报告机关,并告知信访人。

上一级国家机关信访工作机构认为反映的有关政策性问题建议,不属于本级国家机关或其工作部门解决的,应按本条第二款的规定继续逐级上报。

说　明

本条是关于信访工作机构对于信访人政策性问题建议处理的规定。

各级信访工作机构对于信访人反映的政策性问题,对于属于本级国家机关或其工作部门解决的,应当及时向本级国家机关报告,并提出解决和完善相关问题的建议。对不属于本级国家机关或其工作部门解决的应当书面逐级上报,由同级信访工作机构向有权解决的国家机关报告,并提出解决和完善相关问题的建议。接到报告的国家机关应当在 60 日之内将相关情况书面答复本级信访工作机构并告知信访人。

立法理由

信访制度作为一项具有中国特色的政治参与形式,它设立的初衷就是在政府系统内设立公民政治参与的渠道,满足公民利益表达的需求,通过信访这种基层民众与政府部门的直接接触来弥补公共政策制定过程中的弊端,实现"优秀政府"的理念。

进入 21 世纪以来我国进入了新的历史发展时期,经济体制、社会结构、利益格局和思想观念发生了巨大变化,使社会问题和利益矛盾呈现出了新的特征,公共政策内容上存在的瑕疵、公共政策在制定、执行和调整过程中存在的问题以及应当给予足够重视但并没有引起政府相关部门高度重视并上升为公共政策议题的内容,往往会成为触发信访矛盾的重要因素,人民的利益诉求也会通过信访体现出来,信访在公共政策制定、调整与执行的过程中能够发挥出巨大的作用,但目前各级信访机构在信访过程中更多的是承担程序性的职能,信访表达民众利益诉求、参政议政的功能并没有充分地发挥出来。各级信访机构与国家机关,尤其是公共决策机关缺乏深入的沟通交流,对于政策议程的推进以及政策目标的设置、政策方案的设计等都是相当不利的。

通过信访工作机构对信访人政策性建议的转达并提出解决和完善相关问题的建议,可以加强信访工作机构与各级国家机关及其工作部门之间的联系,推动公民与政策制定者之间形成一种有效的互动机制,公民可以向各级国家机关反映各类社会问题,可以提出批评和建议,通过信访工作机构进行转达和进一步的分析处理,并通过信访工作机构的督办功能促使各级国家机关对于公民的政策性建议认真对待,使其及时准确地了解社会动态,制定和调整了相关的政策,在这个互动的过程中凝聚了民心,调动了民众的参与积极性,缓解了社会矛盾,有利于信访矛盾的源头解决。

立法例

1.《信访条例》(2005 年)

第三十七条　县级以上人民政府信访工作机构对于信访人反映的有关政策性问题,应当及时向本级人民政府报告,并提出完善政策、解决问题的建议。

2.《北京市信访条例》(2006 年)

第五十三条　市和区、县人民政府信访工作机构和政府工作部门应当针对信访人在一定时期内反映的热点、难点问题开展调查研究工作,向本级人民政府及其工作部门或者通过本级向上级人民政府及其工作部门提出完善政策或者改进工作的建议。

3.《湖北省信访条例》(2005 年)

第三十四条　县级以上国家机关信访工作机构对于信访人反映的涉及本省法规、规章、决议、决定等规范性文件或者政策性问题,应当及时向本级国家机关报告,提出建议。

4.《广东省信访条例》(2014 年)

第五十八条第二款　县级以上国家机关信访工作机构对于信访人反映的有关地方性法规、规章和政策的问题,应当及时向本级国家机关报告,并提出解决问题的建议。有关国家机关发现地方性法规、规章和政策不完善的,应当按照程序及时予以完善。

第八十三条　【信访情况报告的内容与提交】

国家机关信访工作机构应当就下列信访事项向本级国家机关定期提交情况报告:

(一)受理信访的分类数据统计、信访事项涉及较多的领域、部门及分析情况;

(二)转送、督办有关国家机关及其工作部门办理工作及采纳建议情况;

(三)信访人对国家机关及其工作部门工作提出的意见、建议及其被采纳情况。

说　明

本条是对于信访情况报告应当包含的内容与提交的规定。

各级国家机关信访工作机构应当定期对本机构的信访情况进行分析总结,制作信访情况报告,向本级国家机关定期提交。信访情况分析报告必须包含以下内容:(1)受理信访的分类数据统计、信访涉及较多的领域、部门及分析情况;(2)转送、督办有关国家机关及其工作部门办理工作及建议采纳情况;(3)信访人对国家机关及其工作部门提出的意见、建议及其被采纳情况。

立法理由

从信访的制度定位上来说,执政者设计并推行信访制度的重要目的就是通过信访这种基层民众与政府部门的直接接触来弥补公共政策制定过程中的弊端,实现"优秀政府"的理念,在我国独特的社会文化背景以及其他参与途径不顺畅的情况下,信访为我国民众政治参与提供重要渠道。公共政策内容上存在的瑕疵、公共政策在制定、执行和调整过程中存在的问题以及应当给予足够重视但并没有引起政府相关部门高度重视并上升为公共政策议题的内容,往往会成为触发信访矛盾的重要因素,人民的利益诉求也会通过信访体现出来,信访在公共政策制定、调整与执行的过程中可以发挥巨大的作用,但目前各级信访机构在信访过程中更多的是承担程序性的职能,信访表达民众利益诉求、参政议政的功能并没有充分的发挥出来。各级信访机构与国家机关,尤其是公共决策机关缺乏深入的沟通交流,对于政策议程的推进以及政策目标的设置、政策方案的设计等都是相当不利的。而通过制定和提交信访情况报告,可以推进信访工作机构与各级国家机关及其工作部门之间的联系,推动公民与政策制定者之间有效的互动机制的形成,公民可以向政府反映各类社会问题,可以提出批评和建议,政府的决策者通过对信访信息的综合、分析与研究,及时准确地了解社会动态,并制定和调整了相关的政策,在这个互动的过程中凝聚了民心,调动了民众的参与积极性,缓解了社会矛盾,从源头上消解信访矛盾。

同时,定期制定和提交信访情况报告,也有利于本级国家机关从宏观上对于本级信访工作机构和信访处理机关信访工作的监督,以信访情况报告为参考建立更合理的考核体制。目前的考核体制主要是根据信访数量来确定各级国家机关相关人员的信访责任,在这种信访量化责任追究体制下,通过上访数量和规模进行排名,并将这种排名与各级国家机关的政绩挂钩,这种方式固然可以解决一些信访问题,但是却很容易陷入"强行捂盖子""施行摆平术",甚至围追堵截的境地。某些地方的这些做法,不仅阻碍了上级决策部门及时获取信访信息,妨碍了政策信息的真实反馈,延误了政策调整和纠正政策瑕疵的有利时机,而且导致了某些相当恶劣的群体性事件,使社会问题趋于复杂化。信访情况报告可以作为考核的参考,这样更有助于各级国家机关从根本上改善问题,并提高各级信访工作机构在信访督办中的地位,促进信访体制向更为科学而有效的方向运行。

立法例

1.《信访条例》(2005 年)

第三十九条 各级国家机关信访工作机构应当就下列信访事项向本级国家机关负责人定期提交情况报告:

(一)受理信访的分类数据统计、信访事项涉及较多的领域、部门及分析情况;

(二)转送、督办有关国家机关及其工作部门办理工作及采纳建议情况;

(三)信访人对国家机关及其工作部门工作提出的意见、建议及其被采纳情况。

2.《湖北省信访条例》(2005 年)

第三十六条 县级以上国家机关信访工作机构应当就下列信访事项向本级国家机关定期提交情况报告:

(一)受理信访的分类数据统计、信访事项涉及较多的领域、部门及分析情况;

(二)转送、督办有关国家机关办理工作及采纳建议情况;

(三)信访人对国家机关工作提出的意见、建议及其被采纳情况。

3.《江西省信访条例》(2009 年)

第四十三条 县级以上国家机关的信访工作机构应当就下列事项向本级国家机关定期提交信访情况分析报告:

(一)受理信访事项的数据统计、信访事项涉及领域以及被投诉较多的机关;

(二)转送、督办情况以及各部门采纳改进建议的情况;

(三)提出的政策性建议及其被采纳的情况;

(四)其他需要报告的情况。

国家机关的信访工作机构之间应当相互通报信访情况。县级以上人民政府其他工作部门应当定期向本级人民政府的信访工作机构报送信访情况分析报告。

4.《青海省信访条例》(2011 年)

第四十条 信访工作机构应当就下列事项向本级国家机关定期提交信访情况分析报告:

(一)受理信访事项的数据统计、信访事项涉及领域以及被投诉较多的机关;

(二)承办和协调有关信访事项的情况;

(三)交办、转送、督办情况以及采纳改进建议的情况;

(四)信访人提出的完善法律、法规、规章、政策的建议及其被采纳的情况;

(五)对国家机关工作人员给予责任追究的建议及其被采纳的情况。

各级国家机关信访工作机构之间应当相互通报信访情况。

5.《贵州省信访条例》(2006 年)

第五十三条 县级以上国家机关的信访工作机构应当就下列事项向本级国家机关定期提交信访情况分析报告:

(一)接收书信、电子邮件、传真、电话以及接待来访等情况;

(二)受理信访事项的数据统计和信访事项涉及领域以及被投诉较多的机关;

(三)承办和协调有关信访事项的情况;

(四)转送、交办、督办情况以及各部门采纳改进建议的情况;

(五)有关政策性建议及其被采纳的情况;

(六)对国家机关工作人员给予行政处分的建议及其被采纳的情况。

第七章 信 访 听 证

本章说明

信访听证制度是行政听证之一种,它的建立源于丰富的实践积累。20 世纪 90 年代末,一些地区和部门创造性地将听证引入信访问题的处理之中,最初主要是针对上访老户长期缠访、闹访问题久拖不决,后来逐渐向其他领域扩展,纳入信访听证的事项,并不断变化、充实,有效地解决了一批疑难信访问题。1999 年,河南省计划生育系统开始实行疑难信访案件现场听证制度。2000 年湖北省公安县信访办开始推行信访听证制度。随后,河北、江苏、甘肃、吉林等省的一些地区也陆续开始探索利用举办信访听证会的形式处理疑难信访问题。2003 年 4 月 18 日,吉林省信访局就长春市居民李艳春的上访问题及处理情况召开了信访听证会,这是全国首次由省级信访机构主持召开的信访问题听证会。

对重大、复杂、疑难的信访事项,可以举行听证。听证应当公开举行,通过质询、辩论、评议、合议等方式,查明事实,分清责任。听证范围、主持人、参加人、程序等由省、自治区、直辖市人民政府规定。2005 年《信访条例》第 35 条第 2 款又在信访事项的复查复核环节再次规定了听证程序:复核机关可以按照本条例第 31 条第 2 款的规定举行听证,经过听证的复核意见可以依法向社会公示。听证所需时间不计算在前款规定的期限内。根据《信访条例》的规定,浙江、四川、重庆、辽宁、上海等省(市)政府先后出台了信访听证暂行办法,在实践中运用信访听证的必要性主要反映在以下几个方面:第一,信访听证为信访人提供了表达自己意愿的机会,规范了信访办理的程序。信访人通过听证会,可以自由陈述意见,就有关问题与被申请机关事先面对面地交流,使其亲身经历信访听证的全过程。这对于澄清案件事实,防止信访处理机关偏听偏信、主观臆断起到了重要作用。信访听证搭建的平等对话平台，对最终信访处理决定的民主化、公开化、科学化、法治化都有极为重要的意义。同时，由于信访人能够亲历信访听证的全过程，使他们看到了公开透明的处理程序，这对保护其合法权利，促使信访者支持理解信访工作，接受信访结果是非常有利的。第二，信访听证能够提高信访案件的处理效率，有利于发扬民主监督。很多信访案件之所以久拖不决，大多是陈年老案，案件事实不清，无法处理。信访听证中信访人对案件事实的举证使信访处理机关有更广泛的信息来源，对帮助迅速查清事实，减少调查工作成本，提高办理信访案件效率意义非凡。实质而言，公开处理的信访听证要求广泛听取各方利害关系人的意见，公平、公正、公开地处理信访问题，从而有利于人民群众的民主参与和监督。第三，信访听证有利于公民的权利救济和信访事项的终结。当前"信访潮"高涨的直接原因就是信访案件的不断积压。很多信访人出于种种原因不满意信访结果，于是就想尽办法通过越级上访、无限上访等手段达到自己的目的。这些目的有些可能是合理合法的，但不可否认也存在无理上访、缠访的情况。信访听证在这方面具有天然的优势。信访听证建立在尊重信访人知情权、申诉权的基础之上，有助于满足信访人事实阐述、情感表达的心理要求。在信访听证过程中，由于邀请了有关社会团体、法律援助人员、相关专业人员、社会志愿者及上级有关部门的领导参加听证，进行集体会审和现场监督，能够较快了解、协调信访事项的解决，实现公民合法权利的有效救济。

随着实践经验的积累和总结，信访听证制度逐步走向规范化和制度化，并通过立法予以确认。2005年修订的《信访条例》将信访听证制度作为实践中行之有效的机制和制度的创新予以立法确认。第13条是放在条例第2章"信访渠道"中的，条文中明确要建立有利于迅速解决纠纷的工作机制，这其中就包括了听证制度的采用。这一规定不仅吸取了各地方的既有经验，而且深刻地认识到信访听证对依法、及时、合理处理信访人的投诉请求有着重大意义。一些市、县政府也先后出台了信访听证暂行办法。《浙江省信访听证暂行办法》第2条规定：本办法所称听证，是指行政机关以听证会的形式，通过质询、辩论、评议、合议等方式，查明事实，分清责任，依法处理信访问题的程序，其他省（市）也做出了类似的规定。

但是，目前信访立法对听证制度的规定尚不健全。2005年颁布的《信访条例》只有三个条文涉及信访听证，其中第31条第2款规定，听证范围、主持人、参加人、程序等由省、自治区、直辖市人民政府规定，由此可见，2005年《信访条例》对信访程序并未做具体规定。之后各地相继出台的地方性信访条例对信访听证程序也没有进行详细规定，大多数省市信访条例仅规定"对于重大、复杂、疑难的信访事项，可以依照规定程序举行听证"。信访听证程序的具体规定仅散见于各地的信访听证暂行办法之中，各地暂行办法缺乏统一标准，各地规定不相一致。

本章通过对全国各省市的信访听证暂行办法进行整体梳理，结合国务院2005

年《信访条例》和各地方信访条例的内容,对信访听证程序进行了规范化设计,将信访听证程序纳入统一范畴,能够保证公民对信访处理机关处理信访事项的事前和事中的有效监督,对最终实现信访处理结果的公正、合法提供制度保证。

> **第八十四条 【信访听证】**
>
> 信访听证是指国家机关或其工作部门在处理信访事项过程中,采取听证会的形式,通过听取听证参加人陈述、质询、辩论、评议等方式,查明事实,分清责任,依法处理信访事项的程序。

说　明

本条是对信访听证程序的解释规定。

本条明确了对于信访听证的定位是采取听证会的方式。本条所称信访听证是指受理信访事项的信访机构在做出信访结论之前,采取听证会的形式,由信访听证机关组织召开,信访人、被信访人(信访事项承办单位)和其他利害关系人就特定问题向信访机构表达意见、提供证据、陈述、质证、辩论,由信访听证机关根据听证员评议的结果制定评议结论的过程。何时启动信访听证程序以及如何启动在本章后续条文中有具体规定。

立法理由

听证制度的基本含义就是听取对方意见,这项制度的基本要求就是有关机关在做出决定时应当听取对方意见,进而评估相对人的意见并将评估结果反映在最终的处理决定上。信访听证适用于信访事项过程中,即包括办理、复查和复核三阶段,此处本法的规定与 2005 年《信访条例》的不同在于,增加了复查阶段的信访程序适用,如此规定的目的在于全方位地保障信访人的权益。

在处理信访事项的过程中,运用听证会的形式,在信访听证机关的主持下由信访人陈述事实及诉求,处理机关公开处理过程及依据,经过双方的质证和辩论,由各界代表根据相关法律、法规和政策公开评议形成听证结论。信访人对权力运作的有效参与一方面会增强最终处理决定的可接受性,防止同一事项的反复处理,降低事后成本,另一方面也有利于减少案件调查成本,提高工作效率,防止腐败的产生。信访听证制度在各地的实践中效果显著,这一制度创新充分体现了实事求是和依法办事的原则,它反映了以人为本的施政理念,彰显了人性化的工作方法,表达了"权为民所用,情为民所系,利为民所谋"的宗旨。2005 年《信访条例》对信访听证的规定较为简单,仅仅用了三个条文大致勾画出了基本模型,针对此,本法对听证会程序规则作出详细规定,意欲建构统一的、完整的听证会规则,使这项制度能真正发挥维护公众利益、促进行政理性、强化不同利益主体沟通和交流的作用。

立法例

1.《信访条例》(2005 年)

第十三条第二款 信访工作机构应当组织相关社会团体、法律援助机构、相关专业人员、社会志愿者等共同参与,运用咨询、教育、协商、调解、听证等方法,依法、及时、合理处理信访人的投诉请求。

第三十一条第二款 对重大、复杂、疑难的信访事项,可以举行听证。听证应当公开举行,通过质询、辩论、评议、合议等方式,查明事实,分清责任。听证范围、主持人、参加人、程序等由省、自治区、直辖市人民政府规定。

2.《广东省信访条例》(2014 年)

第五条 国家机关应当坚持群众路线,畅通信访渠道,倾听人民群众的意见、建议和要求,根据具体情况采用对话、说理、协商、调解、听证等方式办理信访事项,及时、就地解决问题。

第四十五条第三款 听证通过质询、辩论、评议、合议等方式,查明事实,分清责任。

3.《湖北省信访条例》(2005 年)

第三十二条第二款 听证应当公开举行,通过质询、辩论、评议、合议等方式查明事实,分清责任,形成书面听证记录。信访人和有关国家机关应当按时出席听证会,陈述意见,出示证据。

4.《上海市信访条例》(2012 年)

第二十八条 对重大、复杂、疑难的信访事项,国家机关可以依法举行听证。听证应当公开举行,通过听证程序查明事实,分清责任。

立法参考

1.《广东省信访听证暂行办法(草案)》(2013 年)

第二条 本办法所称信访听证,是指行政机关在处理、复查和复核信访事项过程中,以会议的形式,通过陈述、举证、质证、辩论、评议、合议等方式,查明事实,分清责任,依法处理信访事项的活动。

2.《上海市信访事项听证试行办法》(2005 年)

第三条 听证程序应当遵循公开、公正、公平和便民的原则,充分听取信访人的意见,保障其陈述和申辩的权利。

3.《广西壮族自治区信访听证暂行办法》(2007 年)

第二条 本办法所称信访听证,主要是指行政机关在办理和复核信访事项过程中,以会议的形式,通过质询、辩论、评议、合议等方式,查明事实,分清责任,依法处理信访事项的活动。

4.《甘肃省信访听证办法(试行)》(2006 年)

第二条 本办法所称信访听证,是指各级人民政府及其工作部门在处理信访事项过程中,以听证的形式,通过听取听证参加人的陈述、质询、辩论、评议等方式,查明事实,分清责任,作出处理的程序。

第八十五条 【信访听证范围】

有下列情形之一的,有权处理信访事项的国家机关或其工作部门可以举行听证:

(一)反映的问题具有一定的代表性,受群众广泛关注,涉及多方利益主体,在执行法律、法规、政策上有不同理解的;

(二)诉求的信访事项系法律、法规、政策边缘性问题的;

(三)国家法律、法规和现行政策未做规定,没有明确的适用法律、法规、政策的;

(四)涉及跨地区、跨行业、跨部门的信访事项,需要多个有权处理机关共同研究协调处理的;

(五)信访处理机关与信访人意见分歧或对法律、法规、政策理解有误,导致信访事项久拖不决的;

(六)多次联名信访或出现越级集体上访倾向,需要及时化解矛盾的;

(七)对信访处理机关作出的处理意见或者复查意见不服,既未提出复查或复核申请,又未提出信访听证申请,信访人坚持信访,需要举行听证的信访事项;

(八)进入信访事项三级程序处理的重大、复杂、疑难信访事项;

(九)信访处理机关认为需要听证的其他信访事项。

说　明

本条是对信访听证范围的规定。

本条规定了何种情况下信访处理机关可以启动信访听证程序。本条采用列举概括式规定了 9 项可以举行听证的情形:(1)反映的问题具有代表性和广泛性,涉及多方利益主体,由于对政策有不同理解所导致的矛盾问题;(2)处于法律、法规及政策边缘的信访问题;(3)目前尚未有法律、法规和相关政策予以规定的问题以及没有明确的适用法律、法规及现行政策的问题;(4)跨地区、跨行业、跨部门的,需要多个有权处理机关共同研究协调处理的问题;(5)由于信访处理机关与信访人的分析或是对法律、法规、政策理解存在分歧导致信访事项久拖不决的;(6)多次联名信访或有越级集体上访倾向,需要及时化解矛盾的情形;(7)对信访处理机关作出的处理意见或者复查意见不服,没有提出复查或者复核申请也没有提出信访听证申请,信访人坚持信访,需要举行听证的信访事项;(8)进入信访事项复核程序处理的重大、复杂、疑难的信访事项;(9)信访处理机关认为需要听证的其他信访事项。

立法理由

本法规定信访听证程序适用于信访事项处理过程之中,即涵盖了办理、复核、复查三阶段。如何确定信访听证的适用范围是落实权利救济的关键前提,2005 年《信访条例》将此权力下放给了各地方政府,但是却又给了一个统领性质的规定"重大、复杂、疑难案件"[1] 对信访听证适用范围的界定是信访听证制度能否在信访权利救济方面发挥作用的关键,如果界定的范围过窄,可能使多数信访者的权利得不到保障,这显然有悖于化解当前信访洪峰的目的;但是如果界定的范围过宽,势必会导致信访工作成本加大,整体办事效率降低。

各地在规定信访听证的适用范围往往采用列举概括式的划定,大多将《信访条例》中的"重大、复杂、疑难案件"理解为 5 种情形:(一)群体性案件;即涉及人多面广,信访人心理失衡,抵触情绪较大或时间较长的信访问题;(二)缠访型案件;即长期进行越级访、无理访等纠缠式的信访户问题;(三)是非模糊型案件;即因政策界限不清、法律法规没有明确规定、行政职能部门间的有关规定,相互矛盾造成的信访问题;(四)复杂型案件;即涉及多个职能部门,主管单位不明确的跨系统、跨部门久拖未决的信访问题;(五)疑难型案件,司法、行政权利交叉引发的问题。如《上海市信访事项听证试行办法》规定信访听证的范围不仅包括群体性、政策性强,可能集体访、越级访、进京访,跨部门的信访事项,还包括:一是处理机关或复核机关内部对信访事实认定有不同看法,足以影响做出正确处理决定的;二是信访人反映的信访事实之间相互矛盾或印证事实的证据不足等,足以影响处理机关或复核机关做出正确处理决定的。

本法认为,"重大"通常指该信访事项涉及人员多,容易引发群体性事件等不良后果的情况;"复杂"通常指多种因素相互联系、纵横交织、错综复杂,或者涉及多个

---

〔1〕 参见《信访条例》第三十一条:对重大、复杂、疑难的信访事项,可以举行听证。听证应当公开举行,
通过质询、辩论、评议、合议等方式,查明事实,分清责任。听证范围、主持人、参加人、程序等由省、
自治区、直辖市人民政府规定。

行政部门难以沟通处理的情况;"疑难"通常是指对事实认定有不同看法,对所依据政策和法律法规的理解不同,证据不足或者相互矛盾等情形。本法围绕"重大、复杂、疑难"列举了9种可以举行听证的情形,将信访事项涉及人数众多,社会影响面较大,内容错综复杂的情形都列入其中,一方面可以保障相对人的权利,使其信访权利救济功能最大程度发挥,另一方面也可对信访听证程序的启动进行一定限制以提高整体效率,对于一般性的信访事项,只需听取信访人的陈述和意见,无需听证。

本条规定的该9种情形为"可以"举行听证的情形,而不是"应当"。"可以"举行听证则意味着决定权在于信访处理机关,但本章第88条对信访处理机关决定不举行听证的情况做了一定限制,要求不举行听证的,应当书面告知信访人不予听证的理由并经同级信访机构同意。

立法例

1.《信访条例》(2005 年)

第三十一条第二款 对重大、复杂、疑难的信访事项,可以举行听证。听证应当公开举行,通过质询、辩论、评议、合议等方式,查明事实,分清责任。听证范围、主持人、参加人、程序等由省、自治区、直辖市人民政府规定。

2.《深圳经济特区信访条例》(2011 年)

第三十九条 有下列情形之一的,国家机关可以举行信访听证会:

(一)信访人反映的事项对经济和社会生活有较大影响的;

(二)信访人提出维护其合法权益请求,经处理、复查后仍然不服的;

(三)信访人提出的维护其合法权益请求涉及第三人利益的;

(四)其他重大、复杂、疑难的信访事项。

信访工作专门机构认为必要时可以指定有关国家机关或者自行举行听证会。

立法参考

1.《广东省信访听证暂行办法(草案)》(2013 年)

第三条第二款 依法应当通过行政复议、诉讼、仲裁途径解决的投诉请求或者属于各级人民代表大会或县级以上各级人民代表大会常务委员会、人民法院、人民检察院职权范围内的信访事项,不属于听证范围。

第五条 有下列情形之一的,可以举行听证:

(一)信访事项具有代表性,群众关注,社会影响较大;

(二)信访人与行政机关对信访事项涉及的事实和证据存在较大争议,需要质

询、查明;

(三)其他重大、复杂、疑难的信访事项。

2.《上海市信访事项听证试行办法》(2005 年)

第四条 对于下列重大、复杂、疑难的信访事项,各级行政机关可以举行听证:

(一)涉及人数多、政策性强、群众反映强烈或社会影响大的信访事项;

(二)信访人多次联名写信或多次大规模集体上访,经处理仍未息诉、息访,有可能激化矛盾的;

(三)对于可能引发大规模集体上访或越级去京上访的疑难信访事项;

(四)信访人反映的信访事项涉及两个以上单位、内容错综复杂的,处理机关或复核机关认为需要举行听证的;

(五)处理机关或复核机关内部对信访事实的认定有不同看法,足以影响作出正确处理决定的;

(六)信访人反映的信访事实之间相互矛盾或者印证事实的证据不足等,足以影响处理机关或复核机关作出正确处理决定的;

(七)上级机关认为需要听证的信访事项;

(八)处理机关或复核机关认为有必要听证的信访事项。

3.《浙江省信访听证暂行办法》(2005 年)

第四条 信访事项有下列情形之一的,有权处理的行政机关可以举行听证:

(一)在行政机关对信访事项作出处理意见前,信访人要求举行听证的;

(二)信访人对行政机关作出的信访事项处理意见或复查意见不服,要求举行听证的;

(三)涉及人数多、群众反映强烈或者争议较大的信访事项,原承办机关或者上级人民政府信访工作机构、上级行政主管部门认为需要举行听证的;

(四)信访人对行政机关作出的处理意见或者复查意见不服,既未请求复查或者复核,又未提出听证申请,仍坚持信访,原承办机关的上级人民政府信访工作机构或者上级行政主管部门认为需要举行听证的;

(五)有权处理的行政机关认为需要举行听证的其他信访事项。

第八十六条 【信访告知】

　　国家机关或其工作部门自办理信访事项后,应在五日内告知信访人有按本法第八十五条规定申请举行信访听证的权利。

说　明

本条规定的是信访事项处理机关应该及时告知信访人有申请进行听证的权利。

各级国家机关或其工作部门在信访事项的办理阶段,在开始办理后 5 日内应当告知信访人若其信访事项符合本法第 85 条之规定,则可以申请进行信访听证。

立法理由

公法的目的在于限制公权力保障私权利,本条规定了信访事项处理机关应该及时告知信访人有申请听证的权利,如此规定是为了防止公权力的滥用,保障信访人信访听证权的行使。听证作为一种听取利害关系人意见的制度,是以司法权运作的模式出现的,听证程序司法化的程度较高,会对信访事项处理的效率产生影响,当涉及信访人的重大利益时,应当更加追求公正,赋予信访人申请听证的权利,给予其公开表达意见的机会,是对信访人人格尊严的尊重,有利于提高信访处理意见的可接受程度,减少缠访、闹访的发生。

确认信访人的听证权利,有利于形成约束行政权滥用的外在力量,增加信访处理过程的透明度,满足人民知情权的需求,各级国家机关或其工作部门应该严格按照程序,及时告知信访人有申请听证的权利,保障信访人的信访权。我国《行政许可法》中也有相关规定:“行政机关在作出行政许可决定前,应当告知申请人、利害关系人享有要求听证的权利;申请人、利害关系人在被告知听证权利之日起五日内提出听证申请的,行政机关应当在二十日内组织听证。”结合各地听证暂行办法,均只规定信访事项处理机关应该及时告知信访人有申请进行听证的权利,而没有规定期限。本法弥补了这一缺陷,规定应在 5 日内告知信访人。

立法参考

1.《山东省信访事项听证办法(试行)》(2006 年)

第七条　各级行政机关应当在作出信访事项处理决定时告知信访人有要求听证的权利。

2.《浙江省信访听证暂行办法》(2005 年)

第六条　信访事项处理机关或者复查、复核机关在作出信访事项处理意见或复查、复核意见前,应当书面告知信访人可以申请举行听证。

3.《重庆市信访听证暂行办法》(2005 年)

第六条　各级人民政府、县级以上人民政府工作部门在作出信访事项复查或者复核意见前,应当书面告知信访人可以提出要求举行听证的申请。

4.《上海市信访事项听证试行办法》(2005 年)

第十五条　对本办法第四条信访事项,有权听证的行政机关在作出处理意见或复核意见前,可以书面征询信访人是否同意听证。

第八十七条　【信访人申请听证】

信访人在符合本法第八十五条规定的情况下,要求举行听证的,应当自被告知之日起十日内向有权处理的行政机关提交书面听证申请,申请书应载明申请听证的事由、证据及要求。

说　明

本条是信访人申请听证的规定。

本条规定信访人在符合本法第 85 条规定的情况下,向信访处理机关提出要求举行听证的,应当在自信访处理机关告知之日起 10 日内向有权处理的相关行政机关提出书面听证申请。并规定了申请书应当包括的内容:申请书的内容应当包括申请听证的事由(应当为本法第 85 条所规定的信访听证范围内事由)、相关证据和信访要求。

立法理由

虽然公法的终极目的在于对私权利的保障,但没有无义务的权利,也没有无权利的义务,缺乏对信访人义务的规定必然导致信访人权利的滥用,因此,在本条对信访人申请信访听证的相关义务进行规定。这样有利于实现信访人权利义务的平衡,促进信访人依法信访,在实现自己合法权益的同时对社会公共秩序和他人合法权益加以尊重。本条具体规定了信访人应当自被告知之日起 10 日内提交书面听证申请,当事人被告知有申请听证的权利后,需要为申请举行听证做准备,10 日期限的规定在于预留给信访人足够的准备时间,包括申请听证的证据材料的收集和准备。

立法参考

1.《广东省信访听证暂行办法(草案)》(2013 年)

第七条　信访人书面申请听证书应载明听证的理由、证据及要求,需要证人作证的,应提供证人名单、地址及其他联系方式。

2.《甘肃省信访听证办法(试行)》(2006 年)

第八条　信访人申请听证,应当自收到信访事项处理书面告知之日起 7 日内向信访事项处理、复查或复核机关提交书面听证申请，申请书应载明申请听证的事由、证据及要求，如有证人，需提供证人名单及证人住址。

3.《吉林省信访事项听证试行办法》（2005 年）

第九条 信访人要求听证的，应当向有关行政机关提交书面申请。

4.《浙江省信访事项听证试行办法》（2005 年）

第七条 信访人申请听证，应当自收到书面告知之日起 7 日内向信访事项处理、复查或复核机关提交书面听证申请，申请书应载明申请听证的事由、证据及要求，如有证人，需提供证人名单及证人住址。

5.《中华人民共和国行政许可法》（2003 年）

第四十七条第一款 行政许可直接涉及申请人与他人之间重大利益关系的，行政机关在作出行政许可决定前，应当告知申请人、利害关系人享有要求听证的权利；申请人、利害关系人在被告知听证权利之日起五日内提出听证申请的，行政机关应当在二十日内组织听证。

6.《中华人民共和国行政处罚法》（1996 年）

第四十二条 行政机关作出责令停产停业、吊销许可证或者执照、较大数额罚款等行政处罚决定之前，应当告知当事人有要求举行听证的权利；当事人要求听证的，行政机关应当组织听证。当事人不承担行政机关组织听证的费用。听证依照以下程序组织：

（一）当事人要求听证的，应当在行政机关告知后三日内提出；

（二）行政机关应当在听证的七日前，通知当事人举行听证的时间、地点；

（三）除涉及国家秘密、商业秘密或者个人隐私外，听证公开举行；

（四）听证由行政机关指定的非本案调查人员主持；当事人认为主持人与本案有直接利害关系的，有权申请回避；

（五）当事人可以亲自参加听证，也可以委托一至二人代理；

（六）举行听证时，调查人员提出当事人违法的事实、证据和行政处罚建议；当事人进行申辩和质证；

（七）听证应当制作笔录；笔录应当交当事人审核无误后签字或者盖章。

当事人对限制人身自由的行政处罚有异议的，依照治安管理处罚条例有关规定执行。

第八十八条 【信访听证程序的启动】

信访处理机关收到信访人书面听证申请后,对属于本法第八十五条规定的信访事项可以决定举行听证,并当场或者在十日内书面告知信访人;决定不举行听证的,应当在十日内书面告知信访人不予听证的理由,并抄送给同级信访工作机构。

信访处理机关依据本法第八十五条规定,认为需要举行听证的,应当在作出决定之日起十日内书面告知信访人。

说 明

本条规定的是信访听证程序的启动。

对属于本法第 85 条规定范围的信访事项,信访听证程序的启动分为依申请启动和依职权启动。依申请启动信访听证程序是由信访人依法书面提出听证申请,信访处理机关在收到信访人书面申请后决定是否举行听证。信访处理机关决定举行听证的,应当场或者在 10 日内书面告知信访人;信访处理机关决定不举行听证的,应当在 10 日内书面告知信访人不予听证的理由,并抄送给同级信访工作机构。

依职权启动信访听证程序是信访处理机关依据本法第 85 条的规定,认为该信访事项需要举行听证的,应当在作出决定之日起 10 日内书面告知信访人。

立法理由

有关信访听证的启动方式,大部分省市,如吉林、甘肃、山东、重庆、成都、浙江的规定均是在符合相关条件的情况下,有权机关可以依职权主动举行,或由信访人申请举行听证。少部分省市(如上海)仅规定了有权机关在符合条件的情况下,可以举行听证。从全国大部分省市的地方立法来看,是否举行听证的决定权掌握在信访处理机关手中。相关省市如此规定信访听证的启动方式,大多基于两方面的原因,一是《信访条例》的规定,二是讲究信访效率,减少财政支出。但是,目前社会正处于转型期,社会阶层分化明显,社会矛盾冲突较为激烈,为了真正化解矛盾,消弭纠纷,信访部门应当高度重视信访听证。

本条规定的信访听证程序的启动,分为依申请启动和依职权启动。在依申请启动的程序中,信访处理机关拥有信访听证是否举行的决定权,属于本法第 85 条听证范围的信访事项,信访处理机关有权根据实际情况决定是否举行信访听证。对于决定举行听证的,当场或者在作出决定之日起 10 日内书面告知信访人。信访处理机关在法定期限内将信访听证决定告知信访人有利于信访人相关权利的保障,规定 10 日内书面告知信访人有利于信访处理机关提高行政效率,有效避免行政不作为,顺利推进信访问题的解决。但是同时,本条第 1 款后半段的规定对信访处理机关的行政裁量权进行了一定的限制,要求信访处理机关对决定不予听证的信访事项于 10 日内书面告知信访人不予听证的理由,并且该不予听证的决定需抄送给同级信访工作机构。之所以进行这样的程序设计,是为了在保障信访人听证权利与保证整体行政效率之间维持均衡。若决定权完全不受任何限制,则无法保障信访人的启动听证的权利;但是若不对信访人申请启动信访听证进行一定的程序限制,则可能造成整体行政效率的降低和财政负担的加大。鉴于此考虑,引入处于中立地位的信访工作机构进行监督。

本条第 2 款规定的是信访处理机关依职权启动信访听证程序,信访处理机关依据本法第 85 条的规定,认为该信访事项需要举行听证的,应当在作出决定之日起 10 日内书面告知信访人。信访处理机关在法定期限内将信访听证决定告知信访人有利于信访人相关权利的保障,规定 10 日内书面告知信访人有利于信访处理机关提高行政效率,有效避免行政不作为,进一步推进信访问题的解决。

立法参考

1.《广东省信访听证暂行办法(草案)》(2013 年)

第六条 信访人可以向信访事项处理、复查或复核机关提出听证申请,处理、复查或复核机关认为必要的,可以举行听证,并自收到信访人书面听证申请 7 个工作日内将是否举行听证的决定书面告知信访人。

处理、复查、复核机关根据处理信访事项的需要也可以决定听证,并自决定听证之日起 5 个工作日内将听证决定书面告知信访人。

2.《广西壮族自治区信访听证暂行办法》(2007 年)

第六条 行政机关决定举行听证的,应当及时书面告知信访人举行听证的时间、地点、内容和其他相关事项。

第七条第一款 信访事项重大、复杂、疑难的,信访人可以申请听证。信访人申请听证的,行政机关应当自收到听证申请之日起 10 日内作出决定。举行听证的,应当书面告知信访人听证时间、地点、内容及其他相关事项;不举行听证的,应当书面告知信访人不予听证的理由。

3.《甘肃省信访听证办法(试行)》(2006 年)

第九条 信访事项处理机关或复查、复核机关应当自收到听证申请之日起 7 日内将是否同意听证的决定书面告知信访人。

有权处理信访事项的行政机关依职权认为需要举行听证的,应当在作出决定之日起 5 日内书面告知信访人。

4.《吉林省信访事项听证试行办法》（2005 年）

第九条 信访人要求听证的，应当向有关行政机关提交书面申请。有关行政机关应当在接到信访人书面申请 5 日内，依据本办法第五条规定作出是否举行听证的决定。决定不举行听证的，应当书面告知信访人并说明理由。

5.《浙江省信访事项听证试行办法》（2005 年）

第八条 信访事项处理机关或者复查、复核机关应当自收到听证申请之日起 7 日内将是否同意听证的决定书面告知信访人。

有权处理信访事项的行政机关依职权认为需要举行听证的，应当在作出决定之日起 5 日内书面告知信访人。

第八十九条　【信访听证的期限、告知、公开规定】

信访处理机关应当在作出举行听证的决定之日起三十日内组织听证并作出听证结论，在听证会举行的十日前，将举行听证的时间、地点或需准备的相关材料书面通知信访人；必要时应予以公告。

听证应公开举行，涉及国家秘密、商业秘密或者个人隐私的事项除外。

说　明

本条是关于信访听证期限、信访听证告知和信访听证公开的规定。

本条第 1 款规定信访处理机关应当在作出举行听证的决定之日起 30 日内组织听证，并在此期限内作出听证结论。本条第 1 款对信访处理机关的事先通知也进行了规定，其内容包括：第一，通知的方式，通知以书面方式作出，并在必要时进行公告；第二，通知书应当记载的内容，包括听证举行的时间、地点、需要准备的相关材料说明；第三，通知的时间，听证处理机关应当为信访人预留合理的准备时间，应在听证会举行的 10 日前进行通知。

本条第 2 款是关于信访听证公开的规定，听证会以公开为原则，不公开为例外。第一，公开为原则，不公开为例外，听证原则上公开进行；第二，公开的例外情形，即涉及国家秘密、商业秘密或者个人隐私的情况。

立法理由

本条规定信访处理机关应当在作出举行听证的决定之日起 30 日内组织听证并作出听证结论。要求其在 30 日内组织听证并作出结论，是为了保证信访听证的效率，防止信访处理机关故意拖延不举行听证的不作为，保障信访人的权利。

本条第 1 款规定通知书的内容包括告知信访人召开听证会的时间和地点，还包括告知信访人为有效参加听证会做准备所必要的信息,以便信访人能够有充分的时间准备相关材料参加听证。在信访听证中,事先告知是重要程序之一,是保障信访人权利的重要手段。信访听证中的告知明确了四部分内容:一是明确了告知的对象,在举行信访听证会之前将听证的信访事项及时间地点明确告知信访人;二是明确了告知的时间,在举行信访听证会 10 日前告知,为信访人预留了合理的时间准备材料和陈述意见,这样也在一定程度上体现了信访处理机关和信访人之间的平等性,可以更好保护信访人利益;三是明确了告知的内容,在举行信访听证会 10 日之前,应当告知听证会举行的时间、地点、需准备的相关材料;四是明确了告知的方式,为了保证告知的有效性,应当以书面方式将上述内容告知信访人。事先告知是听证制度的核心内容之一,起到了信访处理机关与信访人事先沟通的作用,是不可缺少的听证程序,有利于保障信访人的权利。

本条第 2 款规定了信访听证原则上应当公开举行,不公开为例外。2003 年颁布的《行政许可法》、1993 年颁布的《行政强制法》、2005 年颁布的《信访条例》都规定听证应当公开举行。本法亦规定信访听证以公开为原则,不公开为例外。公开是公正程序制度的核心内容,如果以不公开为原则,对听证制度的公正性有损害,不利于维护信访人对信访处理决定的信赖。而且由于公开增强了信访人对信访处理决定的可接受程度,会减少事后争议的发生,也有利于信访事项的处理,纠纷矛盾的终结,从而整体上提高效率。对于不公开的例外情形,"涉及国家秘密、商业秘密、个人隐私的除外"的规定似乎是我国关于公开立法例外情形的惯例性规定[1],其中,国家秘密关乎国家安全,与公共利益相关。商业秘密与个人隐私都与私人利益保护相关,应当予以保护。

立法例

1.《信访条例》(2005 年)

第三十一条第二款 对重大、复杂、疑难的信访事项,可以举行听证。听证应当公开举行,通过质询、辩论、评议、合议等方式,查明事实,分清责任。听证范围、主持人、参加人、程序等由省、自治区、直辖市人民政府规定。

2.《广东省信访条例》(2014 年)

第四十五条第二款 听证应当公开举行,涉及国家秘密、商业秘密或者个人隐

---

[1] 如《行政诉讼法》第 45 条规定,人民法院公开审理行政案件,但涉及国家秘密、个人隐私和法律另有规定的除外;《民事诉讼法》第 134 条规定,人民法院审理民事案件,除涉及国家秘密、个人隐私或者法律另有规定的以外,应当公开进行;《政府信息公开条例》第 14 条第四款规定,行政机关不得公开涉及国家秘密、商业秘密、个人隐私的政府信息。但是,经权利人同意公开或者行政机关认为不公开可能对公共利益造成重大影响的涉及商业秘密、个人隐私的政府信息,可以予以公开。

私的除外。

3.《深圳经济特区信访条例》(2011 年)

第四十一条　信访听证会应当公开进行。但涉及国家秘密、商业秘密和信访人、其他利害关系人个人隐私的除外

立法参考

1.《广东省信访听证暂行办法(草案)》(2013 年)

第四条　听证应当遵循公开、公平、公正和便民的原则,充分听取信访人的意见,保障其陈述和申辩的权利。除涉及国家秘密、商业秘密、工作秘密或个人隐私的信访事项外,听证应当公开进行。

第八条第一款　处理、复查或复核机关应当在作出听证决定之日起 30 个工作日内举行听证会,并在举行听证会的 10 个工作日前,将听证会的时间、地点、听证员的组成等事项书面通知听证参与人,并予以公告。

2.《上海市信访事项听证试行办法》(2005 年)

第十六条第一款　听证机关应当在收到书面回复之日起 15 个工作日内举行听证,并在听证举行的 3 个工作日前,通知信访人和被反映(提出意见、建议或投诉请求)的行政机关、有关单位或复查机关举行听证的时间、地点和相应的准备事项。必要时,予以公告。

第十七条　除涉及国家秘密、商业秘密或者个人隐私的事项外,听证应公开举行。

3.《中华人民共和国行政许可法》(2003 年)

第四十七条第一款　行政许可直接涉及申请人与他人之间重大利益关系的,行政机关在作出行政许可决定前,应当告知申请人、利害关系人享有要求听证的权利;申请人、利害关系人在被告知听证权利之日起五日内提出听证申请的,行政机关应当在二十日内组织听证。

第四十八条　听证按照下列程序进行:

(一)行政机关应当于举行听证的七日前将举行听证的时间、地点通知申请人、利害关系人,必要时予以公告;

(二)听证应当公开举行;

(三)行政机关应当指定审查该行政许可申请的工作人员以外的人员为听证主持人,申请人、利害关系人认为主持人与该行政许可事项有直接利害关系的,有权申请回避;

(四)举行听证时,审查该行政许可申请的工作人员应当提供审查意见的证据、理由,申请人、利害关系人可以提出证据,并进行申辩和质证;

（五）听证应当制作笔录，听证笔录应当交听证参加人确认无误后签字或者盖章。行政机关应当根据听证笔录，作出行政许可决定。

4.《中华人民共和国行政处罚法》（1996 年）

第四十二条 行政机关作出责令停产停业、吊销许可证或者执照、较大数额罚款等行政处罚决定之前，应当告知当事人有要求举行听证的权利；当事人要求听证的，行政机关应当组织听证。当事人不承担行政机关组织听证的费用。听证依照以下程序组织：

（一）当事人要求听证的，应当在行政机关告知后三日内提出；

（二）行政机关应当在听证的七日前，通知当事人举行听证的时间、地点；

（三）除涉及国家秘密、商业秘密或者个人隐私外，听证公开举行；

（四）听证由行政机关指定的非本案调查人员主持；当事人认为主持人与本案有直接利害关系的，有权申请回避；

（五）当事人可以亲自参加听证，也可以委托一至二人代理；

（六）举行听证时，调查人员提出当事人违法的事实、证据和行政处罚建议；当事人进行申辩和质证；

（七）听证应当制作笔录；笔录应当交当事人审核无误后签字或者盖章。

当事人对限制人身自由的行政处罚有异议的，依照治安管理处罚条例有关规定执行。

第九十条　【信访的听证机关】

信访听证由有权处理的信访处理机关组织。组织听证的机关为该听证事项的听证机关。

说　明

本条规定的是信访的听证机关。

信访听证由有权处理的信访处理机关来组织，此处所指"有权处理的信访处理机关"要根据信访事项所在的处理阶段来确定。信访事项处于办理阶段时，由办理该信访事项的机关组织听证并为听证机关；信访事项处于复查阶段时，由复查该信访事项的机关组织听证并为听证机关；信访事项处于复核阶段时，由复核该信访事项的机关组织听证并为听证机关。

立法理由

本条规定信访听证机关的确定。信访听证由有权处理的信访处理机关组织，根据信访事项的处理阶段的不同,有权处理的信访处理机关可以是信访事项办理机关、信访事项复查机关和信访事项复核机关。因此,有权处理的信访处理机关应当根据信访事项所在的处理阶段来确定。在信访过程中,信访处理机关对信访事项接触得最多,对相关事实和法律都有较为全面和丰富的了解、掌握,对信访事项有较为全面的了解,对信访人的情况相较于其他行政机关也更为熟悉,有利于信访听证的顺利进行。由信访处理机关组织信访听证,也是各地方信访听证中的普遍做法。

立法参考

　　1.《甘肃省信访听证办法（试行）》(2006 年)

　　第四条　信访听证由有权处理信访事项的政府或政府部门组织,具体实施由其信访工作机构或相应机构负责。

　　2.《上海市信访事项听证试行办法》(2005 年)

　　第六条　信访事项的听证主体为处理信访事项的行政机关和复核信访事项的行政机关(以下统称听证机关)。

　　3.《浙江省信访听证暂行办法》(2005 年)

　　第十二条　听证由有权处理信访事项的行政机关组织实施。

第九十一条　【信访听证参加人】

　　信访听证参加人包括听证主持人、听证员、记录员、信访事项承办单位的承办人、信访人或者信访人委托的代理人、鉴定人、翻译人员等。

　　多人采取走访方式提出共同信访事项的,应当推举不超过五人的代表参加听证。

说　明

　　本条是关于信访听证会参加人的规定。

　　本条第 1 款规定了听证会参加人的范围。听证会参加人包括听证主持人、听证员、记录员、信访事项承办单位的承办人、信访人或者信访人委托的代理人、鉴定人、翻译人员等。信访事项承办单位的承办人包括作出原办理意见、原复查意见以及正在进行调查办理或者复查、复核的承办人。

　　本条第 2 款规定了多人走访提出共同信访事项要求举行听证的,应当推举代表参加听证会,而不是信访人集体参加听证会,本条中的"多人",一般是指 5 人以上,代表人数应当控制在 5 人以内。

立法理由

信访听证会的参加人应该包括听证主持人、听证员、记录员、信访人或者其委托的代理人、信访事项承办单位的承办人以及鉴定人员和翻译人员等。

听证主持人的职责是确认信访听证参加人的身份、维持听证秩序、主持听证会等。听证员由听证机关根据信访事项的具体情况,邀请人大代表、政协委员、相关专家、学者、法律工作者或其他社会人士共同参加,职责是根据信访人和处理该信访事项的机关所提供的证据材料和陈述,依据相关的政策、法律法规做出听证结论。记录员由主持人指定,职责是准备听证材料、做好听证记录等。信访事项承办单位的承办人,包括作出原办理意见、原复查意见以及正在进行调查办理或者复查、复核的承办人,应当参加听证质证,阐明目前所认定的事实,提出处理该信访事项的法律、法规、政策依据。信访人或其委托代理人的职责是提出信访事项的证据材料,陈述自己的要求和参加听证质证。对所涉及的专业技术问题,需要鉴定人员在场提供鉴定结论。存在语言沟通障碍问题的,包括少数民族语言和外语需要进行翻译的,需要翻译人员在场。

本条第 2 款规定多人采用走访形式提出共同的信访事项,应当推选代表参加听证,代表人数不得超过 5 人。这是对反映该共同信访事项的听证会代表人数的上限规定。若不限制代表人数,听证会信访人人数过多,信访人各执一词,难以形成统一意见,既不利于信访人清楚冷静地陈述情况,也不利于听证机关和听证员查明问题。规定 5 人为代表上限,是为了让信访人在良好的秩序下进行听证。

立法例

1.《信访条例》(2005 年)

第十八条第二款 多人采用走访形式提出共同的信访事项的,应当推选代表,代表人数不得超过 5 人。

2.《广东省信访条例》(2014 年)

第三十三条第一款 五人以上提出共同的信访事项的,一般应当采用网络、书信、传真等形式;确需采用走访形式的,应当推选代表,代表人数不得超过五人。代表应当如实向其他信访人转达国家机关的处理或者答复意见。

3.《上海市信访条例》(2012 年)

第十八条 多人共同提出相同建议、意见和投诉请求的,提倡采用书信、电子邮件、传真、电话形式;采用走访形式的,应当推选代表提出,代表不得超过五人。信访人代表应当向其他信访人如实告知信访办理意见及相关信息。

4.《深圳经济特区信访条例》(2011 年)

第十九条第二款 多人提出共同信访事项,确需采用走访形式的,应当推选代表,代表人数不得超过五人。

5.《北京市信访条例》(2006 年)

第二十五条第二款 多人采用走访形式提出共同信访请求的,应当推举代表,代表人数不得超过五人。代表应当如实向其他信访人转达处理或者答复意见。

立法参考

1.《广东省信访听证暂行办法(草案)》(2013 年)

第十条 听证参与人包括听证主持人、听证员、记录员、信访人、信访事项承办人、证人以及其他与听证事项有关的人员。

行政机关可以邀请信访人的亲属、知情群众代表和信访人户籍所在地或常住地乡镇(街道)或村(居)委会工作人员等参加旁听。

2.《广西壮族自治区信访听证暂行办法》(2007 年)

第八条 信访听证设听证主持人、听证员、听证记录员。

3.《甘肃省信访听证办法(试行)》(2006 年)

第十二条 听证参加人包括听证主持人、听证员、记录员、信访事项承办人、信访人或信访人委托的代理人,以及与听证事项有关的人员。

公开举行听证的,公民可以按照听证机关的规定参加旁听。

4.《上海市信访事项听证试行办法》(2005 年)

第十条第一款 听证参加人包括信访人、被信访人反映(提出意见、建议或投诉请求)的行政机关、有关单位或者复查机关、与信访事项有利害关系的第三人以及委托代理人。

5.《浙江省信访听证暂行办法》(2005 年)

第十三条 听证参加人包括听证主持人、听证员、记录员、信访事项承办人、信访人或信访人委托的代理人以及与听证事项有关的人员。公开举行听证的,公民可以按照听证机关的规定参加旁听。

第九十二条 【听证员、听证主持人】

信访听证员由听证机关指定,并可根据信访事项的具体情况,邀请人大代表、政协委员、有关专家、学者、新闻记者、法律工作者和其他社会人士参加;听证员人数应为三人以上单数;信访事项承办人不得担任信访听证员。

信访听证设主持人,在听证员中产生。主持人应当指定记录员负责听证准备和听证记录工作。

说　明

本条是有关听证员和听证主持人选任的规定。

本条第 1 款规定了信访听证员的选任,包括选任的方式、选任的范围、选任的人数。第一,选任方式,信访听证员由听证机关指定,而非由民意代表机制选出。第二,选任范围,听证员由听证机关指定产生,并根据信访事项的具体情况,包括人大代表、政协委员、有关专家、学者、新闻记者、法律工作者和其他社会人士,同时规定信访事项承办人不得担任信访听证员。第三,选任的人数,选任的听证员人数应为3 人以上单数。

本条第 2 款规定了听证主持人的产生和职责。听证主持人从听证员中产生,同时也说明信访事项承办人无法担任主持人,主持人应当指定记录员负责听证准备工作和听证记录工作。

立法理由

信访听证能否作出正确的听证结论,进而实现信访的救济功能,关键在于如何选任听证员。2005 年《信访条例》第 13 条较为原则性地提出了"应当组织有关社会团体、法律援助机构、相关专业人员、社会志愿者等共同参与",各地在实践中也多是邀请人大代表、政协委员、法律工作者等相关专业人士担任听证员,有的地方为了保证听证的公开还邀请了新闻工作者担任听证员。根据信访事项的具体情况,邀请人大代表、政协委员、有关专家、学者、新闻记者、法律工作者和其他社会人士参加听证会,不仅有利于信访听证会公开透明地举行,增加信访听证透明度,保证信访人公开举证、质证和辩论的权利,还可以广泛听取各方的意见,人大代表、政协委员、专家学者、法律工作者可以从其专业视角来看待信访事项,准确把握事实和相关法律、法规和政策,并能更好地剖析其深层次原因,形成客观公正的听证结论,合理地解决信访矛盾。规定听证员的人数为 3 人以上单数一是为了保证听证员的数量,3 人以上有利于形成更为客观地听证结论,二是因为单数有利于听证结论的作出。排除信访事项承办人担任听证员,实行信访处理机关内部职能的分离是为了保证信访听证程序的公正性和中立性。

本条第 2 款规定信访听证设立主持人,主持人在听证员中产生。主持人引导整个听证活动,是听证程序的组织者,主持人引导各方质证辩论,主持人于听证员中产生同时也意味着主持人拥有参加听证合议的权利,主持人是听证程序中的核心人员。听证主持人于听证机关指定的听证员中产生,主持人由来自听证机关内部的人员担任的一个优势在于熟悉该领域的专业性问题。听证的过程实行职权主义模式,听证主持人引导听证的进行,包括询问信访事项承办单位和信访人、出示证据、组织质证等。此过程涉及一些专业性问题,听证主持人如果了解和熟悉这些问题,听证的效果会更好。听证主持人从听证员中产生,即由非信访事项承办人员担任,客观上回避了利害关系人,有利于全面调查原则的贯彻,有利于保障听证结论的公平、公正,也有利于信访人相信听证的公正性。主持人应当指定记录员负责听证准备和听证记录工作,听证准备和听证记录工作,以利于整个听证程序的顺利推进。

立法例

1.《广东省信访条例》(2014 年)

第四十五条第三款 听证通过质询、辩论、评议、合议等方式,查明事实,分清责任。听证参加人包括信访人、利害关系人、参与处理信访事项的国家机关工作人员以及人大代表、政协委员、法律工作者、相关专家与学者、社区代表等无利害关系的第三方。

2.《深圳经济特区信访条例》(2011 年)

第四十条 信访听证会由国家机关负责人主持,也可以由国家机关负责人指定本机关有关负责人主持。

信访听证会应当通知信访人或者信访人代表、相关单位或者个人参加,应当通知与信访事项有利害关系的第三人参加并陈述意见。

信访听证会可以邀请人大代表、政协委员、法律工作者、新闻媒体、相关专家与学者、社区代表等参加。

立法参考

1.《广东省信访听证暂行办法(草案)》(2013 年)

第十一条 听证主持人应由行政机关有关负责人担任,但不得是办理该信访事项的承办人。

第十二条 听证员由听证主持人和党代表、人大代表、政协委员、专家学者、法律工作者、知情群众代表和其他社会人士等无利害关系第三方担任。听证员总人数应当为单数,并不得少于 7 人。

2.《广西壮族自治区信访听证暂行办法》(2007 年)

第十条 听证员由组织听证的行政机关的工作人员或者有关专家、法律工作者担任。听证员人数应是单数(含听证主持人)。

听证员有权询问听证参加人,参加评议和合议。

3.《甘肃省信访听证办法(试行)》(2006 年)

第十三条 听证员一般由听证机关指定,并可邀请有关专家、法律工作者、人大代表、政协委员或其他社会人士担任；听证员（包括听证主持人）人数应为单数，并不得少于 3 人。

4.《上海市信访事项听证试行办法》(2005 年)

第八条　听证员为 3—5 人（包括听证主持人），一般为听证机关的工作人员，必要时可邀请人大代表、政协委员和法律工作者等人员担任听证员。

5.《浙江省信访听证暂行办法》(2005 年)

第十四条　听证员一般由听证机关指定，并可邀请有关专家、法律工作者、人大代表、政协委员或其他社会人士担任；听证员人数应为单数并不得少于 3 人。听证主持人由听证员担任，并应当是该听证机关的有关负责人。

第九十三条　【听证回避】

听证员与听证事项有直接利害关系或者有其他可能影响听证会公正性的，应当回避。

信访人认为听证员与听证事项有利害关系或者有其他可能影响听证会公正性的，可以向听证机关提出听证员回避的申请。听证员回避的申请也可由听证员自行向听证机关提出。

听证员的回避由听证主持人决定，听证主持人的回避由听证机关决定。

说　明

本条是有关信访回避的规定。

回避是指与要处理的公共事务存在某种利害关系的公务人员不能处理该事务的制度，以防止公务人员偏私，避免其作出对信访人不利的决定。本条是对信访听证回避的规定。

本条第 1 款规定听证员与信访事项有直接利害关系或者有其他可能影响听证会公正性的应当回避。本条第 2 款是对信访听证中回避申请的提出和决定程序的规定。信访听证回避请求的提出主体既包括信访人，也包括与信访事项存在利害关系的听证员自身。信访听证回避请求向听证机关提出。本条第 3 款是对信访听证中回避申请的决定程序的规定。听证员回避的决定由听证主持人负责，当涉及听证主持人的回避时，由听证机关决定。

立法理由

本条规定的是信访听证回避制度。本条第 1 款规定了听证员的回避义务，听证员与信访事项有直接利害关系或者有其他可能影响听证会公正性的应当回避。本条所规定的直接利害关系和可能影响听证会公正的情形指的是,存在亲属关系或者其他参与听证会举行和听证结论作出时足以导致听证员不能公正处理信访事项的情形。当信访员存在上述利害关系时有回避的义务。

本条第 2 款规定的是信访人的回避申请权,回避是指与要处理的公共事务存在某种利害关系的公务人员不能处理该事务的制度,以防止公务人员偏私,避免其作出对信访人不利的决定。回避是程序公正的基本要求之一,英国普通法上的自然公正原则要求之一即是自己不能做自己案件的法官,这意味着案件涉及与争议方有利害关系的裁判者都应当回避。申请回避的权利是对于信访人那种要求受到公平对待的与生俱来的期待的维护,符合人类本性的需求,并有利于公正彻底地解决争议,维护一个良性的社会秩序,因此,应当赋予当事人回避申请权。回避的目的在于防止公务人员偏私,回避是程序公正的基本要求之一,程序公正是有效解决信访矛盾的前提,作为行使公权力的国家机关工作人员有责任保障信访程序的公正性,为了增强信访请求处理过程的可接受性,应当规定听证员有权主动申请回避。

当听证回避的申请提出时,由听证主持人决定,当涉及听证主持人的回避时,由听证机关决定。

立法例

1.《信访条例》(2005 年)

第三十条　行政机关工作人员与信访事项或者信访人有直接利害关系的,应当回避。

2.《广东省信访条例》(2014 年)

第三十九条　信访工作人员与信访人或者信访事项有直接利害关系的,应当回避。

信访工作人员的回避,由信访工作机构负责人决定;信访工作机构负责人的回避,由所在国家机关负责人决定。

3.《上海市信访条例》(2012 年)

第二十四条　信访工作人员与信访人或者信访事项有直接利害关系的,应当提出回避。

第三十条第二款　信访工作人员的回避,由信访工作机构负责人决定;信访工作机构负责人的回避,由所在国家机关负责人决定。

立法参考

1.《广东省信访听证暂行办法(草案)》(2013 年)

第十四条　听证主持人和听证员与信访事项有直接利害关系,或有其他可能影响听证公正性情形的,应当回避。信访人、利害关系第三人申请回避的,应在举行听证会的 5 个工作日前提出,行政机关应在举行听证会前决定是否回避。

2.《上海市信访事项听证试行办法》(2005 年)

第二十条 听证主持人宣布听证开始后,应当公布听证事由及听证主持人、听证员、记录员姓名,并询问听证参加人是否提出回避申请。

听证参加人申请听证人员回避的,应当说明理由。听证参加人申请听证主持人回避的,听证主持人应当宣布暂停听证,报请行政机关负责人决定是否回避;申请听证员、记录员回避的,由听证主持人当场决定。

3.《浙江省信访听证暂行办法》(2005 年)

第十四条第二款 听证员与听证事项有直接利害关系或者有其他可能影响听证公正性情形的,应当回避。听证主持人的回避由听证机关决定,其他人员的回避由听证主持人决定。

第九十四条 【第三人参加听证】

与信访事项有直接利害关系的公民、法人或者其他组织,可以作为第三人申请参加听证,听证机关也可以通知其作为第三人参加听证。第三人不参加的,不影响听证进行。

说 明

本条是关于与信访事项有直接利害关系的公民、法人或者其他组织参加听证的规定。

根据本条的规定,第一,信访事项利害关系人作为第三人有权参加听证,参加听证的方式分为申请参加和听证机关依职权通知参加两种。第二,利害关系人作为第三人不参加听证的,不影响听证的进行。

立法理由

我国《行政许可法》第 47 条规定,"行政许可直接涉及申请人与他人之间重大利益关系的。行政机关在作出行政许可决定前,应当告知申请人、利害关系人享有要求听证的权利"。信访事项涉及的利害关系人是信访人之外的与所涉信访事项存在法律上利害关系的主体,只是形式上不是信访事项的直接相对人而已,在权利义务与信访事项密切相关这一点上与信访人并无区别,应当有权参加听证。

利害关系人作为第三人参加信访听证的方式包括申请和由听证机关依职权通知参加两种。在有的情形中听证机关并不知晓第三人的存在,第三人只要能够证明其与信访事项存在法律上的利害关系,听证机关就应当准许其参加听证。听证机关依职权通知第三人参加听证的,第三人不参加的不影响听证的进行。

立法参考

1.《广西壮族自治区信访听证暂行办法》(2007 年)

第十四条 与信访事项有直接利害关系的公民、法人或者其他组织,可以作为第三人申请参加听证,行政机关也可以通知其作为第三人参加听证。第三人不参加的,不影响听证进行。

2.《上海市信访事项听证试行办法》(2005 年)

第十二条 与信访事项有利害关系的其他公民、法人或其他组织,可以作为第三人,对信访事项提出异议。

为查明、查清信访事项,分清责任,听证机关可以通知第三人参加听证,第三人也可以申请参加。第三人拒绝参加的,不影响听证举行。

3.《中华人民共和国行政许可法》(2003 年)

第四十七条第一款 行政许可直接涉及申请人与他人之间重大利益关系的,行政机关在作出行政许可决定前,应当告知申请人、利害关系人享有要求听证的权利;申请人、利害关系人在被告知听证权利之日起五日内提出听证申请的,行政机关应当在二十日内组织听证。

第九十五条 【委托代理】

信访人可以委托一至二人作为代理人参加听证,并在举行听证会前,提交授权委托书,授权委托书应当载明委托事项及代理权限。

说 明

本条是信访听证委托代理的规定。

代理是指一人以他人的名义或以自己的名义独立与第三人发生法律行为,由此产生的法律效果直接或间接归属于该他人的法律制度。在代理制度中,以他人名义或为他人实施法律行为的人,为代理人。由他人代为实施法律行为的人,为被代理人,本条中信访人为被代理人。代理分为直接代理和间接代理。在本条中,仅指直接代理。

本条对信访听证中的委托代理进行了规定,包括信访人有权进行信访听证事项的委托、委托的方式及要求。信访人可以委托1—2 人作为代理人参加听证;委托代理人参加听证应当出具授权委托书,授权委托书应当载明委托事项及代理权限。

听证代理人应当在听证会举行之前提交该授权委托书,并在授权范围内勤勉、忠实行使代理权,不得损害被代理人利益。

立法理由

通过信访听证代理制度,信访人可以选择自己信任的、有能力的人代为处理,这不仅有利于信访人的信访利益更好地实现,而且有利于信访听证更高效有序地运行。由此可见,规定信访听证代理制度实为必要。与此同时,信访代理事关信访人重大利益,须慎重行事,合理限制亦在情理之中,因此本条规定授权委托书应当载明委托事项及代理权限。代理人应当在代理权限内为被代理人的利益,谨慎、勤勉、忠实地行使代理权。

立法例

1.《北京市信访条例》(2006 年)

第二十七条第一款 信访人可以委托代理人提出信访请求。代理人向有关国家机关提出信访请求时,应当出示授权委托书,在授权范围内行使代理权。

2.《深圳经济特区信访条例》(2011 年)

第二十八条 代理他人提出维护合法权益请求的,应当出示利益诉求人的授权委托书,国家机关应当一并核实信访人和代理人身份。

立法参考

1.《广东省信访听证暂行办法(草案)》(2013 年)

第十五条 信访人本人应当参加听证,因特殊情况本人不能参加的,可以委托 1 至 2 人作为代理人参加听证。委托代理人应当出具授权委托书。

2.《广西壮族自治区信访听证暂行办法》(2007 年)

第十五条 委托代理人参加听证,一方听证代理人不得超过 2 人。委托代理人应当出具授权委托书,载明代理事项与代理权限。

3.《上海市信访事项听证试行办法》(2005 年)

第十三条 信访人一般应当亲自参加听证,不能亲自参加的,可委托 1—2 名代理人参加听证。委托代理时应出具授权委托书,并指明代理事项与代理权限。

第九十六条 【听证程序】

信访听证会应当按以下程序,公开举行:

(一)主持人宣布听证开始;

(二)主持人公布听证事由,介绍听证参加人基本情况,并询问信访人是否提出回避申请;

(三)信访人或其委托代理人陈述信访事项并就自身权益主张提出有关证据;

(四)信访事项承办单位提供处理信访问题的证据、理由和法律、法规、政策依据;

(五)信访人或者委托代理人进行申辩和质证;

(六)信访事项承办单位就有争议的事实、理由、法律、法规、政策依据进行答辩;

(七)听证员询问情况,对相关的法律、政策、业务等方面的问题进行说明;

(八)信访人或者委托代理人作最后陈述;

(九)信访事项承办单位作最后陈述;

(十)主持人宣布休会,并组织听证员就听证事实、证据以及适用法律、法规、政策等对信访事项处理进行合议,形成听证结论意见;

(十一)主持人宣布听证会继续进行,对听证会进行简要总结,能够当场作出听证结论的,应当场宣布;不能当场作出听证结论的,应当在法律规定的期限内作出,告知信访人,并抄送本级国家机关信访工作机构;

(十二)听证记录员应当将听证的全部活动制作听证笔录,听证笔录应当经争议双方分别签名和盖章。拒绝听证签名或盖章的,在听证笔录中予以载明。听证资料由听证机关立卷归档;

(十三)主持人宣布听证会结束。

说 明

本条是关于听证会程序的规定。

根据本条规定,听证会分三部分内容。第一,本条第1、2项是关于听证会开始的相关事项的规定。第二,本条第3、4、5、6、7、8、9项是关于调查和辩论环节的规定。内容主要包括:信访人陈述信访事项并就自身权益主张提出有关证据、信访事项承办单位提供处理信访问题的证据、理由和法律、法规、政策依据,双方围绕争议事项进行辩论和质证以及听证员询问情况并对相关专业问题进行说明。第三,本条第10、11、12、13项对听证结论、听证笔录相关问题进行了规定。

立法理由

在听证过程中,主持人组织指挥听证的进行,拥有一系列程序性职权。听证会是各种利益沟通和博弈的平台,各种利益代表有平等对话的权利,主持人需要在这些竞争利益主体之间保持中立、公正的地位,才能保证听证会的程序公正。

本条1、2 项是关于听证会开始的相关事项的规定。这部分条文简单,规定听证会开始时,由听证主持人宣布听证开始,公布听证事由,介绍听证参加人的基本情况和询问信访人是否提出回避申请。

本条第3、4、5、6、7、8、9 项是关于调查和辩论环节的规定。调查阶段解决的是事实认定问题,而听证活动主要围绕证据展开,在听证主持人的指引下,信访人或其委托代理人陈述信访事项并就自身权益主张提出有关证据,信访事项承办单位提供处理信访问题的证据、理由和法律、法规、政策依据。之后双方围绕各自陈述的内容和提供的证据进行辩论和质证。辩论在信访人和信访事项承办单位之间展开,辩论的内容涉及证据、事实认定和法律适应等诸多问题。与陈述己方意见的视角不同,辩论阶段的立足点是指出对方存在的问题,进而论证己方观点的正确和合理。通过信访事项承办单位与信访人双方的辩论,有利于正确认定事实,准确适用法律。

本条第10、11、12、13 项对听证结论、听证笔录相关问题进行了规定。主持人组织听证员就听证事实、证据以及适用法律、法规、政策等对信访事项处理进行合议,形成听证结论意见,能当场作出听证结论的应当当场宣布,不能当场作出听证结论的,应当在法律规定的期限内作出,此处所称法律规定期限应当受本法第89 条所规定的期限约束,这样有利于保障听证程序的效率。记录员应当将听证的全部活动制作听证笔录,笔录是对听证会活动的完整记载,听证笔录记载的事项既包括对听证调查和辩论过程的记录,还包括对与听证相关事项的记载,如主持人、信访人、信访事项承办单位等的基本情况。听证笔录的真实性直接影响信访事项的处理决定,听证是以口头陈述的方式进行的,听证笔录是否真实记录当事人在听证中的发言应当由本人确认,所以听证笔录还应当经争议双方分别签名和盖章,拒绝听证签名或者盖章的,在听证笔录中应当予以载明。

立法参考

1.《广东省信访听证暂行办法(草案)》(2013 年)

第十六条 听证按照下列程序进行:

(一)主持人宣布听证会开始,并宣布听证纪律;

(二)信访人或者委托代理人陈述信访事项,提供相关证据;

（三）信访事项承办人陈述处理意见、调查事实和处理依据，提供相关证据；

（四）信访人或者委托代理人进行质证和辩论；

（五）信访事项承办人就有争议的事实、依据、处理意见进行答辩；

（六）主持人、听证员向信访人和信访事项承办人提出询问，发表个人意见；

（七）信访人或者委托代理人最后陈述；

（八）信访事项承办人最后陈述；

（九）听证员进行评议。由主持人组织听证员就听证事实和证据以及适用法律、法规和政策等对信访事项的处理发表听证处理意见，经合议后，按照少数服从多数的原则形成听证结论；

（十）主持人宣布听证结论，并宣布听证会结束。

2.《广西壮族自治区信访听证暂行办法》(2007 年)

第十九条 听证按以下步骤进行：

（一）信访人或者其委托代理人陈述信访事项并提供有关证据；

（二）与信访事项产生有关的行政机关陈述查明的事实、认定的证据、适用的法律、政策依据及处理意见；

（三）第三人陈述意见；

（四）对信访事项有关问题进行询问；

（五）组织质询、辩论；

（六）组织和解、调解；

（七）信访人、与信访事项产生有关的行政机关、第三人最后陈述；

（八）听证主持人宣布听证结束。

3.《甘肃省信访听证办法(试行)》(2006 年)

第二十条 听证会按下列程序进行：

（一）听证主持人宣布听证会开始；

（二）听证主持人公布听证事由及听证参加人员基本情况，并询问信访人是否提出回避申请；

（三）信访人及其委托代理人陈述信访事项并提供有关证据；

（四）信访事项承办人提出调查处理信访问题的证据和适用法律、法规、政策依据；

（五）信访人或委托代理人进行申辩和质证；

（六）信访事项承办人就有争议的事实、理由及法律、法规、政策依据进行答辩；

（七）听证员就信访事项的事实及证据进行发问，被询问人应当如实提供或回答；

（八）信访人或委托代理人作最后陈述；

(九)信访事项承办人作最后陈述;

(十)听证主持人宣布休会,组织听证员就听证事实和证据,以及适用政策、法规等对信访事项进行合议,经合议后形成结论意见;

(十一)听证主持人宣布听证继续进行,能够当场作出听证结论的,应当场宣布;

(十二)由听证主持人宣布听证会结束。

4.《上海市信访事项听证试行办法》(2005 年)

第二十一条 听证按以下步骤进行:

(一)信访人或其委托人陈述信访事项并提供有关证据;

(二)被信访人反映(提出意见、建议或投诉请求)的行政机关、有关单位或复查机关陈述处理查明的事实、认定的证据、适用的法律政策依据及处理意见;

(三)与信访事项有利害关系的第三人提出异议并提供有关证据;

(四)信访人或其委托人与被信访人反映(提出意见、建议或投诉请求)的行政机关、有关单位或复查机关进行申辩;

(五)相互质证,相互辩论;

(六)听证机关对未查明的事项质询或补充发问;

(七)信访人最后陈述;

(八)被信访人反映(提出意见、建议或投诉请求)的行政机关、有关单位或复查机关最后陈述;

(九)与信访事项有利害关系的第三人最后陈述;

(十)听证主持人宣布听证结束。

5.《中华人民共和国行政许可法》(2003 年)

第四十八条第一款 听证按照下列程序进行:

(一)行政机关应当于举行听证的七日前将举行听证的时间、地点通知申请人、利害关系人,必要时予以公告;

(二)听证应当公开举行;

(三)行政机关应当指定审查该行政许可申请的工作人员以外的人员为听证主持人,申请人、利害关系人认为主持人与该行政许可事项有直接利害关系的,有权申请回避;

(四)举行听证时,审查该行政许可申请的工作人员应当提供审查意见的证据、理由,申请人、利害关系人可以提出证据,并进行申辩和质证;

(五)听证应当制作笔录,听证笔录应当交听证参加人确认无误后签字或者盖章。

6.《中华人民共和国行政处罚法》(1996 年)

第四十二条第一款 行政机关作出责令停产停业、吊销许可证或者执照、较大数额罚款等行政处罚决定之前，应当告知当事人有要求举行听证的权利；当事人要求听证的，行政机关应当组织听证。当事人不承担行政机关组织听证的费用。听证依照以下程序组织：

（一）当事人要求听证的，应当在行政机关告知后三日内提出；

（二）行政机关应当在听证的七日前，通知当事人举行听证的时间、地点；

（三）除涉及国家秘密、商业秘密或者个人隐私外，听证公开举行；

（四）听证由行政机关指定的非本案调查人员主持；当事人认为主持人与本案有直接利害关系的，有权申请回避；

（五）当事人可以亲自参加听证，也可以委托一至二人代理；

（六）举行听证时，调查人员提出当事人违法的事实、证据和行政处罚建议；当事人进行申辩和质证；

（七）听证应当制作笔录；笔录应当交当事人审核无误后签字或者盖章。

第九十七条 【听证延期】

有下列情形之一的，听证机关可以延期举行听证：

（一）当事人因不可抗拒的事由无法到场的；

（二）听证参加人需要通知新的证人到会，提供新的证据，或需要重新鉴定、勘验的；

（三）当事人临时提出回避申请的；

（四）其他应当延期听证的情形。

延期听证的，听证机关应当书面告知听证参加人延期理由和延期听证时间。

说 明

本条规定的是各级信访听证机关对其所处理的信访事项延期听证的规定。

信访听证机关可以对信访事项延期听证的情形包括：（1）应当参加听证的当事人因不可抗拒的事由无法到场参加听证的；（2）应当参加听证的当事人虽然已经到场参加听证，但是还需要通知新的证人到场参加听证的或者信访参加人需要提供新的证据或者已经提供的证据需要进行重新鉴定、勘验的；（3）参加听证的当事人临时申请回避的；（4）其他应当延期听证的情形。此外，在听证机关作出延期听证的决定后，应当在一定时间内通知听证参加人另行听证的时间。

立法理由

在实践中,信访听证的参与人可能会受到各类外在因素的干扰,而不能及时有效地参与听证,本条规定延期听证事由的目的在于确保当事人的听证权利。

在本条所规定的延期听证的情形中,主要从以下方面进行考虑。第 1 项是当事人方面,当事人是整个听证会的核心,在当事人无法到场的情况下,当事人的缺失导致听证无法有效展开。当然,并不是任何当事人无法在场的情形均可以延期听证,本条仅规定当事人因不可抗拒的事由无法到场的才可以延期听证。本法第 100条规定了听证放弃的内容,对信访人无正当理由不参加听证的,视为放弃听证权利。第 2 项是证人证据方面,证人和证据是处理信访听证事项的关键,因此对于证人和证据应持谨慎态度,对证据的完善和收集需要一定时间的,可以决定延期。第3 项是对于当事人临时提出的回避申请,为了确保当事人信访事项得到客观公正的处理,确保当事人在听证过程和结果中受到公正的对待,对于其临时提出回避申请的,可以决定延期听证,先对回避申请作出处理再举行听证。第 4 项是兜底性规定,对于其他应当延期听证的情况听证机关可以中止举行听证。

信访听证的直接目的是为了给当事人提供表达自己意见的机会,使当事人有机会自由陈述意见、辩论、反驳、质证以及澄清事实,因此对从程序上保护当事人的合法权利起着极其重要的作用,确保当事人在场和持续在场有利于信访办理机关克服书面处理的局限性和背靠背调查取证的缺陷,可以及时查清事实,明确争议的焦点,及时、合法作出决定。

本条规定的有关延期听证的情形为“可以”延期听证的情形,而不是“应当”。“可以”延期听证则意味着决定权在于信访处理机关,但同时本条的末尾对信访处理机关决定延期听证的情况做了一定限制,延期听证的,应当书面告知信访人延期听证的理由和听证时间。

立法参考

1.《广东省信访听证暂行办法(草案)》(2013 年)

第十八条 有下列情形之一的,可以终止听证:

(一)信访人撤回听证申请;

(二)信访人及其委托代理人无正当理由拒不出席或者未经听证主持人许可中途退出听证;

(三)信访参加人达成和解、调解协议;

(四)其他需要终止听证的情形;

终止听证由听证主持人决定。

2.《山东省信访事项听证办法(试行)》(2006 年)

第二十六条 具有下列情形之一的,听证主持人应当作出中止或延期举行听证会的决定:

(一)信访人或委托代理人、信访事项承办人一方不出席听证或者未经听证主持人允许擅自中途退场的;

(二)听证会场出现主持人不能控制的局面的;

(三)出现其他应当中止或延期听证情形的。

3.《上海市信访事项听证试行办法》(2005 年)

第二十六条 有下列情形之一的,听证会中止:

(一)超过召开时间半小时以上,听证参加人中的当事一方或双方均未到场的;

(二)听证期间矛盾有激化倾向影响听证会效果的;

(三)听证主持人决定的其他情况。

中止听证的,应当在中止情形消失后 5 个工作日内恢复听证并通知听证参加人。

有下列情形之一的,听证会延期:

(一)因不可抗力导致不能如期举行听证,经听证主持人同意的;

(二)听证参加人需要通知新的证人到会或者提供新的证据并经听证主持人同意的;

(三)听证主持人决定的其他情况。

延期听证的,听证机关应当书面告知听证参加人延期理由和延期听证时间。

4.《浙江省信访听证暂行办法》(2005 年)

第二十一条 听证主持人可以根据实际情况作出延期、中止听证的决定。

第二十二条 有下列情形之一的,可以延期举行听证:

(一)当事人因不可抗拒的事由无法到场的;

(二)当事人临时提出回避申请的;

(三)其他应当延期听证的情形。

第二十四条 延期、中止听证的情形消失后,由听证主持人及时决定恢复听证的时间、地点,并通知听证参加人。

第九十八条 【听证中止】

有下列情形之一的,听证机关可以中止听证:

(一)当事人因不可抗拒的事由,无法继续参加听证的;

(二)听证期间矛盾有激化倾向影响听证会效果的;

(三)其他应当中止听证的情形。

> 中止听证的,应当在中止情形消失后五个工作日内恢复听证并通知听证参
> 加人。

说 明

本条规定的是各级信访听证机关对其所处理的信访事项中止听证的规定。

信访听证机关可以对信访事项中止听证的情形包括:(1)应当参加听证的当事人虽然已经到场参加听证,但是因不可抗拒的事由,无法继续参加听证的;(2)听证期间出现了矛盾等不宜继续进行听证的情况的;(3)其他应当中止听证的情形。此外,在听证机关作出中止听证的决定后,应当在一定时间内通知听证参加人另行听证的时间。

立法理由

在实践中,信访听证的参与人可能会受到各种外在因素的干扰,而不能及时有效地参与听证,本条规定中止听证事由的目的在于确保当事人的听证权利。

在本条所规定的中止听证的情形中,主要从以下方面进行考虑。第 1 项是当事人方面,当事人若因不可抗拒的原因无法继续参加听证,会影响整个听证会的进行,听证过程中的陈述、举证、辩论以及质证的环节都无法顺利进行,同时也会影响到最后做出的听证结论,因此应当中止听证。但是出于对信访听证效率的考量,作为中止的情形处理较为合理,待中止情形消失后继续听证。第 2 项是听证过程方面,由于听证过程的不确定性和意外的突发性,在听证过程中可能会出现诸多影响听证持续进行的情况,本条对于此种情形也作了考虑。第 3 项是兜底性规定,对于其他应当中止听证的情况听证机关可以延期举行听证

信访听证的直接目的是为了给当事人提供表达自己意见的机会,使当事人有机会自由陈述意见、辩论、反驳、质证以及澄清事实,因此从程序上保护当事人的合法权利起着极其重要的作用,确保当事人在场和持续在场有利于信访办理机关克服书面处理的局限性和背靠背调查取证的缺陷,可以及时查清事实,明确争议的焦点,及时、合法作出决定。

本条规定的有关中止听证的情形为"可以",而不是"应当","可以"中止听证则意味着决定权在于信访处理机关,但同时本条的末尾对信访处理机关决定中止听证的情况做了一定限制,中止听证的,应当在中止情形消失后的 5 个工作日内恢复听证并通知听证参加人。

立法参考

1.《广东省信访听证暂行办法(草案)》(2013 年)

第十七条 有下列情形之一的,可以中止听证:

(一)需要通知新的证人到场或需要重新鉴定、勘验的;

(二)因不可抗力,听证无法继续进行的;

(三)其他应当中止听证的情形。

中止听证由听证主持人决定。中止听证的情形消除后 10 个工作日内,应当恢复听证。恢复听证的时间、地点由举行听证的行政机关决定。

2.《甘肃省信访听证办法(试行)》(2006 年)

第二十二条 有下列情形之一的,可以中止听证:

(一)需要通知新的证人到场或需要重新鉴定、勘验的;

(二)信访人因不可抗拒的事由,无法继续参加听证的;

(三)其他应当中止听证的情形。

3.《山东省信访事项听证办法(试行)》(2006 年)

第二十六条 具有下列情形之一的,听证主持人应当作出中止或延期举行听证会的决定:

(一)信访人或委托代理人、信访事项承办人一方不出席听证或者未经听证主持人允许擅自中途退场的;

(二)听证会场出现主持人不能控制的局面的;

(三)出现其他应当中止或延期听证情形的。

4.《上海市信访事项听证试行办法》(2005 年)

第二十六条 有下列情形之一的,听证会中止:

(一)超过召开时间半小时以上,听证参加人中的当事一方或双方均未到场的;

(二)听证期间矛盾有激化倾向影响听证会效果的;

(三)听证主持人决定的其他情况。

中止听证的,应当在中止情形消失后 5 个工作日内恢复听证并通知听证参加人。

5.《浙江省信访听证暂行办法》(2005 年)

第二十一条 听证主持人可以根据实际情况作出延期、中止听证的决定。

第二十三条 有下列情形之一的,可以中止听证:

(一)需要通知新的证人到场或者需要重新鉴定、勘验的;

(二)当事人因不可抗拒的事由,无法继续参加听证的;

(三)其他应当中止听证的情形。

第二十四条 延期、中止听证的情形消失后,由听证主持人及时决定恢复听证的时间、地点,并通知听证参加人。

第九十九条 【听证报告】

听证结束后,听证机关应当依据听证情况写出听证报告,报送听证主持人或听证机关负责人审定,作为处理信访事项的依据。

听证报告应当包括以下内容:

(一)听证事由;

(二)听证主持人和听证参加人员的基本情况;

(三)听证的时间、地点;

(四)听证的简要经过;

(五)调查核实的基本事实;

(六)听证人员合议情况;

(七)处理意见和建议。

说　明

本条是关于听证报告的规定。

首先应当将此处的听证报告与本法第 96 条第 12 项中的"听证笔录"区分开来,本条规定的听证报告是根据整个听证情况写成的,内涵较听证笔录而言更为丰富。

本条第 1 款规定听证结束后,听证机关应当依据听证情况写出听证报告,在程序上听证报告应当报送听证主持人或听证机关负责人进行审定,并将听证报告作为处理信访事项的最终依据,本条第 1 款即规定了一个非常重要的原则——案卷排他原则。本条第 2 款规定了听证报告应当记载的内容,包括听证相关事项的记载,如听证会时间、地点、参加人员情况等和听证会简要经过、听证调查核实的事实记录、听证合议情况及最终处理意见。

立法理由

所谓案卷排他原则,指信访事项处理机关的处理决定必须根据案卷(此处即指听证报告)作出,不能在听证报告之外,以信访人不知道或者没有论证的事实作为根据,否则信访事项处理结果无效。案卷排他原则在美国被认为是正式听证的核心内容,其目的在于维护听证的公正性。本条第 1 款规定了案卷排他性原则,听证结束后写出的听证报告经听证主持人或听证机关负责人审定后,作为处理信访事项的依据。如果信访事项处理机关可以根据听证以外的证据作出决定,那么听证权就变得毫无意义。美国最高法院大法官范德文特(Van Devanter)曾说:"制定法所规定的'对于没有列入听证记录的证据,一律不得加以考虑'的原则必须得到遵守,否则听证的权利就变得毫无意义,如果决定者在作出处分时随意背离记录,或咨询他人作出的事实认定或法律见解,则在正式听证中提出的证据和辩论,没有任何价值。"

由于2005年《信访条例》并没有规定信访听证是信访工作的必经程序,所以目前信访听证结论对最终的处理决定也存在着两种效力:一是将听证结论作为信访处理意见的主要依据,但最终处理意见由信访事项办理机关或其负责人做出。如辽宁、上海、四川均作此规定。二是如广西、吉林的规定,听证结论即为同级信访最终处理意见。简而言之,就是听证结论对最终信访处理决定要么是建议性的,要么是终局性的。听证程序中,各方在听证会上提交并经质证的无异议的证据应成为信访问题处理决定的主要事实依据,而听证结论正是建立在这一基础上作出的结论。听证作为高度对抗的司法程序,有正确认定事实的优势。听证的制度安排本是将对决定公正的追求置于效率之上,如果允许听证之外的证据成为处理依据,则听证的重要性将被大大降低,也会影响当事人参加听证的积极性。首次将听证制度引入我国的《行政处罚法》就是因为没有确立案卷排他原则而广受诟病。我国之后颁行的《行政许可法》第48条第2款确立了行政许可听证中的案卷排他原则,规定行政机关应当根据听证笔录作出行政许可决定。

本法结合我国《行政许可法》以及各地颁行的信访听证办法,认为听证报告只要不与现行法律、法规相冲突就也应当作为最终处理决定的依据,有权处理机关就不能排除使用。这既是听证制度"案卷排他主义"的基本含义,也是保证信访听证不流于形式,使其充分发挥作用的客观要求。

听证报告是在对听证会活动的完整把握后,结合听证调查核实的基本事实、听证合议情况、听证处理和建议的基础上作出的。本条第2款规定听证报告应当包括对听证事由、听证参加人、听证时间和地点的记载,还应当包括对听证调查辩论过程的简要记载、合议情况、处理意见和建议的阐明。听证结束后必须写出听证报告,听证报告以书面形式呈现。

立法例

《深圳经济特区信访条例》(2011年)

第四十二条第一款 信访听证会结束后应当形成听证意见,作为处理该信访事项的依据。

立法参考

1.《广西壮族自治区信访听证暂行办法》(2007 年)

第二十四条 听证笔录、听证报告书和相关证据,作为行政机关办理或者复核信访事项的依据。

2.《吉林省信访听证暂行办法》(2005 年)

第三十二条 行政机关应当依据听证意见作出对该信访事项的处理意见或者复核意见。

3.《中华人民共和国行政许可法》(2003 年)

第四十八条第二款 行政机关应当根据听证笔录,作出行政许可决定。

第一百条 【听证放弃】

信访人有下列情形之一的,视为放弃听证权利:

(一)在本法规定期限内未提交书面听证申请的;

(二)撤回听证申请的;

(三)无正当理由不参加听证的;

(四)在听证过程中未经听证主持人允许,擅自退场的或者严重违反听证会纪律并不听制止的。

因前款所规定的情形之一被视为放弃听证权利的,信访人不得再次对同一事项要求听证。

说 明

本条对听证放弃进行了规定。

本条的内容包括:第一,对视为放弃听证权利的情形进行了规定,信访人有下列情形之一的,视为放弃听证权利:在本法规定期限内未提交书面听证申请的,撤回听证申请的,无正当理由不参加听证的,在听证过程中未经听证主持人允许擅自退场的或者严重违反听证纪律并不听制止的。第二,对被视为放弃听证权利的法律后果的规定,因本条第 1 款所规定的情形之一被视为放弃听证权利的,信访人不得再次对同一事项要求听证。

立法理由

本条规定了四种视为放弃听证权利的情形并对被视为放弃听证权利的法律后果进行了规定。

第一种视为放弃听证权利的情形是信访人在本法规定期限内未提交书面听证

申请。本法第 87 条规定,"信访人在符合本法第八十五条规定的情况下,要求举行听证的,应当自被告知之日起十日内向有权处理的行政机关提交书面听证申请,申请书应载明申请听证的事由、证据及要求。"若信访人在规定期限内未提交书面听证申请,则视为信访人放弃听证权利。第二种情形是信访人撤回听证申请,若信访人在信访过程中撤回听证申请,即可视为信访人以默示方式放弃听证权利。第三种情形是信访人无正当理由不参加听证可以视为信访人放弃听证权利,信访人作为信访听证当事人,是整个听证的核心人物,信访听证就是围绕着信访人和信访事项承办单位之间的陈述、举证、质证和辩论所展开的,若信访人不参加听证,则整个听证会无法进行。对于信访人无正当理由不参加听证的,则视为信访人放弃听证权利,这样规定是为了限制信访人滥用听证权利。第四种情形是在听证过程中未经听证主持人允许,信访人擅自退场的或者严重违反听证会纪律并不听制止的情形。信访人要求举行听证是为了更好的查明信访事项,信访人亲历信访听证的全过程,看到公开透明的处理程序,如果信访人擅自退场或者不听制止地违反听证会纪律,不利于信访事项的有效处理和解决,而且当初举行信访听证的初衷也无法实现。

而且因本条第 1 款所规定的情形之一被视为放弃听证权利的,信访人不得再次对同一事项要求听证。这是对信访人滥用听证权利的限制,也是对信访事项处理效率的保障。

立法参考

1.《甘肃省信访听证办法(试行)》(2006 年)

第二十六条　信访人在本办法规定期限内未提交书面听证申请或不按规定提交申请的,撤回听证申请的,无正当理由不参加听证的,在听证过程中未经听证主持人允许擅自退场的或者严重违反听证纪律并不听制止的,视为放弃听证权利。

因前款所规定的情形之一被视为放弃听证权利的,信访人再次就该信访事项的同一事实、理由要求听证的,不予受理。

2.《上海市信访事项听证试行办法》(2005 年)

第二十七条　信访人有下列行为之一的,视为放弃听证:

(一)在规定的期限内未提交书面听证申请的;

(二)撤回听证申请的;

(三)无正当理由不参加听证的;

(四)在听证过程中未经听证主持人允许擅自退场或者严重违反听证会纪律不听制止的。

因前款所规定的情形之一的,信访人不得再次对同一信访事项要求听证。

3.《浙江省信访听证暂行办法》(2005 年)

第二十八条　信访人在本办法规定期限内未提交书面听证申请或不按规定提交申请的,撤回听证申请的,无正当理由不参加听证的,在听证过程中未经听证主持人允许擅自退场的或者严重违反听证纪律并不听制止的,视为放弃听证权利。

因前款所规定的情形之一被视为放弃听证权利的,信访人再次就该信访事项的同一事实、理由要求听证的,不予受理。

第一百零一条　【听证费用】

听证机关组织听证应当提供必需的场地、设备和其他工作条件,所需经费由同级财政予以保障。信访人不承担组织听证的任何费用。

说　明

本条是信访听证费用承担的规定。

本条规定的是听证机关应当负有提供听证所需场地、设备和其他条件的义务,听证所需费用应当由同级财政予以支持和保障,信访人不承担信关于信访听证的任何费用。

立法理由

组织听证的费用,由信访听证机关承担,信访人不承担听证的费用。听证所需场地、设备等也由信访听证机关提供。作出这样的规定,是为了保障信访人听证权利的行使,使信访人不会因为听证会举行的客观条件和费用问题而无法进行听证。

立法参考

1.《甘肃省信访听证办法(试行)》(2006 年)

第十八条　信访人不承担听证费用。

2.《上海市信访事项听证试行办法》(2005 年)

第三十条　组织、举行听证所发生的费用,由听证机关承担。听证机关不承担听证参加人因听证所发生的费用。

3.《吉林省信访听证暂行办法》(2005 年)

第二十条　信访人不承担听证费用。

4.《浙江省信访听证暂行办法》(2005 年)

第十八条　信访人不承担听证费用。

5.《中华人民共和国行政许可法》(2003 年)

第四十七条第二款 申请人、利害关系人不承担行政机关组织听证的费用。

6.《中华人民共和国行政处罚法》(1996 年)

第四十二条第一款 行政机关作出责令停产停业、吊销许可证或者执照、较大数额罚款等行政处罚决定之前,应当告知当事人有要求举行听证的权利。当事人要求听证的,行政机关应当组织听证。当事人不承担行政机关组织听证的费用。

第一百零二条 【听证时间计算】
听证所需时间不计算在信访事项办理、复查、复核期限内。

说 明

本条是对听证时间计算的规定。

听证所需时间不计算在办理、复查、复核期限内。听证程序作为一个独立的程序,有单独的期限限制。

立法理由

本法第 5 章对信访事项的办理、复查和复核阶段的相关程序均给予了严格的期限限制,严格的期限限制有利于保障整个信访程序的效率和信访人的信访权利。

信访听证程序作为一个独立的程序,有其单独的时间期限规定,所需时间不计算在办理、复查、复核期限内。如果将信访听证所需时间计算在上述期限之内,则无法给予信访听证机关必要的时间组织信访听证和查明信访事项,也无法给予信访人足够的时间准备相关材料,整个处理过程会更显仓促,反而不利于信访事项的处理和信访矛盾的化解。

立法参考

1.《广东省信访听证暂行办法(草案)》(2013 年)

第二十二条 听证所需时间不计算在信访事项办理、复查、复核期限内。

2.《吉林省信访听证暂行办法》(2005 年)

第三十三条 复核机关自决定举行听证至听证工作终结的时间,不计算在复核期限内。

3.《安徽省信访听证暂行办法》(2005 年)

第二十九条 听证所需时间不计算在信访事项办理、复查、复核期限内。

第八章 信 访 秩 序

本章说明

形成和维护良好的信访秩序是信访立法的宗旨之一,本法第1条就提出了"维护信访秩序,促进社会会主义和谐、稳定和发展"的立法目的。广义的信访秩序应当包括信访工作秩序和信访活动秩序两个层面。信访工作秩序指信访接待、受理、处理等具体工作有序、持续、规范的开展,重点强调的是信访工作的程序性,即信访工作机关及其工作人员规范有序地处理信访事项、开展信访工作。信访活动秩序则指信访人进行信访活动时,保持信访场所的安定有序、保证信访行为的规范恰当,即信访人正当、合法地表达自己的信访意愿,不损害他人、集体、国家的合法权益,不影响正常的信访工作进行,不扰乱公共秩序,不妨害国家和公共安全。

本法的第5章"信访工作程序"、第6章"信访督办"、第7章"信访听证"详细规定了从提出、受理到复查、督办等一系列信访工作的工作程序与工作规范。而本章所指"信访秩序"则是狭义上的"信访活动秩序",其内容主要针对信访人合法、有序地进行信访活动而作出规定。

本章内容可以分为四部分。第一部分即第103条,是关于信访秩序的一般规定;第二部分为第104条、105条,是关于信访秩序相关工作制度的规定;第三部分是第106条,是对一些妨碍信访秩序的禁止性行为的列举式规定;第四部分是第107条至111条,具体规定五种典型的妨碍信访秩序的行为及其处理。

纵观现有的信访立法,对"信访秩序"一词的使用都是指"信访活动秩序",这是具有普遍共识的,但是在对"信访秩序"相关内容的编排上,则出现了两种不同的立法体例。第一种是"单列式",即对相关内容进行统一规定、单列为一章,这种体例相对占多数,比较典型的有《北京市信访条例》《上海市信访条例》《广东省信访条例》等。第二种则将相关内容零散地规定在各章节之中,一般是规定在"总则""信访人的权利和义务""信访工作程序""信访责任"等章节中,比较典型的有《信访条例》《河南省信访条例》《安徽省信访条例》等。

一方面,本法采取"单列式",将信访秩序单独作为一章进行规定。首先,因为信访(活动)秩序与信访工作在逻辑上是相并列的两个内容,是两个相辅相成、相互补充的重要层面,因而在体系上应当与其并列,同样以章为单位进行规定。其次,在"信访人的权利和义务"一章中规定的信访人权利和义务应当是抽象地、概括地、一般地规定,把关于信访人具体信访行为的规定塞入其中,似有不妥。第三,信访责任是指信访机构及其工作人员违反工作规范、信访人违反行为规范后所要承担的责任,在逻辑上应当是先有具体的对信访人相关行为的规定,才有其违反这些规定后责任的承担,因此,信访秩序对信访人行为的规定必然要置于信访责任之前,而不是掺杂于其中。

另一方面,把信访秩序相关内容零散地规定在各个章节之中,使其变成了信访人义务、信访请求的提出、信访责任等部分的"附属问题",而信访秩序作为信访立法的宗旨之一,与其他部分内容是同等重要的,不应当只是"附属地位"。而从现实层面来看,信访秩序问题日益成为一个突出的问题,近几年来,伴随着信访制度所出现的困境,极端上访、集体上访、越级上访、缠访闹访等情况屡有发生,不仅影响了信访功能的有效发挥,同时也在一定程度上影响了社会的和谐、稳定与发展。因此,进一步重视信访秩序的规范,也是立足实际,回应现实,而将信访秩序的相关内容分散规定、"附属解决"的方式,显然不利于解决现实的问题。

此外,对信访秩序单章规定,也是对信访人义务的具体化、明确化,表明信访人的权利也不是无限的,而是权利和义务相对等、相统一的。更为重要的是,信访法作为一个行政性质的法律,各级国家机关的信访机构及其工作人员应当严格遵守合法性原则;"法无明文规定不可为",对信访人妨碍信访的行为做出具体规定,意味着信访人有权做出法律条文所禁止的行为之外的行为,国家机关及其工作人员不得对信访人合法行使权利的行为进行干涉,更不得予以处罚,这样也在一定程度上限制了行政机关对妨碍信访秩序的行为进行任意解释,防止权力的滥用。同时,本章还规定了信访机构及其工作人员维护信访秩序的相关职责,体现了权责统一的原则。可见,本章的重要意义还在于对行政权力的制约及信访人权利的保障。

需要补充的是,信访秩序的内容主要但并不限于本章所列内容,在其他章节也有涉及。例如,关于走访、群体信访的规定,精神病人、传染病人的信访请求的提出等则在第5章"信访工作程序"的第一节"信访请求的提出和处理"中进行规定。这些内容因为与其他相关内容在逻辑上、体系上更为密切,因此,被规定在其他章节中。

相较现行的2005年《信访条例》,本法新增了关于信访人越级走访、无理走访、重复走访的法律规定。一方面,信访中违规走访的情况屡禁不止,既造成了首都、省会城市的公共秩序压力,也增加了信访制度的成本,降低了问题解决的效率;另一方面,2014年上半年国家信访局出台了《关于进一步规范信访事项受理办理程序引导来访人依法逐级走访的办法》,旨在"强化属地责任、提高信访工作效能,引导来访人依法逐级走访,推动信访事项及时就地解决"。因此,本章的内容也根据实际工作和政策精神做了相应的完善和补充。

第一百零三条 【信访秩序的一般性规定】

信访活动应当依法、有序进行。国家机关及其工作人员、信访人应当共同维护信访秩序。

社会团体、企业事业单位和基层组织应当协助国家机关或其工作部门维护信访秩序。

说　明

本条是关于信访秩序的一般性规定。

第 1 款规定了信访活动应当依照法律、法规的规定，有序地进行，是对信访活动的"定性"。同时还明确规定了信访活动的主要参与者：各级国家机关及其工作人员与信访人，并且两类主体负有共同维护信访秩序的职责与义务。

第 2 款规定了社会团体、企事业单位和基层组织有协助维护信访秩序的义务，主要表现为协助各级国家机关或其工作部门维护信访秩序的工作。

立法理由

信访秩序即信访活动的秩序，指信访活动依法、有序进行。"有序"强调信访活动有条理、有秩序地进行，不妨碍信访工作的开展、不扰乱信访工作场所的秩序、不破坏社会公共秩序。"依法"指信访行为要符合法律、法规的规定，其意愿的表达、行为的进行不损害他人、集体、国家的合法权益，不扰乱公共治安秩序，不破坏国家和社会的安定团结，不妨害国家和公共安全；同时也是防止一些别有用心的人利用信访活动、以信访的名义进行违法犯罪的活动。概括地说，信访秩序主要就是指信访场所的安定有序和信访行为的规范有序，而后者包含信访意愿的正当表达这一重要含义。近几年来，信访问题日益突出，妨碍、扰乱信访秩序的行为尤为严重，此外，还有一些别有用心分子故意利用信访人员及信访事件，破坏公共秩序和公共安全。这一方面使信访工作人员的人身安全得不到保障、信访场所的正常工作秩序得不到维护，从而严重影响了信访工作的开展、信访制度功能的有效发挥；另一方面这也进一步威胁社会的安定团结、和谐稳定。若任其发展，信访秩序将受到破坏，信访事项无法得到正常解决，公共秩序也会受到威胁，从而会进一步激化矛盾、甚至催生新的社会矛盾。因此，有必要规定信访活动有序、合法地进行，不得扰乱秩序，不得违反法律、法规。早在 2007 年《中共中央、国务院关于进一步加强新时期信访工作的意见》中也强调这一点："要进一步加强法制宣传教育，把握正确的舆论导向，引导群众正确履行公民权利和义务，以理性合法的形式表达利益诉求、解决利益矛盾，自觉维护社会安定团结。对信访活动中少数人违反有关法律法规，损害国家、社会、集体利益和其他公民合法权益的行为,要依法严肃处理。要高度警惕极少数别有用心的人和境外敌对势力插手人民内部矛盾的图谋,依法严厉打击其利用信访活动进行渗透破坏的行为。"

本条规定各级国家机关及其工作人员与信访人都应当维护信访秩序,即不仅信访人有遵守、维护信访秩序的义务,而且相关国家机关及其工作人员也有维护信访秩序的职责。信访秩序的维护是信访关系主体双方共同的努力,而不是一个单向的工作。我国目前的一些信访立法中,往往只强调信访秩序中信访人负有的义务,强调信访人应当进行和禁止进行的行为,而忽视国家机关及其工作人员的相应职责,把信访秩序的维护变成了单方面的要求,国家机关及其工作人员找不到自己在其中的定位。例如,2005 年《信访条例》中就只是规定"信访人在信访过程中应当遵守法律、法规,不得损害国家、社会、集体的利益和其他公民的合法权利,自觉维护社会公共秩序和信访秩序,不得有下列行为……"而本章在第 104 条和 105 条则专门规定了信访机构及其工作人员维护信访秩序的相关处理机制,在第 107 至 111 条中规定了对几种典型情况的处理,这些都体现了对国家机关及其工作人员权责相统一的要求,也对其在维护信访秩序中的工作进行了具体化和明确化。

本法第 22 条规定信访人有"依照法律、法规规定的方式和程序进行信访活动,遵守信访秩序"的义务,但是,没有规定国家机关及其工作人员的相应的职责。而本条指出"各级国家机关及其工作人员、信访人应当共同维护信访秩序",既是对信访人义务的重申,也是对国家机关及其工作人员职责的明确规定,体现了权利义务相统一、权力责任相统一。既强调信访人遵守的义务,也强调国家机关及其工作人员履行的职责;两者应当是形成合力的双方,而不是互相对立的双方。因为有了良好的信访秩序,可以更有利于信访工作的开展和信访请求的顺利解决。

本条所指的国家机关及其工作人员主要包括但不限于信访机构及其工作人员,它还包括与维护信访秩序相关的其他国家机关及其工作人员,例如,地方政府、公安机关、卫生部门等。因为信访秩序的维护以及对妨碍、破坏信访秩序的行为的处理具有复杂性和程序性,所以需要各级政府、多个部门之间的协调配合,建立沟通有效规范严格的工作联系制度,本章第 104 条、107 条、第 108 条、第 109 条、110 条、第 111 条都规定了这种工作上的联系与配合。

国家机关及其工作人员与信访人作为信访关系的主体,自然也是信访秩序维护的主体,但是,信访秩序的维护也需要社会团体、企事业单位和基层组织应当协助与配合,这是维护信访秩序工作的规范性、复杂性与广泛性决定的。它们包括我国依法成立的各类政府性、非政府性社会团体,各类企业单位、事业单位,城市居民委员会和农村村民委员会等。社会团体既是我国政治生活的重要组成部分,也是社会生活中的活跃力量,既具有专业的工作素质,也掌握丰富的信息材料,它们的参与有利于更好地化解信访矛盾、解决信访事项,稳定信访人情绪、维护信访秩序。企业单位、事业单位、村民委员会、居民委员会等单位组织也具有同样的优势,而且大多数信访请求的矛盾就源自基层,因此企事业单位和基层自治组织可以更深入、更全面地提供相关信息。此外,一些重要的维护信访秩序的工作也离不开企事业单位和基层组织的协助和配合,如特殊信访人员的带回、配合采取强制性措施等。实际上,现实中县级以上的国家机关建立有信访机构,县以下的基层政权组织也建立了类似功能的信访、维稳组织,这些组织并不属于国家统一的信访机构编制,但却在信访工作中实实在在发挥着重要的作用,基层组织的类似组织应当依法存在、合法发挥作用。本条第 2 款作出的规定,表明了相关社会团体、企事业单位和基层自治组织有协助维护信访秩序的义务,同时也为信访工作的社会参与提供了合法性依据。

立法例

1.《北京市信访条例》(2006 年)

第五十七条 信访活动应当依法、有序进行,国家机关及其工作人员、信访人应当共同维护信访秩序。

社会团体、企业事业单位和基层组织应当协助国家机关维护信访秩序。

2.《广东省信访条例》(2014 年)

第六十一条 国家机关及其工作人员、信访人应当共同维护信访秩序,确保信访活动依法、有序进行。

居民委员会、村民委员会、企业事业单位、人民团体和其他社会组织应当协助国家机关维护信访秩序。

3.《重庆市信访条例》(2009 年)

第四十八条 信访行为应当依法、有序进行,国家机关及其工作人员、信访人应当共同维护信访秩序。

社会团体、企业事业单位和基层组织应当协助国家机关维护信访秩序。

4.《青海省信访条例》(2011 年)

第四十一条第一款 信访活动应当依法、有序进行。国家机关及其工作人员、信访人应当共同维护信访秩序。

第一百零四条 【维护信访秩序工作制度】

国家机关信访工作机构应当与当地公安机关建立维护信访秩序的工作联系制度。

公安机关应当建立、健全、完善维护信访秩序的工作制度。

说　明

本条是对维护信访秩序的工作制度的规定。

第1款规定信访机构与公安机关之间应当建立工作联系制度。信访机构指每一级国家机关的信访机构，包括各级人民政府、人民代表大会及其常务委员会、人民法院和人民检察院等国家机关；各个信访机构应当与其所在地的公安机关建立以维护信访秩序为内容的工作联系制度。遇到妨碍、扰乱信访秩序的行为，信访工作机构可以与当地公安机关进行联系，当地公安机关根据不同情况采取不同的处理措施，从而保障信访工作场所的秩序和信访工作人员的安全；而这种工作联系应当常态化、规范化、制度化。

第2款规定了各级公安机关的维护信访秩序的工作制度。每一级公安机关都应当结合实际建立新的或者健全、完善已有的维护当地信访秩序的工作制度，目的在于使公安机关维护当地信访秩序的工作规范化、程序化、制度化，有助于更好地参与、协助、开展相关工作。工作制度的主要内容包括对信访工作场所秩序的维护、对信访工作人员人身安全的保护以及对违反法律、法规的信访行为的处理等。

立法理由

信访秩序的维护离不开公安机关的参与配合。公安机关有两个基本职能：第一，依法管理社会治安与依法侦查刑事案件。扰乱信访秩序的行为是对信访机构及其工作人员的侵害，信访机构及其工作人员作为受害方有权向公安机关请求救助，这是公安机关的职能所在；第二，大部分妨碍信访秩序的行为同样是破坏公共治安秩序的行为，甚至是违法犯罪的行为，因此，公安机关从其履行基本职能的角度，理应进行处理。此外，信访机构本身并没有行政强制权与行政处罚权，因此只能由公安机关行使相关权力，采取相关措施。

实际上绝大多数立法例都规定了类似"公安机关参与维护信访秩序"的条款，但是并没有像本法一样单列一条进行规定，并要求进行制度化的建设与完善。2005年《信访条例》也只是在"法律责任"一章中规定对妨碍信访秩序的信访人由公安机关采取相应的措施。

本条主要基于目前扰乱信访秩序的突出问题而设计。在现实的信访工作中，时常会出现在公共场所非法聚集，冲击国家机关，阻塞交通，威胁、诽谤、辱骂信访工作人员的情形，甚至会发生防火、投毒、爆炸等暴力性犯罪行为，信访工作场所的秩序得不到维护、信访工作人员的安全得不到保障，信访工作也无法正常展开，同时社会公共秩序和公共安全也受到了威胁、破坏，国家、集体、人民的权益也受到威胁和损害。与此相对的是，一些公安机关却采取一种推诿、回避的态度。由于信访问题是与社会稳定、保障人权相关联的敏感问题，既容易引起社会公众广泛关注，面临舆论压力，同时也与政绩考核挂钩。迫于领导施压，对扰乱信访秩序的行为处理不当，问题矛盾可能会转而指向公安机关。因此，公安机关有时并不及时对信访机构的请求进行回应，采取一种"不趟浑水"的态度，这种不作为并不利于信访秩序和公共秩序的维护。

建立公安机关维护信访秩序工作制度和与信访机构的工作联系制度，既有利于提高公安机关参与的科学性和规范性，也有助于防止程序上的推诿、回避、不作为等失职行为，为公安机关依法行使公权力、维护社会秩序、切实保障人权进一步提供了明确的法律依据。

立法例

1.《江苏省信访条例》（2006 年）

第三十七条　公安机关应当依法维护信访秩序。各级国家机关办公场所及其周围信访秩序的维护，由其所在地公安机关具体负责。

2.《湖南省信访条例》（2006 年）

第四十六条　**第二款**　各级公安机关应当依法维护信访场所、国家机关办公场所及其周围的治安秩序。

第四十八条　信访过程中发生扰乱公共秩序和信访秩序的情况时，国家机关信访工作机构应当及时与信访人所在地人民政府和与信访事项有关的部门联系，有关负责人应当及时赶到事发现场，共同做好疏导说服工作。必要时，国家机关信访工作机构可以通知公安机关到场，依法采取疏导措施或者相应的强制措施。

3.《山东省信访规定》（2000 年）

第二十八条　受理信访事项的部门和公安机关应当共同维持信访秩序。

第三十一条　对到行政机关门前及大型会场走访的，由公安机关和机关保卫部门负责维持秩序。

第一百零五条　【妨碍信访秩序行为的处理方式】

信访人妨碍信访秩序的，信访工作人员应当予以劝阻、批评和教育；不听从信访工作人员的劝阻、批评和教育的，信访工作机构应当通知所在地公安机关到场维持秩序，并依法予以处理。

说　明

本条是对妨碍信访秩序行为的处理方式的规定。

信访工作人员对信访人妨碍信访秩序的行为,应该根据不同情况不同处理。首先对其进行劝阻、批评和教育。对于不听从劝阻、批评和教育的,则应当通知信访机构所在地的公安机关到场维持秩序,公安机关根据实际情况以及法律法规进行处理,需要追究法律责任的应当依法追究法律责任。

立法理由

行政权的行使不仅要依法行使,而且要合理行使,行政机关及其工作人员的自由裁量行为要做到合情、合理、恰当和适度。维护信访秩序不仅是信访机构及其工作人员的职责,同时事关公权力对私权的限制程度,因此在处理妨碍信访秩序的行为时,相关人员应当根据现实的情境采取恰当的处理措施。对于轻微的、没有造成严重危害的行为,应当首先以劝阻、批评和教育为主,如果能通过这种非强制性、非对抗性措施解决问题,既维护了信访秩序,也不会将信访人与信访机构及其工作人员激化为矛盾对立的双方。而对于不听从劝阻、批评和教育的行为人,则应当通知当地公安部门,采取相应的强制性措施。

本条是要求信访机构及其工作人员处理妨碍信访秩序的行为时应当坚持合理性原则,而不是对处理程序做出强制性规定。要根据实际情况,对可以通过劝阻、批评、教育解决的问题,则首先应当采取劝阻、批评、教育的手段,对于比较严重的、甚至是已经违法犯罪的行为,则应当在采取必要措施的同时,及时通知当地公安机构;而不是一定要遵守先劝阻、批评、教育,后通知当地公安机关的"工作程序"。

本法规定国家机关信访工作机构和各级国家机关的信访工作应当遵循"处理实际问题与思想疏导、法制宣传教育相结合"的原则,本条的内容也是对该原则的体现。有些信访人因为情绪激动或者不懂法律而做出一些妨碍信访秩序的行为,如果对其采用劝阻、批评、教育的方法,既可以疏导行为人的情绪,也可以对其进行法治宣传教育,增强其法律意识。

本条的规定同时也是与本法第120条相衔接,该条第1款同样规定了国家机关工作人员在信访人违反本法规定的相关义务时应当劝阻、批评或教育,第2款则具体规定了公安机关追究责任的不同方式,即"经劝阻、批评或者教育无效的,由公安机关予以警告、训诫或者制止;违反集会游行示威或者治安管理法律、行政法规的,由公安机关依法采取必要的现场处置措施,给予治安管理处罚;构成犯罪的,依法追究刑事责任。"因此,对于本条所说的当地公安机关到场后"依法予以处理",则参照第120条适用。

立法例

1.《浙江省信访条例》(2009 年)

第三十五条 信访人有本条例第三十四条规定行为的,信访工作机构应当对其进行批评教育,责令改正;经批评教育仍不改正的,可以通知公安机关到场维护秩序;必要时,公安机关可以依法将其带离。

2.《湖北省信访条例》(2005 年)

第四十一条 信访人故意扰乱信访秩序或者社会公共秩序,不听从信访工作人员的劝阻、批评和教育,信访工作机构应当通知公安机关到场维持秩序,并依法予以处理。

3.《河南省信访条例》(2005 年)

第二十五条 信访人不遵守本条例第十条第二款的规定或者有第十二条(一)、(二)、(三)项行为之一,影响接待工作,经批评教育无效的,由当地公安机关将其带离接待场所,有关部门按照国家有关规定予以收容遣送或者通知其所在地区、单位或监护人将其带回。

立法参考

《全国人大常委会机关信访工作若干规定》(2005 年)

第二十八条 异常上访情况处置小组的主要任务是:对异常上访的信访人进行劝阻、批评或者教育;维护上访秩序,确保接待场所安全;依法、快速、妥善处置异常上访事件。

对可能造成重大社会影响,或者可能带来其他严重后果的异常上访情况,异常上访情况处置小组应及时向分管副秘书长报告,并通知有关机关、组织依法采取适当措施处理。

第一百零六条 【妨碍信访秩序和影响他人信访权利的行为】

信访人不得有下列妨碍信访秩序和影响他人信访权利的行为:

(一)在非信访接待场所采用走访形式提出信访请求,影响场所正常秩序的;

(二)在国家机关或其工作部门办公场所及其周边、公共场所非法聚集、滋事、围堵、冲击国家机关,拦截公务车辆,堵塞、阻断交通,或者以自杀、自伤、自残相威胁的;

(三)强占接待场所,或者将老人、儿童、病人或残疾人弃置于信访接待场所,或者经受理、接待完毕,在公布的接待时间之外仍滞留于接待场所;

（四）捏造、歪曲事实,煽动信访人闹事,或者唆使、胁迫、收买他人参加信访、阻止他人退出群体性信访,或者为牟取不正当利益,鼓动他人信访;

（五）威胁、诽谤、辱骂、殴打信访工作人员;限制信访工作人员人身自由或以非法进入住宅或者其他方式干扰国家机关工作人员正常生活;

（六）扬言放火、爆炸、投毒、凶杀或者携带危险品、管制器具进入信访接待场所;投寄不明物质,制造恐怖气氛,危害公共安全或者他人人身安全;

（七）向境内外媒体或者各类组织发布有关信访事项的虚假信息;

（八）故意损坏信访接待场所的公共设施、公共财物;

（九）其他妨碍信访秩序和影响他人信访权利的行为。

说　明

本条是对妨碍信访秩序和影响他人信访权利的行为的规定。

第1项是对妨碍信访秩序的走访形式的规定,指在非信访接待场所进行走访并且影响该场所的正常秩序时,就属于妨碍信访秩序的行为。走访是提出信访请求的形式之一,本法第43条对走访的方式作出了明确的规定,“采用走访形式的,应当推选代表提出,代表不得超过五人”。对于走访,首先应当遵守第43条的规定,此外,也不得违反本项的规定,即不得在非信访场所进行走访影响该场所正常的秩序。非信访场所即指在信访机构以外的其他场所,主要指信访机构以外的其他国家机关及其工作部门,以及一些诸如天安门广场、外国驻华使领馆等具有重要安全、象征意义的场所。但是,本项也对这些妨碍信访秩序的行为进行了限制,即必须达到影响该场所正常秩序的程度。我国宪法赋予了公民表达的自由,因此,如果信访人在正常行使自己权利的范围内进行表达,则不应当认定为妨碍信访秩序的行为。

第2项指出影响国家机关及其工作部门办公场所或其周边的正常秩序,或影响公共场所正常秩序的行为。本项规定的妨碍信访秩序的行为的客体有两类:一是各级国家机关或其工作部门的办公场所的秩序,或是这些办公场所的周边场所的秩序;二是公共场所秩序,即国家机关及其工作部门的周边场所以外的公共场所。具体妨碍这些场所秩序的行为主要表现为6类:(1)非法聚集;(2)滋事;(3)围堵、冲击国家机关;(4)拦截公务车辆;(5)堵塞、阻碍交通;(6)以自杀、自伤、自残相威胁。

第3项是对强占、弃置、滞留等影响信访接待场所秩序的行为的规定。主要包括三类。(1)强行占领信访接待场所,限制、阻止信访工作人员及其他相关人员的出入,使得信访接待场所无法正常工作,同时也影响了其他信访人的信访权利。(2)将老人、儿童、病人或残疾人等生活不能自理的人故意丢弃、放置于信访接待场所,实际上是利用、控制这些弱势群体进行扰乱、占领信访接待场所的活动,一方面影响了信访接待场所的正常工作秩序,影响信访工作的正常展开,进而侵害了其他信访人的权利,另一方面,也是对这些老人、儿童、病人、残疾人的生命健康等合法权益的威胁、损害。(3)已经依程序受理、接待完毕,但在公布的接待时间之外仍滞留于接待场所,影响信访接待场所正常的工作秩序,使得信访工作人员无法正常地上下班,同时也侵害了信访工作人员的合法权益。

第4项是对故意利用、指使其他信访人破坏信访秩序、侵害他人信访权利的行为的规定。主要包括3种:(1)故意捏造、歪曲事实,从而煽动信访人闹事,信访人受到其误导,扰乱信访秩序;(2)通过唆使、胁迫、收买等手段,使本没有信访意愿的人参加信访,或者是通过强迫的手段,使本已经没有信访意愿的人退出群体性信访;(3)出于自己牟取不正当利益的目的,鼓动他人进行信访,即通过他人的信访行为为自己牟取不正当利益。

第5项是对信访人侵害信访工作人员权益的行为的规定。主要包括:(1)威胁、诽谤、辱骂、殴打信访工作人员;(2)限制信访工作人员人身自由;(3)以非法进入住宅等方式干扰国家机关工作人员的正常生活。

第6项是对具有威胁、危害公共安全或者他人人身安全性质的行为的规定。(1)声称实施放火、爆炸、投毒、凶杀等行为,威胁公共安全和他人人身安全的行为;(2)携带危险品、管制器具进入信访接待场所,威胁公共安全和他人人身安全;(3)向信访工作人员或信访机构投寄不明物质,故意制造恐怖气氛,危害公共安全和他人人身安全。

第7项指出信访人不得故意向境外媒体或其他组织提供、发布有关信访事项的虚假信息。

第8项是对信访人故意破坏信访接待场所的公共设施和公共财物的行为的规定。

第9项是兜底条款,指出其他与前述行为相当的妨碍信访秩序和影响他人信访权利的行为都是本条所指的禁止性行为。

立法理由

本法第22条规定信访人"不得损害国家利益、社会公共利益,不得损害其他公民、法人和其他组织的合法权益","遵守信访秩序",本条明确列举了8类禁止性行为,是对信访人信访义务的具体化。同时我国《宪法》第51条明确规定,"中华人民共和国公民在行使自由和权利的时候,不得损害国家的、社会的、集体的利益和其他公民的合法的自由和权利"。因此,对信访人妨碍信访秩序、影响他人信访权利的行为的禁止也是宪法精神的体现。

对本条内容的具体规定,更主要的是立足现实,回应实践中存在的普遍性问题,这些问题在全国各地都广泛存在,具有典型性,采用列举的方式,明确表明对这些行为持明确禁止的立法态度。而且对这些具有普遍性的妨碍信访秩序的行为进行列举,也具有一定的提示性,既提示信访人把握自己的信访行为,也提示信访工作人员明确什么性质的行为属于妨碍信访秩序的行为。

立法例

1. 国务院《信访条例》（2005 年）

第二十条 信访人在信访过程中应当遵守法律、法规,不得损害国家、社会、集体的利益和其他公民的合法权利,自觉维护社会公共秩序和信访秩序,不得有下列行为:

（一）在国家机关办公场所周围、公共场所非法聚集,围堵、冲击国家机关,拦截公务车辆,或者堵塞、阻断交通的;

（二）携带危险物品、管制器具的;

（三）侮辱、殴打、威胁国家机关工作人员,或者非法限制他人人身自由的;

（四）在信访接待场所滞留、滋事,或者将生活不能自理的人弃留在信访接待场所的;

（五）煽动、串联、胁迫、以财物诱使、幕后操纵他人信访或者以信访为名借机敛财的;

（六）扰乱公共秩序、妨害国家和公共安全的其他行为。

2.《广东省信访条例》（2014 年）

第六十六条 信访人及有关人员在信访活动中不得实施下列行为:

（一）在信访接待场所等国家机关办公场所周围、公共场所非法聚集,围堵、冲击国家机关或者重要活动场所,冲闯公安机关设置的警戒带（线）、警戒区;

（二）未经许可在公共场所或者公共道路上以静坐、列队行进、呼喊口号、派发传单、拉挂横幅、张贴标语等方式表达诉求;

（三）走访时以拦截车辆、堵塞道路等方式妨碍交通;

（四）走访时携带危险物品、管制器具,或者以采取极端行为相威胁;

（五）在国家机关办公场所及周围滞留、滋事等扰乱国家机关工作秩序和公共秩序的行为;

（六）在信访接待场所故意损坏公共设施、公私财物,侮辱、谩骂、殴打、威胁信访工作人员,非法限制他人人身自由,或者将生活不能自理的人弃留在信访接待场所;

（七）煽动、串联、胁迫、利诱、幕后操纵他人信访或者以信访为名借机敛财;

(八)向境内外媒体或者组织发布有关信访事项的虚假信息;

(九)其他妨害公共安全、扰乱公共秩序、妨害社会管理、妨碍他人合法权益的行为。

3.《青海省信访条例》(2011 年)

第四十二条 信访人在信访活动中不得有下列行为:

(一)在国家机关办公场所及其周围、公共场所等非法聚集,围堵、冲击国家机关,拦截公务车辆,或者堵塞、阻断交通;

(二)围攻、侮辱、殴打、威胁国家机关工作人员,或者限制其行动自由,干扰其正常工作和生活;

(三)在信访接待场所滞留、滋事,故意损坏信访接待场所公私财物,或者将生活不能自理的人弃留在信访接待场所;

(四)煽动、串联、胁迫、以财物诱使、教唆、幕后操纵他人信访或者以信访为名借机敛财;

(五)投寄有毒、有害物品,携带危险物品、管制器具以及其他可能危害公共安全的物品;

(六)其他妨碍国家和公共安全以及扰乱社会秩序的行为。

立法参考

1.《全国人大常委会机关信访工作若干规定》(2005 年)

第二十七条 下列情况属异常上访:

(一)信访人在全国人大常委会机关办公场所周围非法聚集,围堵、冲击机关,拦截公务车辆,或者堵塞、阻断交通的;

(二)携带危险物品、管制器具的;

(三)侮辱、殴打、威胁机关工作人员的;

(四)在全人大常委会人民来访接待室滞留、滋事,或者将生活不能自理的人弃留在全国人大常委会人民来访接待室的;

(五)煽动、串联、胁迫、幕后操纵他人信访或者以信访为名借机敛财的;

(六)利用信访活动,扰乱公共秩序、妨害国家和公共安全的其他行为。

2.《中华人民共和国治安管理处罚法》(2006 年)

第二十三条 有下列行为之一的,处警告或者二百元以下罚款;情节较重的,处五日以上十日以下拘留,可以并处五百元以下罚款:

(一)扰乱机关、团体、企业、事业单位秩序,致使工作、生产、营业、医疗、教学、科研不能正常进行,尚未造成严重损失的;

(二)扰乱车站、港口、码头、机场、商场、公园、展览馆或者其他公共场所秩序的；

（三）扰乱公共汽车、电车、火车、船舶、航空器或者其他公共交通工具上的秩序的；

（四）非法拦截或者强登、扒乘机动车、船舶、航空器以及其他交通工具，影响交通工具正常行驶的；

（五）破坏依法进行的选举秩序的。

第二十五条 有下列行为之一的，处五日以上十日以下拘留，可以并处五百元以下罚款；情节较轻的，处五日以下拘留或者五百元以下罚款：

（一）散布谣言，谎报险情、疫情、警情或者以其他方法故意扰乱公共秩序的；

（二）投放虚假的爆炸性、毒害性、放射性、腐蚀性物质或者传染病病原体等危险物质扰乱公共秩序的；

（三）扬言实施放火、爆炸、投放危险物质扰乱公共秩序的。

第二十六条 有下列行为之一的，处五日以上十日以下拘留，可以并处五百元以下罚款；情节较重的，处十日以上十五日以下拘留，可以并处一千元以下罚款：

（一）结伙斗殴的；

（二）追逐、拦截他人的；

（三）强拿硬要或者任意损毁、占用公私财物的；

（四）其他寻衅滋事行为。

第三十二条 非法携带枪支、弹药或者弩、匕首等国家规定的管制器具的，处五日以下拘留，可以并处五百元以下罚款；情节较轻的，处警告或者二百元以下罚款。

非法携带枪支、弹药或者弩、匕首等国家规定的管制器具进入公共场所或者公共交通工具的，处五日以上十日以下拘留，可以并处五百元以下罚款。

第四十条 有下列行为之一的，处十日以上十五日以下拘留，并处五百元以上一千元以下罚款；情节较轻的，处五日以上十日以下拘留，并处二百元以上五百元以下罚款：

（三）非法限制他人人身自由、非法侵入他人住宅或者非法搜查他人身体的。

3.《中华人民共和国集会游行示威法》(1989 年)

第二十八条 举行集会、游行、示威，有违反治安管理行为的，依照治安管理处罚条例有关规定予以处罚。

举行集会、游行、示威，有下列情形之一的，公安机关可以对其负责人和直接责任人员处以警告或者十五日以下拘留：

（一）未依照本法规定申请或者申请未获许可的；

（二）未按照主管机关许可的目的、方式、标语、口号、起止时间、地点、路线进行,不听制止的。

第二十九条 举行集会、游行、示威,有犯罪行为的,依照刑法有关规定追究刑事责任。

携带武器、管制刀具或者爆炸物的,比照刑法第一百六十三条的规定追究刑事责任。

未依照本法规定申请或者申请未获许可,或者未按照主管机关许可的起止时间、地点、路线进行,又拒不服从解散命令,严重破坏社会秩序的,对集会、游行、示威的负责人和直接责任人员依照刑法第一百五十八条的规定追究刑事责任。

包围、冲击国家机关,致使国家机关的公务活动或者国事活动不能正常进行的,对集会、游行、示威的负责人和直接责任人员依照刑法第一百五十八条的规定追究刑事责任。

占领公共场所、拦截车辆行人或者聚众堵塞交通,严重破坏公共场所秩序、交通秩序的,对集会、游行、示威的负责人和直接责任人员依照刑法第一百五十九条的规定追究刑事责任。

第三十二条 在举行集会、游行、示威过程中,破坏公私财物或者侵害他人身体造成伤亡的,除依照刑法或者治安管理处罚条例的有关规定可以予以处罚外,还应当依法承担赔偿责任。

第一百零七条 【不能控制自己行为的精神病患者的处理】

国家机关信访工作机构对来访时不能控制自己行为、妨碍信访秩序的精神病患者,应当通知其监护人或者所在地区乡、镇人民政府、街道办事处。

精神病人的监护人或者经常居住地乡、镇人民政府、街道办事处应当将其带回;必要时候应当通知信访工作机构所在地的公安机关将其带离接待场所,公安机关应积极予以配合。

说　明

本条是关于对来访时不能控制自己行为、妨碍信访秩序的精神病患者的处理的规定。

本条第 1 款所指的精神病患者是在信访过程中不能控制自己行为、妨碍信访秩序的精神病患者,即无论平时是无行为能力人还是限制行为能力人,当其在信访过程中因情绪激动或自身疾病原因导致不能控制自己的行为而妨碍到了信访秩序,则成为本条所规范的主体。

第 2 款规定了处理过程中精神病患者的监护人或其经常居住地乡、镇人民政府、街道办事处,以及公安机关应当履行的协助职责或义务。对来访时不能控制自己行为、妨碍信访秩序的精神病患者的处理,一般情况下应当通知其监护人或者其所在地区乡、镇人民政府、街道办事处,然后由其监护人或者其经常居住地乡、镇人民政府、街道办事处带回;信访机构所在地的公安机关有协助的必要,则通知公安机关,由公安机关将其带离接待场所,公安机关有配合的义务。对于"必要"情形,主要指需要公安机关采取强制性措施的情形。

立法理由

在信访过程中出现不能控制自己行为的精神病患者是实践中比较典型的一种情况,不能控制自己行为的精神病患者不仅会扰乱信访秩序,威胁到他人的人身安全,而且如果不及时采取措施,也可能会对该信访人自身的生命健康带来危害,因此对这种特殊情况的规定是很有必要的。

对本条的理解应当结合本法第 45 条:作为无行为能力人或限制行为能力人的精神病患者的信访请求,应当由其监护人提出,其自己本不应当单独进入信访接待场所。因此,当精神病患者出现在信访接待场所,出现不能控制自己行为、妨碍信访秩序的情况时,首先应当通知其监护人,由其信访人带回。如果无法通知监护人或监护人不能到场的,则应当通知精神病患者经常居住地的乡、镇人民政府或街道办事处,这也是地方基层政府参与共同维护信访秩序的体现。对于精神病患者,其本身就是限制行为能力人或无行为能力人,属于弱势群体,一般情况下不宜采取强制性措施,因此,只有在必要时才通知当地公安机关带离接待场所。

立法例

1.《湖南省信访条例》(2006 年)

第四十九条 信访工作机构对来访时不能控制自己行为、妨碍信访秩序的精神病患者,应当通知其所在地人民政府、所在单位或者监护人,将其接回。对有严重危害公共安全或者他人人身安全行为的精神病患者,应当通知接访所在地的公安机关将其带离接待场所,并按国家有关规定处理。

2.《江苏省信访条例》(2006 年)

第三十八条 信访工作机构在走访人员中发现精神病患者,应当通知其所在单位、监护人或者所在地的人民政府负责接回看管、治疗;对不能控制自己行为,妨碍信访秩序的精神病患者,由信访工作机构所在地公安机关将其带离信访接待场所,并按照国家有关规定予以处理。

3.《河南省信访条例》(2005 年)

第二十四条 精神病人有实际问题要求解决,应由其监护人或亲属代为反映。

信访工作机构发现来访人员中有精神病人的,应当通知精神病人所在地区、单位或者监护人将其接回。

对妨碍信访秩序的精神病人,信访工作机构可以通知所在地公安机关将其带离接待场所,有关部门按照国家有关规定予以收容遣送,或者通知其所在地区、单位或监护人将其带回。

4.《湖北省信访条例》(2005 年)

第四十条 信访工作机构对来访时不能控制自己行为、妨碍信访秩序的精神病患者,应当通知其所在地区、单位或者监护人将其接回;对有严重危害公共安全或者他人人身安全行为的精神病患者,应当通知信访工作机构所在地的公安机关将其带离接待场所。

5.《浙江省信访条例》(2009 年)

第三十六条 精神病患者的信访事项,由其监护人代为反映。

信访工作机构对来访的不能控制自己行为、妨碍信访秩序的精神病患者,应当通知其监护人或者所在地区负责将其带回。

第一百零八条 【走访的传染病患者、疑似传染病患者的处理】

国家机关信访工作机构对前来走访的传染病患者、疑似传染病患者,应当通知市和区、县卫生等部门按照《中华人民共和国传染病防治法》的有关规定处理。

说 明

本条是对走访的传染病患者、疑似传染病患者的处理的规定。

本条规定的主体是采取走访形式的已经确诊的传染病患者和疑似的传染病患者,各级国家机关的信访工作机构负有通知市和区、县卫生等部门的职责,而市和区、县卫生等部门应当按照《中华人民共和国传染病防治法》的有关规定处理,具体方式可以参照该法第 39 条的规定:

医疗机构发现甲类传染病时,应当及时采取下列措施:

(一)对病人、病原携带者,予以隔离治疗,隔离期限根据医学检查结果确定;

(二)对疑似病人,确诊前在指定场所单独隔离治疗;

(三)对医疗机构内的病人、病原携带者、疑似病人的密切接触者,在指定场所进行医学观察和采取其他必要的预防措施。

拒绝隔离治疗或者隔离期未满擅自脱离隔离治疗的,可以由公安机关协助医疗机构采取强制隔离治疗措施。

医疗机构发现乙类或者丙类传染病病人,应当根据病情采取必要的治疗和控制传播措施。

立法理由

采取走访形式的传染病患者、疑似传染病患者是信访秩序问题中比较特殊的情况,它既可能威胁信访工作人员与其他信访人的生命健康安全,同时也可能进一步扩散传染病毒,危害社会公共安全与公共秩序。因此,有必要对这一问题作出规定。

《中华人民共和国传染病防治法》第31条规定:"任何单位和个人发现传染病病人或者疑似传染病病人时,应当及时向附近的疾病预防控制机构或者医疗机构报告。"本条的规定正是体现了信访工作机构应当承担的及时报告的职责;而相关卫生部门、医疗机构也应当在收到通知后依法、及时对此类情况进行处理,不得推诿。处理过程也应当按照《中华人民共和国传染病防治法》法定程序进行,针对不同的情况采取不同的措施,需要采取强制措施的,则应当由法定主体依照法定程序进行,尊重精神病患者的合法权益。

同时,对于本条的理解,应当结合本法第47条"传染病患者、疑似传染病患者需要以走访形式提出信访请求的,应当委托他人代为提出",即传染病患者、疑似传染病患者有委托他人提出信访请求或以走访以外的形式提出信访请求的义务。

立法例

1.《上海市信访条例》(2012年)

第四十七条　信访工作机构对前来走访的传染病患者、疑似传染病患者,应当通知市和区、县卫生等部门按照《中华人民共和国传染病防治法》的有关规定处理。

2.《浙江省信访条例》(2009年)

第三十七条第二款　信访工作机构对来访的传染病患者、疑似传染病患者,应当通知有关卫生部门按照《中华人民共和国传染病防治法》的有关规定处理。

3.《重庆市信访条例》(2009年)

第五十条第二款　信访工作机构对来访的传染病患者、疑似传染病患者,应当通知卫生防疫部门依据相关法律、法规及时处理。

4.《北京市信访条例》(2006年)

第五十九条第二款　信访工作机构对来访的传染病患者、疑似传染病患者,应当通知属地卫生部门依据相关法律、法规处理。

5.《湖南省信访条例》(2006年)

第四十九条第二款　对信访人中有传染病或者疑似传染病的,应当按照法律、法规的规定及时报告接访所在地疾病预防控制机构处理。

第一百零九条 【信访人携带危险品、管制器具进入信访接待场所的处理】

信访人携带危险品、管制器具进入信访接待场所的,信访工作人员和保安人员应当及时阻止,并通知信访工作机构所在地的公安机关依法处理。

说 明

本条是对信访人携带危险品、管制器具进入信访接待场所的处理的规定。

信访人不得携带法律规定的危险品及管制器具进入信访场所,信访工作人员和保安人员有劝阻的职责,并有通知公安机关的职责,公安机关则依据相关法律针对具体情况对此类信访人进行处理。

立法理由

危险品是指易燃、易爆、有强烈腐蚀性的物品的总称;根据我国《危险化学品安全管理条例》第 3 条的规定,危险化学品是指"具有毒害、腐蚀、爆炸、燃烧、助燃等性质,对人体、设施、环境具有危害的剧毒化学品和其他化学品"。此外,该条例第 5 条还规定,"任何单位和个人不得生产、经营、使用国家禁止生产、经营、使用的危险化学品"。因此,带危险品进入信访接待场所,不仅对公共安全带来威胁,而且私自携带法律明令禁止的危险品,本身就属于违法违规行为。

根据我国《公安部对部分刀具实行管制的暂行规定》第 2 条,管制刀具是指"匕首、三棱刀(包括机械加工用的三棱刮刀)、带有自锁装置的弹簧刀(跳刀)以及其它相类似的单刃、双刃、三棱尖刀。"该规定第 3 条、第 4 条规定,"匕首,除中国人民解放军和人民警察作为武器、警械配备的外,专业狩猎人员和地质、勘探等野外作业人员必须持有的,须由县以上主管单位出具证明,经县以上公安机关批准,发给《匕首佩带证》,方准持有佩带。佩带匕首人员如果不再从事原来的职业,应将匕首交还配发单位,《匕首佩带证》交回原发证公安机关。机械加工使用的三棱刮刀,只限工作人员在工作场所使用,不得随意带出工作场所。"同时第 9 条明确指出,"严禁非法携带上述刀具进入车站、码头、机场、公园、商场、影剧院、展览馆或其他公共场所和乘坐火车、汽车、轮船、飞机。"因此,信访人将管制刀具带入信访场所,扰乱信访秩序与公共秩序,威胁他人人身安全与公共安全,应当由公安机关根据其具体行为作出相应处理。

《中华人民共和国治安管理处罚法》第 30 条规定,"违反国家规定,制造、买卖、储存、运输、邮寄、携带、使用、提供、处置爆炸性、毒害性、放射性、腐蚀性物质或者传染病病原体等危险物质的,处 10 日以上 15 日以下拘留;情节较轻的,处 5 日以上 10 日以下拘留。"第 32 条规定,"非法携带枪支、弹药或者弩、匕首等国家规定的管制器具的,处 5 日以下拘留,可以并处 500 元以下罚款;情节较轻的,处警告或者 200 元以下罚款。"公安机关应当根据信访人携带的危险品的性质及行为危害程度来作出是否予以治安处罚的决定,而对于违反刑法的行为,则需依据《刑法》相关规定进行处理。公安机关应当是作出处罚、采取强制措施的法定主体,信访机构负有及时通知的义务,而公安机关也承担着相应的职责。

立法例

1.《上海市信访条例》(2012 年)

第四十八条　信访人携带危险品、管制器具进入信访接待场所的,信访工作人员和保安人员应当及时阻止,并由公安机关依法处理。

2.《江苏省信访条例》(2006 年)

第四十一条　对信访人进入接待场所时携带的危险物品、管制器具等危害公共安全的物品,应当依法予以收缴。

立法参考

1.《福建省各级人民代表大会常务委员会信访工作条例》(2000 年)

第十二条　信访人应当遵守信访秩序,不得影响人大常委会工作秩序,不得损坏接待场所的公私财物,不得纠缠、侮辱、殴打、威胁信访工作人员,不得携带危险品、爆炸物品以及管制器械进入接待场所。

信访人有上述行为之一的,各级人大常委会可通知有关单位配合共同接待处理;违反治安管理的,由公安机关依法处理。

2.《内蒙古自治区各级人民代表大会常务委员会信访条例》(2006 年)

第二十六条　对患有传染病或者疑似传染病的信访人,信访工作部门应当及时通知当地卫生行政管理部门,按照国家有关规定处理。

3.《中华人民共和国治安管理处罚法》(2006 年)

第三十条　违反国家规定,制造、买卖、储存、运输、邮寄、携带、使用、提供、处置爆炸性、毒害性、放射性、腐蚀性物质或者传染病病原体等危险物质的,处 10 日以上15 日以下拘留;情节较轻的,处 5 日以上 10 日以下拘留。

第三十二条　非法携带枪支、弹药或者弩、匕首等国家规定的管制器具的,处 5 日以下拘留,可以并处 500 元以下罚款;情节较轻的,处警告或者 200 元以下罚款。

第一百一十条 【信访人在信访接待场所自杀、自残的处理】

信访人在信访接待场所自杀、自残的,信访工作人员和保安人员应当及时阻止,并通知信访工作机构所在地的公安机关、卫生部门和医疗机构。

公安机关、卫生部门和医疗机构应当及时到场并采取紧急措施。

说 明

本条是对信访人在信访接待场所自杀、自残的处理的规定。

信访人在信访接待场所自杀、自残的行为属于妨碍、破坏信访秩序的行为,信访工作人员和保安人员都有及时阻止的职责,同时还应当通知当地的公安机关、卫生部门和医疗机构。公安机关、卫生部门有职责及时当场采取相应的紧急措施,医疗机构也应当及时到场,采取必要的疏导、救助等措施。

立法理由

以自杀、自残相威胁或因情绪激动采取自杀、自残的行为是在信访秩序维护过程中出现的比较典型的情况。一方面这些行为本身就会对行为者的生命健康构成威胁和伤害,理应进行阻止和救助;另一方面,自残、自杀的行为会引起场所内其他民众的恐慌,同时也会威胁到其他人的生命健康安全。因此,必须从以人为本、生命至上的高度予以重视。

信访工作人员本身就有维护信访秩序的职责,保安人员也应当履行其维护接待场所秩序的工作职责,因此首先应当根据实际情况采取阻止等措施,并及时通知公安机关、卫生部门等相关职能部门。公安机关、卫生部门应当与信访机构一起维护信访秩序、公共秩序,履行其分内职责。当地医疗机构应当尽快的参与其中,对可能出现的伤亡提供专业的医疗救助。这是各个相关部门在职责范围内协调配合的体现。

立法例

1.《广东省信访条例》(2014 年)

第六十五条 信访工作人员接待来访时,发现来访人员采取或者可能采取自杀、自残等行为的,应当及时劝阻,必要时并可通知公安机关和卫生部门、医疗机构。公安机关和卫生部门、医疗机构应当及时到场并采取紧急措施。

2.《浙江省信访条例》(2009 年)

第三十八条 信访工作人员对信访人在接待场所自杀、自残的,应当及时制止,并通知公安机关和卫生部门、医疗机构采取紧急措施。

3.《上海市信访条例》(2012 年)

第四十八条第二款 信访人在信访接待场所自杀、自残的,信访工作人员和保安人员应当及时阻止,并通知公安机关和卫生部门、医疗机构。公安机关和卫生部门、医疗机构应当及时到场并采取紧急措施。

4.《湖北省信访条例》(2005 年)

第四十一条 信访人故意扰乱信访秩序或者社会公共秩序,不听从信访工作人员的劝阻、批评和教育,信访工作机构应当通知公安机关到场维持秩序,并依法予以处理。信访人在接待场所自杀、自残的,信访工作机构及其工作人员应当及时制止,并通知公安机关和卫生部门、医疗机构采取紧急措施,妥善处理。

5.《江苏省信访条例》(2006 年)

第四十二条 对信访人在接待场所自杀、自残或者以传染疾病等相要挟的,应当及时制止,并通知公安机关和卫生部门、医疗机构及时处理。

第一百一十一条 【对越级走访、无理走访、重复走访的处理】

未按照本法规定越级走访的,未按照本法规定无正当理由、依据坚持走访的,以及未按照本法规定重复走访的,各级国家机关信访工作机构应当依法向走访人员作出解释,并做好疏导工作;经疏导、劝解无效的,继续坚持走访的,通知信访工作机构所在地公安机关依法予以处理。

说 明

本条是对违反规定越级走访、无理走访、重复走访的行为的处理规定。

本法明确规定了走访应当坚持"属地原则",不得越级上访,同时规定了走访应当遵循的规范和程序,因此违反规定进行越级走访,无正当理由、依据走访和重复走访的三类情形属于妨碍、破坏信访秩序的行为。对此,各级国家机关的信访工作人员应当对这类走访人员作出解释,做好疏导工作;对于疏导、劝解无效、仍然坚持走访的信访人,信访工作人员应当通知信访机构所在地的公安机关依法予以处理。

立法理由

走访是一种比较特殊的表达信访请求的方式,如果信访人不规范走访行为、信访工作人员不做好维持、疏导工作,很容易影响到信访场所的工作秩序和社会公共秩序。本法第 43 条明确规定"采用走访形式的,应当推选代表提出,代表不得超过五人",此外,走访也应当有合理的信访请求、遵守信访规范和程序,如果不按照法律规定进行走访,会额外增加信访工作的负担,浪费信访资源,妨碍信访秩序。因此,本条专门对现实中比较典型的三类违规走访的形式作出规定,认定其妨碍、破坏信访秩序的性质。越级走访是指不按照信访法规"属地管理"的规定,一味要求上级解决、领导解决,违反了正常的信访程序;无理走访指没有合理的依据、理由,仍然坚持到信访机构或其他国家机关走访,影响了这些国家机关、机构的正常的工作秩序;重复走访指信访人的信访请求已经解决或正在依照程序解决,信访人仍然坚持到信访机构进行走访。

本条同样对信访机构及其工作人员的职责作出规定:信访机构及其工作人员有维护信访秩序的职责,在处理本条认定的妨碍信访秩序的行为时,同样应当坚持合法性原则与合理性原则。不能首先就这类型行为采取激烈的对抗性、强制性措施,而是应当进行劝阻、疏导、教育;否则既可能进一步激化矛盾,影响信访秩序,也可能侵犯信访人其他方面的合法权利。只有在劝阻、疏导无效时,才应当通知公安机关,由有行政强制权、执法权的公安机关采取相应的措施。

现实中,越级走访、无理走访、重复走访成为一个日益突出的问题,一些信访人信奉"官越大,问题越好解决",一出现问题就往省城、首都跑,这些城市本身是国家、一省的政治经济中心,人口多、治安压力大,走访人群给当地信访秩序和公共秩序带来了很大的影响。还有一些人信奉"爱哭的孩子有奶喝",走访过程中往往采取群体走访或是激烈、危险的方式表达信访诉求,威胁了公共秩序与公共安全。因此,针对这一突出问题,2014 年国务院信访局也公布了《关于进一步规范信访事项受理办理程序引导来访人依法逐级走访的办法》去应对这类问题。该办法提出要"进一步强化属地责任、提高信访工作效能,引导来访人依法逐级走访,推动信访事项及时就地解决"。本条款的制定也是以此精神为指导,针对性解决现实中存在的典型问题。

立法例

1.《广东省信访条例》(2014 年)

第六十三条 五人以上提出共同信访事项未按规定推选代表走访的,信访工作机构应当劝告来访人员推选代表,做好说服解释工作;经劝告信访人仍不按规定推选代表的,不予受理。

第六十四条 信访人违反规定越级走访的,国家机关不予受理,并向信访人解释有关法律规定,劝告来访人员依法向有权处理的国家机关信访。

信访事项已经由有关国家机关受理或者正在办理,信访人在规定期限内向国家机关重复走访的,国家机关不予受理,并做好说服解释工作,劝告信访人返回等待有关国家机关的办理结果。

信访事项已经办理终结,信访人向国家机关重复走访的,国家机关不予受理,并劝告信访人息访;信访人仍不息访的,由信访人户籍所在地或者经常居住地人民政府与信访事项发生地人民政府共同做好情绪疏导、说服解释工作。

2.《湖北省信访条例》(2005 年)

第四十二条 对重大群体性信访事项,信访工作机构应当及时与有关地方和部门联系,实施群体性事件应急处理方案,共同做好疏导说服和处置工作。对未按照本条例第十八条规定推选代表反映信访事项的集体走访,信访工作机构应当劝告信访人推选代表反映。必要时,公安机关应当维持现场秩序。

立法参考

《关于进一步规范信访事项受理办理程序引导来访人依法逐级走访的办法》
(国家信访局 2014 年 4 月 23 日印发)

第四条 信访人提出信访事项,一般应当采用书信、电子邮件、网上投诉等书面形式。信访人采用走访形式提出信访事项,应当根据信访事项的性质和管辖层级,到依法有权处理的本级或上一级机关设立或者指定的接待场所提出。首先接谈的机关先行受理,不得推诿。

对跨越本级和上一级机关提出的信访事项,上级机关不予受理,并引导来访人以书面或走访形式向依法有权处理的机关提出,同时将相关情况及时通报下级有关机关。

第八条 来访人对信访事项处理(复查)意见不服,未提出复查(复核)请求而到上级机关再次走访的,各级人民政府信访工作机构和其他行政机关不予受理,并引导来访人走复查(复核)程序。

第九章　法 律 责 任

本章说明

法律责任是法律关系的重要内容,是法律对行为的否定性评价进而应承担的不利法律后果。权利主体违反了其相对应的义务,权力主体违背了其法定的职责时就应当承担应有的法律责任。法律责任的规定既是法律规则逻辑完整性的体现,同时也保护法律关系主体权利并提供应有的救济。因此,对信访法律责任的规定采取专章规定的体例,既是信访法律体系逻辑性的体现,同时也是将信访责任贯穿到信访活动的所有环节,完善责任体系,做到执法有保障、有权必有责、用权受监督、违法受追究。

信访法律责任是约束信访主体依法行使权利和履行义务,保障信访法目的实现的重要手段。本章规定的信访法律责任主体的范围具有广泛性,主要有国家机关及其工作人员和信访人两大类,而对国家机关及其工作人员则又可以分为国家机关的信访机构及其工作人员、有权处理信访事项的国家机关及其工作人员以及引发信访事项的行政机关及其工作人员三种。同一个国家机关在不同的信访法律关系中因其职责和行为的不同,所具有的主体身份也会不同(既可能是引发信访事项的机关,也可能是信访事项的处理机关),从而承担的责任也会不同。

根据"有权必有责,违法受追究"的法治要求,国家机关及其工作人员应当承担与其信访相关工作相应的法律责任。本章第 112 条、第 113 条和第 114 条规定了引发信访事项的国家机关及其工作人员应当承担的信访法律责任。细化和加重信访事项的引发责任是本法相较于 2005 年《信访条例》有所改进的地方,这既是对近几年信访实践的回应与总结,也是对"加强源头治理"的原则精神的体现。第 115 条规定的是信访工作机构的法律责任。第 116 条规定是信访工作人员的法律责任。第 117 条是对信访事项的办理、执行机关的法律责任的规定。第 118 条规定了重大、紧急信访请求、事项隐瞒、谎报、缓报的法律责任。第 119 条规定的是压制、打击报复信访人的法律责任,其主体既可能是国家机关及其工作人员,也可能是受其指使的其他公民、法人或者组织。

根据权利与义务相统一的法治原则,公民在行使权利的同时,也应当履行相应的义务并承担相应的责任。信访人在表达自己利益诉求的过程中必须尊重国家的法律,维护正常的信访秩序,承担相应的义务,否则就要承担法律责任。引导公民合法、理性和有序信访,在行使权利的同时,也要承担相应的义务,达到权利和义务的统一。本章第 120 条规定了信访人违反信访义务、妨碍信访秩序时应当承担的法律责任。

本章设定的信访法律责任形式为行政责任和刑事责任两种类型。行政责任既包括行政主体违反本法与相关法律而承担的行政法律责任,包括通报批评、行政处分等形式;也包括信访人违反集会游行示威、治安管理相关法律而受到的警告、训诫、行政处罚等责任承担形式。刑事法律责任是行政机关与信访人的相关行为达到刑法规定的程度而构成犯罪的,应当依法受到刑事制裁。

本章没有对应当承担责任的行为的不同程度作出细致区分,也没有针对具体情况对具体的处罚方式作出规定,这些问题一方面适宜通过司法解释、工作办法的形式结合实践具体作出规定;另一方面,《公务员法》《治安管理处罚法》《刑法》等相关法律已经对有关情况做出了具体的规定,只需结合这些法律适用即可。

第一百一十二条 【国家机关一般侵害行为引发信访事项的责任】

国家机关及其工作人员侵害公民、法人或者其他组织的合法权益,导致信访事项发生,造成严重后果,构成犯罪的,对直接负责的主管人员和其他直接责任人员依法追究刑事责任;尚不构成犯罪的,依法给予行政处分。

说 明

本条是对国家机关一般侵害行为引发信访事项的责任规定。

各级国家机关及其工作人员的违法、不正当行为侵害公民、法人或者其他组织的合法权益,并因此导致了信访事项的发生,应当追究其法律责任。如果行为后果严重,危害了刑法所保护的法益,则构成犯罪,应当追究刑事责任;尚不构成犯罪的,依法给予行政处分。承担责任的主体应当是该国家机关直接负责的主管人员,以及行为的实施者等相关责任人员。侵害公民、法人或其他组织的合法权益的行为不应当是私人行为,而是国家机关行为或以国家机关名义实施的行为。具体的违法、不当行为的内容,参照相关法律法规的规定。

立法理由

信访预防应当是信访治理与信访工作中的重要内容,本法第 12 条就提出"从源头上预防和减少导致信访请求的矛盾和纠纷"的基本原则。处理好信访事项、维护好信访秩序只是"治标",预防信访事项的发生才是"治本"。

本条的立法目的就是要求各级国家机关严格依法履行职责,减少和预防违法或者不当行为的发生。实践中比较典型的违法、不当行为有:(1)超越或滥用职权,侵害信访人合法权益;(2)应当作为而不作为,侵害信访人合法权益;(3)使用法律、法规、规定错误,或违反法定程序,侵害信访人合法权益。

要求"直接负责的主管人员和其他直接责任人员"承担法律责任,是对信访预防工作责任制的落实,本法总则部分第 18 条就规定"各级国家机关应当建立健全信访工作责任制""追究有关责任人员的责任"。本章法条中出现的"直接负责的主管人员",是指国家机关内部对工作事项负有直接领导和管理职责,对外代表行政主体实施行政行为的人员;"其他直接责任人员"是指具体承办人和协助主管人员的分管人员。

立法例

1. 国务院《信访条例》(2005 年)

第四十条 因下列情形之一导致信访事项发生,造成严重后果的,对直接负责

的主管人员和其他直接责任人员,依照有关法律、行政法规的规定给予行政处分;构成犯罪的,依法追究刑事责任:

(一)超越或者滥用职权,侵害信访人合法权益的;

(二)行政机关应当作为而不作为,侵害信访人合法权益的;

(三)适用法律、法规错误或者违反法定程序,侵害信访人合法权益的;

(四)拒不执行有权处理的行政机关作出的支持信访请求意见的。

2.《北京市信访条例》(2006 年)

第六十一条 国家机关及其工作人员侵害公民、法人或者其他组织的合法权益,导致信访事项发生,造成严重后果,构成犯罪的,对直接负责的主管人员和其他直接责任人员依法追究刑事责任;尚不构成犯罪的,依法给予行政处分。

3.《广东省信访条例》(2014 年)

第七十三条 国家机关及其工作人员,有下列行为之一,导致信访事项发生且造成严重后果的,对直接负责的主管人员和其他直接责任人员依法给予处分;构成犯罪的,依法追究刑事责任:

(一)违反法律、法规或者其他有关规定进行决策,严重损害公民、法人或者其他组织合法权益的;

(二)超越或者滥用职权,侵害公民、法人或者其他组织合法权益的;

(三)依法应当作为而不作为,侵害公民、法人或者其他组织合法权益的;

(四)因故意或者重大过失导致认定事实错误,或者适用法律、法规错误,侵害公民、法人或者其他组织合法权益的;

(五)违反法定程序,侵害公民、法人或者其他组织合法权益的。

立法参考

1.《公安机关信访工作规定》(2005 年)

第三十八条 公安机关因下列情形之一导致信访事项发生,造成严重后果的,对直接负责的主管人员和其他直接责任人员,依照有关法律、法规、规章的规定给予行政处分;构成犯罪的,依法追究刑事责任:

(一)超越或者滥用职权,侵害信访人合法权益的;

(二)应当作为而不作为,侵害信访人合法权益的;

(三)适用法律、法规错误或者违反法定程序,侵害信访人合法权益的;

(四)拒不执行信访处理意见或者复查、复核意见的;

(五)其他导致信访事项发生,造成严重后果的。

2.《人民检察院信访工作规定》(2007 年)

第五十二条 具有下列情形之一导致信访事项发生,造成严重后果的,对直接负责的主管人员和其他直接责任人员,依照《人民检察院错案责任追究条例(试行)》和《检察人员纪律处分条例(试行)》等有关规定给予纪律处分;构成犯罪的,依法追究刑事责任:

(一)超越或者滥用职权,侵害信访人合法权益的;

(二)应当作为而不作为,致使信访人合法权益受到侵害的;

(三)因故意或者重大过失,造成案件定性处理错误,侵害信访人合法权益的;

(四)其他因故意或者重大过失导致信访事项发生,造成严重后果的。

3.《关于违反信访工作纪律处分暂行规定》(2008年)

第八条 有下列情形之一的,对负有直接责任者,给予记大过、降级、撤职或者开除处分;负有主要领导责任者,给予记过、记大过、降级或者撤职处分;负有重要领导责任者,给予警告、记过、记大过或者降级处分:

(一)超越或者滥用职权,侵害公民、法人或者其他组织合法权益,导致信访事项发生,造成严重后果的;

(二)应当作为而不作为,侵害公民、法人或者其他组织合法权益,导致信访事项发生,造成严重后果的;

(三)因故意或重大过失导致认定事实错误,或者适用法律、法规错误,或者违反法定程序,侵害公民、法人或者其他组织合法权益,导致信访事项发生,造成严重后果的。

第一百一十三条 【国家机关预防、排查、化解社会矛盾中引发信访事项的责任】

国家机关在预防、排查、化解社会矛盾和纠纷过程中出现失职、渎职行为,导致信访事项发生,并造成严重后果或重大社会影响的,对直接负责的主管人员和其他直接责任人员依法给予行政处分,构成犯罪的,依法追究刑事责任。

说 明

本条是对国家机关预防、排查、化解社会矛盾和纠纷过程中引发信访事项的责任规定。

相关国家机关负有预防、排查、化解社会矛盾和纠纷的职责,如果因其失职、渎职而没能及时排查、化解社会矛盾、纠纷,进而导致信访事项的发生,并且造成严重后果或重大社会影响的,则需要对直接负责的主管人员和其他直接责任人员依法给予行政处分;如果失职、渎职行为构成犯罪的,则依法追究刑事责任。

立法理由

信访问题排除、化解是指在信访工作中发动和依靠群众,及时对信访问题和矛盾隐患进行多层次的调查摸底,全方位的调解处理,以预防信访矛盾发生,避免矛盾激化。做好信访问题的排查、化解工作,是正确处理人民内部矛盾的需要,是信访工作变被动为主动的"治本"之策之一。既有利于把问题解决在萌芽状态,将复杂的信访矛盾"化繁为简",也有利于加强工作的主动性,把信访工作的重心从事后处理转移到事前排查化解上来。而在排除、化解矛盾中出现失职、渎职的行为,没有及时发现信访问题苗头,阻止问题的酝酿、发酵,甚至采取了不正当的措施,成为了信访事项发生的导火索,致使矛盾升级、对抗加剧,应当追究直接负责的主管人员和其他直接责任人员的责任。

早在 2009 年,中共中央办公厅、国务院办公厅就转发了《关于把矛盾纠纷排查化解工作制度化的意见》(以下简称《意见》)。《意见》指出矛盾纠纷排查化解工作的范围是各种可能引发信访问题和影响社会和谐稳定的矛盾纠纷、苗头隐患,重点是容易引发信访突出问题的重大矛盾纠纷。《意见》还要求,要规范矛盾纠纷的排查方法,同时要强化矛盾纠纷的化解措施,要切实加强对矛盾纠纷排查化解工作的组织领导。我国从 2009 年以来就一直在建立、健全信访矛盾排除、化解工作机制。本法第 14 条也规定"各级国家机关应当建立矛盾纠纷排查调处机制,对排查出的社会矛盾和纠纷,应当及时化解,预防信访矛盾的发生"。因此,确立相关的法律责任也是对该机制的完善,促进信访矛盾排除、化解工作进一步制度化。

立法例

《广东省信访条例》(2014 年)

第六十九条 国家机关应当建立和完善矛盾纠纷排查调处机制,推行网格化管理模式,加强预警工作,依法、及时、就地解决矛盾与纠纷。

国家机关应当整合人民调解、司法调解、行政调解等资源,促进专业性、行业性调解组织发展,完善居民委员会和村民委员会调解、企业事业单位调解等基层调解渠道,通过说服、疏导等方法促使当事人协商解决问题。

国家机关应当建立健全公众参与机制和激励机制,发挥基层群众性自治组织、人大代表和政协委员的作用,鼓励工会、共青团、妇联或者其他社会组织以及公道正派、热心调解、群众认可的社会人士参与调解。

立法参考

《关于违反信访工作纪律处分暂行规定》(2008 年)

第五条 有下列情形之一的,对负有直接责任者,给予记大过、降级、撤职或者

开除处分;负有主要领导责任者,给予记大过、降级或者撤职处分;负有重要领导责任者,给予记过、记大过或者降级处分:

(一)决策违反法律法规和政策,严重损害群众利益,引发信访突出问题或群体性事件的;

(二)主要领导不及时处理重要来信、来访或不及时研究解决信访突出问题,导致矛盾激化,造成严重后果的;

(三)对疑难复杂的信访问题,未按有关规定落实领导专办责任,久拖不决,造成严重后果的。

第一百一十四条 【国家机关做出政策引发重大信访事项的责任】

对于国家机关做出的政策引起重大信访事项,并造成严重后果或重大社会影响的,对直接负责的主管人员和其他直接责任人员应当依法给予行政处分,存在犯罪行为的,依法追究刑事责任。

说　明

本条是对国家机关做出政策引发重大信访事项的责任规定。

各级国家机关依据其职责制定相关政策,因该政策引发了重大信访事项,并且造成严重后果或重大的社会影响,对直接负责的主管人员和其他直接责任人员依法给予相应的行政处分,如果在政策制定的过程中相关人员存在犯罪行为的,则依法追究相应的刑事责任。

立法理由

本条主要针对的是各级国家机关在其职责范围内、政策制定过程中,没有科学、民主、合理决策,进而导致群体性事件等社会影响较大的事件的发生,影响社会和谐与稳定的情况。本条规定的情形属于决策失误的情形,与本法第112条相比较,这种政策是在职责范围之内、依据合法程序制定的,也没有具体侵害公民、法人或其他组织的合法权益,但是由于没有考虑到相关因素,没有能科学决策、合理决策、民主决策,进而造成了社会的重大影响,甚至是群体性事件的发生。

涉及公众切身利益、可能造成社会重大影响的重大政策、重大工程项目、重大改革措施等重大事项在决策前,应当进行社会稳定风险评估,重点评估决策的合法性、出台时机和条件是否成熟、是否存在不稳定隐患等内容。近年来,我国类似"PX"工程、垃圾焚烧厂的建设的决策,就出现了这种合法但不合理、有利于民但难获民众信任从而引发群众"散步"、集会的情况,这时就应当对相关责任人予以行政处分。本法第 18 条也规定要"建立健全信访追责制,对于各级国家机关做出的政策引起重大信访事项的,追究相关国家机关相关责任人的责任。"本条可以说是"信访追责制"在本法的具体落实与规定。

关于刑事责任的追究,不同于本法第 112 条和第 113 条,因为本条针对的是依法但不科学合理的决策行为,因此,该决策行为本身并未出现触犯刑法的情况,但是在决策过程中也可能同时存在着相关人员受贿、失职、渎职等犯罪行为,对于这些行为本应当处以刑事法律制裁,本条只是作出"注意性"说明。

立法参考

《广东省信访工作责任追究暂行办法》(2010 年)

第十三条 有下列情形之一的,视情节轻重,对发案单位、责任单位有关领导和工作人员,给予责令辞职或者免职的责任追究:

(一)决策失误或者工作失职,严重损害群众合法权益,或者对法定职权范围内的信访事项拒不受理,导致发生信访恶性案件或重大群体性事件,造成严重后果的;

第一百一十五条 【信访工作机构的法律责任】

国家机关信访工作机构在信访工作中违反本法规定的,由有权处理的国家机关责令改正;造成严重后果,构成犯罪的,对直接负责的主管人员和其他直接责任人员依法追究刑事责任;尚不构成犯罪的,依法给予行政处分。

说 明

本条是对国家机关信访工作机构的法律责任的规定。

各级国家机关的信访工作机构在信访工作中应当积极履行本法所规定的职责、承担信访工作中相应的义务,不得侵害信访人的合法权益,不得违反本法的相关规定,如果出现违反本法相关规定的情况,由有权处理的国家机关责令其改正。对于造成严重后果的,如果其行为构成犯罪,则对直接负责的主管人员和其他责任人员依法追究刑事责任,尚不构成犯罪的,则予以行政处分。

立法理由

本条是对信访工作机构的责任的规定。本法对信访工作机构的职责的规定主要有以下几个方面:(1)信访工作机构对信访工作信息依法公开的职责;(2)信访机构对信访请求依法处理的责任;(3)执行依法督办的职责;(4)维护信访秩序的职责。本条的规定是权责相统一原则的体现,信访机构享有相应的信访权力,同时也应当履行相应的职责,否则就应当承担相应的责任。

本条对信访机构的责任的设置分为"单位责任"和"个人责任"两类。"单位责任"即要求违反本法相关规定的信访工作机构承担依法予以改正的责任,该责任由"有权处理的国家机关"做出;"有权处理的国家机关"一般是指信访机构所在的国家机关及其上级机构,但也有例外,如人大、法院、检察院系统,其上级信访机构则不属于"有权处理的国家机关"。"个人责任"指直接负责的主管人员和其他直接责任人员的责任,如果他们在具体工作中违反本法的规定构成了犯罪的,则依法追究刑事责任,不构成犯罪的,依法予以行政处分。

本条没有采取"列举式"的体例,首先是因为"列举式"虽然可以对一些典型事项做出专门列举,但是仍然不能穷尽。并且,本法在各分则章节中(第3章"信访工作机构和信访工作人员"、第5章"信访工作程序"、第6章"信访督办"、第8章"信访秩序")明确规定了信访工作机构的职责,因此,没有必要在本条对这些行为一一列举。其次,目前采取"列举式"体例的信访法规,在对相关行为的列举中并没有很明确的区分出信访工作人员的行为与信访工作机构的行为,大多数实际上是对信访工作人员行为的列举,而本法对信访工作人员的信访责任单独设定一条予以规定,因此,在本条没有必要对一些典型的违法工作行为再进行列举。

立法例

1.《北京市信访条例》(2006年)

第六十二条 国家机关在信访工作中违反本条例规定的,由有权处理的国家机关责令改正;造成严重后果,构成犯罪的,对直接负责的主管人员和其他直接责任人员依法追究刑事责任;尚不构成犯罪的,依法给予行政处分。

2.《湖北省信访条例》(2005年)

第四十四条 国家机关及其信访工作机构和有关单位有下列情形之一的,由有关机关或者其主管部门给予通报批评,责令限期改正;逾期不改正的,对直接负责的主管人员和其他直接责任人员,依法给予行政处分:

(一)对职责范围内的信访事项拒不按照规定受理、办理的;

(二)处理信访事项超过办理时限而不报告办理结果或者报告虚假办理结果的;

(三)对重大信访事项不及时报告或者不采取措施处理造成不良后果的;

(四)对国家机关有关信访事项依法作出的处理决定拒不执行或者推诿、拖延执行的;

(五)在处理信访事项中的实施违法失职行为,造成严重后果的。

立法参考

1.《关于违反信访工作纪律处分暂行规定》(2008 年)

第七条 有下列情形之一的,对负有直接责任者,给予记过、记大过、降级或者撤职处分;负有主要领导责任者,给予记过、记大过或者降级处分;负有重要领导责任者,给予警告、记过或者记大过处分:

(一)在处理信访事项过程中,工作作风简单粗暴,造成严重后果的;

(二)对信访事项应当受理、登记、转送、交办、答复而未按规定办理或逾期未结,或者应当履行督查督办职责而未履行,造成严重后果的;

(三)在处理信访事项过程中,敷衍塞责、推诿扯皮导致矛盾激化,造成严重后果的;

(四)对重大信访突出问题和群体性事件,应到现场处置而未到现场处置或处置不当,造成严重后果或较大社会影响的。

第十条 在信访工作中有其他失职、渎职行为,引发信访突出问题或群体性事件的,对负有直接责任者,给予记大过、降级、撤职或者开除处分;负有主要领导责任者,给予记过、记大过、降级或者撤职处分;负有重要领导责任者,给予警告、记过、记大过或者降级处分。

2.《人民检察院信访工作规定》(2007 年)

第五十三条 在处理信访事项过程中违反本规定,具有下列情形之一,造成严重后果的,对责任单位、责任部门和直接责任人予以批评教育;情节较重的,给予纪律处分;构成犯罪的,依法追究刑事责任:

(一)无故推诿、敷衍,应当受理而不予受理的;

(二)无故拖延,未在规定期限内办结的;

(三)对事实清楚,符合法律、法规或者其他有关规定的信访请求未予支持的;

(四)作风粗暴,方法简单,激化矛盾的。

第一百一十六条 【信访工作人员的法律责任】

国家机关信访工作人员违反本法第二十八条、第二十九条、第三十条规定的,由所在单位批评教育;情节严重,构成犯罪的,依法追究刑事责任;尚不构成犯罪的,依法给予行政处分。

说 明

本条是对国家机关信访工作人员的法律责任的规定。

本法第 28 条明确规定了信访工作人员在工作中应当遵守的规范(义务),第 29

条则规定了信访受理阶段与信访事项或信访人有利害关系的信访工作人员的回避义务,第30条规定了信访办理阶段与信访事项或信访人有利害关系的信访工作人员的回避义务;各级国家机关信访工作人员应当严格遵守这些义务。如果出现违背这些规定的情形,对于情节轻微的,应当由其所在的单位进行批评教育;对于情节严重的,如果已经构成了犯罪,则依法追究刑事责任,尚不构成犯罪的,依法给予行政处分。

立法理由

信访工作机构及其工作人员作为国家公务员,其职务活动中违法、不当行为在《公务员法》《行政机关公务员处分条例》等法律法规中都已作出规定。本法只是根据信访工作的特殊性,在第28、第29条、第30条对相关法律法规没有作出规定的违法、不当行为作出规定,信访工作人员违反了这两条设定的义务就需要承担的本条设定的法律责任。

立法例

1.《上海市信访条例》(2012年)

第五十条　各级国家机关工作人员在信访事项办理过程中,违反本条例规定的,由其所在单位或者上级主管部门通报批评;情节严重的,由其所在单位或者上级主管部门给予行政处分;构成犯罪的,依法追究刑事责任。

2.《北京市信访条例》(2006年)

第六十三条　国家机关信访工作人员违反本条例第二十二条规定的,由所在单位批评教育;情节严重,构成犯罪的,依法追究刑事责任;尚不构成犯罪的,依法给予行政处分。

3.《湖北省信访条例》(2005年)

第四十五条　国家机关工作人员违反本条例第十五条规定的,由其所在单位给予批评教育,并视其情节轻重给予行政处分;构成犯罪的,依法追究刑事责任。

第一百一十七条　【信访事项办理机关的法律责任】

信访事项的办理机关违反本法规定的,由有关国家机关予以通报批评;造成严重后果的,依照有关法律、法规的规定对主要负责人和其他直接责任人员,给予行政处分;构成犯罪的,依法追究刑事责任。

说　明

本条是对信访事项的办理机关的法律责任的规定。

信访工作机构对信访人的信访请求依法受理,成为待办理的信访事项,对该事项依职能有管辖、处理权的国家机关为信访事项的办理机关。信访事项办理机关在办理信访事项时应当依照本法的规定进行,不得违反本法所设定的职责。如果出现违反的情况,情节轻微的,由有关国家机关予以通报批评,有关国家机关一般指对该信访处理机关有领导职责的上级机关;如果情节严重,主要负责人和其他直接责任人员负有责任的,依据相关法律、法规对他们给予行政处分;已经构成了犯罪的,直接依法追究刑事责任。

立法理由

对信访事项的办理机关的责任的设定可以更好地保障信访处理机关履行其职责,解决好信访机构转交办理的信访请求。本法分别在第 5 章"信访工作程序"、第 6 章"信访督办"、第 7 章"信访听证"详细规定了信访事项办理机关应当履行的职责、承担的义务,主要有以下几个方面:(1)信访办理机关在办理信访事项时的职责;(2)接受督办、建议的职责;(3)组织听证的职责。

责任的承担方式同样分为"单位责任"和"个人责任"两类。"单位责任"即接受批评、改正工作的责任,个人责任指主管人员和其他责任人员应当承担的行政处分或刑事制裁责任。

信访工作机构对于大多数信访请求并没有实际处理的权能,必须由相应的国家机关对信访事项进行处理,只有信访事项得到了真正地落实和解决,信访工作才算真正结束。现实中,却往往出现信访请求得到受理,但信访事项得不到解决的情况,这往往是由于信访事项的办理、执行机关推诿、回避,不认真回应信访事项,不切实履行分内职责。这样实际上是导致纠纷在升级,而且产生了新的纠纷:信访人与信访工作机构、信访事项办理机关的矛盾纠纷。新的纠纷使得信访人与政府之间的矛盾衍生出来,影响了政府的公信力。因此,有必要对信访事项的办理机关的法律责任作出明确规定,促使其切实履行自己的义务、职责。

立法例

1. 国务院《信访条例》(2005 年)

第四十三条　对信访事项有权处理的行政机关在办理信访事项过程中,有下列行为之一的,由其上级行政机关责令改正;造成严重后果的,对直接负责的主管人员和其他直接责任人员依法给予行政处分:

（一）推诿、敷衍、拖延信访事项办理或者未在法定期限内办结信访事项的；

（二）对事实清楚，符合法律、法规、规章或者其他有关规定的投诉请求未予支持的。

2.《上海市信访条例》(2012 年)

第五十条　各级国家机关工作人员在信访事项办理过程中，违反本条例规定的，由其所在单位或者上级主管部门通报批评；情节严重的，由其所在单位或者上级主管部门给予行政处分；构成犯罪的，依法追究刑事责任。

3.《江苏省信访条例》(2006 年)

第四十六条　对信访事项有权处理的国家机关在办理信访事项过程中，有下列行为之一的，由有关机关责令改正；造成严重后果的，对直接负责的主管人员和其他直接责任人员依法给予行政处分：

（一）推诿、敷衍、拖延信访事项办理或者未在法定期限内办结信访事项的；

（二）对事实清楚，符合法律、法规、规章或者其他有关规定的投诉请求未予支持的。

立法参考

《关于违反信访工作纪律处分暂行规定》(2008 年)

第六条　有下列情形之一的，对负有直接责任者，给予记大过、降级、撤职或者开除处分；负有主要领导责任者，给予记过、记大过、降级或者撤职处分；负有重要领导责任者，给予警告、记过、记大过或者降级处分：

（一）拒不办理上级机关和信访工作机构交办、督办的重要信访事项，或者编报虚假材料欺骗上级机关，造成严重后果的；

（二）拒不执行有关职能机关提出的支持信访请求意见，引发信访突出问题或群体性事件的

（三）本地区、单位或部门发生越级集体上访或群体性事件后，未认真落实上级机关的明确处理意见，导致矛盾激化、事态扩大或引发重复越级集体上访，造成较大社会影响的；

（四）不按有关规定落实信访工作机构提出的改进工作、完善政策、给予处分等建议，造成严重后果的。

> **第一百一十八条 【重大、紧急信访请求和事项的隐瞒、谎报、缓报法律责任】**
>
> 国家机关及其工作人员对可能造成社会影响的重大、紧急信访请求和信访事项,隐瞒、谎报、缓报,或者授意他人隐瞒、谎报、缓报,造成严重后果,构成犯罪的,对直接负责的主管人员和其他直接责任人员依法追究刑事责任;尚不构成犯罪的,依法给予行政处分。

说　明

本条是对重大、紧急信访请求和事项的隐瞒、谎报、缓报法律责任的规定。

各个国家机关及其工作人员不得对可能造成社会影响的重大、紧急信访请求和信访事项隐瞒、谎报、缓报,也不得授意他人隐瞒、谎报、缓报。如果因为隐瞒、缓报、谎报行为造成了严重的后果,构成犯罪的,对直接负责的主管人员和其他直接责任人员依法追究刑事责任,尚不构成犯罪的,依法给予行政处分。

立法理由

本条的主体既包括引发信访事项的机关及其工作人员,也包括信访工作机构及其工作人员,还包括信访事项的办理机关及其工作人员,这些机关、机构及其工作人员都有可能成为隐瞒、谎报、缓报重大、紧急的信访请求和信访事项的行为主体。国家机关作为主体的情形主要是指单位通过"工作程序"、集体作出隐瞒、谎报、缓报的决定,这时直接负责的主管人员和其他相关的直接责任人员应当依法承担相应的责任。"授意他人"主要是指现实中存在的领导指示下属、上级指示下级对重大、紧急信访信息隐瞒、缓报、谎报的情形。

隐瞒、谎报、缓报的内容包括两大类:(1)重大、紧急的信访请求,即一些可能引起信访事项的或者关于信访事项的重大的、紧急的信息;(2)重大、紧急的信访事项,即信访事项已经出现,且这些事项涉及重大的社会影响或属于需要紧急处理的信访事项。现实中一些紧急、重大的信访请求和信访事项没有得到及时的处理,导致公民、集体、其他组织的权益受到了严重的损失,或者导致了恶劣的社会影响,激化了干群矛盾,或者造成了严重的群体性事件,破坏了社会的和谐稳定,对于这些本可以通过正常解决而避免、却因为隐瞒、谎报、缓报而滋生矛盾的情况,理应追究相关责任人的责任。

本条是对国家机关及其工作人员的一项特殊职责的专门规定。现实中,由于相关国家机关及其工作人员不重视一些重大信访请求和信访事项,时有缓报、漏报的情形,造成了严重的后果;还有一些国家机关、领导怕追究责任,对一些重大、紧急的信访请求和信访事项能压就压、能瞒就瞒,错过了解决问题的最佳时机,造成了无法弥补的后果。这些行为既是对自己职责的逃避,而且也侵犯了信访人的合法权利,因此,有必要专门在本条对其责任追究、责任形式进行规定。

立法例

1.国务院《信访条例》(2005年)

第四十五条 行政机关及其工作人员违反本条例第二十六条规定,对可能造成社会影响的重大、紧急信访事项和信访信息,隐瞒、谎报、缓报,或者授意他人隐瞒、谎报、缓报,造成严重后果的,对直接负责的主管人员和其他直接责任人员依法给予行政处分;构成犯罪的,依法追究刑事责任。

2.《北京市信访条例》(2006年)

第六十五条 国家机关及其工作人员对可能造成社会影响的重大、紧急信访事项和信访信息,隐瞒、谎报、缓报,或者授意他人隐瞒、谎报、缓报,造成严重后果,构成犯罪的,对直接负责的主管人员和其他直接责任人员依法追究刑事责任;尚不构成犯罪的,依法给予行政处分。

3.《重庆市信访条例》(2009年)

第五十三条 国家机关工作人员有下列情形之一的,依照有关法律、行政法规的规定给予处分,构成犯罪的,依法追究刑事责任:

(二)对可能造成社会影响的重大、紧急信访事项和信访信息,隐瞒、谎报、缓报,或者授意他人隐瞒、谎报、缓报,造成严重后果的。

立法参考

1.《关于违反信访工作纪律处分暂行规定》(2008年)

第六条 有下列情形之一的,对负有直接责任者,给予记大过、降级、撤职或者开除处分;负有主要领导责任者,给予记过、记大过、降级或者撤职处分;负有重要领导责任者,给予警告、记过、记大过或者降级处分:

(五)对可能造成社会影响的重大、紧急信访事项和信访信息,隐瞒、谎报、缓报,或者授意他人隐瞒、谎报、缓报,造成严重后果的。

2.《人民检察院信访工作规定》(2007年)

第五十四条 隐瞒、谎报、缓报重大信访信息,造成严重后果的,对直接负责的主管人员和其他直接责任人员给予批评教育;情节较重的,给予纪律处分。

第一百一十九条 【压制、打击报复信访人的责任】

压制、打击报复信访人,构成犯罪的,依法追究刑事责任;尚不构成犯罪的,依法给予行政处分。

说 明

本条是对压制、打击、报复信访人的法律责任的规定。

各级国家机关工作人员如果出现压制、打击、报复信访人的行为,构成犯罪的,依法追究刑事责任,不构成犯罪但应当予以行政处分的,依法给予行政处分。压制是指国家机关工作人员借助其国家机关工作人员身份实施的阻止、打压信访人依法提出信访请求、进行信访活动的行为;打击报复是指在信访人提出信访请求、反映信访事项之时或之后,由于触犯自身利益等原因,国家机关工作人员借助其国家机关工作人员身份实施的打击报复行为。

立法理由

本条的主体既包括国家机关及其工作人员,也包括受其指使的其他公民、法人或其他组织。同时,本条也是对禁止压制、打击报复信访人这一国家机关工作人员的特殊性义务的专门性规定。

现实中往往存在着因为信访人反映的信访事项涉及国家机关工作人员自身利益或国家机关工作人员受到他人指示而压制信访人信访活动或对其打击报复的情况。这种情况,一方面是对信访人在信访活动中的权利义务的侵害;另一方面还会进一步激化政府与信访人之间的矛盾,影响国家机关公信力,影响社会的和谐稳定。因此,本条规定对相关责任人追究其法律责任,依据《刑法》《公务员法》等法律法规的规定,予以刑事制裁或行政处分。

立法例

1. 国务院《信访条例》(2005 年)

第四十六条 打击报复信访人,构成犯罪的,依法追究刑事责任;尚不构成犯罪的,依法给予行政处分或者纪律处分。

2.《北京市信访条例》(2006 年)

第六十六条 压制、打击报复信访人,构成犯罪的,依法追究刑事责任;尚不构成犯罪的,依法给予行政处分。

3.《湖北省信访条例》(2005 年)

第四十六条 压制、打击报复信访人,构成犯罪的,依法追究刑事责任。尚不构成犯罪的,由其所在单位或者主管部门依法追究行政责任。

立法参考

《人民检察院信访工作规定》(2007 年)

第五十三条 在处理信访事项过程中违反本规定,具有下列情形之一,造成严重后果的,对责任单位、责任部门和直接责任人予以批评教育;情节较重的,给予纪律处分;构成犯罪的,依法追究刑事责任:

(五)玩忽职守、徇私舞弊,打击报复信访人,或者把控告、举报材料及有关情况泄露给被控告人、被举报人的。

第一百二十条 【信访人的法律责任】

信访人违反本法第二十二条、第四十三条、第一百零三条、第一百零五条、第一百零六条、第一百零七条、第一百零八条、第一百零九条、第一百一十条、第一百一十一条规定的,由有关国家机关工作人员劝阻、批评或者教育。

经劝阻、批评或者教育无效的,由公安机关予以警告、训诫或者制止;违反集会游行示威或者治安管理法律、行政法规的,由公安机关依法采取必要的现场处置措施,给予治安管理处罚;构成犯罪的,依法追究刑事责任。

说 明

本条是对信访人的法律责任的规定。

本法第 22 条规定了信访人在信访活动中应当履行的义务,第 43 条规定多人就同一事项信访时应当遵守的规范和形式,第 103 条、105 条、106 条、107 条、108 条、109 条、110 条和 111 条规定了信访人应当遵守的信访秩序,信访人不得违反上述规定,否则有关国家机关工作人员应当进行劝阻、批评或教育。

第 2 款规定了有关国家机关工作人员对信访人违反本草案规定的行为进行劝阻、批评或教育无效时,信访人应当承担的法律责任。责任的追究分为三类:对于情节轻微的,应当由公安机关予以警告、训诫或制止;对于违反了集会游行示威法、治安管理法或其他相关行政法的行为,由公安机关依法采取必要的行政措施,依法给予相应的行政处罚;对于构成犯罪的行为,依法追究刑事责任。

立法理由

信访人在信访活动中享有一定的权利,同时也要履行一定的义务,遵守信访规范,维护信访秩序,如果违反法律规定的义务,则应当承担相应的法律责任,这是权利义务相统一原则的要求,同时,也是为了信访人更好地行使自己的权利,信访工作可以顺利地开展。此外,本条明确列举了本法中对信访人义务的设定,对信访人责任的追究只能以法律和本法中明确规定的义务为准,不能任意行使裁量权,这也是依法行政原则的体现。再者,本条第 1 款同第 105 条一样,依旧是对合理行政原则的重申:对于信访人违反规定的行为,不能一开始就采取对抗性、强制性措施,而是区分行为的严重性,以劝阻、批评、教育为主,这样既是"处理实际问题与思想疏导、法制教育相结合"原则的体现,同时也避免滋生新的矛盾纠纷。

对于情节较为严重或劝阻、批评、教育无效的行为,则应当依法采取相应的行政强制措施以及追究相应的法律责任,本条第 2 款具体地规定了 3 类追究责任的方式,这 3 类方式根据行为的严重性的不同而分别采用,且必须坚持法定原则。第一,必须严格依法进行,"法无明文规定不处罚",所依据的法律为以《集会游行示威法》《治安管理处罚法》为主的行政法和《刑法》;第二,主体法定,进行行政警告、训诫、强制和处罚的主体必须是公安机关;第三,程序法定,进行行政强制、行政处罚以及予以行政制裁必须严格依照法定程序进行,不得侵害信访人的合法权利。

立法例

1. 国务院《信访条例》(2005 年)

第四十七条 违反本条例第十八条、第二十条规定的,有关国家机关工作人员应当对信访人进行劝阻、批评或者教育。

经劝阻、批评和教育无效的,由公安机关予以警告、训诫或者制止;违反集会游行示威的法律、行政法规,或者构成违反治安管理行为的,由公安机关依法采取必要的现场处置措施、给予治安管理处罚;构成犯罪的,依法追究刑事责任。

2.《北京市信访条例》(2006 年)

第六十七条 信访人违反本条例第十七条、第二十五条、第五十八条规定的,由有关国家机关工作人员劝阻、批评或者教育。

经劝阻、批评或者教育无效的,由公安机关予以警告、训诫或者制止;违反集会游行示威或者治安管理法律、行政法规的,由公安机关依法采取必要的现场处置措施,给予治安管理处罚;构成犯罪的,依法追究刑事责任。

3.《广东省信访条例》(2014 年)

第七十五条 信访人或者其他相关人员在信访活动中违反本条例第十二条、第六十六条,实施妨害公共安全、扰乱公共秩序、妨害社会管理、妨碍他人合法权益的行为,经劝阻、批评或者教育无效的,由公安机关予以警告、训诫或者制止;违反治安管理等法律、行政法规的,由公安机关依法采取必要的现场处置措施,并根据《中华人民共和国治安管理处罚法》等法律、行政法规予以行政处罚;构成犯罪的,依法追究刑事责任。

4.《湖北省信访条例》(2005 年)

第四十七条 信访人违反本条例第九条、第十八条、第三十七条、第三十八条规定,经有关国家机关工作人员劝阻、批评和教育无效的,由公安机关予以警告、训诫或者制止;违反集会游行示威、治安管理法律、行政法规的,由公安机关依法予以处罚;构成犯罪的,依法追究刑事责任。

5.《湖南省信访条例》(2006 年)

第五十一条 信访人违反本条例第十条、第十二条、第四十七条规定的,有关国家机关工作人员应当对信访人进行劝阻、批评或者教育,也可以建议其所在单位给予批评教育或者依法给予行政处分。

经劝阻、批评和教育无效的,由公安机关予以警告、训诫或者制止;违反集会游行示威、治安管理处罚等法律、法规的,由公安机关依法予以处罚;构成犯罪的,依法追究刑事责任。

第十章 附 则

本章说明

法律以权利义务为其内容,但是为了使得法律更好地发挥其应有的功效,一些非实质性的内容,比如有关术语、生效日期、适用范围通常也要规定到法律文本之中。而这些内容通常不宜放在规定权利义务的总则或分则之中,所以法律文本往往另辟附则专章囊括它们。

所谓附则,是指法律文本的附属部分,一般不涉及实质性内容,即不对权利和义务进行规定,而主要是对有关术语、生效日期、适用范围等进行规定。附则对总则和分则具有重要的辅助性作用。

2005 年国务院《信访条例》和大部分省自治区直辖市的《信访条例》都附则作为最后一章专门规定适用范围和生效问题。第121、122 条涉及的是信访法的适用范围,第123 条涉及的是信访法的生效,它们对于信访法的施行具有重要的作用。因此,信访法继续沿袭这些规定。

第一百二十一条 【军队、社会团体、企事业单位和其他社会组织的信访】

军队系统、社会团体、企事业单位、其他社会组织的信访工作参照本法执行。

说　明

本条是对军队系统、社会团体、企事业单位、其他社会组织开展信访工作的规定。

根据本条，其他信访活动也要参照本法的相关规定进行。

立法理由

在信访实践之中，军队系统、社会团体、企事业单位、其他社会组织也存在大量的信访事件。一般说来，军队系统的信访工作应当由专门的军事法规调整，社会团体、企事业单位、其他社会组织的信访工作则应当由相应的团体、单位或组织的章程来调整，法律对此一般不做干预。但是，考虑到信访是公民的一项宪法权利，为了维护公民的信访权利，本条特地作此规定。本条作此规定的目的并不是要求军队、社会团体、企事业单位和其他社会组织必须按照信访法的规定来开展具体的信访工作，而是指他们在开展信访工作、制定相关法规章程的时候不得违背宪法和信访法的基本原则与精神，不得侵害公民的信访权利。

立法例

1. 国务院《信访条例》（2005 年）

第四十九条　社会团体、企业事业单位的信访工作参照本条例执行。

2.《北京市信访条例》（2006 年）

第六十八条　本市国有资产监督管理部门监管的企业事业单位的信访工作，由本市国有资产监督管理部门参照本条例制定具体本法。

3.《广东省信访条例》（2014 年）

第七十六条　本省行政区域内的居民委员会、村民委员会、企业事业单位、人民团体和其他社会组织的信访工作参照适用本条例。

第一百二十二条　【对不具有中国国籍人的适用】

对外国人、无国籍人、外国组织提出的信访请求的处理，参照本法执行。

说　明

本条是对外国人、无国籍人、外国组织提出的信访请求的处理规定。

根据本条，外国人、无国籍人、外国组织在中国提出信访请求也应参照本法的相关规定执行。

立法理由

随着经济全球化和对外开放的深入,在信访工作的实践中,外国人、无国籍人、外国组织也时常提出信访请求。涉及外国人、无国籍人和外国组织的信访通常影响较大,甚至会影响外交,因此对于这一类信访工作的处理有别于一般的信访工作。但是,基于国际法上的国民原则,对于外国人、国籍人和外国组织的权益,我们也应当进行保护。所以,为了使得外国人、无国籍人和外国组织提出的信访请求受到公正合理的对待,本法特作此规定。

立法例

1.国务院《信访条例》(2005 年)

第五十条　对外国人、无国籍人、外国组织信访事项的处理,参照本条例执行。

2.《北京市信访条例》(2006 年)

第六十九条　外国人、无国籍人、外国组织提出的信访请求的处理,参照本条例执行。

第一百二十三条　【生效时间】

本法自＊＊＊＊年＊＊月＊＊日执行。2005 年 5 月 1 日国务院施行的《信访条例》同时废止。

说　明

本条是对信访法生效时间的规定。

根据本条规定,本法出台后原 2005 年国务院《信访条例》废止。

立法理由

与 2005 年国务院《信访条例》相比,本法有不少创新之处,甚至还涉及机构和人员的安排,因此,应当给出一定的时间使相关的国家机关为本法的施行做好准备,也使得社会公众能够有时间熟悉本法。本法将行政信访纳入其范围,并对其作出了诸多改变,因此,新的信访法生效之后,2005 年国务院《信访条例》也应当予以废止。

立法例

1.国务院《信访条例》(2005 年)

第五十一条　本条例自 2005 年 5 月 1 日起施行。1995 年 10 月 28 日国务院发布的《信访条例》同时废止。

2.《北京市信访条例》（2006 年）

第七十条　本条例自 2007 年 1 月 1 日施行。

3.《广东省信访条例》（2014 年）

第七十七条　本条例自 2014 年 7 月 1 日起施行，《广东省各级人民代表大会常务委员会信访条例》同时废止。

《中华人民共和国信访法（草案）》
建议稿及立法说明[1]

（2014 年）

───────────────

〔1〕 本部建议稿由北京市信访矛盾分析研究中心与中国政法大学（课题指导专家：石亚军教授、薛刚凌教授。课题组组长：翟校义教授。课题组副组长：罗志敏、赵鹏。课题组成员：李年清、孔祥稳、张星、刘亚立、李柏杨等）共同完成。

目 录

第一章 总 则

第一条 【立法目的】为了保障公民、法人和其他组织的民主权利及其他合法权益,监督和促进国家机关及其工作人员依法行使职权,优化公共政策,化解社会矛盾,规范信访秩序,根据宪法,制定本法。

理由与说明:原《信访条例》规定了三个立法目的:(1)保持各级人民政府同人民群众的密切联系;(2)保护信访人的合法权益;(3)维护信访秩序。本《信访法(草案)》建议规定五个目的:(1)保障公民、法人和其他组织的民主权利及其他合法权益;(2)监督和促进国家机关及其工作人员依法行使职权;(3)优化公共政策;(4)化解社会矛盾;(5)规范信访秩序。《宪法》第2条规定,中华人民共和国的一切权力属于人民,人民依照法律规定,通过各种途径和形式,管理国家事务,管理经济和文化事业,管理社会事务;《宪法》第27条第2款规定,一切国家机关和国家工作人员必须依靠人民的支持,经常保持同人民群众的密切联系,倾听人民的意见和建议,接受人民监督,努力为人民服务;《宪法》第41条规定,中华人民共和国公民对于任何国家机关和国家工作人员,有提出批评和建议的权利,对于任何国家机关和国家工作人员的违法失职行为,有向有关国家机关提出申诉、控告或检举的权利。信访法的首要目的就是为公民、法人或者其他组织实现宪法规定的上述民主权利提供保障。《中共中央关于全面深化改革若干重大问题的决定》和《中共中央关于全面推进依法治国若干重大问题的决定》均指出,建设法治中国,必须坚持依法治国、依法执政、依法行政共同推进,坚持法治国家、法治政府、法治社会一体建设。信访法的一个重要目的就是提高国家机关及其工作人员依法履职的水平。当然,信访法的直接目的是要规范各信访主体包括信访人、信访工作机构、利害关系人、涉访国家机关的行为,规范信访秩序。同时,通过信访工作来优化公共政策,化解社会矛盾。

第二条 【概念界定】本法所称信访,是信访人向信访工作机构提出信访请求,由信访工作机构依法处理的活动。

本法所称信访人,是指采取书信、网络、传真、走访等形式,向信访工作机构提出信访请求的公民、法人或者其他组织。

本法所称信访请求,是指信访人认为其合法权益受到国家机关及其工作人员侵害,无法通过其他法定途径寻求救济时,向信访工作机构提出的利益诉求。

> 本法所称信访事项,是指信访工作机构已经依法受理的信访请求。
>
> 本法所称国家机关,是指各级人民代表大会及其常务委员会、人民政府及其工作部门、人民法院和人民检察院。

理由与说明: 本条是对信访、信访人、信访请求、信访事项、国家机关的界定。重点针对书面形式的信访,其核心目的是把信访的中心逐步转向有明确事实和理由的信访,逐步杜绝滥访缠访等现象。就当前看,电话、电子邮件方式的信访很重要,这个条款中把这类信访放在"等形式"的"等"之中,为国务院、信访局在未来的政策指引中,留下政策运作的空间。

> **第三条 【信访功能定位】** 信访是维护公民、法人和其他组织合法权益的重要途径,是诉讼、仲裁、行政复议受案范围之外的诉求解决机制,是公民、法人和其他组织依法参与管理社会公共事务、监督国家机关依法履行职责的重要渠道。
>
> 信访是各级国家机关联系人民群众的桥梁与纽带,是回应公民诉求的重要方式,是收集信息、发现问题、辅助决策的支持系统,也是发扬社会主义民主的重要机制。

理由与说明: 当前我国已经构建了包括诉讼、复议、仲裁、调解等在内的一套规范化的纠纷解决机制,鉴于我国的诉讼、复议、仲裁、调解等制度在向受害人提供有效救济方面还有待完善,尤其是在受到政府的政策文件影响实际利益时,诉讼、复议、仲裁调解很难发挥作用,而在这个领域的权利救济,信访可以明显地发挥其特有功能。

在肯定信访制度可以承担权利救济功能的同时,有必要进一步明确这一功能的应有地位和作用。这一条明确了信访具有一定的权利救济功能,同时也明确了信访救济属于上述法定纠纷解决机制无法为信访人提供有效救济的兜底性救济机制,其只能作为其他法定纠纷解决机制的兜底。这一设计的原因在于信访是代表党和政府接受人民监督的系统,为社会矛盾负总责,需要对社会矛盾进行总体监测、预防、控制。

信访制度作为中国最基本的民意表达制度,是党和政府以及人民法院、人民检察院密切联系人民群众的重要桥梁和纽带。信访制度从建立伊始就是党和政府密切联系群众、人民群众监督官僚队伍的重要方式。

第四条 【信访工作原则】信访工作应当遵循下列原则：

（一）属地管理、分级负责；

（二）诉访分离、分类处理；

（三）依法、及时、就地解决问题与预防、疏导教育相结合；

（四）公平、公正、公开、便民。

理由与说明：信访事项属地管理、分级负责原则明确了地方各级政府在处理跨地信访和越级信访时的主导作用，体现了把问题解决在基层、把矛盾化解在萌芽状态的要求。2013 年 4 月经中央政治局常委会会议审议通过了，由中央政法委牵头制定的《关于依法处理涉法涉诉信访问题的意见》（以下简称《意见》）。《意见》明确了涉法涉诉问题的解决出路在于法治化，提出了实行诉讼与信访的分离制度、建立涉法涉诉信访事项导入司法程序机制、严格落实依法按程序办理等制度。把涉法涉诉信访问题纳入法治化轨道解决，对政法机关和广大政法干警，对提高广大领导干部运用法治思维和法治方式深化改革、推动发展、化解矛盾、维护稳定的能力，对全社会法律精神和法律思维的养成，具有十分重要而积极的意义。公平、公正、公开、便民主要是对信访工作机构受理信访请求、办理信访事项的要求。

第五条 【各级人大设立信访工作机构】全国人民代表大会常务委员会应当设立信访工作机构，履行信访工作职责。

县级以上的地方各级人民代表大会常务委员会应当设立信访工作机构，履行信访工作职责。

理由与说明：在人大考虑设立信访工作机构是因为有一些信访事项比如地方性法规由政府信访工作机构去处理并不合适，由人大设立的信访工作机构处理这些信访事项符合我国《宪法》《立法法》的规定，也比较专业、高效。

同时，随着公共财政体系的建立和完善，未来的很多涉及利益的事务，需要人民代表大会通过，而信访中的很多权利救济需要公共财政支出。因此，在人民代表大会设立信访工作机构，不仅是人大联系群众的方式，更是开门立法，公共财政现代化的需要。

第六条 【各级政府设立信访工作机构】国务院应当设立信访工作机构，履行信访工作职责。

县级以上的地方各级人民政府应当设立信访工作机构，履行信访工作职责。

理由与说明:政府层面设立统一的信访工作机构,政府部门不再设立负责信访工作的机构,有利于信访人提出信访请求,同时,也集中了信访工作的资源,减免信访工作上的一些交叉重复和交接衔接,防止部门之间互相推诿和塞责,节省成本。

这样做的一个潜在影响是,政府将能够全面把握社会矛盾的整体状况以及在不同工作领域的分布,为政府的整体决策提供翔实的数据支持。

第七条 【人民法院、人民检察院设立信访工作机构】各级人民法院、人民检察院应当设立信访工作机构,具体办法由最高人民法院、最高人民检察院另行规定。

理由与说明:涉诉信访与行政机关及其他国家机关的信访不同,有其自身特点,根本区别在于涉诉信访工作具有诉讼性。涉法涉诉类的信访具有特殊性,由人民法院、人民检察院设立信访工作机构处理更加专业化、科学化。

还有一个重要的考虑是申诉事实上有有效期,而有一些案件可能存在冤假错案,信访可以在一定程度上帮助发现申诉期过后的少数冤假错案,以便进行纠正。由司法部门通过自身的信访纠正冤假错案,有利于维护司法系统的权威性。

第八条 【保护信访权利】信访人依法进行信访活动受法律保护,任何单位和个人不得阻碍、干涉、压制信访活动,不得非法限制信访人的人身自由,不得打击报复信访人。

以暴力、胁迫或其他手段侵害信访人人身自由和安全的,公安部门应当及时依法处理。

理由与说明:信访是公民、法人或者其他组织的一项重要权利。鉴于在信访实践中,存在对信访人正常信访活动进行阻挠、干涉、压制,甚至非法限制人身自由的情况,因此把保护信访权利单独作为一条予以规定。

第九条 【协助配合信访】各级国家机关、企事业单位以及其他社会组织及其工作人员应当协助各级信访工作机构做好信访工作。

理由与说明:党的"十八大"报告指出:"社会和谐是中国特色社会主义的本质属性。要把保障和改善民生放在更加突出的位置,加强和创新社会管理,正确处理改革发展稳定关系,团结一切可以团结的力量,最大程度增加和谐因素,增强社会

创造活力,确保人民安居乐业、社会安定有序、国家长治久安。"信访工作是一个系统工程,不是信访工作机构独家力量所能解决,需要社会各界的通力合作、协作配合。

第十条 【信访研究与参与决策】信访工作机构应当开展信访研究,分析信访事项反映的问题,探索信访工作规律,并对人民群众反映比较集中的信访事项向有关国家机关提出意见、建议。

各级国家机关在进行决策前,应当征求信访工作机构的意见、建议。

理由与说明:重视加强对信访工作的研究,探索社会矛盾发生、发展和变化的规律,科学预测社会矛盾的未来走势,探索社会矛盾的治本之策。

主动预防矛盾的产生是化解社会矛盾的上上之策,信访机构应当重视"抓源头",坚持"预防为主"的工作方法,建立重大决策信访评估制度,可以有效地预防矛盾的产生。

这一条强调信访工作需要从事务型工作转向事务型与研究型并重,从负向角度发现政策问题,为公共政策优化提供信访视角的支持。同时,对国家机关的决策设置了听取信访工作机构意见的条件,从而可以有效降低只关心成绩,不关心引发社会矛盾的不计后果的政策出台可能性。

第十一条 【源头预防原则】各级国家机关应当依法履行职责,充分考虑社会影响,从源头上减少矛盾和纠纷的发生。

理由与说明:信访立法的基本理念是"源头预防",即预防信访请求和信访事项的发生。各级国家机关应当积极开展矛盾纠纷排查化解、矛盾纠纷源头预防和矛盾纠纷分析研判,努力把矛盾纠纷解决在基层、化解在萌芽状态。预防社会矛盾的根本在于各级国家机关依法履职,在依法履职的前提下,充分考虑社会影响。

第二章 信访人的权利和义务

第十二条 【信访人权利】信访人享有下列权利：

(一)了解信访工作制度；

(二)了解信访请求处理及信访事项的办理程序；

(三)要求信访工作机构提供与其提出的信访请求有关的咨询；

(四)对与信访请求和信访事项有直接利害关系的信访工作人员提出回避申请；

(五)向信访办理机关查询本人信访请求处理结果和信访事项的办理结果并要求答复；

(六)法律规定的其他权利。

理由与说明：《信访法》的立法目的在于"保障公民、法人和其他组织的民主权利及其他合法权益"，其功能定位在于"维护公民、法人和其他组织合法权益的重要途径，是诉讼、仲裁、行政复议受案范围之外的诉求解决机制，是公民、法人和其他组织依法参与管理社会公共事务、监督国家机关依法履行职责的重要渠道"。为了实现信访制度对于公民合法权益的救济与维护功能，本条明确规定了信访人所享有的各项权利，包括：对信访工作制度以及信访事项处理程序的了解权、咨询权、申请回避权、要求答复权以及兜底条款。"申请回避"是信访人的权利，信访工作人员、信访参与人员与信访事项有直接利害关系的，信访人可以依申请使其回避。赋予信访人这项权利，是为了保证信访事项得到公平公正、毫无偏私的处理。

第十三条 【信访人义务】信访人在信访活动中，应当履行下列义务：

(一)不得损害国家利益、社会公共利益和其他公民的合法权益；

(二)如实反映情况，不得捏造、歪曲事实，不得诬告、陷害他人；

(三)依照法律、法规规定的方式和程序进行信访活动，遵守信访秩序，依法接受公开询问；

(四)依法履行信访事项的处理决定；

(五)法律规定的其他义务。

理由与说明：《信访法》的目的不仅仅在于保护信访人的合法权益，也是为了确保公民、法人和其他组织依法参与管理社会公共事务、监督国家机关依法履行职责,更好地规范信访秩序,因而信访人在享有权利的同时,也应履行一定的义务。本条规定的信访人义务包括:不得损害国家、他人以及公共利益、如实反映情况、依法进行信访活动、履行信访处理决定等。其中明确指出了信访人应接受"公开询问"的义务,通过公开询问使民众通过获得信息的方式,判断哪些是有正当诉求的信访人,哪些是无理取闹的信访人,通过公开询问使无理取闹的信访人显示在公众面前,进而限制无理取闹的信访活动,实现限制一部分无理纠缠的信访,对缠访闹访行为将会有一定的预防与制止作用。

第三章 信访工作机构与信访工作人员

第十四条 【信访工作机构职责】信访工作机构履行下列职责:

(一)受理信访请求;

(二)依法履行本法规定的告知、登记、转送、交办、解释义务;

(三)依法组织本法规定的恳谈会、议事会,并公开恳谈会、议事会相关事项;

(四)督促相关国家机关履行恳谈会达成的协议;

(五)研究、分析信访情况,开展调查研究,及时向有关国家机关或其相关部门提出完善政策或改进工作的建议;

(六)指导、督促、检查下级信访工作机构的工作,总结交流信访工作经验;

(七)提供与信访人提出的信访请求有关的咨询服务;

(八)宣传有关法律、法规、政策,引导信访人依法信访;

(九)编制、公开信访工作年度报告;

(十)依法应当由信访工作机构履行的其他职责。

理由与说明:根据本法第 3 条规定,信访具有权利救济、纠纷解决、保障公民参与公共事务、优化公共政策、发扬社会主义民主等功能。本条以信访的上述功能为导向,按照信访程序启动和运作的流程,明确了信访工作机构应当履行的 9 项职责,并添加兜底条款,以保证信访工作机构承担列举条款之外本法所规定的其他职责,以及依据其他法律应当承担的职责。

本条中,第 1 项规定信访工作机构应当按照本法规定受理信访请求,不得无故拒绝受理;第 2 项规定信访工作机构应当按照本法相关规定,在需要告知、登记、转送、交办、解释时履行相应的义务;第 3 项与第 4 项规定信访工作机构应当依照本法第六章的相关规定组织办理信访事项,并督促结果履行;第 5 项规定信访工作机构应当按照本法要求承担相应的调查研究职责,并提出政策优化的建议;第 6 项要求信访工作机构之间形成互相监督与配合的机制,促进信访工作顺利开展;第 7 项要求信访工作机构贯彻便民原则,及时向信访人提供信访咨询相关服务;第 8 项要求信访工作机构承担法律宣传职责,引导信访人依法信访;第 9 项要求信访工作机构承担本法强调的信息公开职责。

第十五条 【信访便民】信访工作机构应当在信访接待场所、本机构网站或者通过其他方式向社会公布下列事项:

(一)信访工作机构的通信地址、电子信箱、咨询电话、接待场所、来访接待时间;

(二)本机构信访事项受理范围;

(三)与信访工作有关的法律、法规、规章、工作规范以及信访事项的办理程序;

(四)查询信访事项办理情况的方式;

(五)其他方便信访人的事项。

信访人要求对所公布的内容予以解释、说明的,信访工作机构应当予以解释、说明。

理由与说明:从国家机关的视角出发,信访是各级国家机关联系人民群众的桥梁与纽带,也是国家机关收集与回应公民诉求的重要方式。从公民的视角出发,信访是公民参与管理社会公共事务、监督国家机关依法履行职责的重要渠道。信访的功能定位决定了信访与其他权利救济机制、纠纷解决渠道的差异在于信访必须坚持其低成本和便利的特点。为突出信访制度的功能取向,保证信访机制的有效运行,信访立法必须坚持便民原则,以确保信访对于一般民众的可及性。

本条是对信访便民原则的具体规定。信访工作机构应当采用在信访接待场所实体公开或在机构网站网络公开的形式,向社会公布信访相关事项。本条设置 4 项公开内容:第 1 项为信访工作机构的通信地址、电子信箱、咨询电话、接待场所、来访接待时间等与公民行使信访相关权利有关的信息,旨在保障信访的可及性、可接近性;第 2 项为信访工作机构的信访事项受理范围;第 3 项为信访相关工作规范以及办理程序,旨在以保障信访程序的透明和可见;第 4 项为查询信访事项办理情况的方式,旨在方便信访人随时对信访事项办理进度和相关信息进行查询。同时,考虑到信访人因知识背景、文化水平等存在差异,可能无法对公开的内容准确把握,本条规定了信访机构的释明义务。当信访人要求信访工作机构对其所公布的内容予以解释说明时,信访工作机构应当予以解释、说明。

> **第十六条 【信访信息系统与信息共享机制】**国务院信访工作机构应当建立全国统一的信访信息系统,完善信访信息共享机制,实现各级国家机关信访工作机构信访信息的互联互通,方便国家机关和信访人查询相关信息。

理由与说明:建立全国统一的信访信息系统与信访信息共享机制是信访法治化的必然要求,也是信访现代化的必然要求。统一的信访信息系统与信息共享机制的建立将在诸多方面促进信访工作的开展:首先,统一信访信息系统与信息共享机制的建立,为信访实现其收集社会信息、发现社会问题、辅助公共决策的功能奠定了物质基础,提供了硬件上的前提条件;其次,完善的信息共享与交流机制可以促进信访工作的规范化、科学化和统一化,大幅度提高信访工作的质量与效率;最后,全国统一的信访信息系统能够为信访人提供充分的信息支持,保障信访人查询和获取信息的便利。

考虑到我国现今信访事项多在行政机关系统内部发生的现状,以及全国人大及其常委会日常工作任务繁重的事实,本条规定由国务院信访工作机构主导,建立全国统一的信访信息系统与信访信息共享机制。该系统汇总人大信访系统、政府信访系统以及法院、检察院信访系统的信息,在统一平台上实现信息互通和共享。

> **第十七条 【信访工作人员工作要求】**信访工作人员在信访工作中,应当遵守下列规定:
>
> (一)文明接待,尊重信访人,不得刁难和歧视;
>
> (二)按照信访工作程序,依法公正办理信访事项,不得敷衍塞责,推诿拖延;
>
> (三)坚持原则,秉公办事,不得徇私舞弊、接受馈赠或者收受贿赂;
>
> (四)公民、法人或其他组织查询有关信访事项办理情况的,无论与该信访事项有无利害关系,除涉及国家秘密、商业秘密、个人隐私的,应当如实答复,不得拒绝;
>
> (五)依照规定妥善保管信访材料,不得丢失、隐匿或者擅自销毁;
>
> (六)依法应当遵守的其他规定。

理由与说明:本条将抽象化的公务员基本履职原则和行为规范与具体信访工作相对接,对信访工作人员提出5项要求:其一为文明接访规范,要求信访工作人员尊重信访人的人格尊严,在接待信访人时不得有任何的故意刁难和歧视;其二为公正办理信访事项规范,要求信访工作人员勤勉尽职,不可敷衍塞责,推诿拖延;其三为职务廉洁规范,要求信访工作人员不得徇私舞弊、接受馈赠、收受贿赂;其四为如实答复规范,要求信访工作人员积极配合公民、法人及其他组织提出的查询信访相关事项的要求,除法律设定的情形外不得随意拒绝。因为信访信息的公开为本法所确立的核心与关键价值之一,故本条单独列出第 4 项要求信访工作人员满足公民的信息要求;其五为信访材料的妥善保管规范,要求信访工作人员重视信访相关材料的保存。同时,本条在对信访工作人员工作要求进行具体列举的前提下,增加第 6 项兜底条款,以保证信访工作人员负担本法所规定的其他职责以及依据其他法律法规应当承担的职责。

> **第十八条 【信访回避】**信访工作人员与信访人或者信访事项有直接利害关系的,应当回避。
>
> 信访回避可由信访人向信访工作机构提出,也可由信访工作人员自行向本机构提出。
>
> 信访工作人员的回避,由信访工作机构负责人决定;人民政府信访工作机构负责人的回避,由同级人民政府负责人决定;人民代表大会常务委员会信访工作机构负责人的回避,由人民代表大会常务委员会负责人决定。

理由与说明:程序正义是信访法治化进程中需要重点关注和推进的议题。当法律程序的主持者与法律程序运行的结果存在实质上的利害关系时,法律程序中的其他参加者很难以公正的心态去认同法律程序运作的结果。正因如此,《中华人民共和国公务员法》等相关法律才在各个层面确立了公务员回避制度。具体到信访工作中,为实现信访的公正性,保障信访机制和信访工作机构的公信力,本法确立了信访回避制度。

本条是对信访回避制度的具体规定。在信访工作中,信访工作人员有可能会与信访人或信访事项存在直接利害关系,此时信访工作人员应当及时回避。回避分为依职权回避与依申请回避:可由信访工作人员自行向本机构提出回避请求,也可由信访人向信访工作机构提出回避请求。

信访回避决定按照负责人决定的方式进行。信访工作人员的回避由该信访工作机构的负责人决定。当涉及信访工作机构负责人本身的回避时,人民政府信访工作机构负责人的回避由该人民政府的行政首长决定。人大常委会信访工作机构负责人的回避则由该人大常委会的负责人决定。

> **第十九条 【信访工作人员人身权利受保护】**信访工作人员的人身权利受法律保护。以暴力、胁迫或其他手段侵害信访工作人员人身自由和安全的,公安部门应当及时依法处理。

理由与说明:现有信访实践中,客观存在信访工作人员人身自由、人身安全受到威胁和侵害的情况。此种威胁和侵害既有可能来自诉求未得到满足的信访人,也有可能来自进行打击报复的涉访国家机关工作人员。因此,本条以宣示性的条款,针对性地、明确地提出对信访工作人员人身权利受保护。

当信访工作人员的人身自由受到侵害如被非法拘禁、关押、扣留,或者是人身安全受到如暴力攻击等不法侵害时,公安机关应当按照《中华人民共和国治安管理处罚法》及相关法律法规的规定及时处理。对于构成刑事犯罪的行为,追究行为人的刑事责任。

第二十条 【信访咨询】各级信访工作机构可以邀请相关社会团体、法律援助机构、人大代表、政协委员、专家、学者、律师、社会志愿者等参与信访工作。

理由与说明:信访的纠纷解决、权利救济等功能决定了信访工作通常需要面对集中的社会矛盾和难以调处的社会问题,往往会涉及错综复杂的社会关系纠纷,或某一特殊领域的专业问题。信访工作机构在办理信访事时,办事效率和工作作风是一个方面,同时还要考虑工作的科学性与社会效果。本条通过引入信访咨询制度,目的就是促进信访工作机构能够有充分的信息与建议作为参考,同时也通过信访公开,可以实现对社会中类似事情的教育和预防。

本条规定各级信访工作机构在开展信访工作时,可以邀请相关社会团体、法律援助机构、人大代表、政协委员、专家、学者、律师、社会志愿者等参与信访工作,对信访事项的办理提出相应的咨询意见或建议。该咨询意见或建议对信访工作机构并不具有强制力而仅仅作为意见表达,同时信访工作机构无需对意见一一做出回应,只是做好主持会议的工作,让各种意见得到充分表达,并对其进行整理,以供决策部门决策时参考。

在本条所列举的咨询人员当中,人大代表、政协委员可在一定程度上反映当地民众对特定事项的民意;专家、学者可就某一领域内的特殊问题发表专业意见;法律援助机构、律师等可就信访事项中所涉及的法律问题提供法律意见,保障信访工作的合法开展。

第二十一条 【交流激励机制】各级信访工作机构应当建立信访工作人员培训、交流、激励机制,提高信访工作人员的能力和水平。

理由与说明:信访工作人员的能力和水平,对信访工作的工作效率、工作作风以及工作效果,往往有实实在在的影响。信访工作人员能力和水平的提高不仅意

味着个人素质的提高和个人工作能力的增强,同时也能够促进信访工作的有序开展和信访工作机构的正常运行。信访工作人员作为公务员,其享有能力培训的权利,在《公务员法》中也有类似的要求。信访工作机构对其工作人员负有责任,应当承担提高信访工作人员的能力和水平的义务。

本条规定,信访工作机构在提高信访工作人员能力与水平方面承担三项具体义务:其一是建立信访工作人员培训机制,保障信访工作人员具备相应的专业知识和处理具体问题的能力;其二是建立交流机制,通过建立交流平台、拓宽交流途径等方式,实现不同地域、不同级别信访工作机构工作人员之间的经验交流和互通;其三是建立激励机制,通过绩效考核、物质奖励与精神表彰相结合等手段,促进信访工作人员更积极工作与履职。

第四章   信访请求的提出

第二十二条   【信访事项的提出形式】信访人提出信访请求,一般应当采用书信、网络、传真等书面形式;采用走访形式的,应当在信访工作机构公布的接待时间内到指定的接待场所提出。

信访人书面提出信访请求确有困难的,可口头提出信访请求,信访工作机构应当如实记录。

信访人通过电话、短信等非书面方式向信访工作机构提出信访请求,同时又明确表示不愿意提交书面请求的,由信访工作机构进行登记后转交相关部门进行处理。

信访工作机构为方便、规范信访人提出信访请求,可以向信访人提供格式文本。信访工作机构向信访人提供格式文本不得收费。

理由与说明:目前,我国信访数量持续上升,为规范信访秩序,避免信访人过于随意地提出信访请求,减少信访工作机构不必要的工作负担,强化信访的严肃性,本条第1款规定,信访人提出信访请求一般应当采用书面形式。具体而言,可通过书信或传真提交纸质文本,也可通过互联网络提交电子文本。若信访人采用走访形式提出信访请求,应当在信访工作机构公布的接待时间内到指定接待场所提出。

本条第2款从保障信访人提起信访的权利出发,使不同文化水平的人都能实现信访权利,规定文化水平较低、确实不具备书面提出信访请求能力的信访人可口头提出信访请求。信访工作机构有如实记录相关请求的法定义务。这一规定主要是帮助文化水平较低和书写确有困难的人。

本条第 3 款规定了信访人非书面方式提出信访请求的处理方式。由于非书面方式提出信访请求,可能过于轻率,为避免造成信访工作机构的工作被这类信访阻塞,同时又不能过于忽略这类信访带来的信息,这里要求信访工作机构通过询问信访人是否愿意提交书面请求的方式,将这类信访进行转换。若愿意提交书面信访请求,就转换为书面信访。若不愿意提交书面请求,则从侧面表明这一信访对当事人的影响不足够严重,可以转由相关部门处理即可,同时又为了对信访工作进行研究,需要对这类信访进行登记,通过登记后转交相应工作部门的方式进行处理。

在统一格式文本下,信访人的信访请求表述方式、信访材料组织方式能够得到规范,从而减轻信访人负担并提高信访工作机构的工作质量与效率。故本条第 4 款规定,信访工作机构可以在信访接待大厅提供纸质的格式文本,或是通过网络提供电子格式文本。信访工作机构向信访人提供的格式文本是信访工作机构在信访活动中便民原则的一种体现,且仅提供格式文本并未给信访工作机构增加过高成本,因此不得收取任何费用。

第二十三条 【信访人身份】信访人提出信访请求时,应当一并提供身份证明和联系方式。

各级信访工作机构收到信访请求时,应当核实信访人身份信息。

理由与说明:为保障信访工作机构效率,减少可能发生的资源浪费,信访机构的运作必须更具针对性。因此,本法规定信访实行实名制度,从而减少不实信息。本条第 1 款规定,信访人提出信访请求时,应当一并提交自己的身份证明,以供信访工作机构核查。若在提出信访请求时未提交身份证明的,信访工作机构应当要求其提供身份证明。拒不提供身份证明或是提交虚假身份证明的,信访工作机构有权决定不予受理该信访请求。

同时,本条第 2 款规定,信访人在提交信访请求的同时,应当提交联系方式,以方便信访工作机关联系信访人,并通报信访事项后续办理情况。若未按要求提交联系方式的,应当自行承担可能发生的无法联络、信息不畅等后果。

第二十四条 【多人信访的提出】多人共同提出相同建议、意见或者表达类似利益诉求的,提倡采用书信、网络、传真形式;采用走访形式的,应当推选代表提出,代表不得超过五人。

信访人代表应当向其他信访人如实告知信访请求的处理情况及相关信息。

理由与说明:同一信访事项中,可能有多人甚至多个群体的利益受到侵害或诉求得不到满足,从而出现多人共同提起信访的情况。尤其是在企业转制、征地拆迁、医患纠纷、大型环境侵权事故赔偿等事项中,信访人往往采用大规模集体走访的方式表达利益诉求。此类大规模集体走访通常由于信访人的情绪等因素对公共秩序造成影响,对其他人的正常生产生活产生不必要的干扰,甚至会在某种刺激下转化为群体性事件的潜在可能,通过设立代表制度和代表人数的控制,既可以充分表达信访诉求,又可以减少对社会中其他人的影响,降低信访的社会成本。

针对此种情况,本条第1款规定,在多人信访中提倡采用书信、网络、传真等便捷、成本低的方式表达利益诉求。如信访人确需选择以走访形式提出信访请求的,应当共同推选代表提出。本条对代表人数做出限定,在同一信访事项中,代表不得超过5人。

本条第2款规定,在多人信访中,被推选出的代表人应当对其所代表的信访人负责。具体而言,代表人应当真实按照其他信访人的意志开展信访活动,尽责履职。同时,代表人应如实告知信访人信访请求的受理情况、信访事项的处理情况及其他信访相关信息。

第五章　信访事项的受理

第二十五条 【全国人大信访工作机构受理范围】信访人认为下列事项影响其合法权益,依照本法向全国人民代表大会常务委员会信访工作机构提出信访请求的,应当在十五日内受理:

（一）国务院制定的行政法规、决定、命令;

（二）省、自治区、直辖市人民代表大会及其常务委员会制定的地方性法规、自治条例、单行条例、决议、决定;

（三）最高人民法院、最高人民检察院作出的司法解释。

理由与说明:在权利救济功能的实现上,信访作为行政复议、行政诉讼等已有法定机制的补充机制,必须承担已有法定机制无法实现的职能,以保证公民在权利受到侵犯时能够有具体途径寻求救济,真正实现法治国家所要求的"有权利必有救济"。现行《行政诉讼法》《行政复议法》等法律主要规定了司法、行政机关对具体行政行为和部分低位阶的抽象行政行为的审查;《立法法》虽然赋予社会团体、企事业组织和公民向全国人大常委会就违反上位法的法规规章提出书面审查建议的权利,但该权利仅仅属于一种完善国家立法的建议权,而非公民在具体权益被抽象立法所侵害之后的救济途径。因此,本法规定,公民、法人及其他组织的合法权益受到国家机关抽象立法行为侵害的，可向各级国家机关信访工作机构提出信访请求，寻求救济。

我国实行人民代表大会制度，全国人民代表大会是最高国家权力机关。考虑到全国人民代表大会的会期短、工作任务繁重等因素，本法规定由全国人民代表大会常务委员会设立信访工作机构。根据我国《立法法》第82条第2款的规定，全国人民代表大会常务委员会有权撤销同宪法和法律抵触的行政法规，有权撤销同宪法、法律和行政法规相抵触的地方性法规，有权撤销省、自治区、直辖市的人民代表大会常务委员会批准的违背宪法和立法法规定的自治条例和单行条例。同时按照我国人民代表大会制度下一府两院的制度设计，全国人民代表大会常务委员会还有审查最高人民法院、最高人民检察院制定的相关规范的权力。

故本条规定，国务院制定的行政法规、决定、命令；省、自治区、直辖市人民代表大会及其常务委员会制定的地方性法规、自治条例、单行条例、决议、决定以及最高人民法院、最高人民检察院作出的司法解释侵犯信访人具体合法权益的，信访人可向全国人大常委会信访工作机构提出信访请求。全国人大常委会信访工作机构作为全国人大常委会下设机构，在具体办理信访事项过程中，对涉访规范是否存在违反上位法等情况进行查明，并报全国人大常委会审议，由全国人大常委会决定是否撤销该涉访规范。

对于信访人所提出的信访请求，信访工作机构应当在信访人按照本法规定提出信访请求之日起15日内受理。同时按照本法第29条的规定，信访工作机构在做出受理决定后，必须在5日内将书面的受理决定书送达信访当事各方。

第二十六条 【地方人大信访工作机构受理范围】信访人认为下列事项影响其合法权益，依照本法向地方各级人民代表大会常务委员会信访工作机构提出信访请求的，应当在十五日内受理：

（一）本级人民政府制定的规章、决定、命令；

（二）下一级人民代表大会及其常务委员会制定的地方性法规、自治条例、单行条例、决议、决定；

（三）同级人民检察院、同级人民法院作出的规定、批复、批示、解答等文件；

（四）同级人民检察院、同级人民法院未依法履行职权、滥用职权的。

理由与说明：依照本法规定，县级以上地方各级人民代表大会常务委员会设立信访工作机构，履行信访工作职责。地方各级人民代表大会作为地方国家权力机关，有权监督本级人民政府；同时，上下级人民代表大会之间存在监督和指导关系，人民代表大会及其常务委员会有权受理和审查下一级人民代表大会及其常务委员

会所制定的规范;此外,我国一府两院的政治结构决定同级人民检察院、同级人民法院应当对人大负责,受人大监督。人民检察院、人民法院经常在司法活动中以规定、批复、批示等形式发布各类不针对具体案件的抽象性法律适用规则,理应被纳入监督范围当中。

基于此,本条规定,地方各级人大常委会信访工作机构所受理的信访请求范围包括:因本级人民政府、下一级人大及其常委会、同级人民检察院、同级人民法院制定的抽象性规范侵犯信访人合法权益,或是同级人民检察院、法院明显未依法履职、滥用职权侵犯信访人合法权益,信访人提出信访请求的。

同时,本条以及本条以下第 27 条、28 条适用时应当注意,《行政诉讼法》第 53 条规定公民、法人或其他组织认为行政行为所依据的国务院部门和地方人民政府及其部门制定的不包括规章在内的规范性文件不合法,在对行政行为提起诉讼时,可以一并请求对该规范性文件进行审查。这就意味着由国务院部门和地方人民政府及其部门制定的规章以下规范性文件将纳入行政诉讼审理的范围当中。根据本法第 33 条的规定,属于行政诉讼法定受案范围内的为涉法涉诉类案件,将不纳入信访体系处理。

第二十七条 【国务院信访工作机构受理范围】信访人认为下列事项影响其合法权益,依照本法向国务院信访工作机构提出信访请求的,应当在十五日内受理:

(一)国务院行政机构的规章、决定、命令;

(二)省、自治区、直辖市人民政府制定的规章、决定、命令。

理由与说明:我国目前的权力运作模式为行政主导制,大量信访事项由行政系统产生,需要在行政系统内予以消化和解决。因此,国家行政机关中应当设立信访工作机构,且其设置和职权必须在符合信访功能定位的前提下,与政府权力的配置相互匹配。故本法规定国务院以及县级以上地方各级人民政府应当设立信访工作机构,履行信访工作职责。

从我国现行法律体系看,依照《立法法》第 88 条第 3 项的规定,国务院有权改变或者撤销不适当的部门规章和地方政府规章。从权力配置的角度看,国务院直接领导其下属的部、委、行、署等行政机构,有权审查其所制定的规章、决定、命令等规范性文件。同时,国务院作为中央人民政府,与省、自治区、直辖市人民政府之间形成领导与被领导的关系,有权审查省、自治区、直辖市人民政府所制定的规章、决定、命令等形式的文件。

因此本条规定,信访人认为国务院行政机构制定颁布的规章、决定、命令或省、自治区、直辖市人民政府制定的规章、决定、命令侵犯其合法权益的,可向国务院信访工作机构提出信访请求。国务院信访工作机构作为国务院下设机构,在具体办理信访事项过程中,查明涉访规范是否存在违反上位法等情况或争议状况,并报国务院,由国务院决定。

第二十八条 【地方各级人民政府信访工作机构受理范围】信访人认为下列事项影响其合法权益,依照本法向地方各级人民政府信访工作机构提出信访请求的,应当在十五日内受理:

(一)下一级人民政府的规章、决定、命令;

(二)本级人民政府工作部门的决定、命令;

(三)其他应当由信访工作机构受理的信访请求。

理由与说明:地方各级人民政府与下一级人民政府及本级人民政府工作部门具有领导与被领导关系。故本条规定,地方各级人民政府信访工作机构有权并有责任受理信访人提出的,因下一级人民政府的规章、决定、命令和本级人民政府工作部门规章、决定、命令侵犯其合法权益而寻求救济的信访请求。同时,因为地方人民政府需要处理各方面的繁杂事务,其信访工作机构受理的信访请求与行政权能相匹配而难以全部列举,故本条在地方各级人民政府信访工作机构受案范围中添加兜底条款。

第二十九条 【送达期限】信访工作机构应当自作出受理决定之日起五日内将受理决定书送达信访人、利害关系人和涉访国家机关。

理由与说明:本条规定了信访工作机构的送达义务。为保障信访人、利害关系人和涉访国家机关的知情权和参与权,同时防止信访工作机构以工作繁忙为由长期拖延信访事项的办理,本条规定信访工作机构应当自作出受理决定之日起5日内将受理决定书,送达包括信访人、利害关系人和涉访国家机关在内的信访当事各方,以保证当事各方有充分的时间了解信息、准备材料,参加信访活动。

> **第三十条 【不予受理的情形】**信访人提出的信访请求有下列情形之一的,各级信访工作机构不予受理:
>
> (一)信访事项已经受理或者正在办理,信访人再次提出同一信访事项的;
>
> (二)信访事项处理终结,信访人以同一事实和理由再次提出的;
>
> (三)超越信访事项受理范围的;
>
> (四)其他不符合法律规定的。
>
> 信访工作机构决定不予受理的,应当自信访人提出信访事项五日内书面告知信访人,并说明理由。

理由与说明:信访请求的受理和信访事项的办理必须坚持公正与效率相统一的原则。重复信访、多次信访乃至缠访闹访不仅不利于信访事项的办理,还会造成大量的资源浪费,影响国家信访工作的正常开展,更重要的是,这种行为会不合理地减少其他人行使信访权机会。针对此种情况,本条规定了不予受理的情形。

本条规定,信访事项已经受理或正在办理,以及受理后处理终结,信访人以同一事实和理由再次提出信访请求的,属于无实际意义的重复信访,各级信访工作机构本着保证工作效率的原则不予受理。同时,本条规定,信访人应当承担依法信访的义务,信访人所提出的信访请求超越了信访工作机构受理范围的,以及不符合法律其他规定的,信访工作机构也有权不予受理。

信访工作机构决定不予受理的,应当自信访人提出信访事项之日起5日内书面告知当事人。同时,本条赋予信访工作机构释明义务,当信访工作机构做出不予受理决定时,信访人有权知道不予受理的理由和原因,信访工作机构理应对此做出说明。

> **第三十一条 【地域管辖】**对于符合本法规定,但不属于本辖区信访工作机构受理的,应当告知信访人向依法有权受理的信访工作机构提出。

理由与说明:本条确立信访属地管辖制度。在信访中设计属地管辖的主要原因是信访事项往往会涉及复杂的利益关系,各地的情况又差别较大,由地方处理,更方便利害相关人参与信访活动,使各种利益衡平符合当地的实际状况。

在具体制度安排上,地方各级人民代表大会常务委员会、地方各级人民政府信访工作机构管辖发生在本辖区内的信访事项,在原则上无权对其他辖区内的信访事项进行处理。全国人民代表大会常务委员会信访工作机构、国务院信访工作机构管辖范围为全国,故不存在属地管辖问题,但须接受本法第32条级别管辖的约束。按照本条规定,对于信访人提出的符合本法其他规定,但不属于符合地域管辖规定的信访请求,收到信访请求的信访工作机构应当告知信访人向有权受理的信访工作机构提出。

第三十二条　【管辖处理】对于信访人提出的不属于本信访工作机构受理的信访请求,应当作出不予受理决定,并告知信访人有权受理信访请求的信访工作机构的名称、联系方式。

对于信访人提出的依法属于上级信访工作机构应当受理的信访请求,征得信访人同意的,应当自作出不予受理决定之日起五日内将相关材料转交上级信访工作机构。

理由与说明:本条确立信访分级管辖制度。依照本条第 1 款的规定,对于信访人提出的不属于本机构受理范围的信访请求,信访工作机构不得超越权限擅自受理,而应当做出书面不予受理决定。在做出不予受理决定的同时,信访工作机构承担告知义务,须告知信访人有权受理信访请求的信访工作机构的名称和联系方式,以引导信访人正确、依法信访。

本条第 2 款规定,对于信访人提出的依法属于上级信访工作机构受理范围的信访请求,下级信访机构不得擅自受理,而应做出不予受理决定。考虑到越是基层的信访工作机构距离民众越近,基于信访便民原则,为节省信访人的信访成本,信访工作机构在征得信访人同意的情况下,应在自做出不予受理决定之日起 5 日内将信访人提交的相关材料和信访请求报送转交至有权受理的上级信访工作机构。对于越级提交到上级信访工作机构的信访,之所以没有类似的设计,主要是考虑到可能会诱发信访人集中到上级信访,不断形成转交。为避免导致信访工作上下倒置,信访人到基层的信访工作机构可以提交的信访,就不需要到上级提交,若直接到上级提交,上级就只进行登记和告知,既不受理也不转交。

需注意本条仅规定在同一系统但不同级别的信访工作机构之间实行转送制度,不同系统的信访工作机构之间如地方人大常委会信访工作机构与地方人民政府信访工作机构之间则不存在级别转送制度,在信访人错误提出信访请求的情况下应直接告知信访人向有权受理的机关提出。

第三十三条　【涉法涉诉类诉求】对于公民、法人以及其他组织提出的属于诉讼、仲裁、行政复议等法定程序受案范围内的诉求,应当告知其按照诉讼、仲裁、行政复议等法定程序提出。

有关国家机关依法终结的诉讼、仲裁、行政复议等案件,国务院及地方各级人民政府的信访工作机构不予受理。

理由与说明：本条针对现有信访体制下存在的大量涉法涉诉类信访诉求而设置。因信访所呈现的非程序化和低成本等特点，大量信访人将本应该在行政诉讼、行政复议等渠道内解决的争议带入信访渠道，导致信访的权利救济功能过度扩张，政治参与功能、沟通联系功能与权利救济功能之间的平衡失调。司法救济及其他法定行政救济的终局性、权威性可能受到冲击与挑战。故本条从收缩信访权利救济功能的角度出发，在保留信访"底线救济"权能的前提下，强化司法救济、行政救济在权利救济与纠纷解决上的权威性和终局性，从而保证信访在权利救济上成为已有法定权利救济机制的补充选择，在制度设计层面解决信访与法治建设之间的悖论。

本条第1款规定，信访工作机构对于信访人提出的属于国家机关诉讼、仲裁、行政复议等法定程序受案范围内诉求的不予受理，以实现在受案范围上对诉讼与信访分离的保障。同时，信访工作机构在做出不予受理决定时，需对信访人承担告知义务，主动引导信访人通过行政复议、行政诉讼等途径向有管辖权的国家机关依法按照程序提出和反映诉求。

本条第2款规定，有关国家机关依法终结的诉讼、仲裁、行政复议等案件，国务院及地方各级人民政府信访工作机构不予受理，从而保证司法裁决、行政复议裁决的终局性与权威性，避免行政系统对司法的干预。国家机关依法作出的判决、裁定为终局决定，当事人和其他国家机关都应当自觉接受和维护，从而解决信访事项终而不结，耗费司法行政资源的情况。在人民代表大会制度下，司法系统受人民代表大会及其常委会的监督，人民代表大会的信访系统仍可受理，并通过信访对司法、仲裁、行政复议等进行监督。

第三十四条　【意见建议类诉求】公民、法人以及其他组织对下列未影响其合法权益的事项，提出意见、建议的，按照如下方式处理：

（一）认为行政法规、地方性法规、自治条例和单行条例同宪法或者法律相抵触，提出意见、建议的，告知其向全国人民代表大会常务委员会书面提出；

（二）认为国务院部门制定的规范性文件同法律、行政法规相抵触，提出意见、建议的，告知其向国务院书面提出；

（三）认为地方人民代表大会及其常务委员会作出的决议、决定同法律、行政法规、地方性法规、自治条例和单行条例相抵触，提出意见、建议的，告知其向上一级人民代表大会常务委员会提出；

（四）认为地方人民政府制定的规范性文件同法律、行政法规、地方性法规、自治条例和单行条例相抵触，提出意见、建议的，告知其向上一级人民政府或同级人民代表大会常务委员会书面提出；

（五）认为地方人民政府部门制定的规范性文件同法律、行政法规、地方性法规、自治条例和单行条例相抵触，提出意见、建议的，告知其向同级人民政府或上一级主管部门书面提出。

公民、法人以及其他组织对前款规定以外的未影响其合法权益的事项，提出意见、建议的，告知其向所在地人民政府有关部门提出。

理由与说明： 本法第 2 条规定，本法所称信访请求是指信访人认为合法权益受到国家机关及其工作人员侵害，无法通过其他法定途径寻求救济时提出的利益诉求。也即在信访关系中，信访人的合法权益必须受到具体侵害。本条所指向的意见建议类诉求，是指公民、法人以及其他组织提出的以完善国家立法、国家机关政策或其他目的为指向的，并未含有具体权利救济要求的请求。

对于此类请求，本法仅赋予信访工作机构告知请求提出人按照《立法法》的相关规定向有权审查部门提出的义务，而不再将此类请求纳入信访处理渠道。本条准用《立法法》第 88 条的规定，具体列举了五类事项。针对本条具体列举五类事项之外的其他事项提出的意见、建议，信访工作机构可告知请求提出人向其所在地人民政府提出。地方各级人民政府均以不同形式设有人民建议征集办公室，此类请求可通过人民建议的渠道提出。

由于此类意见、建议曾是信访的一个部分，在此将其作为一个条款列出，以便国家机构和信访工作机构依法进行工作。

第三十五条 【民间纠纷】 对于公民、法人以及其他组织发生的民间纠纷，告知其向人民调解委员会申请调解或按照诉讼、仲裁等法定程序提出。

理由与说明： 本法第 2 条规定，本法所称信访请求，是指信访人认为合法权益受到国家机关及其工作人员侵害，无法通过其他法定途径寻求救济时，向信访工作机构提出的利益诉求。也即本法明确，信访具有纠纷处理及权利救济的功能，但仅处理国家机关及其工作人员与一般公民、法人以及其他组织之间的纠纷，而不处理作为平等主体的公民、法人以及其他组织之间发生的纠纷。在信访关系中，当事双方一方为公民，另一方必须为涉嫌侵犯其合法权益的国家机关及其工作人员。

本条规定了民间纠纷与信访制度的分离。对于公民、法人以及其他组织之间发生的一般民事争议和民间纠纷，当事人向信访工作机构提出信访请求的，信访工作机构不予受理，而应当告知其按照《人民调解法》的规定告知其向人民调解委员会申请调解，或按照《民事诉讼法》《仲裁法》《治安管理处罚法》等相关法律的规定，向人民法院、仲裁委员会、人民公安等机构在法定程序框架内提出权利诉求。

第三十六条 【检举揭发类诉求】对于公民、法人以及其他组织提出的检举、揭发，应当告知其向监察机关、检察机关等有权处理的机关提出。

理由与说明：本法第 3 条规定，信访是公民、法人和其他组织监督国家机关依法履行职责的重要渠道。对国家机关及其工作人员违法行为的检举和揭发是信访权力监督功能的体现，但考虑到违法行为处理的法治化趋势以及信访工作机构的职责范围与能力权限，信访工作机构不应当再承担对国家机关及其工作人员违法情况的调查处理职责。因此本法规定，对于公民、法人以及其他组织提出的检举、揭发，不纳入信访体系中处理，而是告知提出者向监察机关、检察机关等有权处理的专门机关提出，由监察机关、检察机关进行处理。

第三十七条 【人民法院、人民检察院信访工作机构的受理范围】各级人民法院、人民检察院信访工作机构所受理的信访事项的范围，由最高人民法院、最高人民检察院另行规定。

理由与说明：人民法院、人民检察院的信访工作系统较为特殊，与本法所设计的一般信访工作体制存在较大差异。其不仅需要坚持诉讼与信访分离，还需考量信访制度与现有的审判监督等体制进行对接等问题。故本法授权最高人民法院、最高人民检察院另行制定规则，对各级人民法院、各级人民检察院信访工作机构所受理的信访事项范围及其他相应规范另行做出规定。

第六章　信访事项的办理

第三十八条 【承办人及档案管理】信访工作机构办理信访事项，应当确定承办人，严格依照法律、法规规定，及时、公平、公正办理并将办理情况登记存档。

理由与说明：确立信访工作承办人制度，可以更好地开展具体的信访工作，明确具体信访工作的责任。

第三十九条 【人大信访工作机构信访事项的办理】各级人民代表大会常务委员会信访工作机构收到信访请求的，应当在九十日内分别作如下处理：

（一）属于本级人民代表大会常务委员会信访工作机构职责范围的信访请

求,转送本级人民代表大会各专门委员会、人民代表大会常务委员会各工作委员会及其他工作机构办理,并由人民代表大会常务委员会信访工作机构统一答复信访人;

(二)属于上级或下级人民代表大会及其常务委员会信访工作机构职责范围的信访请求,应当告知其向上级或下级人民代表大会常务委员会信访工作机构;

(三)属于本级行政机关、人民法院、人民检察院信访工作机构职责范围的信访请求,告知信访人到本级相应信访工作机构提出信访事项;

(四)属于下级行政机关、人民法院、人民检察院信访工作机构职责范围的信访请求,告知信访人到下级相应信访工作机构提出信访事项。

理由与说明:由人大常委会各工作委员会及其他工作机构具体负责办理信访事项,更专业、更科学,也更有效率。对于不属于本级人大信访工作机构受理的信访事项,为了方便信访人,应当告知信访人向有权的信访工作机构提出。

第四十条 【专项监督】对于信访人集中提出的信访事项,人民代表大会常务委员会信访工作机构认为有必要听取专项报告的,应当建议人民代表大会常务委员会根据《中华人民共和国各级人民代表大会常务委员会监督法》的规定,安排听取和审议本级人民政府、人民法院和人民检察院的专项工作报告。

理由与说明:《中华人民共和国各级人民代表大会常务委员会监督法》规定了人大常委会监督人民政府、人民法院和人民检察院,可以采取听取和审议人民政府、人民法院和人民检察院专项工作报告的监督方式。本条把信访工作与该《监督法》规定的专项工作报告衔接起来。对于信访人集中提出的信访事项,信访工作机构认为有必要听取专项报告的,可以建议人大常委会安排听取专项报告,有利于监督和促进人民政府、人民法院和人民检察院依履职。

第四十一条 【人民政府信访工作机构信访事项的办理】各级人民政府信访工作机构应当通过组织、主持恳谈会、议事会的方式办理信访事项。

理由与说明:本条规定政府信息工作机构信访事项的办理方式。

第四十二条　【恳谈会】各级人民政府信访工作机构作出受理决定的,信访人与涉访国家机关在信访工作机构主持下,可以展开恳谈,就信访事项进行协商。

信访人和涉访国家机关均有权在收到受理决定后十日内申请举行恳谈会,双方无异议的,信访工作机构应当自申请之日起十五日内组织恳谈会。

恳谈会应当在三十日之内完成协商。逾期未达成协议的,恳谈会终结。

理由与说明:信访人、涉访国家机关通过面对面的恳谈协商,有利于增进对双方各自立场的了解,凝聚最低共识,达成协议,解决信访人的利益诉求。同时,也可以避免所有的信访事项都启动议事会的程序,可以起到节省成本的效果。

恳谈会的举行遵循双方皆自愿原则,只有信访人、涉访国家机关都自愿举行恳谈会的,恳谈才会有效果。

第四十三条　【恳谈会通知】信访工作机构应当于举行恳谈会七日前将举行恳谈会的时间、地点通知信访人、涉访国家机关。

理由与说明:提前告知信访人、涉访国家机关恳谈会举行的时间、地点,有利于信访人、涉访国家机关做好恳谈的充分准备,可以提高恳谈会的质量,有助于在恳谈会中协商一致达成协议。

第四十四条　【恳谈会协商】经恳谈会协商达成协议的,由信访工作机构制作协议书,送达信访人和涉访国家机关,信访事项终结。

经恳谈会协商而未达成协议的,恳谈过程中发生的承诺一律无效,视为未发生。

理由与说明:经恳谈会达成协议的,信访事项终结,不再启动议事会程序。在恳谈会过程中,为了达成协商一致,信访人、涉访国家机关会作出某些妥协、承诺,倘若最终恳谈会未达成一致,先前作出的妥协、承诺没有约束力。信访事项进入议事会的程序。

第四十五条　【议事会】未举行恳谈会的,信访工作机构应当在信访人收到受理决定书后九十日内召开议事会。

恳谈会未达成一致的,信访工作机构应当在恳谈会结束之日起九十日内召开议事会。

议事会在信访工作机构的主持下，由信访人、利害关系人、涉访国家机关组成，就信访事项进行公开讨论，在三十日内形成信访事项办理的集体意见。重大、复杂、疑难的信访事项，经信访机构负责人批准，可以适当延长办理期限，但延长期限不得超过三十日，并告知信访人延期理由。

理由与说明：信访事项未举行恳谈会或恳谈会未达成一致的，通过议事会办理信访事项。议事会的组成人员，除了信访人、涉访国家机关外，还包括利害关系人。为避免无限期拖延，对议事会的时限进行了规定。

第四十六条 【重大复杂疑难信访事项】

对重大、复杂、疑难的信访事项，信访工作机构可以邀请人大代表、政协委员、法律工作者、专家、社区代表、社会组织等无利害关系的其他人参加议事会。信访工作机构应当保证参加议事会的人员结构合理，保障各方面意见得到公平表达。

信访人、利害关系人、涉访国家机关有证据证明上述人员与信访事项有利害关系的，可以提出回避申请，上述人员也可以自行提出回避申请，由信访工作机构负责人作出是否回避的决定。

理由与说明：对重大、复杂、疑难的信访事项，邀请人大代表、政协委员、法律工作者、专家、社区代表、社会组织等无利害关系的其他人参加议事会，有利于信访事项得到公平、公正、科学、合理的处理。为了公平起见，参加议事会的成员结构应当尽量合理，让各方面的意见都有得到表达的机会。同时，与信访事项有利害关系、可能构成回避的非信访当事人应当避免参加议事会。

第四十七条 【议事会通知及公告】信访工作机构应当于举行议事会七日前将举行议事会的时间、地点通知信访人、利害关系人、涉访国家机关，并予以公告。

理由与说明：提前告知信访人、涉访国家机关议事会举行的时间、地点，有利于信访人、利害关系人、涉访国家机关做好充分准备，可以提高议事会的质量和效率，也有助于在议事会中充分交流意见。

第四十八条 【议事会程序】议事会应当按照下列顺序进行：

（一）信访人提出信访事项，陈述事实，说明理由；

（二）利害关系人陈述事实，说明理由；

（三）涉访国家机关围绕信访人提出的信访事项对相关的法律、法规、政策进行阐述说明；

（四）主持人归纳争议焦点；

（五）信访人、利害关系人、涉访国家机关分别出示证据，发表意见；

（六）信访人、利害关系人、涉访国家机关就争议的事项进行质询和辩论；

（七）主持人宣布信访人、利害关系人、涉访国家机关认识一致的事实和证据；

（八）参加议事会的人大代表、政协委员、法律工作者、专家、社区代表、社会组织等分别发表意见；

（九）信访人、利害关系人、涉访国家机关最后陈述意见；

（十）议事会应当制作记录。记录由信访人、利害关系人、涉访国家机关核对无误或者补正后签名或者盖章。拒绝签名或者盖章的，应当记明情况附卷，由信访工作机构主持人签名。

理由与说明：本条规定的是议事会的具体操作程序中的关键环节，重点在于突出程序的规范性、公平性、有效性，保证信访主体各方均可以表达各自立场、观点、看法，信访事项争议的焦点能够得到充分展现和辩论，从而增加信访事项解决的可能性。

第四十九条　【议事会集体意见书】根据议事会记录载明的内容，信访工作机构制作集体意见书，送达信访人、利害关系人和涉访国家机关，信访事项终结。

信访工作机构应当将集体意见书提交相关国家机关供决策参考。

议事会集体意见一致，不侵害国家利益、公共利益和他人合法权益的，在公示后可以自行执行。

理由与说明：议事会集体意见书并无直接指挥相关国家机关的法律约束力，但是，由于议事会集体意见书向全社会公开，实际上使其对信访人、利害关系人和涉访国家机关具有很强的社会压力和道德约束力，迫使参与各方回到理性和国家法治的轨道上，倒逼国家机关依法决策、依法行政。信访工作机构将集体意见书提交相关国家机关供决策参考，同时也从负方向提示决策机关，政策可能在哪些领域出现问题，在具体运行过程中当事人存在什么意见，进而促进相关部门决策的科学性、合理性。

第五十条　【利害关系人参加恳谈会、议事会】与恳谈事项或议事会议事事项有直接利害关系的,可以申请参加恳谈会、议事会,或者由信访工作机构通知参加恳谈会、议事会。

信访工作机构通知参加恳谈会、议事会,无正当理由拒不参加的,以同一事实提出的其他信访,不予受理。

理由与说明:信访事项涉及其他主体权利或者利益的,有权申请参加或者由信访工作机构通知参加恳谈会、议事会,这样安排,有利于信访事项科学、正确地得到妥善处理,避免信访事项处理完毕又引发新的信访。

同时,对于无理缠访,拒不参加恳谈会、议事会的,对同一事实的信访不予受理,这样既提高效率,又可以避免对于一个事实的不断纠缠,浪费公共资源。

第五十一条　【委托代理人】信访人、利害关系人、涉访国家机关可以委托一到两名代理人。信访人、利害关系人应当出席恳谈会或议事会。

理由与说明:信访代理人的设计,主要是为信访人提供专业领域的支持。由于在信访中需要表达真实的意思,并通过公开的方式表达利益诉求,而这种诉求只有信访人自己在公开的情况下才更愿意回归社会理性,因此要求信访人、利害关系人即使委托了代理人,仍应当亲自出席恳谈会或者议事会。这样可以预防一些信访人、利害关系人无理缠访的现象,即明知自己的利益诉求毫无根据,不能得到支持又坚持信访,避免无效的信访活动,同时也是信访的制度资源更有效地用来解决确实需要信访的信访人的需要。

第五十二条　【办理公开】恳谈会的协商结果、议事会的议事过程和集体意见,除涉及国家秘密、商业秘密或者个人隐私外,应当公开。有条件的,议事会的议事过程应当进行互联网直播。无条件进行互联网直播的,应当保留完整的影音资料,参加议事会的各方均可以进行复制。

恳谈会的协商结果、议事会的集体意见应当在信访人、利害关系人户籍所在地、经常居住地以及有关涉访国家机关所在地进行公告。

理由与说明:恳谈会的协商过程不公开,是因为恳谈会是一个比较柔性的信访事项处理程序,信访人、涉访国家机关在恳谈协商过程中,双方会作出一些妥协、退让、承诺,在一个不公开的程序中,更容易达成一致。同时恳谈会相对议事会而言成本较低,有利于提高信访制度的效率。

恳谈会的协商结果、议事会的议事过程和集体意见,应当公开。有条件的,议事会的议事过程应当进行互联网直播。因为一个公开的程序可以对信访人、涉访国家机关形成压力,有利于促成信访人、利害关系人更加理性地表达诉求和涉访国家机关认真依法回应信访人、利害关系人的诉求,从而提高议事会的质量。

选择互联网直播,一方面是因为互联网直播的成本较低,频道资源相对充裕,另一方面也是适应信息时代的变化,也更有利于信访活动的可反复查阅,对社会进行普及相关政策、教育和预防类似事件的重复发生。

第五十三条　【政府常务会议专题讨论】对于信访人多次、集中提出的信访事项,各级人民政府信访工作机构认为有必要进行专题讨论的,应当建议人民政府召开常务会议进行讨论。

理由与说明:按照恳谈会、议事会的设计,在实行初期,可能会出现信访人多次、集中提出的信访事项;经过一段时间的运行,这类事件会快速减少,但不排除不同的信访事实都不断地指向某一个或一群政策,对于这类信访,需要信访机构学会判断,更需要政府进行关键性决策。

对于信访人多次、集中提出的信访事项,之所以建议由人民政府召开常务会议进行讨论,一方面,是因为这些信访事项比较复杂、疑难,可能涉及历史遗留问题,或者涉及政府多个部门比较难以协调,往往解决起来也比较困难;另一方面,由人民政府召开常务会议进行讨论,有利于发现和纠正引发群体性信访的决策、决定,从源头上预防信访事项的发生。

第五十四条　【特别救助基金】在地方各级人民代表大会常务委员会设立特别救助基金,为受人民代表大会或人民政府的决策影响而导致生活困难的信访人,提供特别救助。

理由与说明:不能排除可能会出现有一些信访人由于受人大或者政府决策影响而导致生活困难,对于信访人而言,自身没有任何过错,是政府的政策令其陷入生活困境,对于这类情况,按照公平的原则,由人民代表大会常务委员会设立特别救助基金,并有人大常委会进行决定为受人民代表大会或人民政府的决策影响而导致生活困难的信访人,提供特别救助,既是一种政府信用,也是对民众一个公平的交待,更是对自身决策的补救。

第七章　信访信息收集与公开

第五十五条　【情报收集与信访态势研究】对信访人提出的信访请求，各级国家机关信访工作机构应当进行汇总、分析，展开信访态势研究，形成研究报告，提供有关决策部门参考。

理由与说明：本法强化了信访工作机构辅助政府决策的功能，在总则部分就将信访定位为"收集信息、发现问题、辅助决策的支持系统"。信访工作机构作为公民、法人和其他组织反映意见诉求的第一线机构，其掌握公众对政府规范性文件、决策行为的认可程度的信息，通过对其的汇总、分析，展开研究，形成报告供有关部门决策参考，对于政府更好地作出决策、制定规范性文件，可以起到很好的辅助作用。"应当"说明了这种汇总研究，不仅是信访工作机构的一项权利，也是其一项不可推脱的职能。

第五十六条　【专题调研】各级国家机关信访工作机构应当针对一定时期内社会的热点、难点、普遍性问题和有重大影响的信访事项，组织或者会同相关部门进行专题调研，提出预防社会矛盾的建议、意见，形成专题报告并提交有关国家机关研究处理。

专题调研可以采取阅卷审查、听取汇报、约见信访人、召开座谈会、问卷调查、走访调研等方式进行。

理由与说明：该条比之上一条更进了一步，第55条规定的是信访工作机构应当对信访人提出的信访请求进行汇总、分析、研究，形成报告供政府决策部门研究。该条在上一条的基础上，进一步提出，信访工作机构应当针对一定的"热点、难点、普遍性、有重大影响"的信访事项展开专题调研，形成专题报告以供有关国家机关研究处理。并规定了专题调研可以采取的多种方式，信访工作机构可以根据需要选择合适的方式进行调研。这对于更好地发挥信访的信息收集、分析，辅助政府决策功能有重要的意义。

第五十七条 【信访信息公开】各级国家机关信访工作机构应当按季度在信访工作机构网站公布下列内容:

(一)已受理信访事项的登记信息、转送、交办情况及办理结果;

(二)按照涉访对象、信访事项内容进行分类的数据统计结果;

(三)恳谈会协议执行情况、议事会集体意见采纳情况;

(四)其他需要公开的内容。

前款内容,涉及国家秘密、商业秘密、个人隐私的,不予公开。

理由与说明:信访是公民参与社会公共事务管理,监督国家机关依法履行职责的重要渠道,信访法的立法目的就是为了保障公民的合法权利,保持国家机关同人民群众的密切联系,畅通信访渠道,规范信访秩序。这样的立法目的就决定了信访工作应当秉着"公开、便民"的原则。在网络传媒发达,信息流通迅速的今天,政府信息公开,是规范行政权力合法合理行使的重要手段。本法的亮点之一就在于对"公开"的强调,就包括利用互联网公开,形成社会动力机制,实现对信访活动,不仅是信访工作机构、涉访国家机关,也是对信访人的监督与制约,以规范信访秩序,更好的实现信访的功能。对已受理信访事项的登记、转送、交办及办理结果情况的公开,有利于信访人和公众了解信访事项的办理,通过社会监督实现对信访事项公平、公正的办理;对数据统计结果的公开有助于公众、有关国家机关了解信访问题比较突出的领域;对恳谈会、议事会有关情况的公开有助于协议的执行、意见的采纳,更好地实现恳谈会、议事会制度设计的初衷;最后通过兜底条款来保证其他事项的公开。当然,也不是所有的信息都强制公开,本条也排除了对国家秘密、商业秘密、个人隐私的公开。对国家秘密、商业秘密和个人隐私的界定,可以参考其他法律的规定或者由信访工作机构根据具体情况进行裁量。

第五十八条 【涉访机关反馈】对于各级国家机关信访工作机构季度报告中所公布的信访事项处理结果、数据统计结果、提出的建议,涉访国家机关应当予以关注。对于信访人集中提出的信访事项所涉及的问题,应当及时进行处理。

理由与说明:该条赋予了涉访国家机关反馈的义务。信访工作机构在季度报告中公布的一系列数据,如果不能得到涉访国家机关及时、有效的回应,就不能发挥其应有的作用。该条制度设计的目的就在于规避、防止有关涉访国家机关对信访工作机构季度报告中提出的建议、意见敷衍塞责,不予以回应的情况。

第五十九条 【信访年度报告】各级国家机关信访工作机构应当编制信访工作年度报告,通过公报、互联网、新闻发布会以及报刊、广播、电视等方式,于本级人民代表大会年度会议召开前一个月向社会公开。

理由与说明:本条规定了信访工作机构编制信访年度工作报告的义务,以及公开的方式、时间,目的仍在于通过"公开"实现对信访工作的监督,更好地规范信访秩序。

第六十条 【年度报告内容】信访工作年度报告应当包括下列内容:

(一)信访事项的受理情况及相关数据分析;

(二)信访事项的转送处理情况、恳谈会协议执行情况、议事会集体意见采纳情况;

(三)信访专题调研的情况、信访专题报告的采纳情况;

(四)信访事项相关专项工作报告的听取和审议情况、人民政府常务会议的讨论情况;

(五)其他应当报告的情况。

理由与说明:年度工作报告包括的内容基本都是信访工作机构工作职责范围内的事项,包括:信访事项的受理、转送、办理结果及其数据分析;恳谈会协议执行、议事会集体意见采纳情况;专题调研及其采纳情况;专项工作报告的听取和审议情况以及兜底条款。通过对这些事项的公开,有助于信访人公众更好的了解信访事项的办结情况,形成社会公共监督,引导信访工作机构更好的履行其职责。

第六十一条 【涉访国家机关反馈公开】对于人民政府信访工作机构提交的集体意见书,涉访国家机关应当在六个月之内将采纳与否的情况及其理由向社会公开。

理由与说明:本法第48条规定了"根据议事会记录载明的内容,信访工作机构制作集体意见书,送达信访人、利害关系人和涉访国家机关,信访事项终结。信访工作机构应当将集体意见书提交相关国家机关供决策参考"。本条则是对涉访国家机关反馈义务的规定。涉访国家机关应当在收到集体意见书之日起6个月内将采纳与否的情况及理由向社会公开。只有赋予涉访国家机关一定的反馈义务,集体意见书才能得到真正的重视,信访事项才能得到公正、及时的解决,信访人的合法权益才能得到更好的保障。并且,这种反馈义务不仅仅是针对信访工作机构或者信访人的,而是针对社会公众的公开。这对于发挥上述作用,将会起到更好的作用。

第八章　信 访 监 督

> **第六十二条　【人大信访监督】**地方各级人民代表大会常务委员会信访工作机构发现本级人民政府、人民法院和人民检察院信访工作机构或下级人民代表大会常务委员会信访工作机构未按规定执行与信访事项有关的法律、法规和政策的,应当提请人民代表大会常务委员会按照《中华人民共和国各级人民代表大会常务委员会监督法》进行依法监督。

理由与说明:本条是关于人民代表大会常务委员会对信访工作进行监督的内容。

根据《宪法》和法律的相关规定,全国及地方各级人民代表大会常务委员会对本级政府、法院、检察院和下级人民代表大会常务委员会的工作负有监督的职责,以促进依法行政和公正司法。地方各级人民代表大会常务委员会的信访工作机构如果发现受其监督的国家机关未按规定执行与信访事项有关的法律、法规和政策的,应当提请人民代表大会常务委员会依法进行监督。

我国为了保障人民代表大会常务会员会依法行使监督的职权,于 2006 年 8 月 27 日通过了《中华人民共和国各级人民代表大会常务委员会监督法》,在信访工作中如果属于人民代表大会常务委员会进行监督的,应当按照该法进行监督。

> **第六十三条　【人大信访督查专员】**地方各级人民代表大会常务委员会可以委托人大代表督查、督办重大信访事项。
>
> 人大代表督查、督办重大信访事项实行专案专办。

理由与说明:本条是关于人民代表大会常务委员会委托人大代表督查、督办重大信访事项的内容。

人大代表督查、督办重大信访案件也属于人大对于信访工作的监督方式。有几点内容需要明确:第一,由人民代表大会常务委员会委托人大代表进行督查、督办重大信访案件本质上还是源自人民代表大会对政府、法院、检察院以及下级人民代表大会工作的监督权,目的是督促一些重大的、有一定社会影响力的信访事项能够得到及时、有效的办理,这本质上是一种监督方式;第二,由于是一种监督信访工作的方式,因此由人民代表大会常务委员会委托人大代表行使这种监督权;第三,人大代表督查、督办重大信访案件实行专案专办,意味着当重大信访事项发生时,人大代表才接受委托,对信访事项督查、督办,当重大信访事项办理完结之后,这一委托也终结。

第六十四条 【人民政府信访督查督办】地方各级人民政府信访工作机构发现本级政府工作部门或下级人民政府信访工作机构有下列情形之一的,应当及时督查督办,并提出改进工作的建议:

(一)未按规定执行与信访事项有关的法律、法规和政策的;

(二)未按规定组织、参加恳谈会、议事会的;

(三)不履行恳谈会协议的;

(四)其他需要督办的事项。

收到改进工作建议的国家机关应当自收到建议之日起三十日内书面反馈情况;未采纳改进意见的,应当自收到建议之日起十日内说明理由。

理由与说明:本条是关于人民政府对信访事项督查、督办的内容。地方各级人民政府信访工作机构对本级政府工作部门或下级人民政府信访工作机构的信访工作富有监督的职责。由于恳谈会、议事会是在各级人民政府信访工作部门主持下召开的,因此当地方各级人民政府发现本级政府工作部门或下级人民政府发生以上三种情形之一时,应当及时督查督办,并提出改进工作的建议;最后是兜底条款,当其他需要督办的情形发生时,地方各级人民政府也可以进行督查、督办。

督查、督办的目的是为了确保信访工作能够依法、及时、有效地开展,因此对其时限有着比较严格的规定。

第六十五条 【政府信访督查专员】地方各级人民政府信访工作机构设立信访督查专员,具体履行督查、督办职责。

理由与说明:本条是对于各级人民政府信访督查专员的规定。与人民代表大会常务委员会委托人大代表督查、督办重大信访事项类似,地方各级人民政府在其信访工作机构中专门设立信访督查专员,履行信访事项的督查、督办的职责。

两者的区别如下:第一,人大代表是在人民代表大会常务委员会的委托下行使督查、督办的职责,而政府的信访督查专员则是在各级人民政府信访工作机构下常设的职位,督查、督办信访事项是其职责;第二,人大代表督查、督办案件实行专案专办制度,只在特定的信访事项中履行督查、督办的职责,负责特定事项,而政府信访督查专员则以督查、督办案件作为自己的日常工作,依其职位履行职责;第三,人大代表只对重大的信访事项进行督查、督办,而政府信访工作专员对其负责的所有信访事项履行督查、督办的职责。

第六十六条 【转交的非书面信访督查】信访工作机构转交给相关机关进行处理的信访事项,信访工作机构可定期、不定期对相关机关对信访事项的回应情况进行调查、检查、督促。

理由与说明:本条是关于信访工作机构对转交给相关机关进行处理的信访事项进行监督的规定。对于信访以非书面方式提出的信访事项,信访工作机构转交给相关国家机关办理的,信访工作机构也应当及时对相关国家机关对信访事项的处理进行督查、督办。

第六十七条 【信访督查督办的方式】信访督查、督办可以采取阅卷审查、听取汇报、约见信访人、约谈相关国家机关负责人、召开座谈会、问卷调查、走访调研等方式进行。

理由与说明:本条是关于信访督查、督办方式的规定。信访督查、督办可以采取多种方式进行,以保证信访督查、督办工作能够得到有效的开展。信访工作机构、人大代表、信访督查专员可以根据根据实际情况选择最适宜、最有效的方式开展督查、督办工作。

第六十八条 【信访工作机构向上级国家机关反映情况】各级信访工作机构对涉访国家机关及其工作人员在信访工作中不履行或者不正确履行职责,造成严重后果的,可以通过上级信访工作机构将有关情况向该国家机关的上级机关予以反映。

理由与说明:本条是关于信访工作机构向上级国家机关反映情况的规定。与前面几条不同,本条体现的是信访工作机构对涉访国家机关及其工作人员的的法律监督。本条适用于涉访国家机关及其工作人员在信访工作中不履行或者不正确履行职责,并造成严重后果的情形,信访工作机构通过其上级信访工作机构,向该国家机关的上级机关反映情况。

第六十九条 【移送监察、检察案件】信访工作机构应当加强与监察机关、检察机关的联系,发现国家机关工作人员违法失职问题需要进行政纪处理或追究刑事责任的,应当及时移送监察机关、检察机关依法查处。

监察机关、检察机关接到移送的案件后,经查证属实的,应当依法立案调查。

理由与说明:本条是关于信访工作机构向监察机关、检察机关移送案件的情形。本条体现了信访工作机构对国家机关工作人员违法失职行为的监督。本条所指的国家机关及其工作人员不限于涉访国家机关的工作人员,只要在信访工作过程中发现国家机关的工作人员有违法失职的情形,信访工作机构应当及时将情况移送监察机关、监察机关依法查处。

本条还强调信访工作机构应当加强和监察机关、检察机关的联系,共同监督国家机关及其工作人员的违法失职行为。

第九章 法律责任

第七十条 【信访工作机构及其工作人员在处理信访事项过程中的违法行为的法律责任】信访工作机构在办理信访事项过程中,有下列行为之一的,由其上级机关责令改正;拒不改正的,在全国联网信访平台进行通报批评;造成严重后果的,对直接负责的主管人员和其他直接责任人员,依法给予行政处分;构成犯罪的,依法追究刑事责任:

(一)应当受理的信访事项不予受理的;

(二)应当登记、转交、告知而未按规定登记、转交、告知的;

(三)推诿、敷衍、拖延信访事项或者未在法定期限内办结信访事项的;

(四)应当公开的信访事项和信访信息,未公开或未如实公开的;

(五)应当履行督查、督办职责而未履行的;

(六)隐瞒、谎报、缓报,或者授意他人隐瞒、谎报、缓报重大、紧急信访事项和信访信息,或者虚报信访工作情况和统计数据的;

(七)压制、打击报复信访人的;

(八)丢失、篡改、隐匿或者擅自销毁信访材料的;

(九)法律、法规规定的其他情形。

理由与说明:本条是关于信访工作机构及其工作人员在处理信访事项过程中出现违法行为应当承担法律责任的规定。本条的目的在于规范信访工作机构及其工作人员依法履行自己的职责,不履行或不依法履行自己法定职责或者出现其他违法行为的,应当受到法律的制裁,承担法律责任。

有违法行为的信访工作机构及其工作人员承担责任的方式有:一,改正自身的违法行为;二,拒不改正的,在全国联网信访平台上被通报批评;三,造成严重后果的,应当承担行政责任;四,构成犯罪的,应当承担刑事责任。除了本条列举的八种具体情形外,本条还规定了兜底条款,强调信访工作机构及其工作人员应当依法履行职责,不得从事违法活动。

第七十一条 【国家机关及其工作人员拒不执行信访处理意见等违法行为的法律责任】国家机关有下列情形之一的,由其上级机关责令改正;拒不改正的,在全国联网信访平台进行通报批评;造成严重后果的,对直接负责的主管人员和其他直接责任人员,依法给予行政处分;构成犯罪的,依法追究刑事责任:

(一)未按规定执行与信访事项有关的法律、法规和政策的;

(二)未按规定参加信访工作机构组织的议事会的;

(三)不履行恳谈会协议的;

(四)干预或者阻挠信访人合法信访活动的;

(五)对信访人进行打击、报复的;

(六)法律、法规规定的其他情形。

理由与说明:本条是关于国家机关及其工作人员有拒不执行信访处理意见等违法行为应当承担法律责任的规定。本条的目的在于规范国家机关及其工作人员应当依法遵守信访工作的程序、履行信访工作的处理意见,并履行自己的职责,不得在信访工作中出现上述违法行为,否则应当受到法律的制裁,承担法律责任。

有违法行为的国家机关及其工作人员承担责任的方式有:一,改正自身的违法行为;二,拒不改正的,在全国联网信访平台被通报批评;三,造成严重后果的,应当承担行政责任;四,构成犯罪的,应当承担刑事责任。除了本条列举的五种具体情形外,本条还规定了兜底条款,强调国家机关及其工作人员应当依法履行职责,遵守信访工作的程序、履行信访工作的处理意见,不得从事违法活动。

第七十二条 【信访人在信访过程中违法的法律责任】信访人违反本法规定,妨碍信访秩序、工作秩序、社会秩序和他人合法权利的,有关国家机关工作人员应当及时予以劝阻、教育;不服从劝阻、教育的,由公安机关依法予以警告、训诫或者制止;违反有关治安管理、集会游行示威等法律、法规的,由公安机关依法采取行政强制措施或者予以行政处罚;构成犯罪的,依法追究刑事责任。

理由与说明：本条是关于信访人在信访过程中有违法行为应承担法律责任的规定。本条的目的在于规范信访人在信访过程中的行为应当遵守法律的规定，如果有违法行为，则应受到法律的制裁。

有违法行为的信访人承担责任的方式有：一，受到劝阻、教育；二，受到警告、训诫或者制止；三，被采取行政强制措施或者行政处罚；四，构成犯罪的，应承担刑事责任。

第十章　附　　则

第七十三条　**【参照适用】**外国人、无国籍人信访事项的处理，参照本法执行。

第七十四条　**【期限含义】**本法所称"日"，十五日以内为工作日，超过十五日为自然日。

第七十五条　**【施行日期】**本法自＊＊＊＊年＊＊月＊＊日起施行，国务院《信访条例》同时废止。

《中华人民共和国信访法（草案）》
建议稿及立法说明[1]

（2018 年）

  信访是国家机关密切联系人民群众的重要桥梁，为国家机关直接倾听人民群众的声音提供了制度通道。目前信访工作的法律依据存在效力层级低、操作性较弱等不足，信访实践的发展客观上要求制定一部统一的《信访法》，运用法律及时确认和巩固信访制度改革创新的成功经验，在更高层面和更宽领域规范信访工作，把中央关于信访工作的决策部署转化为法律规范，全面推进依法治国，进一步推动国家治理体系和治理能力现代化。

  本建议稿一共八章，六十六条，充分吸纳了目前学术界关于信访立法的最新研究成果和信访改革实践中的成功经验，并在制度机制上进行了创新。总体而言，本建议稿主要有以下三个方面的特点：一是坚持信访公开原则，充分利用互联网技术，建立信访信息公开、共享的交流机制及平台；二是突出信访正当程序的意义，规定了从信访请求的提出与受理再到信访事项的办理、复查与复核的法定程序，并且明确了信访事项调解、听证的详细程序；三是确立了办理信访事项的民主机制，强调了听证在信访事项办理、复查与复核中的重要价值。

---

[1] 本部建议稿由北京市信访矛盾分析研究中心与北京师范大学（课题负责人：梁迎修教授。课题组成员：袁治杰、李德嘉、张江莉、贺丹等）共同完成。

目　　录

第一章 总 则

第一条 【立法目的】为了保持国家机关同人民群众的密切联系,保护信访人的合法权益,监督和促进国家机关及其工作人员改进工作,畅通信访渠道,规范信访秩序,根据宪法,制定本法。

【**说明**】立法目的是对信访法的立法任务、目的以及所保护的价值的规定,参考国务院和北京、上海等地区的《信访条例》关于立法目的的规定,制订本条。我们认为,信访是国家机关直接倾听人民群众声音的制度通道,人民群众通过信访反映情况、表达意见建议,可以达到监督国家机关及其工作人员改进工作的作用。因此,本条规定《信访法》具有维护信访人合法权益、监督国家机关及其工作人员和规范信访秩序的三大目的。

第二条 【概念界定】本法所称的信访是指公民、法人或者其他组织通过网络、书信、电话、传真、走访等形式,向国家机关反映情况,提出建议、意见或者投诉请求,依法由有关国家机关处理的活动。

本法所称信访人,是指通过前款所规定的形式,向国家机关反映情况,提出建议、意见或者投诉请求的公民、法人或者其他组织。

本法所称信访请求,是指信访人采用前款规定的形式,向国家机关反映的情况,提出的建议、意见或者投诉请求。

本法所称信访事项,是指国家机关依法受理的信访请求。

本法所称的国家机关,是指各级人民代表大会、县级以上人民代表大会常务委员会,各级人民政府及其派出机关、县级以上人民政府工作部门,各级人民法院,各级人民检察院。

依法对信访事项直接行使管理、决定权限的国家机关,称有权处理的国家机关。

【**说明**】本法对信访请求和信访事项的概念进行了区分,在国务院《信访条例》中将信访人向国家机关反映的情况,提出的建议、意见或者投诉请求统称为信访事项,未区分信访请求与事项的区别。北京市《信访条例》区分了信访请求和信访事项的区别,信访事项特指国家机关受理后的请求。为了明确概念,并且维持法律概念的统一,本法吸收北京市《信访条例》的立法经验,明确区分信访请求和信访事项。

第三条 【信访权利保护】公民、法人或者其他组织有权通过信访渠道向国家机关反映情况,提出建议、意见或者投诉请求。

公民、法人或者其他组织,依法进行信访活动受法律保护,任何国家机关及其工作人员不得阻碍、干涉、压制,不得非法限制信访人的人身自由,不得歧视、打击报复信访人。

【说明】公民通过信访渠道提出批评、建议、申诉、控告或者检举的权利,属于宪法性权利范畴。按照我国的立法习惯,对宪法性权利的保障一般是通过国家法律的形式来实现。目前国务院《信访条例》仅规定:"任何组织和个人不得打击报复信访人。"未设专门信访权利保护条款宣示信访权利受宪法、法律保护,任何国家机关及其工作人员不得阻碍、干涉、压制。

第四条 【信访工作组织机制】中央信访工作领导机关负责研究制定信访工作的重大方针和政策,统筹协调、指导和监督全国的信访工作。地方各级信访工作领导机关负责统筹协调、指导和监督本行政区域内的信访工作。

省、设区的市、县(市、区)应当建立和完善信访工作协调机制,加强对信访工作的综合协调、组织推动、检查督导,研究解决信访突出问题,协调处理涉及两个以上地区、部门、行业的复杂、疑难信访事项。

【说明】本条主要规定了中央和地方各级信访工作领导机构的组织机制和协调机制。目前,中办、国办印发的《信访工作责任制实施办法》规定:"各级信访部门应当在党委和政府的统一领导下,协调、指导和监督本地区的信访工作,依照法定程序和诉讼与信访分离制度受理、交办、转送和督办信访事项,协调处理重要信访问题,分析研究信访情况,提出改进工作、完善政策和给予处分的建议。"要求各级信访部门都要建立对于重要信访问题的协调处理机制,北京、上海等地《信访条例》也均设置了本地区的信访工作协调机制,本条主要从国家立法层面对全国的信访工作协调机制作出规定。

第五条 【信访工作原则】信访工作应当遵循下列原则:

(一)属地管理、分级负责;

(二)诉访分离、分类处理;

(三)依法、及时、就地解决问题与预防、疏导教育相结合;

(四)公平、公正、公开、便民。

【说明】信访事项属地管理、分级负责原则明确了地方各级政府在处理跨地信访和越级信访时的主导作用,体现了把问题解决在基层、把矛盾化解在萌芽状态的要求。2013 年 4 月经中央政治局常委会议审议,通过了由中央政法委牵头制定的《关于依法处理涉法涉诉信访问题的意见》(以下简称《意见》)。《意见》明确了涉法涉诉问题的解决出路在于法治化,提出了实行诉讼与信访的分离制度、建立涉法涉诉信访事项导入司法程序机制、严格落实依法按程序办理等制度。把涉法涉诉信访问题纳入法治化轨道解决,对政法机关和广大政法干警,对提高广大领导干部运用法治思维和法治方式深化改革、推动发展、化解矛盾、维护稳定的能力,对全社会法律精神和法律思维的养成,具有十分重要而积极的意义。公平、公正、公开、便民主要是对信访工作机构受理信访请求、办理信访事项的要求。

第六条　【社会参与机制】国家机关可以根据工作需要,组织各级人民代表大会代表、各级人民政治协商会议委员会委员参与信访工作。

国家机关可以组织相关社会团体、专家、学者、律师和法律服务工作者、心理咨询师、社会志愿者等参与信访工作,建立信访工作专家库,运用咨询、教育、协商、调解、听证的方法,依法及时合理处理信访事项。

【说明】社会力量参与信访工作有助于信访矛盾的顺利解决,也能充分发挥社会中的专业力量在解决信访问题中的作用。国务院副秘书长、国家信访局局长舒晓琴 2018 年 1 月 23 日在全国信访局长会议上要求,信访机构可以通过组织动员、购买服务、公益慈善等途径,进一步健全、拓宽第三方参与信访问题化解的制度化渠道,让更多的专家、学者、法律工作者、社会工作者、心理咨询师、专业调解人员等社会力量和专业力量参与到信访工作中来,共同推动信访事项特别是疑难复杂问题的化解。本条规定既是对信访局长会议精神的吸收,同时也借鉴了上海等地的实际做法。

第七条　【信访公开原则】各级国家机关信访工作机构应当建立、健全信访工作制度,信访工作机构应当在信访接待场所、本机构网站或者通过其他方式向社会公布下列事项:

(一)已受理信访事项的登记信息、转送、交办情况及办理结果;

(二)按照涉访对象、信访事项内容进行分类的数据统计结果;

(三)信访调解协议执行情况、信访听证集体意见采纳情况;

(四)其他需要公开的内容。

前款内容,涉及国家秘密、商业秘密、个人隐私的,不予公开。信访人要求对所公布的内容予以解释、说明的,信访工作机构应当予以解释、说明。

【说明】信访是公民参与社会公共事务管理,监督国家机关依法履行职责的重要渠道,信访法的立法目的就是保障公民的合法权利,保持国家机关同人民群众的密切联系,畅通信访渠道,规范信访秩序。这样的立法目的就决定了信访工作应当秉着"公开、便民"的原则。在网络传媒发达,信息流通迅速的今天,政府信息公开,是规范行政权力合法合理行使的重要手段。本法的亮点之一就在于对"公开"的强调,就包括利用互联网公开,形成社会动力机制,实现对信访活动,不仅是信访工作机构、涉访国家机关,也是对信访人的监督与制约,以规范信访秩序,更好地实现信访的功能。同时,本条也规定了信访公开原则的例外,针对涉及国家秘密、商业秘密和个人隐私的信访信息可以不予公开。

第八条 【信访工作绩效】各级人民政府应当将信访工作绩效纳入公务员考核体系,对在信访工作中做出优异成绩的组织或者个人给予奖励,对失职、渎职的工作人员依法追究责任。

【说明】国务院《信访条例》第7条规定:"各级人民政府应当将信访工作绩效纳入公务员考核体系。"现行各地《信访条例》也均将信访工作绩效纳入机关考核体系,作为公务员绩效考核的依据之一。《信访工作责任制实施办法》更是要求定期对本地区、本部门、本系统信访工作情况进行考核。考核结果作为对领导班子和领导干部综合考评的重要参考。本法吸收了国务院《信访条例》的立法成果,明确规定将信访工作考核结果纳入公务员绩效考核体系。

第九条 【公开信访渠道】国家机关应当向社会公布信访工作机构的网络信访平台、通信地址、电子邮箱、咨询投诉电话、信访接待的时间和地点、信访事项的受理范围和处理程序、查询信访事项处理进展及结果的方式等相关事项。

【说明】公开信访渠道是信访公开原则的具体落实方式之一,同时前款信访公开原则主要侧重于规定政府机关主动公开的事项和范围,而本条则要求国家机关主动向社会公开信访渠道,方便群众了解信访渠道。

> **第十条 【网上信访】**国家机关应当通过设立网络信访平台、开通电子邮箱等方式,方便信访人通过网络提出信访事项。有条件的,可以开展网络视频接访。

【说明】《中共中央关于全面深化改革若干重大问题的决定》中提出改革信访工作制度,专门要求实行网上受理信访制度。同时,随着互联网技术的蓬勃发展,许多原有的信访途径已经可以为新的网络技术所取代,大大提高了信访工作效率,甚至可以减少群众走访的几率。因此,此次专家建议稿专设"网上信访"条款,运用立法规范网络信访。

> **第十一条 【信访信息系统与共享机制】**各级信访工作机构应当建立或者确定本行政区域的信访信息系统,完善信访信息共享机制,实现全国各级信访工作机构信访信息的互通共享,方便国家机关和信访人查询相关信息。

【说明】信访信息的整理统计具有调研总结、访情预判、绩效考核、管理决策以及信访档案等价值,对于克服信访工作的短板和实现信访接谈工作规范化意义重大。对信访信息进行综合统计研判的前提是信访信息的共享和互通,本条从全国范围内实现了各级信访工作机构间的信息互通共享。

第二章 信访人的权利和义务

> **第十二条 【信访人权利】**信访人在信访活动中,享有下列权利:
> (一)依法委托代理人进行信访活动;
> (二)对与信访事项有利害关系的工作人员提出回避申请;
> (三)在国家机关调查处理信访事项时进行陈述和申辩;
> (四)要求作出处理的机关说明依据和理由;
> (五)向国家机关查询信访事项处理情况;
> (六)依法申请复查复核;
> (七)法律、法规规定的其他权利。

【说明】本条是对信访权利保护原则的具体展开,总则笼统规定信访权利不受侵犯,而本条则以列举式的规定明示了信访权利的形式和内容,同时以"法律、法规规定的其他权利"为兜底条款,表明本法所列举的权利形式和内容并不排除信访人享有其他法律、法规所规定的权利。明示列举信访权利的目的在于强调如下信访权利的重要意义:一是代理权,信访人可以委托亲属或律师作为其委托代理人进行信访活动;二是申请回避权,信访人可以对与信访事项有利害关系的工作人员提出回避申请;三是陈述和申辩权,在信访事项处理过程中进行陈述和申辩;四是知情权,信访人有权要求作出处理的机关说明依据和理由以及查询信访事项处理情况;五是申请复查复核的权利。

第十三条　【信访人义务】信访人在信访活动中,应当履行下列义务:

（一）不得损害国家利益、社会公共利益和其他公民的合法权益;

（二）如实反映情况,不得捏造、歪曲事实,不得诬告、陷害他人;

（三）依照法律、法规规定的方式和程序进行信访活动,遵守信访秩序,依法接受公开询问;

（四）依法履行信访事项的处理决定;

（五）法律规定的其他义务。

【说明】针对实践中比较突出的闹访、越级上访、针对同一事项重复上访的情形,本法特别规定了信访权利不得损害国家利益、社会利益和他人利益的义务,并且要求信访人必须如实反映问题、遵守信访秩序的义务。为了减少信访人对已经生效的处理决定重复上访,浪费行政资源的现象,本条规定了信访人对于信访处理决定必须履行的义务,同时也赋予了信访人对信访处理决定申请复查、复核的权利。

第十四条　【个人信息受保护的权利】信访人有权要求国家机关及其工作人员对个人隐私、商业秘密进行保密。

国家机关及其工作人员不得泄露工作中知悉的信访人个人隐私、商业秘密,不得将信访人的检举材料及有关情况透露或者转给被检举的人员或者单位。

【说明】个人信息受保护的权利属于信访人隐私权的一部分,之所以加以专条规定是为了凸显信访人个人信息权利的重要性。本条专门要求国家机关对信访人的个人隐私和商业秘密加以保护,并且要求不得将信访人的信息透露给被检举的单位和个人。

第十五条　【信访代理】信访人有权书面委托一至两名代理人代为提出信访请求并参加调解和听证。下列人员可以被委托为代理人：

（一）信访人的近亲属或者工作人员；

（二）信访人所在居民委员会、村民委员会、工作单位以及有关社会团体推荐的公民；

（三）律师、基层法律服务工作者。

代理人向国家机关提出信访事项时，应当出示授权委托书，以及能够证明近亲属关系的材料、有关单位出具的推荐书或者介绍（函），并在授权范围内依法行使代理权。

无民事行为能力人或者限制民事行为能力人应当由其监护人或者监护人委托的代理人代为提出信访事项。处于传染期的恶性传染病人的信访事项应当采用走访以外的形式提出或者委托代理人提出。

【说明】目前国务院《信访条例》并未对信访代理行为进行规定，北京市《信访条例》规定可以委托代理人并且代理人在授权委托书授权范围内实施代理行为，但对代理人的资格和范围未加以规定。本专家建议稿将信访代理人的资格范围限制在：信访人的近亲属或者工作人员，信访人所在居民委员会、村民委员会、工作单位以及有关社会团体推荐的公民和律师、基层法律服务工作者。本专家建议稿进一步规范了信访代理的代理人资格和授权行为。

第三章　信访机构与信访工作人员

第十六条　【信访工作机构】国家机关应当设立或者确定负责信访工作的机构（以下简称信访工作机构）。

县级以上人民代表大会常务委员会应当设立或者确定负责信访工作的机构。

县级以上人民政府应当设立负责信访工作的专门机构（以下简称专门信访工作机构），承担本级信访工作领导机构的日常工作。

其他国家行政机关设立或者确定的负责信访工作的机构是该国家行政机关的内设机构。国家行政机关应当参照专门信访工作机构的职权，赋予其必需的职权。

各级人民法院、人民检察院应当设立信访工作机构，具体办法由最高人民法院、最高人民检察院另行规定。

【说明】我国现行信访体系分为人大、政府专门信访机构和人民法院、检察院三大部分,本法从国家立法层面统筹考虑人大、政府与法检部门的信访工作,考虑到三个机关的信访工作虽有特点,但更具共性,因此,立法思路并没有采取分章对不同机关加以规定的做法,而是设置一条统一规定三个机关的信访工作机构。

第十七条 【专门信访工作机构职责】信访工作机构在职权范围内履行下列职责:

(一)登记、甄别、转送信访事项;

(二)受本级人民政府委托受理、办理信访事项。

(三)协调处理本级人民政府委托的重大、疑难、复杂信访事项;

(四)督促检查信访事项的处理;

(五)分析、研究信访情况,报告本级人民政府和上一级专门信访工作机构;

(六)对本级人民政府其他工作部门和下级人民政府信访工作机构的信访工作进行指导;

(七)依法应当由专门信访工作机构履行的其他职责。

【说明】本条规定了专门信访工作机构的工作职责,条文起草主要参考了国务院《信访条例》第6条。本条以信访所具有的权利救济、纠纷解决、保障公民参与公共事务、优化公共政策、发扬社会主义民主等功能为导向,按照信访程序启动和运作的流程,明确了信访工作机构应当履行的6项职责,并添加兜底条款,以保证信访工作机构承担列举条款之外本法所规定的其他职责,以及依据其他法律应当承担的职责。

第十八条 【专门信访工作机构的权限】专门信访工作机构履行职责,有权采取下列措施:

(一)向有关国家机关、组织和人员调查取证,实地查看,查阅、复制、调取文件和资料,询问有关人员,要求有关国家机关、组织和人员作出书面说明;

(二)向有关国家机关提出整改意见和责任追究、完善政策的建议;

(三)提请有关国家机关、组织予以协助;

(四)提请有关国家机关就信访事项涉及的政策问题提供咨询和政策指导;

(五)向社会公布信访工作情况。

【说明】目前国务院及各地《信访条例》并未专门区分信访工作机构的职责与权限,根据责权相统一的原则,本法在规定信访工作机构的职责之后,根据其职责范围相应规定其权限,确保信访权力规范行使。

第十九条 【信访工作人员】国家机关从事信访工作的人员,应当具有相应的法律知识、政策水平和工作经验。

国家机关应当建立和完善信访工作人员培训、交流、激励机制,提高信访工作人员的能力和水平。

信访工作人员依法履行职务的行为,受法律保护。

【说明】本条是对信访工作人员的任职资格以及职业保护和职业发展进行的专门规定,目前《信访条例》对于信访工作人员的任职资格及职业保护并无规定,只有山西、辽宁等地区《信访条例》规定了信访工作人员的培训、交流等职业发展机制。本条综合各地《信访条例》关于信访工作人员的规定,专门设立一条规范信访工作人员的任职资格与职业发展机制,并规定信访工作人员依法履行职务的行为,受法律保护。

第二十条 【信访工作人员工作要求】信访工作人员在信访工作中,应当遵守下列规定:

(一)文明接待,尊重信访人,不得刁难和歧视;

(二)按照信访工作程序,依法公正办理信访事项,不得敷衍塞责,推诿拖延;

(三)坚持原则,秉公办事,不得徇私舞弊、接受馈赠或者收受贿赂;

(四)公民、法人或其他组织查询有关信访事项办理情况的,除涉及国家秘密、商业秘密、个人隐私的,应当如实答复,不得拒绝;

(五)依照规定妥善保管信访材料,不得泄露、丢失、隐匿或者擅自销毁;

(六)依法应当遵守的其他规定。

【说明】本条规定了信访工作人员的工作要求,总体在三个方面对信访工作人员提出了要求:一是尊重信访人,文明接访;二是依法公正办理信访事项,不得徇私舞弊、拖延塞责;三是保护信访人隐私的原则。

第二十一条 【信访回避】信访工作人员与信访人或者信访事项有直接利害关系的,应当回避。

信访回避可由信访人向信访工作机构提出,也可由信访工作人员自行向本机构提出。

信访工作人员的回避,由信访工作机构负责人决定;信访工作机构负责人的回避,由同级人民政府负责人决定。

【说明】《信访条例》第 30 条规定："行政机关工作人员与信访事项或者信访人有直接利害关系的,应当回避。"但是未规定回避的提出方式和决定程序,为了明确信访回避的提出与决定程序,本条规定,信访回避既可以由信访人提出,也可以由信访工作人员自行提出。信访工作人员的回避,由信访工作机构负责人决定;信访工作机构负责人的回避,由同级人民政府负责人决定。

第二十二条　【设立法律顾问和公职律师制度】专门信访工作机构应当根据工作需要,配备专职或者兼职的法律顾问和公职律师。

专门信访工作机构在讨论、决定重大事项,制定规范性文件或者处理重要信访事项及其他涉及法律事务的重大问题时,应当听取法律顾问和公职律师的意见。

【说明】本章特点在于增加了法律顾问和公职律师制度、律师参与机制。根据《司法部国家信访局关于深入开展律师参与信访工作的意见》的精神和要求,鼓励律师在参与接待群众来访、处理疑难复杂信访事项、服务信访工作决策、参与信访督查等方面提供法律服务。律师参与信访工作,可以从第三方的视角为信访人提供法律咨询,为信访人指出解决纠纷的途径,有助于纠纷的顺利化解。鉴于实践中律师参与的积极效果,本条设立法律顾问和公职律师制度,规定了律师参与信访工作的机制,将律师参与信访工作加以法制化。

第二十三条　【律师参与机制】国家机关可以建立、完善律师和基层法律服务工作者参与信访工作机制,通过政府购买法律服务等方式,组织其参与走访接待,为信访人提供法律咨询,协助符合法律援助条件的信访人申请法律援助,并为国家机关审查、甄别复杂、疑难信访事项提出法律意见或者建议。

【说明】根据《司法部国家信访局关于深入开展律师参与信访工作的意见》中的要求,充分发挥律师在维护群众合法权益、化解矛盾纠纷、促进社会和谐稳定中的重要作用,律师可以在信访工作中承担参与接待群众来访、参与处理疑难复杂信访事项、服务信访工作决策、参与信访督查的任务。充分发挥律师职业优势和第三方作用,引导信访群众通过法定程序表达诉求、依靠法律手段解决纠纷、运用法律武器维护自身合法权益。本条专门设置律师参与信访工作的条款,为律师参与信访工作提供法律依据和指导规范。

第二十四条 【信访接待场所】县级以上人民政府应当统一设立联合接待场所,组织本级人民政府工作部门集中接待通过走访形式提出信访事项的信访人,统一登记、分类处理信访事项。

乡、镇的人民政府应当设立或者指定信访接待场所。

国家机关应当在信访接待场所建设或者提供方便残疾人、老年人、孕妇的无障碍设施和服务。

国家机关可以建立流动、巡回接访等工作机制,方便信访人就近提出信访事项。

【说明】根据国家信访局《关于进一步加强和规范联合接访工作的意见》要求,坚持一站式接待、一条龙办理、一揽子解决,形成统一领导、综合协调、部门负责、分类处理的工作格局,努力把信访事项特别是初次来访解决在初始、化解在属地。参考目前各地在推行联合接访工作中的经验,本条规范了县级以上人民政府设立统一联合信访接待场所的设置,要求县级以上人民政府组织本级政府工作部门集中接待通过走访形式提出信访事项的信访人,统一登记、分类处理信访事项。

第三十五条 【信访接待场所秩序维护】对扰乱国家机关信访接待场所秩序的行为,有关机关、单位工作人员应当进行劝阻、批评或者教育。经劝阻、批评和教育无效的,构成违反治安管理行为或者犯罪的,由行为发生地公安机关负责处理。

对被弃留在信访接待场所的无民事行为能力人、限制民事行为能力人或者生活不能自理的其他人员,有关国家机关应当通知其监护人或者其他亲属将其接离;无法接离的,有关国家机关的工作人员应当引导、护送到救助管理机构。

对走访的恶性传染病病人、疑似恶性传染病病人,有关国家机关应当通知疾病预防控制机构,依照相关法律、法规处理。

【说明】本条是对信访接待机构秩序的规定,信访人采取走访形式提出信访请求的必须依据法律法规的规定进行,如果有破坏信访接待秩序的行为必须予以制止,构成犯罪的情形由公安机关处理。另外,对被弃留在信访接待场所的无民事行为能力人、限制民事行为能力人或者生活不能自理的其他人员,本条专门规定了处理原则和方法。

第四章　信访的提出与受理

第二十六条　【信访请求的提出】信访人应当以书面形式提出信访请求,并载明信访人的姓名(名称)、住址、有效身份证件信息、联系方式和请求、事实、理由。对通过电话等口头形式提出信访请求,或者通过走访形式提出信访请求且递交书面材料确有困难的,国家机关应当如实记录上述内容。

信访人提出投诉请求的,应当如实提供与投诉请求有关的证据材料和其他证据线索。

国家机关为方便信访人提出信访请求,可以向信访人提供格式化文本。

【说明】本条的起草主要参考了目前国务院及北京、上海等地《信访条例》的相关条款。本条主要规定了信访人书面提出信访请求的形式要求,并且规定了国家机关如实记录信访人口头信访请求和提供格式化文本的义务。

第二十七条　【走访要求】信访人采用走访形式提出信访请求的,应当持有效身份证件,在规定的接待时间,到有权处理的本级或者其上一级国家机关设立或者指定的接待场所提出。

多人采用走访形式提出共同的信访请求的,应当推选代表,代表人数不得超过五人。代表应当如实向其他信访人转达其他国家机关的处理或者答复意见。

【说明】关于走访的法律概念使用问题,目前国务院《信访条例》中将信访人至指定接待场所亲自提出信访请求的行为称为"走访",经查阅现有地方性行政法规和部门规章,均使用"走访"概念。因此,本条也承袭现有立法经验,采用"走访"这一特定用语。

第二十八条　【信访请求受理范围】信访人可以向各级国家机关提出其职权范围内的建议意见、控告检举和投诉请求,但依法已经或者正在通过诉讼仲裁、行政复议处理的除外。

【说明】本条是对信访请求受理范围的规定,本法采取"概括性规定＋排除性规定"的方式明确了信访请求的受理范围,总体规定信访人可以向各级国家机关提出其职权范围内的建议意见、控告检举和投诉请求。同时,根据《关于依法处理涉法涉诉信访问题的意见》的要求,把解决涉法涉诉信访问题纳入法治轨道的总体思路,本条将依法已经或者正在通过诉讼仲裁、行政复议处理的信访请求明确排除在受理范围之外。

第二十九条 【信访请求甄别受理】国家机关收到信访请求,应当予以登记,在十五日内分别按照下列方式处理:

(一)属于本机关职权范围内的,应当受理,并书面告知信访人处理途径和程序;

(二)属于下级机关职权范围内的,转送至有权处理的国家机关,并书面告知信访人;

(三)属于其他机关职权范围内的,书面告知信访人向有关机关提出;

(四)可以通过诉讼、行政复议、仲裁等处理且在法定时效内,书面告知信访人按照法律规定程序提出;

(五)有权处理机关正在办理的,不予受理,并书面告知信访人;

(六)采用走访形式跨越本级和上一级机关提出信访请求的,书面告知信访人向有权处理的机关提出。

专门信访工作机构对属于前款第(三)项规定的情形,且依法应当由本级或者下级其他行政机关处理的,应当在十五日内转送至有权处理机关,并书面告知信访人。

依照本条第一款第二项、第二款规定,有关机关应当自收到转送的信访请求之日起五日内决定是否受理并书面告知信访人;不予受理的,应当说明理由。属于其他机关职权范围内的,有权处理机关应当自收到之日起五日内向转送机关提出异议,并退回相关材料。

【说明】长期以来,信访与其他纠纷解决的法定途径之间的界限并不明确,范围也不清楚,在《关于依法处理涉法涉诉信访问题的意见》中,明确规定实行诉讼与信访分离制度,基本厘清了行政体系信访与司法体系信访之间的界限。国家信访局《依法分类处理信访诉求工作规则》对适用范围、分类处理程序、流程、实行分类处理如何考核、如何督办等做出了规定。本条在吸收现有规范的基础上对信访请求的甄别处理进行了立法确认,并且对规则进行了进一步细化。

第三十条 【告知规定】信访人的姓名（名称）、住址、联系方式不详或者请求事项内容不详的，可以不予告知，存档备查。

【说明】本条是对告知受理决定的补充规定，规定了在信访人的姓名（名称）、住址、联系方式不详或者请求事项内容不详时可以存档备查。

第三十一条 【地域管辖】对于符合本法规定，但不属于本辖区信访工作机构受理的，应当告知信访人向依法有权处理的信访工作机构提出。

【说明】本条规定了信访事项的属地管辖原则，根据就地及时解决信访纠纷的精神，本法规定信访事项一般由事件发生地的信访工作机构受理。因此对于不属于本辖区信访工作机构受理的信访事项不得受理，并由信访工作机构告知信访人有权处理的信访工作机构。

第三十二条 【级别管辖】对于信访人跨越本级和上一级信访工作机构提出的信访请求，应当告知信访人向依法有权处理的信访工作机构提出。

对于信访人提出的依法属于上级信访工作机构处理的信访请求，应当告知其向上级信访工作机构提出，并将相关材料转交上级信访工作机构。

【说明】"京控"是传统社会普遍存在的信访难题。我国的信访工作实践中，包括进京上访在内的越级上访问题也长期难以解决。在《国家信访局关于进一步规范信访事项受理办理程序引导来访人依法逐级走访的办法》中明确规范信访事项受理程序，引导来访人依法逐级走访。参考现有规范，本法对信访受理的管辖问题做出了专门规定，确立了属地管辖和级别管辖原则，还设置了管辖争议时的解决方案。

第三十三条 【受理争议】涉及两个或者两个以上国家机关的信访请求，由最先收到该信访请求的国家机关会同其他所涉及的国家机关协商处理。

依法应当受理信访请求的国家机关分离、合并、撤销或者职权转移的，由继续履行其职权的国家机关受理。

职责不清、受理有争议或者依法不属于其他国家机关职权范围内的信访请求，由专门信访工作机构协调处理。协调未达成一致的，报请受理争议机关的共同上一级国家机关决定。

【说明】本条规定了信访请求受理争议的处理方式，首先，对于涉及多个国家机关的信访事件，本条确立了由最先收到该信访请求的国家机关会同其他所涉及的国家机关协商处理的基本规则；其次，由继续履行职权的国家机关受理原国家机关所管辖的信访请求；最后，对于受理争议和规定不清的情形，本条规定由共同上级裁决信访请求受理纠纷。

第三十四条 **【指定受理】**上级国家机关在必要的时候，可以受理依法应当由下级国家机关受理的信访请求。下级国家机关对重大、疑难、复杂的信访请求，认为需要由上级国家机关受理的，可以报请上级国家机关决定。

【说明】针对一些重大、疑难、复杂的信访请求可能并不适合由当地信访机构进行办理，由上级国家机关进行处理更加有利于纠纷的解决。本条专门设置指定受理，规定上级国家机关在必要时可以依法指定下级国家机关将已经受理的信访请求移送上级机关受理。

第五章　信访事项办理、复查与复核

第三十五条 **【办理工作基本要求】**国家机关及其工作人员办理信访事项，应当恪尽职守、秉公办事，查明事实、分清责任，宣传法治、教育疏导，及时妥善处理，不得推诿、敷衍、拖延。

【说明】本条规定了办理信访事项工作的基本要求，根据按照"属地管理、分级负责，谁主管、谁负责，依法、及时、就地解决问题与疏导教育相结合"的工作原则，本条规定国家机关及其工作人员在办理信访事项时所应遵守的职责：恪尽职守、秉公办事，查明事实、分清责任，宣传法治、教育疏导，及时妥善处理。

第三十六条 **【信访事项首办责任制】**国家机关应当建立和完善申诉求决类信访事项首办责任制。信访事项发生地依照法定职责最先受理信访事项的国家机关为首办责任单位。首办责任单位以及具体承办人应当依照本法规定，及时妥善处理信访事项，将信访人合理的投诉请求解决在初次办理环节。

信访事项发生地与信访人住所地或者经常居住地不一致的，信访人住所地或者经常居住地有关国家机关应当配合信访事项发生地有关国家机关做好信访人的救助援助、教育疏导等工作。

【说明】《国家信访局关于进一步加强初信初访办理工作的办法》中要求对于初信初访的信访事项实行首办负责制，即由最初受理的国家机关为首办责任单位。参考各地《信访工作首问首办责任制实施办法》的规定，将负责受理或者办理信访事项的首个机关为首问首办责任单位，将信访人的合理投诉请求解决在初次信访的环节。

第三十七条　【建议意见办理】对信访人提出的建议意见，有权处理机关应当认真研究，并回复信访人。必要时可以组织调查研究和论证，约见信访人听取有关情况；对科学合理、具有切实可行性的，应当全部采纳或者部分采纳。

信访人反映的情况，提出的建议意见，对促进国民经济和社会发展、改进国家机关工作或者保护社会公共利益有贡献的，由有关国家机关按照相关规定给予奖励。

【说明】参考国家信访局《依法分类处理信访诉求工作规则》的规定，本法根据不同类型的信访事项，规定了建议意见办理、控告检举办理和投诉请求办理的要求和程序。对于信访人提出的建议意见类信访请求，有关机关的工作重点是对建议意见进行研究，对其中具有可采纳价值的建议意见进行归纳，进行调研、落实。另外，要对信访人进行回复，做到有问必答。为了保护公民个人提出建议意见的积极性，体现民主参与的重要意义，对促进国民经济和社会发展、改进国家机关工作或者保护社会公共利益有贡献的建议意见进行奖励。

第三十八条　【控告检举处理】对信访人提出的控告检举，有权处理机关应当依照有关法律、法规或者其他规定及时调查、核实和处理。对信访人实名提出控告检举的，应当按照有关规定回复。

【说明】本条主要区别了控告检举类信访诉求的区别处理，目的在于高效分类涉法和涉及国家公职人员不法行为的信访内容。

第三十九条 【投诉请求导入行政机关的行政程序】对正在通过或者依法可以通过行政许可、行政裁决、行政处罚、行政强制等法定程序处理的投诉请求,有权处理机关应当依照有关法律、法规或者规章规定程序办理,作出处理决定。

对上级行政机关或者同级专门信访工作机构转送的投诉请求,有权处理机关应当向转送的机关反馈办理情况。

【说明】本条规定了投诉请求导入行政机关的行政程序。对正在通过或者依法可以通过行政许可、行政处罚、行政强制等法定程序处理的投诉请求,规定导入行政机关的行政程序,做出行政处理决定。信访人不服的,应当依法提起行政复议或行政诉讼。根据《国家信访局关于进一步规范信访事项受理办理程序引导来访人依法逐级走访的办法》中的规定,对属于各级人民代表大会以及县级以上各级人民代表大会常务委员会、人民法院、人民检察院职权范围内的信访事项,以及已经或者依法应当通过诉讼、仲裁、行政复议等法定途径解决的,各级人民政府信访工作机构及其他行政机关不予受理,但应当告知来访人依照有关法律、行政法规规定的程序向有关机关提出。

第四十条 【调解程序】专门信访工作机构作出受理决定的,信访人与有权处理的国家机关可以展开协商,在专门信访工作机构主持下对信访事项进行调解。

信访人和有权处理的国家机关均有权在收到受理决定后十日内申请调解,双方无异议的,专门信访工作机构应当自申请之日起十五日内组织调解。调解工作应当在三十日之内完成。

【说明】党的十八届三中全会提出,完善人民调解、行政调解、司法调解联动工作机制,建立调处化解矛盾纠纷综合机制。在信访矛盾的解决中,调解是化解信访矛盾的重要方式。国务院《信访条例》中规定了:"信访工作机构应当组织相关社会团体、法律援助机构、相关专业人员、社会志愿者等共同参与,运用咨询、教育、协商、调解、听证等方法,依法、及时、合理处理信访人的投诉请求。"但并未明确规定信访调解的方式与程序。云南省《信访条例》明确规定:"国家机关办理信访事项,可以依法进行调解。"本条在吸收目前各地信访调解经验基础上,对信访调解程序作出了原则性规定。

> **第四十一条　【调解协议】**经调解协商达成协议的，由专门信访工作机构制作信访事项调解协议书，送达信访人和有权处理的国家机关，信访事项终结。
>
> 经调解协商而未达成协议的，调解过程中发生的局部承诺一律无效，视为未发生。

【说明】本条规定信访调解达成调解协议后信访事项终结，并且应当制作信访调解协议书。为了鼓励双方在调解过程中作出让步妥协，本条起草过程中借鉴了《最高人民法院关于民事诉讼证据的若干规定》中关于调解中所承认的事实不能构成自认的立法方式，规定调解未达成协议时，调解过程中作出的局部承诺一律无效。

> **第四十二条　【听证】**对于重大、复杂、疑难的信访事项，可以依照规定程序举行听证。听证过程由信访工作机构主持，一般由信访人、利害关系人、有权处理的国家机关组成，就信访事项进行公开讨论，在三十日内形成信访事项办理的集体意见。重大、复杂、疑难的信访事项，经信访机构负责人批准，可以适当延长办理期限，但延长期限不得超过三十日，并告知信访人延期理由。
>
> 对重大、复杂、疑难的信访事项，信访工作机构可以邀请人大代表、政协委员、法律工作者、专家、社区代表、社会组织等无利害关系的第三方参加听证。

【说明】国务院《信访条例》第31条规定："对重大、复杂、疑难的信访事项，可以举行听证。听证应当公开举行，通过质询、辩论、评议、合议等方式，查明事实，分清责任。"但是，对听证的程序和参与范围均由地方立法规范。本法专门详细规定了信访规定的程序，而且规定对于重大、疑难、复杂的信访事项，信访工作机构可以邀请人大代表、政协委员、法律工作者、专家、社区代表、社会组织等无利害关系的第三方参加听证。

> **第四十三条　【听证通知及公告】**信访工作机构应当于举行听证七日前将听证会的时间、地点、听证事项通知信访人及其代理人、利害关系人、有权处理的国家机关，并予以公告。

【说明】为了保障听证的公开性和公正性，为了保障信访人的知情权，本条规定听证会举行之前须将听证会的时间、地点、事项通知参与听证会的双方及利害关系人。从各国行政程序法的规定看，一般要求行政机关在通知中载明两类事项：一是听证本身及听证所涉及的问题。如听证的时间、地点，听证涉及的问题，将要作出决定的内容等；二是告知申请人程序上的权利，如委托代理人的权利等。

第四十四条 【听证会议事程序】听证会应当按照下列顺序进行：

（一）信访人及其代理人陈述事实，说明理由；

（二）利害关系人陈述事实，说明理由；

（三）有权处理的国家机关围绕信访人提出的信访事项对相关的法律、法规、政策进行阐述说明；

（四）主持人归纳争议焦点；

（五）信访人及其代理人、利害关系人、有权处理的国家机关分别出示证据，发表意见；

（六）信访人及其代理人、利害关系人、有权处理的国家机关就争议的事项进行质询和辩论；

（七）主持人宣布信访人及其代理人、利害关系人、有权处理的国家机关认识一致的事实和证据；

（八）参加听证的人大代表、政协委员、法律工作者、专家、社区代表、社会组织等分别发表意见；

（九）信访人及其代理人、利害关系人、有权处理的国家机关最后陈述意见；

（十）听证过程应当制作记录。记录由信访人及其代理人、利害关系人、有权处理的国家机关核对无误或者补正后签名或者盖章。拒绝签名或者盖章的，应当记明情况附卷，由信访工作机构主持人签名。

【说明】本条规定信访听证的议事程序，本法设计的听证程序在吸收现有行政许可和行政处罚的听证程序基础上，充分保障了信访人和有权处理的国家机关均有充分陈述的机会，并且在程序中赋予利害关系人陈述的权利。同时，本条还规定了人大代表、政协委员、法律工作者、专家、社区代表、社会组织等在听证程序中发表意见的程序。

第四十五条 【信访处理决定书】信访处理决定书应当由信访工作机构根据听证记录载明的内容制作，送达信访人、利害关系人和有权处理的国家机关，信访事项终结。

【说明】本条规定了信访处理决定书应当根据信访听证记录载明的内容作出，实际上规定了信访听证笔录的法律意义。前款规定听证过程应当制作记录，记录

由信访人及其代理人、利害关系人、有权处理的国家机关核对无误或者补正后签名或者盖章。拒绝签名或者盖章的,应当记明情况附卷,由信访工作机构主持人签名。听证笔录是行政决定的唯一依据,这在奥地利、美国、德国、日本等国《行政程序法》以及我国台湾地区《行政程序法》中均有明确的规定。为了保证信访听证的实际效力,本条赋予信访听证记录法律效力,要求信访处理决定必须依据信访听证记录作出。

第四十六条 【利害关系人参与】与调解结果或听证意见有明确利害关系的,可以申请参加调解、听证,或者由信访工作机构通知参加调解、听证。

信访工作机构通知参加调解、听证,无正当理由拒不参加的,以同一事实提出的其他信访请求,不予受理。

【说明】因其利益与当事人的息息相关性,当事人在信访过程的部分权利也应推及利害关系人上。因此为了顺利解决纠纷,信访听证程序应该充分听取利害关系人的意见。本条规定了利害关系人在信访听证程序中的权利和法律地位。

第四十七条 【公开】调解结果、听证过程和信访处理决定,除涉及国家秘密、商业秘密或者个人隐私外,应当公开。有条件的,听证过程可以进行互联网直播。无条件进行互联网直播的,应当保留完整的影音资料,参加听证的各方均可以进行复制、公开。

调解协议、信访处理决定应当在信访人、利害关系人户籍所在地、经常居住地以及有权处理的国家机关所在地进行公告。

【说明】为了保护信访人的知情权、保证信访调解、听证过程、结果的公开性、公正性,本条规定除非涉及国家秘密、商业秘密或者个人秘密外均应当公开调解结果、听证过程和信访处理决定。

第四十八条 【调解协议书的效力】自愿调解达成的信访事项调解协议书受法律保护,有权处理机关和信访人应当遵守和履行生效的协议。

信访事项调解协议书履行后,信访人无新的事实和理由,再次提起同一信访事项的,行政机关不再受理。

信访事项调解协议书已经履行完毕,信访人或者有权处理机关无故反悔的,应承担违约责任。

作出信访处理决定书的行政机关应当督促有关单位和个人执行。

【说明】本条规定了行政调解协议书的效力,为了避免重复信访、浪费行政资源,对于行政调解协议履行后,没有新的事实和理由提出的同一信访请求,不得重复受理。

第四十九条 【简易程序】下列信访事项,有权处理的行政机关可以决定适用简易程序处理:

(一)提出意见建议,可以即时反馈的;

(二)涉及群众日常生产生活、时效性强,应当即时处理的;

(三)行政机关已有明确承诺或者结论,能够即时履行的;

(四)其他可以适用简易程序的。

适用简易程序处理的信访事项可以当即办结的,有权处理的行政机关应当当即办结;不能当即办结的:应当在收到信访事项之日起十日内办结并回复信访人。

适用简易程序处理的信访事项,行政机关应告知信访人人。行政机关可以通过信息网络、手机短信等方式作出告知和答复。告知和答复内容应当录入信访信息系统,并向信访人提供查询方式。

有权处理的行政机关在处理过程中,发现不宜适用简易程序的,应当经本行政机关负责人批准,按照本法第三十六条至第四十六条的规定处理,并告知信访人;处理期限从按照简易程序受理之日起计算。

【说明】为了保证信访事项快捷处理,本条设立了信访事项的简易程序,对简单信访事项进行分流。同时,设置了简易程序转化为普通程序的方式。对于一些在处理过程中发现不宜适用简易程序的信访事项,可以经本行政机关负责人批准转入普通程序。

第五十条 【人民法院和人民检察院投诉请求处理】人民法院、人民检察院对信访人提出的属于其职责范围内的信访请求,应当按照以下方式处理:

(一)对于可以通过司法程序解决的,分别导入审判机关诉讼程序或者检察机关法律监督程序,按照有关法律、法规规定处理;

(二)对于应当通过审判机关、检察机关复议、申诉等程序处理的,按照法律、法规规定的程序处理;

(三)对于不能通过第(一)、(二)项规定程序处理的,按照本法第四十一条至第五十条的规定处理。

【说明】根据《关于依法处理涉法涉诉信访问题的意见》的通知精神，建立涉法涉诉信访事项导入司法程序机制。对涉法涉诉信访，各级政法机关要及时审查、甄别。对于正在法律程序中的，继续依法按程序办理；对于已经结案，但符合复议、复核、再审条件的，依法转入相应法律程序办理。本条规定了人民法院和人民检察院对其职权范围内的信访请求进行甄别处理的规定。

第五十一条　【复查、复核】信访人对行政机关作出的信访事项处理意见不服的，可以自收到书面答复之日起 30 日内请求原办理行政机关的上一级行政机关复查。收到复查请求的行政机关应当自收到复查请求之日起 30 日内提出复查意见，并予以书面答复。信访人对复查意见不服的，可以自收到书面答复之日起 30 日内向复查机关的上一级行政机关请求复核。收到复核请求的行政机关应当自收到复核请求之日起 30 日内提出复核意见。

复核机关可以按照本法第四十一条的规定举行听证，经过听证的复核意见可以依法向社会公示。听证所需时间不计算在前款规定的期限内。

信访人对复核意见不服，仍然以同一事实和理由提出投诉请求的，各级人民政府信访工作机构和其他行政机关不再受理。

原办理机关为地方各级人民政府工作部门的，复查机关为对该信访事项负有直接指导和管理权限的本级人民政府或者上一级人民政府工作部门。

信访人对省级人民政府和中央国家机关作出的处理意见不服的，由本机关启动复查、复核程序，但原参与作出信访处理意见的工作人员不得参加复查、复核。

信访人对人民法院、人民检察院处理意见不服的，可以依照有关规定提出复查请求。人民法院、人民检察院收到复查请求后应当进行审查，符合立案复查规定的应当立案复查，不符合立案复查规定的应当书面答复信访人。

【说明】本条规定了对信访事项处理意见不服的复查、复核程序。复查与复核所处阶段不同，复查是指信访人对信访事项处理意见不服的初次救济，而复核则是信访人对复查结果不服的而向复查机关的上一级行政机关申请的救济程序。

第六章　信　访　监　督

第五十二条　【人民代表大会监督信访工作】各级人民代表大会常务委员会信访工作机构发现本级人民政府、人民法院和人民检察院信访工作机构或下级人民代表大会常务委员会信访工作机构未按规定执行与信访事项有关的法律、法规和政策的,应当提请人民代表大会常务委员会按照《中华人民共和国各级人民代表大会常务委员会监督法》进行依法监督。

【说明】本条规定人民代表大会对信访工作的监督机制,人大常委会对本级信访工作机构未按规定执行与信访事项有关的法律、法规和政策的行为依法进行监督。

第五十三条　【人大代表督查、督办信访事项】各级人民代表大会常务委员会可以委托人大代表督查、督办重大信访事项。

人大代表督查、督办重大信访事项实行专案专办。

【说明】本条是对人民代表大会监督信访工作机制的完善,设置了人大代表对于重大信访事项的督查督办制度,要求人大代表对信访工作的督查督办实行专案专办。

第五十四条　【信访督查督办】信访工作机构发现本级政府工作部门或下级信访工作机构有下列情形之一的,应当及时督查督办,并提出改进工作的建议:

(一)未按规定执行与信访事项有关的法律、法规和政策的;

(二)未按规定组织、参加调解、听证的;

(三)不履行信访事项调解协议的;

(四)其他需要督办的事项。

收到改进工作建议的国家机关应当自收到建议之日起三十日内书面反馈情况;未采纳改进意见的,应当自收到建议之日起十日内说明理由。

【说明】本条的起草参考了国务院《信访条例》和北京市《信访条例》中的相关

规定,赋予信访工作机构对国家机关的监督权力,要求收到工作建议的国家机关应当按期反馈书面情况。

第五十五条 【信访督查督办的方式】各级信访工作机构督查督办可以采取阅卷审查、听取汇报、约见信访人、约谈相关国家机关负责人、召开座谈会、问卷调查、走访调研等方式进行。

【说明】本条规定了信访督查督办的工作方式,规定信访工作机构可以通过阅卷审查、听取汇报、约见信访人、约谈相关国家机关负责人、召开座谈会、问卷调查、走访调研等方式进行信访督查督办。

第五十六条 【信访督查专员】信访工作机构设立信访督查专员。信访督查专员在信访督查工作中履行下列职责:
(一)督促、检查有关信访的法律、法规和政策的执行;
(二)督查、督办重要信访事项;
(三)对信访突出问题进行调研,提出完善政策、解决问题的建议。

【说明】参考《国务院办公厅关于进一步加强政府督促检查工作的意见》和《国家信访局关于进一步加强和规范信访事项实地督查工作的意见》中的相关规定,本条设置了信访督查专员,加强信访督查专员对信访工作的监督检察。

第五十七条 【信访工作机构向上级国家机关反映情况】各级信访工作机构对有权处理的国家机关及其工作人员在信访工作中不履行或者不正确履行职责,造成严重后果的,可以通过上级信访工作机构将有关情况向该国家机关的上级机关予以反映。

【说明】本条是对国务院《信访条例》第38条的修改:"县级以上人民政府信访工作机构对在信访工作中推诿、敷衍、拖延、弄虚作假造成严重后果的行政机关工作人员,可以向有关行政机关提出给予行政处分的建议。"考虑到信访工作机构是本级人民政府的工作机构,因此赋予其通过上级信访工作机构向上级机关反映的权力,将信访工作机构的处分建议权予以优化。

第五十八条 【移送监察、检察案件】信访工作机构应当加强与监察机关、检察机关的联系,发现国家机关工作人员违法失职问题需要进行政纪处理或追究刑事责任的,应当及时移送监察机关、检察机关依法查处。

【说明】为了充分发挥信访制度联系群众,加强信访监督与监察、检察之间的联系,规定了信访机关将信访工作中发现的国家机关工作人员违法失职问题移送监察、检察机关的制度。起草过程参考了《山东省信访条例》规定:"县级以上国家机关信访工作机构在办理信访事项中发现国家机关工作人员有违纪、违法、犯罪行为,应当按照规定程序移送监察机关、公安机关或者人民检察院依法查处。"

第七章 法律责任

第五十九条 【信访工作机构及其工作人员在处理信访事项过程中的违法行为的法律责任】信访工作机构在办理信访事项过程中,有下列行为之一的,由其上级机关责令改正;造成严重后果的,对直接负责的主管人员和其他直接责任人员,依法给予行政处分;构成犯罪的,依法追究刑事责任:

(一)对属于其法定职权范围内的信访事项不予受理的;

(二)对应当登记、转交、告知而未按规定登记、转交、告知的;

(三)推诿、敷衍、拖延信访事项或者未在法定期限内办结信访事项的;

(四)应当公开的信访事项和信访信息,未公开或者虚假公开的;

(五)应当履行督查、督办职责而未履行的;

(六)隐瞒、谎报、缓报,或者授意他人隐瞒、谎报、缓报重大、紧急信访事项和信访信息,或者虚报信访工作情况和统计数据的;

(七)压制、打击报复信访人的;

(八)丢失、篡改、隐匿或者擅自销毁信访材料的;

(九)法律、法规规定的其他情形。

【说明】本条规定信访部门及信访工作人员违反法律的责任,本条对于信访部门及信访工作者的违法行为和不合理的信访工作行为,明确了处罚的主体、处罚的具体情形、责任追究的方式和后果。

第六十条 【国家机关及其工作人员拒不执行信访处理意见等违法行为的法律责任】国家机关有下列情形之一的,由其上级机关责令改正;造成严重后果的,对直接负责的主管人员和其他直接责任人员,依法给予行政处分;构成犯罪的,依法追究刑事责任:

(一)未按规定执行与信访事项有关的法律、法规和政策的;

(二)应当履行督查、督办职责而未履行的;

(三)不履行信访事项处理意见、和解协议、调解协议和评查意见的;

(四)干预或者阻挠信访人合法信访活动的;

(五)对信访人进行打击、报复的;

(六)法律、法规规定的其他情形。

【说明】本条规定国家机关及其工作人员拒不执行信访处理意见的法律责任,本法还针对信访处理结果无法执行的情况,规定了国家机关及其工作人员拒不执行信访处理意见等违法行为的法律责任。

第六十一条 【扰乱信访接待场所秩序的责任】信访人在信访接待场所实施下列行为之一,经劝阻、批评和教育无效,构成违反治安管理行为的,由行为发生地公安机关依法采取必要的现场处理措施、给予治安管理处罚:

(一)在信访接待场所滞留、滋事,或者将生活不能自理的人弃留在信访接待场所的;

(二)携带危险品、管制器具进入信访接待场所,或者以自伤、自残、自杀、传播传染病相要挟,或者扬言实施杀人、放火、爆炸、投放危险物质的;

(三)威胁、侮辱、诽谤、殴打信访工作人员,或者限制信访工作人员人身自由的;

(四)其他扰乱信访接待场所秩序的行为。

聚众实施前款行为的,对首要分子从重处罚。

【说明】信访人到信访接待场所以走访形式进行信访是最为突出的信访形式,由于近年来涉访的群体性事件较多,针对信访人破坏信访接待场所秩序的行为规定了法律责任,对聚众破坏信访接待场所秩序的,对首要分子从重处罚。

第六十二条 【扰乱公共秩序的责任】公民,法人或者其他组织以信访为名,实施下列行为之一,扰乱公共秩序、妨害公共安全和社会管理、侵犯他人合法权益的,由公安机关予以警告、训诫或者制止;违反集会游行示威或者治安管理法律、法规的,由公安机关采取必要的现场处理措施、给予治安管理处罚:

(一)到国家机关办公场所、公共场所等非信访接待场所走访并滞留、滋事的;

(二)在国家机关办公场所周围、公共场所非法聚集,围堵、冲击国家机关或者重要活动场所,拦截车辆、堵塞道路的;

(三)未经许可在公共场所或者公共道路上以静坐、列队行进、呼喊口号、散发传单、拉挂横幅、张贴标语等方式表达诉求的;

(四)捏造歪曲事实、诽谤诬告陷害他人的;

(五)通过信息网络或者其他媒体制作、复制、传播有关信访事项的虚假信息的;

(六)不符合本法第二十九条规定的代理条件,以代理他人信访为名借机敛财或者牟取不正当利益的;

(七)其他扰乱公共秩序、妨害公共安全和社会管理、侵犯他人合法权益的行为。

教唆、串联、胁迫、诱骗、幕后操纵他人实施前款第(一)至(四)项行为的,从重处罚。

【说明】本条明确规定信访行为人的权利义务、非法信访的具体情形以及相应的责任处罚,重点打击假信访之名,而行侵权、危害公共安全及扰乱社会秩序的非法行为。

第八章 附 则

第六十三条 【法律适用】外国人、无国籍人、外国组织信访事项的处理,适用本法。

各级人民政协机关、群团组织以及法律、法规授权的具有管理公共事务职能的组织或者提供公共服务的企事业单位、居民委员会和村民委员会的信访工作,可参照本法实施。

军事机关的信访工作由中央军事委员会根据本法的原则规定。

第六十四条 **【期限、期间、送达】**关于期限、期间、送达等，本法没有规定的，适用《中华人民共和国民事诉讼法》的规定。

本法关于信访事项受理办理期间有关"五日""七日"的规定是指工作日，不含节假日。

第六十五条 **【实施日期】**本法自＊＊＊＊年＊＊月＊＊日起施行。国务院 2005 年 1 月 10 日修订公布的《信访条例》同时废止。

第六十六条 **【与《信访条例》的衔接】**信访人自＊＊＊＊年＊＊月＊＊日之前提出的信访事项，尚未处理完毕的，按照《信访条例》规定处理。已经办结，信访人提出新的事实和理由的，按照本法规定处理。不能提出新的事实和理由的，不再重新受理。

国务院《信访条例》

(2005 年 1 月 5 日国务院第 76 次常务会议通过　自 2005 年 5 月 1 日起施行)

第一章　总　　则

第一条　为了保持各级人民政府同人民群众的密切联系,保护信访人的合法权益,维护信访秩序,制定本条例。

第二条　本条例所称信访,是指公民、法人或者其他组织采用书信、电子邮件、传真、电话、走访等形式,向各级人民政府、县级以上人民政府工作部门反映情况,提出建议、意见或者投诉请求,依法由有关行政机关处理的活动。

采用前款规定的形式,反映情况,提出建议、意见或者投诉请求的公民、法人或者其他组织,称信访人。

第三条　各级人民政府、县级以上人民政府工作部门应当做好信访工作,认真处理来信、接待来访,倾听人民群众的意见、建议和要求,接受人民群众的监督,努力为人民群众服务。

各级人民政府、县级以上人民政府工作部门应当畅通信访渠道,为信访人采用本条例规定的形式反映情况,提出建议、意见或者投诉请求提供便利条件。

任何组织和个人不得打击报复信访人。

第四条　信访工作应当在各级人民政府领导下,坚持属地管理、分级负责,谁主管、谁负责,依法、及时、就地解决问题与疏导教育相结合的原则。

第五条　各级人民政府、县级以上人民政府工作部门应当科学、民主决策,依法履行职责,从源头上预防导致信访事项的矛盾和纠纷。

县级以上人民政府应当建立统一领导、部门协调,统筹兼顾、标本兼治,各负其责、齐抓共管的信访工作格局,通过联席会议、建立排查调处机制、建立信访督查工作制度等方式,及时化解矛盾和纠纷。

各级人民政府、县级以上人民政府各工作部门的负责人应当阅批重要来信、接待重要来访、听取信访工作汇报,研究解决信访工作中的突出问题。

第六条　县级以上人民政府应当设立信访工作机构;县级以上人民政府工作

部门及乡、镇人民政府应当按照有利工作、方便信访人的原则,确定负责信访工作的机构(以下简称信访工作机构)或者人员,具体负责信访工作。

县级以上人民政府信访工作机构是本级人民政府负责信访工作的行政机构,履行下列职责:

(一)受理、交办、转送信访人提出的信访事项;

(二)承办上级和本级人民政府交由处理的信访事项;

(三)协调处理重要信访事项;

(四)督促检查信访事项的处理;

(五)研究、分析信访情况,开展调查研究,及时向本级人民政府提出完善政策和改进工作的建议;

(六)对本级人民政府其他工作部门和下级人民政府信访工作机构的信访工作进行指导。

第七条 各级人民政府应当建立健全信访工作责任制,对信访工作中的失职、渎职行为,严格依照有关法律、行政法规和本条例的规定,追究有关责任人员的责任,并在一定范围内予以通报。

各级人民政府应当将信访工作绩效纳入公务员考核体系。

第八条 信访人反映的情况,提出的建议、意见,对国民经济和社会发展或者对改进国家机关工作以及保护社会公共利益有贡献的,由有关行政机关或者单位给予奖励。

对在信访工作中做出优异成绩的单位或者个人,由有关行政机关给予奖励。

第二章 信 访 渠 道

第九条 各级人民政府、县级以上人民政府工作部门应当向社会公布信访工作机构的通信地址、电子信箱、投诉电话、信访接待的时间和地点、查询信访事项处理进展及结果的方式等相关事项。

各级人民政府、县级以上人民政府工作部门应当在其信访接待场所或者网站公布与信访工作有关的法律、法规、规章,信访事项的处理程序,以及其他为信访人提供便利的相关事项。

第十条 设区的市级、县级人民政府及其工作部门,乡、镇人民政府应当建立行政机关负责人信访接待日制度,由行政机关负责人协调处理信访事项。信访人可以在公布的接待日和接待地点向有关行政机关负责人当面反映信访事项。

县级以上人民政府及其工作部门负责人或者其指定的人员,可以就信访人反映突出的问题到信访人居住地与信访人面谈沟通。

第十一条　国家信访工作机构充分利用现有政务信息网络资源,建立全国信访信息系统,为信访人在当地提出信访事项、查询信访事项办理情况提供便利。

县级以上地方人民政府应当充分利用现有政务信息网络资源,建立或者确定本行政区域的信访信息系统,并与上级人民政府、政府有关部门、下级人民政府的信访信息系统实现互联互通。

第十二条　县级以上各级人民政府的信访工作机构或者有关工作部门应当及时将信访人的投诉请求输入信访信息系统,信访人可以持行政机关出具的投诉请求受理凭证到当地人民政府的信访工作机构或者有关工作部门的接待场所查询其所提出的投诉请求的办理情况。具体实施办法和步骤由省、自治区、直辖市人民政府规定。

第十三条　设区的市、县两级人民政府可以根据信访工作的实际需要,建立政府主导、社会参与、有利于迅速解决纠纷的工作机制。

信访工作机构应当组织相关社会团体、法律援助机构、相关专业人员、社会志愿者等共同参与,运用咨询、教育、协商、调解、听证等方法,依法、及时、合理处理信访人的投诉请求。

第三章　信访事项的提出

第十四条　信访人对下列组织、人员的职务行为反映情况,提出建议、意见,或者不服下列组织、人员的职务行为,可以向有关行政机关提出信访事项:

(一)行政机关及其工作人员;

(二)法律、法规授权的具有管理公共事务职能的组织及其工作人员;

(三)提供公共服务的企业、事业单位及其工作人员;

(四)社会团体或者其他企业、事业单位中由国家行政机关任命、派出的人员;

(五)村民委员会、居民委员会及其成员。

对依法应当通过诉讼、仲裁、行政复议等法定途径解决的投诉请求,信访人应当依照有关法律、行政法规规定的程序向有关机关提出。

第十五条　信访人对各级人民代表大会以及县级以上各级人民代表大会常务委员会、人民法院、人民检察院职权范围内的信访事项,应当分别向有关的人民代表大会及其常务委员会、人民法院、人民检察院提出,并遵守本条例第十六条、第十七条、第十八条、第十九条、第二十条的规定。

第十六条　信访人采用走访形式提出信访事项,应当向依法有权处理的本级或者上一级机关提出;信访事项已经受理或者正在办理的,信访人在规定期限内向受理、办理机关的上级机关再提出同一信访事项的,该上级机关不予受理。

第十七条 信访人提出信访事项，一般应当采用书信、电子邮件、传真等书面形式；信访人提出投诉请求的，还应当载明信访人的姓名（名称）、住址和请求、事实、理由。

有关机关对采用口头形式提出的投诉请求，应当记录信访人的姓名（名称）、住址和请求、事实、理由。

第十八条 信访人采用走访形式提出信访事项的，应当到有关机关设立或者指定的接待场所提出。

多人采用走访形式提出共同的信访事项的，应当推选代表，代表人数不得超过5人。

第十九条 信访人提出信访事项，应当客观真实，对其所提供材料内容的真实性负责，不得捏造、歪曲事实，不得诬告、陷害他人。

第二十条 信访人在信访过程中应当遵守法律、法规，不得损害国家、社会、集体的利益和其他公民的合法权利，自觉维护社会公共秩序和信访秩序，不得有下列行为：

（一）在国家机关办公场所周围、公共场所非法聚集，围堵、冲击国家机关，拦截公务车辆，或者堵塞、阻断交通的；

（二）携带危险物品、管制器具的；

（三）侮辱、殴打、威胁国家机关工作人员，或者非法限制他人人身自由的；

（四）在信访接待场所滞留、滋事，或者将生活不能自理的人弃留在信访接待场所的；

（五）煽动、串联、胁迫、以财物诱使、幕后操纵他人信访或者以信访为名借机敛财的；

（六）扰乱公共秩序、妨害国家和公共安全的其他行为。

第四章 信访事项的受理

第二十一条 县级以上人民政府信访工作机构收到信访事项，应当予以登记，并区分情况，在15日内分别按下列方式处理：

（一）对本条例第十五条规定的信访事项，应当告知信访人分别向有关的人民代表大会及其常务委员会、人民法院、人民检察院提出。对已经或者依法应当通过诉讼、仲裁、行政复议等法定途径解决的，不予受理，但应当告知信访人依照有关法律、行政法规规定程序向有关机关提出。

（二）对依照法定职责属于本级人民政府或者其工作部门处理决定的信访事项，应当转送有权处理的行政机关；情况重大、紧急的，应当及时提出建议，报请本级人民政府决定。

（三）信访事项涉及下级行政机关或者其工作人员的，按照"属地管理、分级负责，谁主管、谁负责"的原则，直接转送有权处理的行政机关，并抄送下一级人民政府信访工作机构。

县级以上人民政府信访工作机构要定期向下一级人民政府信访工作机构通报转送情况，下级人民政府信访工作机构要定期向上一级人民政府信访工作机构报告转送信访事项的办理情况。

（四）对转送信访事项中的重要情况需要反馈办理结果的，可以直接交由有权处理的行政机关办理，要求其在指定办理期限内反馈结果，提交办结报告。

按照前款第（二）项至第（四）项规定，有关行政机关应当自收到转送、交办的信访事项之日起15日内决定是否受理并书面告知信访人，并按要求通报信访工作机构。

第二十二条　信访人按照本条例规定直接向各级人民政府信访工作机构以外的行政机关提出的信访事项，有关行政机关应当予以登记；对符合本条例第十四条第一款规定并属于本机关法定职权范围的信访事项，应当受理，不得推诿、敷衍、拖延；对不属于本机关职权范围的信访事项，应当告知信访人向有权的机关提出。

有关行政机关收到信访事项后，能够当场答复是否受理的，应当当场书面答复；不能当场答复的，应当自收到信访事项之日起15日内书面告知信访人。但是，信访人的姓名（名称）、住址不清的除外。

有关行政机关应当相互通报信访事项的受理情况。

第二十三条　行政机关及其工作人员不得将信访人的检举、揭发材料及有关情况透露或者转给被检举、揭发的人员或者单位。

第二十四条　涉及两个或者两个以上行政机关的信访事项，由所涉及的行政机关协商受理；受理有争议的，由其共同的上一级行政机关决定受理机关。

第二十五条　应当对信访事项作出处理的行政机关分立、合并、撤销的，由继续行使其职权的行政机关受理；职责不清的，由本级人民政府或者其指定的机关受理。

第二十六条　公民、法人或者其他组织发现可能造成社会影响的重大、紧急信访事项和信访信息时，可以就近向有关行政机关报告。地方各级人民政府接到报告后，应当立即报告上一级人民政府；必要时，通报有关主管部门。县级以上地方人民政府有关部门接到报告后，应当立即报告本级人民政府和上一级主管部门；必要时，通报有关主管部门。国务院有关部门接到报告后，应当立即报告国务院；必要时，通报有关主管部门。

行政机关对重大、紧急信访事项和信访信息不得隐瞒、谎报、缓报，或者授意他人隐瞒、谎报、缓报。

第二十七条 对于可能造成社会影响的重大、紧急信访事项和信访信息,有关行政机关应当在职责范围内依法及时采取措施,防止不良影响的产生、扩大。

第五章 信访事项的办理和督办

第二十八条 行政机关及其工作人员办理信访事项,应当恪尽职守、秉公办事,查明事实、分清责任,宣传法制、教育疏导,及时妥善处理,不得推诿、敷衍、拖延。

第二十九条 信访人反映的情况,提出的建议、意见,有利于行政机关改进工作、促进国民经济和社会发展的,有关行政机关应当认真研究论证并积极采纳。

第三十条 行政机关工作人员与信访事项或者信访人有直接利害关系的,应当回避。

第三十一条 对信访事项有权处理的行政机关办理信访事项,应当听取信访人陈述事实和理由;必要时可以要求信访人、有关组织和人员说明情况;需要进一步核实有关情况的,可以向其他组织和人员调查。

对重大、复杂、疑难的信访事项,可以举行听证。听证应当公开举行,通过质询、辩论、评议、合议等方式,查明事实,分清责任。听证范围、主持人、参加人、程序等由省、自治区、直辖市人民政府规定。

第三十二条 对信访事项有权处理的行政机关经调查核实,应当依照有关法律、法规、规章及其他有关规定,分别作出以下处理,并书面答复信访人:

(一)请求事实清楚,符合法律、法规、规章或者其他有关规定的,予以支持;

(二)请求事由合理但缺乏法律依据的,应当对信访人做好解释工作;

(三)请求缺乏事实根据或者不符合法律、法规、规章或者其他有关规定的,不予支持。

有权处理的行政机关依照前款第(一)项规定作出支持信访请求意见的,应当督促有关机关或者单位执行。

第三十三条 信访事项应当自受理之日起60日内办结;情况复杂的,经本行政机关负责人批准,可以适当延长办理期限,但延长期限不得超过30日,并告知信访人延期理由。法律、行政法规另有规定的,从其规定。

第三十四条 信访人对行政机关作出的信访事项处理意见不服的,可以自收到书面答复之日起30日内请求原办理行政机关的上一级行政机关复查。收到复查请求的行政机关应当自收到复查请求之日起30日内提出复查意见,并予以书面答复。

第三十五条 信访人对复查意见不服的,可以自收到书面答复之日起30日内向复查机关的上一级行政机关请求复核。收到复核请求的行政机关应当自收到复核请求之日起 30 日内提出复核意见。

复核机关可以按照本条例第三十一条第二款的规定举行听证,经过听证的复核意见可以依法向社会公示。听证所需时间不计算在前款规定的期限内。

信访人对复核意见不服,仍然以同一事实和理由提出投诉请求的,各级人民政府信访工作机构和其他行政机关不再受理。

第三十六条 县级以上人民政府信访工作机构发现有关行政机关有下列情形之一的,应当及时督办,并提出改进建议:

(一)无正当理由未按规定的办理期限办结信访事项的;

(二)未按规定反馈信访事项办理结果的;

(三)未按规定程序办理信访事项的;

(四)办理信访事项推诿、敷衍、拖延的;

(五)不执行信访处理意见的;

(六)其他需要督办的情形。

收到改进建议的行政机关应当在 30 日内书面反馈情况;未采纳改进建议的,应当说明理由。

第三十七条 县级以上人民政府信访工作机构对于信访人反映的有关政策性问题,应当及时向本级人民政府报告,并提出完善政策、解决问题的建议。

第三十八条 县级以上人民政府信访工作机构对在信访工作中推诿、敷衍、拖延、弄虚作假造成严重后果的行政机关工作人员,可以向有关行政机关提出给予行政处分的建议。

第三十九条 县级以上人民政府信访工作机构应当就以下事项向本级人民政府定期提交信访情况分析报告:

(一)受理信访事项的数据统计、信访事项涉及领域以及被投诉较多的机关;

(二)转送、督办情况以及各部门采纳改进建议的情况;

(三)提出的政策性建议及其被采纳情况。

第六章 法律责任

第四十条 因下列情形之一导致信访事项发生,造成严重后果的,对直接负责的主管人员和其他直接责任人员,依照有关法律、行政法规的规定给予行政处分;构成犯罪的,依法追究刑事责任:

(一)超越或者滥用职权,侵害信访人合法权益的;

(二)行政机关应当作为而不作为,侵害信访人合法权益的;

(三)适用法律、法规错误或者违反法定程序,侵害信访人合法权益的;

(四)拒不执行有权处理的行政机关作出的支持信访请求意见的。

第四十一条 县级以上人民政府信访工作机构对收到的信访事项应当登记、转送、交办而未按规定登记、转送、交办,或者应当履行督办职责而未履行的,由其上级行政机关责令改正;造成严重后果的,对直接负责的主管人员和其他直接责任人员依法给予行政处分。

第四十二条 负有受理信访事项职责的行政机关在受理信访事项过程中违反本条例的规定,有下列情形之一的,由其上级行政机关责令改正;造成严重后果的,对直接负责的主管人员和其他直接责任人员依法给予行政处分:

(一)对收到的信访事项不按规定登记的;

(二)对属于其法定职权范围的信访事项不予受理的;

(三)行政机关未在规定期限内书面告知信访人是否受理信访事项的。

第四十三条 对信访事项有权处理的行政机关在办理信访事项过程中,有下列行为之一的,由其上级行政机关责令改正;造成严重后果的,对直接负责的主管人员和其他直接责任人员依法给予行政处分:

(一)推诿、敷衍、拖延信访事项办理或者未在法定期限内办结信访事项的;

(二)对事实清楚,符合法律、法规、规章或者其他有关规定的投诉请求未予支持的。

第四十四条 行政机关工作人员违反本条例规定,将信访人的检举、揭发材料或者有关情况透露、转给被检举、揭发的人员或者单位的,依法给予行政处分。

行政机关工作人员在处理信访事项过程中,作风粗暴,激化矛盾并造成严重后果的,依法给予行政处分。

第四十五条 行政机关及其工作人员违反本条例第二十六条规定,对可能造成社会影响的重大、紧急信访事项和信访信息,隐瞒、谎报、缓报,或者授意他人隐瞒、谎报、缓报,造成严重后果的,对直接负责的主管人员和其他直接责任人员依法给予行政处分;构成犯罪的,依法追究刑事责任。

第四十六条 打击报复信访人,构成犯罪的,依法追究刑事责任;尚不构成犯罪的,依法给予行政处分或者纪律处分。

第四十七条 违反本条例第十八条、第二十条规定的,有关国家机关工作人员应当对信访人进行劝阻、批评或者教育。

经劝阻、批评和教育无效的,由公安机关予以警告、训诫或者制止;违反集会游行示威的法律、行政法规,或者构成违反治安管理行为的,由公安机关依法采取必要的现场处置措施、给予治安管理处罚;构成犯罪的,依法追究刑事责任。

第四十八条 信访人捏造歪曲事实、诬告陷害他人,构成犯罪的,依法追究刑事责任;尚不构成犯罪的,由公安机关依法给予治安管理处罚。

第七章 附 则

第四十九条 社会团体、企业事业单位的信访工作参照本条例执行。

第五十条 对外国人、无国籍人、外国组织信访事项的处理,参照本条例执行。

第五十一条 本条例自 2005 年 5 月 1 日起施行。1995 年 10 月 28 日国务院发布的《信访条例》同时废止。

中共中央、国务院《关于进一步加强新时期信访工作的意见》[1]

（中发[2007]5 号）

信访工作是党和政府的一项重要工作,是构建社会主义和谐社会的基础性工作。做好新时期的信访工作,对于全面落实科学发展观,发展社会主义民主政治,维护人民群众的合法权益,加强党风建设尤其是干部作风建设,密切党和政府与人民群众的血肉联系,全面建设小康社会、构建和谐社会,具有十分重要的意义。为深入贯彻落实党的十六届六中全会精神,现就进一步加强新时期信访工作提出如下意见。

一、充分认识信访工作在构建社会主义和谐社会中的重要作用,进一步强化做好新时期信访工作的政治责任

（一）正确认识当前信访工作面临的新形势。党中央、国务院对信访工作高度重视。党的十六大以来,以胡锦涛同志为总书记的党中央从全局和战略的高度,对信访工作作出了一系列重要决策部署。各级党委、政府认真贯彻落实中央精神,积极畅通信访渠道,依法规范信访秩序,切实解决群众合理诉求,妥善处理信访突出问题和群体性事件,全面加强信访工作各项建设,取得了明显成效。当前我国社会总体上是和谐稳定的。但由于我国已进入改革发展的关键时期,工业化、城镇化、市场化、国际化加快推进,经济体制深刻变革,社会结构深刻变动,利益格局深刻调整,

---

[1] 来源于中华人民共和国中央人民政府网:http://www.gov.cn/。

思想观念深刻变化,这既给我国发展进步带来巨大活力,也必然带来这样那样的矛盾和问题。其中,大量矛盾和问题通过信访渠道反映出来,加上一些地方和部门的工作不到位,一些干部的作风不扎实,一些群众的法制观念比较淡薄,使信访问题进一步凸显,信访工作面临的任务十分繁重。各级党委、政府要正确把握我国发展的阶段性特征,科学分析产生信访问题的原因和背景,深刻认识做好新时期信访工作的长期性、艰巨性,进一步加强新时期信访工作,使信访工作更好地适应新形势新任务的要求。

(二)切实增强做好新时期信访工作的责任感。我们党来自于人民,植根于人民。始终代表最广大人民的根本利益,保持与人民群众的血肉联系,是我们党能够战胜各种困难和风险、不断取得事业成功的根本保证。信访工作作为党的群众工作的重要组成部分,是党和政府联系群众的桥梁,倾听群众呼声的窗口、体察群众疾苦的重要途径,在正确处理人民内部矛盾、维护社会和谐稳定、加强党风廉政建设和反腐败斗争中发挥着重要作用。各级党委、政府一定要从坚持立党为公、执政为民的高度,从全面落实科学发展观、促进经济社会又好又快发展的高度,从提高党的执政能力、巩固党的执政地位的高度,深刻认识做好新时期信访工作的重要性,进一步增强做好信访工作的责任感和使命感,自觉把信访工作放在构建社会主义和谐社会的重要位置,切实抓紧抓好。

二、明确新时期信访工作的指导思想和目标任务。把握信访工作的正确方向

(三)新时期信访工作的指导思想。以邓小平理论和"三个代表"重要思想为指导,全面落实科学发展观,认真贯彻党中央、国务院关于加强新时期信访工作的一系列重要决策部署,紧紧围绕全党全国工作大局,牢记为民宗旨,发扬务实作风,坚持依法按政策办事,切实维护社会公平正义,最大限度地增加和谐因素、减少不和谐因素,为全面建设小康社会、构建社会主义和谐社会作出新的更大贡献。

(四)新时期信访工作的目标任务。以切实维护群众合法权益、及时反映社情民意、着力促进社会和谐为目标,构建统一领导、部门协调,统筹兼顾、标本兼治,各负其责、齐抓共管的信访工作新格局,建立畅通、有序、务实、高效的信访工作新秩序,形成与构建社会主义和谐社会目标任务相适应的信访工作新机制,推进信访工作的制度化、规范化和法制化。

三、坚持依法按政策解决问题,切实维护群众合法权益

(五)在政策制定中统筹兼顾各方利益。要把实现好、维护好、发展好最广大人民的根本利益作为制定政策的出发点和落脚点,正确处理最广大人民的根本利益、现阶段群众的共同利益和不同群体的特殊利益的关系,统筹兼顾各方面群的利益。要坚持科学决策、民主决策、依法决策,综合考虑改革的力度、发展的速度和社会可承受的程度;保持政策的严肃性、连续性、稳定性,注意相关政策之间的关联性。在制定政策时,要充分听取各方面的意见,重视信访部门的意见和建议。

(六)认真解决群众合理诉求。对群众信访反映的问题,要做到"件件有着落、事事有回音"。法律法规和政策有明确规定的,要依法按政策抓紧解决;对群众要求合理,但法律法规和政策没有明确规定或规定不够完善的,要抓紧研究制定和完善法律、政策;对群众提出的应当解决但因客观条件不具备一时难以解决的问题,要主动说明情况,向群众解释清楚,取得群众的理解和支持,同时积极创造条件适时予以解决;对群众提出的不合理要求,要进行说服教育、积极引导。要坚持依法按政策办事,不能突破法律法规和政策规定,不能为求得一时一事的解决而引起攀比和新的矛盾。

(七)着力解决信访突出问题。要把解决信访突出问题作为工作重点,按照"属地管理、分级负责","谁主管、谁负责","依法、及时、就地解决问题与疏导教育相结合"的信访工作原则,切实把信访突出问题妥善处理在本地区本部门、解决在基层,不能将矛盾和问题推给上级、推向社会。当前,尤其是要着力解决好土地征收征用、城市建设拆迁、环境保护、企业重组改制和破产、涉法涉诉等方面群众反映强烈的问题。要组织有权处理信访问题的责任部门积极开展联合接访,促进重大疑难突出问题的解决。要高度重视涉法涉诉信访问题的解决。各级司法部门、行政执法部门要切实履行职责,严格公正执法,妥善解决信访人的合理诉求。各级党委政法委要加强协调指导和督促检查,认真解决好群众反映强烈的有法不依、执法不公等问题。

(八)坚持解决实际问题与加强思想政治工作相结合。要充分发挥党的思想政治工作优势,在依据法律法规和政策规定解决群众反映问题的同时,加强有针对性的思想教育,切实做好解疑释惑、疏导情绪、化解矛盾的工作。要认真研究和把握新形势下群众思想政治工作的特点和规律,切实把处理群众信访问题的过程作为思想教育和政策法制宣传的过程,帮助群众了解实际情况,了解党和国家的方针政策和法律法规,了解各方面为解决问题所作的努力,引导群众正确处理个人利益和集体利益,局部利益和全局利益、当前利益和长远利益的关系,自觉维护改革发展稳定的大局。

四、进一步畅通信访渠道,依法规范信访秩序

(九)完善信访诉求表达方式。要充分尊重和保护人民群众的信访权利,对群众来访要坚持文明热情接待,对群众来信要认真负责办理,坚决纠正限制和干涉群众正常信访活动的错误做法,确保信访渠道畅通。要通过开通信访绿色邮政、专线电话、网上信访等多种渠道,引导群众更多地以书信、传真、电子邮件等书面形式表达诉求,确保民情、民意、民智顺畅上达。建立全国信访信息系统,设立国家投诉受理中心,为群众反映问题、提出意见建议、查询办理情况提供便利条件,为督查信访工作提供工作平台，确保群众诉求得到及时反映和有效处理。

（十）广泛征集人民群众的意见和建议。要建立健全人民建议征集制度，切实保障公民的知情权、参与权、表达权、监督权，引导人民群众对党和政府的工作积极献计献策，鼓励和支持人民群众以各种方式参与国家事务管理。要对人民建议进行认真汇集和分析研究，对重要的意见和建议进行深入调研和论证，对正确合理的意见充分肯定和采纳，及时发现问题，改进工作，完善政策，接受监督。

（十一）大力推行领导干部接待群众来访制度。要认真坚持党政领导干部阅批群众来信、定期接待群众来访、带案下访和包案处理信访问题等制度。完善党政领导干部和党代会代表、人大代表、政协委员联系信访群众制度，拓宽社情民意表达渠道。各级领导干部要坚持经常深入基层、深入群众，开展调查研究，倾听群众意见，了解群众愿望，关心群众疾苦，及时为群众排忧解难。

（十二）认真履行信访工作职责。要健全和完善科学规范的受理、交办、督办、回复群众信访事项的工作规则和制度，确保信访事项得到及时妥善处理。有权处理信访问题的责任部门要严格按照《信访条例》的有关规定，认真负责地办理信访事项，不得推诿拖延。要抓紧建立解决重复上访、多次信访问题的长效机制，着力化解长期积累的矛盾纠纷。要以是否依法按政策处理到位作为衡量信访事项办理质量的主要标准，做到实事求是、客观公正，经得起实践和历史的检验。

（十三）依法规范信访行为。要进一步加强法制宣传教育，把握正确的舆论导向，引导群众正确履行公民权利和义务，以理性合法的形式表达利益诉求、解决利益矛盾，自觉维护社会安定团结。对信访活动中少数人违反有关法律法规，损害国家、社会、集体利益和其他公民合法权益的行为，要依法严肃处理。要高度警惕极少数别有用心的人和境外敌对势力插手人民内部矛盾的图谋，依法严厉打击其利用信访活动进行渗透破坏的行为。

五、建立健全长效工作机制，努力提高信访工作效率和管理水平

（十四）建立健全信访工作综合协调机制。各级党委、政府要充分发挥主导作用，加强组织协调，整合社会管理资源，形成做好信访工作的强大合力。要综合运用政策、法律、经济、行政等手段和教育、协商、调解、疏导、听证等办法，动员和组织社会各方面力量，及时妥善地处理信访问题。地方之间、部门之间、地方与部门之间要加强配合、密切协作，共同处理好跨地区跨部门的信访问题。要充分发挥联席会议和信访部门的综合协调指导作用，形成上下联动、左右协调、运转高效、综合施治的工作机制。

（十五）建立健全信访问题排查化解机制。要把信访工作的重心从事后处理转移到事前排查化解上来，做到发现得早、化解得了、控制得住、处理得好。要坚持经常排查和集中排查相结合，及早发现信访苗头和倾向，特别是对群众反映强烈的热点、难点问题,要进行重点排查。对排查出的问题,要严格落实化解责任,明确主要负责人、责任单位和责任人员,限期妥善解决,切实把问题解决在基层,把矛盾化解在萌芽状态。

(十六)建立健全信访信息汇集分析机制。要健全和完善多层次、全方位的信息报送网络,确保信息传递渠道畅通。要及时、准确、全面、有效地报送信访信息,特别是对涉及可能引发大规模集体上访和群体性事件的苗头性、倾向性问题的信息,必须按规定及时报告并超前做好工作,不得迟报、漏报和瞒报。要综合开发利用信息资源,进一步提高分析研判水平,增强工作的预见性和针对性,牢牢把握工作主动权。

(十七)建立健全信访督查工作机制。要建立健全党委和政府统一领导、信访部门组织实施、各职能部门共同参与的信访督查工作机制。要配齐配强督查力量,建立和完善信访督查专员制度,不断加大督查工作力度,确保信访工作决策部署得到贯彻落实,推动群众信访问题得到妥善解决。县级以上地方党委、政府要支持和保证信访部门充分履行督查办尤其是提出改进工作、完善政策、给予处分建议的职责。要加强对典型经验的总结推广和宣传,推动信访工作健康发展。

六、着力加强基层基础工作,提高基层预防和妥善处理信访问题的能力

(十八)提高基层化解矛盾的能力。绝大多数信访问题发生在基层,信访工作的重心也应放在基层。要牢固树立固本强基的思想,做到重心下移、关口前移,及时化解矛盾,就地解决信访问题。要着力加强基层党组织和基层政权建设,下大气力抓好基层领导班子和干部队伍建设,增强基层组织解决矛盾的能力。要教育引导基层干部改进思想作风和工作作风,防止因滥用职权、作风粗暴侵害群众合法权益而引发信访问题。要高度重视并认真解决群众初信初访反映的问题。要加强基层信访工作机构建设,乡镇(街道)、村(居)委会要有相应的机构或人员负责信访工作,县(市、区)政府及有关部门要向社区派出接访员,形成层层有人抓、有人管的基层信访工作网络。国有大中型企业和事业单位要根据实际情况设立信访工作机构,或配备专(兼)职信访工作人员。

(十九)加强县级信访工作。预防和解决基层发生的信访问题,县级是关键。要高度重视县级信访工作,切实加强指导,特别是对信访问题较多、群众上访量大、工作比较薄弱的地方,要帮助解决存在的问题,不断提高信访工作整体水平。要建立健全县级党委常委会和政府办公会研究信访工作的制度,及时研究信访工作,提出加强和改进工作的措施。县级领导干部特别是主要负责人要包案解决信访问题,深入一线指挥处置重大集体上访和群体性事件,切实把问题解决在当地,担负起保一方和谐稳定的责任。

七、进一步加强对信访工作的领导,构建信访工作新格局

(二十)健全信访工作领导体制。各级党委、政府要高度重视信访工作,切实将信访工作列入重要议事日程,定期听取信访工作汇报,认真研究部署信访工作。要明确分管信访工作的负责同志,形成强有力的领导机制。各级信访部门的机构设置、人员配备要与形势任务相适应;中央和国家机关特别是与群众生产生活密切相关的部门、单位,要根据各自工作任务,配齐配强信访工作力量;各级人大、政协、法院、检察院以及工会、共青团、妇联等人民团体要在党委的统一领导下,切实抓好各自职责范围内的信访工作。国家信访局要加强对全国信访工作的协调指导。

(二十一)认真落实信访工作领导责任制。各地区各部门的主要领导是信访工作的第一责任人,对本地区本部门的信访工作负总责,对重要信访事项要亲自推动解决;分管信访工作的领导负直接责任,抓各项具体工作的落实;其他领导成员"一岗双责",按照分工抓好分管方面的信访工作,形成一级抓一级、层层抓落实的信访工作领导责任体系。要建立科学的信访工作考核评价办法,将信访工作情况作为各级领导班子和领导干部考核的内容。要严格实行信访工作责任追究制,对因官僚主义、形式主义、违法行政、侵害群众合法权益引发信访问题,或对群众反映的信访问题推诿扯皮、敷衍塞责、不认真解决并造成严重后果的,要对有关领导和责任人予以党纪政纪处分;触犯法律的,要依法追究法律责任。

(二十二)切实加强信访部门领导班子和干部队伍建设。各级党委、政府要高度重视信访部门领导班子和干部队伍建设,配齐配强领导力量,优化班子结构,努力培养造就一支政治坚定、纪律严明、办事公道、作风优良、熟悉法律法规和政策、拥有丰富群众工作经验、具备较强社会管理能力的信访干部队伍。要加大信访干部的培养、教育、使用和交流力度,对政治素质好、业务能力强、工作业绩突出的,要予以重用,对长期从事信访工作、作出突出贡献的,要给予表彰和奖励;对信访系统先进事迹,要及时总结推广,树立好的典型,倡导好的作风。要进一步探索建立后备干部和新提拔干部到信访部门锻炼的制度,把信访部门作为培养锻炼干部的重要基地。中央信访工作机构要研究制定信访工作人才队伍的培养规划。要高度重视信访部门基础建设,进一步加大对信访工作的投入,建设好群众上访接待场所,发送信访部门的办公重要依据信访工作办公经费和处理信访事项的业务经费列入财政预算,予以保证。广大信访干部要切实增强为人民服务的宗旨意识,继续发扬信访工作的优良传统,扎扎实实地做好新时期的信访工作,为全面建设小康社会、构建社会主义和谐社会需努力奋斗。

军队系统的信访工作,由解放军总政治部按照本意见精神另行规定。

2007 年 3 月 10 日

中共中央办公厅、国务院办公厅印发
《关于创新群众工作方法解决信访突出问题的意见》[1]

（中办发【2013】27号）

近年来，各地区各部门认真贯彻落实中央决策部署，解决了大量群众生产生活中遇到的困难和问题，赢得了群众拥护，凝聚了党心民心。同时应当看到，一些地方和部门还不同程度地存在损害群众利益、伤害群众感情的现象，引发了大量信访问题，尤其是在征地拆迁、劳动和社会保障、教育医疗、企业改制、环境保护等方面的信访问题比较突出，群众反映强烈。为深入贯彻落实党的十八大和十八届三中全会精神，推动信访工作制度改革，解决好人民群众最关心最直接最现实的利益问题，进一步密切党同人民群众的血肉联系，巩固和扩大党的群众路线教育实践活动成果，夯实党执政的群众基础，促进社会和谐稳定，现就创新群众工作方法、解决信访突出问题提出如下意见。

一、着力从源头上预防和减少信访问题发生

（一）加大保障和改善民生力度。将保障和改善民生作为预防和化解矛盾纠纷的基础性工作，更加注重落实好各项民生政策，优先保障民生支出。针对土地征用、房屋拆迁、劳动和社会保障等方面的突出问题，加强顶层设计，完善相关政策，全力推动落实。

（二）提高科学民主决策水平。完善决策机制和程序，增强决策透明度和公众参与度。建立健全人民建议征集制度，鼓励和引导人民群众对党和政府工作献计献策。对与人民群众利益密切相关的决策事项，要通过举行座谈会、听证会、论证会等形式广泛听取意见，充分考虑大多数人的利益。健全重大决策社会稳定风险评估机制，把社会稳定风险评估作为重大决策出台的前置程序和刚性门槛，对决策可能引发的各种风险进行科学预测、综合研判，确定风险等级并制定相应的化解处置预案。在评估中要充分听取信访、维稳、综治等部门的意见。健全决策纠错改正机制，实时跟踪决策实施情况，及时了解利益相关方和社会公众对决策实施的意见和

---

[1]　来源于国家信访局网站：http://www.gjxfj.gov.cn/gzyw/2014-02/25/c_133142543.htm。

建议,全面评估决策执行效果,适时决定是否对决策予以调整或者停止执行。落实决策责任追究制度,对违反决策规定、出现重大决策失误而造成重大损失或者恶劣影响的,按照谁决策、谁负责的原则,严肃追究决策者的党纪政纪责任,触犯法律的依法追究其法律责任。

(三)坚持依法办事。各级国家机关及其工作人员要严格按照法定权限和程序行使权力、履行职责。强化各级干部带头学法尊法守法用法意识,提高依法办事能力。依法保障人民群众参与社会治理和公共事务,坚决纠正限制和干涉群众正常信访活动的错误做法。注重运用法治思维和法治方式化解矛盾纠纷,防止以闹求解决、以访谋私利、无理缠访闹访等现象发生。严格落实行政执法责任制,对于不作为、乱作为的,依法追究责任。深化司法体制改革,确保司法公平公正。建立健全冤假错案责任追究制度,实行法官、检察官、人民警察对办案质量终身负责制,严肃查处刑讯逼供、暴力取证、隐匿伪造证据等违法行为,不断提高司法公信力。

(四)改进工作作风。发扬求真务实、真抓实干、密切联系群众的优良作风,深入基层调查研究,解决突出问题。总结推广干部进村入户、送政策送温暖送服务、记民情日记、建民情档案等做法,坚持与群众共同分析研究解决实际问题。坚决反对形式主义、官僚主义、享乐主义和奢靡之风,做到联系群众而不脱离群众、服务群众而不损害群众、解决问题而不引发问题,进一步密切党群干群关系。

二、进一步畅通和规范群众诉求表达渠道

(五)健全公开透明的诉求表达和办理方式。完善民生热线、视频接访、绿色邮政、信访代理等做法,更加重视群众来信尤其是初次来信办理,引导群众更多以书信、电话、传真、视频、电子邮件等形式表达诉求,树立通过上述形式也能有效解决问题的导向。实行网上受理信访制度,大力推行阳光信访,全面推进信访信息化建设,建立网下办理、网上流转的群众信访事项办理程序,实现办理过程和结果可查询、可跟踪、可督办、可评价,增强透明度和公正性;逐步推行信访事项办理群众满意度评价,把办理工作置于群众监督之下,提高信访公信力。

(六)突出领导干部接访下访重点。把领导干部接访下访作为党员干部直接联系群众的一项重要制度,与下基层调查研究、深入联系点、扶贫帮困等结合起来,提高工作实效性。省级领导干部每半年至少1天、市厅级领导干部每季度至少1天、县(市、区、旗)领导干部每月至少1天、乡镇(街道)领导干部每周至少1天到信访接待场所,按照属地管理、分级负责的原则接待群众来访,省、市及其工作部门领导干部一般不接待越级上访。在坚持定点接访的同时,更多采取重点约访、专题接访、带案下访、下基层接访、领导包案等方式,把行政资源集中用于解决重大疑难复杂问题、检验施政得失、完善政策措施、加强督查问效上。

(七)完善联合接访运行方式。按照一站式接待、一条龙办理、一揽子解决的要求,在市、县两级全部实行联合接访,减少群众信访成本,提高工作效率。加强对进驻联合接访场所责任部门的动态管理,做到信访问题突出的责任部门及时进驻,信访问题明显减少的责任部门有序退出;推行律师参与接访、心理咨询疏导和专业社会工作服务等第三方介入的方法,促进问题解决。

(八)引导群众依法逐级反映诉求。深入学习宣传贯彻《信访条例》,加快推进信访工作法治化建设。严格落实《信访条例》关于"属地管理、分级负责,谁主管、谁负责,依法、及时、就地解决问题与疏导教育相结合"的原则,健全依法及时就地解决群众合理诉求机制,进一步强化属地责任,积极引导群众以理性合法方式逐级表达诉求,不支持、不受理越级上访。中央和国家机关来访接待部门对应到而未到省级职能部门反映诉求的,或者省级职能部门正在处理且未超出法定处理期限的,或者信访事项已经依法终结的,不予受理。各地可结合实际制定具体实施办法。依法维护信访秩序,对信访活动中的违法犯罪行为,由公安机关依法处理。

(九)充分发挥法定诉求表达渠道作用。按照涉法涉诉信访工作机制改革的总体要求,严格实行诉讼与信访分离,把涉法涉诉信访纳入法治轨道解决,建立涉法涉诉信访依法终结制度。各级政府信访部门对涉法涉诉事项不予受理,引导信访人依照规定程序向有关政法机关提出,或者及时转同级政法机关依法办理。完善法院、检察院、公安、司法行政机关信访事项受理办理制度,落实便民利民措施,为群众提供便捷高效热情服务。完善诉讼、仲裁、行政复议等法定诉求表达方式,使合理合法诉求通过法律程序得到解决。加强司法能力建设,不断满足人民群众日益增长的司法需求,让人民群众在每一个司法案件中都感受到公平正义。

三、健全解决信访突出问题工作机制

(十)完善信访联席会议制度。强化各级信访联席会议综合协调、组织推动、督导落实等职能作用,形成整合资源、解决信访突出问题的工作合力。根据实际需要,及时调整成员单位组成和专项工作小组设置,进一步明确各自职责任务,建立健全相关工作制度,特别注重从政策层面研究解决带有倾向性、普遍性和合理性的突出问题。

(十一)健全解决特殊疑难信访问题工作机制。综合运用法律、政策、经济、行政等手段和教育、协商、调解、疏导等办法,认真解决特殊疑难信访问题,做到诉求合理的解决问题到位,诉求无理的思想教育到位,生活困难的帮扶救助到位,行为违法的依法处理。建立信访听证制度,对疑难复杂信访问题进行公开听证,促进息诉息访;规范信访事项复查复核工作,对已审核认定办结的信访事项不再受理;健全信访事项协商会办等制度,明确相关责任,加大化解"三跨三分离"信访事项力度。

(十二)健全统筹督查督办信访事项工作机制。建立健全党委和政府统一领导、信访联席会议组织实施、相关职能部门共同参与的督查督办工作机制,进一步加大解决和化解信访突出问题的力度。对久拖不决、涉及面广、群众反映强烈、社会关注度高的重大疑难信访突出问题,列入党委和政府督查机构督查范围;采取有针对性的方法,加强对重点地区、重点领域、重点问题的跟踪督查和问效。各级党委和政府要支持信访部门开展督查,重视信访部门提出的改进工作、完善政策、给予处分等建议。

(十三)健全科学合理的信访工作考核评价体系。改进和完善考核方式,综合考虑各地区经济社会发展情况、人口数量、地域特点、信访总量、诉求构成、解决问题的质量和效率等因素,合理设置考核项目和指标,不简单以信访数量多少为标准进行考评,推动各地区把工作重点放在预防和解决问题上。坚持量化考核和综合评议、上级评议和群众评议、平时考核和阶段性考核相结合,提高考核的科学性、客观性和可信度。

(十四)健全经常性教育疏导机制。认真研究把握新形势下思想政治工作特点和规律,教育和引导群众正确认识发展中存在的问题,正确处理个人利益和集体利益、局部利益和全局利益、当前利益和长远利益的关系,确立与当前经济社会发展阶段相适应的心理预期,自觉维护改革发展稳定大局。充分运用现代科技手段,通过建立政务微博、民生微信、民情QQ群等方式,搭建联系群众、体察民情、回应民意的新平台,提高互联网时代做好群众思想政治工作的能力和水平。

四、全面夯实基层基础

(十五)健全基层组织网络。进一步强化基层基础工作,把更多人力物力财力投向基层,把问题解决在基层,把矛盾化解在基层。创新党组织设置,推动党的组织和工作全覆盖。加强基层服务型党组织建设,提升基层党组织服务群众、做群众工作的能力和水平。建立健全基层民主管理机制,落实党务公开、政务公开、厂务公开、村务公开制度,充分调动群众民主参与、民主管理、民主监督的积极性。进一步加强乡镇(街道)、村(社区)、机关、企事业单位、社会组织党组织建设,建立健全解决问题、化解矛盾的基层综合服务管理平台。

(十六)组织动员社会力量参与。完善党代表、人大代表、政协委员联系群众制度,组织老干部、老党员、老模范、老教师、老军人等参与解决和化解信访突出问题相关工作。发挥工会、共青团、妇联等人民团体优势,做好组织引导服务群众和维护群众权益工作。制定扶持引导政策,通过政府购买服务、提供办公场所等形式,发挥好社会组织的积极作用。建立健全群众参与机制和激励机制,把群众工作触角延伸到家家户户;引导村(社区)制定符合国家法律的村规民约,运用道德、习俗、伦理的力量调节关系、化解纠纷。

(十七)加大社会矛盾纠纷排查化解工作力度。把矛盾纠纷排查化解工作的重心从事后处理转移到事前预防上来,做到发现得早、化解得了、控制得住、处理得好。健全矛盾纠纷预警机制,加强信息汇集分析研判;推行民情分析会、民情恳谈会等做法,充分发挥村(社区)、企事业单位信息员、调解员的作用。全面推行网格化管理模式,完善信访和人民调解、行政调解、司法调解联动工作体系,实现小事不出村、大事不出乡、矛盾不上交。

五、切实加强组织领导

(十八)严格落实信访工作责任。各级党委和政府要把信访工作作为党的群众工作的重要组成部分和送上门来的群众工作,把创新群众工作方法、解决信访突出问题列入重要议事日程,定期研究部署,认真组织推动。落实主要领导负总责、分管领导具体负责、其他领导一岗双责,一级抓一级、层层抓落实的领导体制,为解决和化解信访突出问题提供组织保障。加大问责力度,对损害群众利益、造成信访突出问题的,对群众反映的问题推诿扯皮、不认真解决造成不良影响的,严肃追究责任。

(十九)强化舆论引导。各级党委宣传部门和新闻媒体要高度重视对创新群众工作方法、解决信访突出问题的正面宣传和舆论引导,大力宣传党委和政府为保障和改善民生所付出的艰苦努力、取得的巨大成绩,大力推广解决群众合理诉求、维护群众合法权益的典型经验和做法,发出主流声音,树立正确导向;选择典型案例,向社会曝光无理缠访闹访、违法聚集滋事而依法受到处理的行为。

(二十)加强信访干部队伍建设。各级党委和政府要重视和加强信访干部队伍建设,根据形势任务需要,不断充实信访工作力量。完善后备干部、新提拔干部和中青年干部到信访部门、信访干部到基层一线挂职锻炼制度;选拔群众工作经验丰富的干部到信访部门工作,重视信访干部的使用,深入开展信访干部交流工作,增强信访干部队伍活力,不断提高做好新形势下群众工作、解决信访突出问题的能力。

各地区各部门要按照中央要求,深入研究和准确把握新形势下群众工作的新特点新规律新要求,进一步转变工作作风,努力提高带着责任和感情做好群众工作的能力、提高解决信访突出问题的能力、提高从源头上预防和化解矛盾纠纷的能力,维护群众合法权益,维护社会公平正义,维护社会和谐稳定。

中共中央办公厅、国务院办公厅
《关于依法处理涉法涉诉信访问题的意见》(节录)[1]

中共中央办公厅、国务院办公厅近日印发了《关于依法处理涉法涉诉信访问题

---

[1] 来源于国家信访局门户网站:http://www.gjxfj.gov.cn/2014-03/19/c_133644411.htm。

的意见》，并发出通知，要求各地区各部门切实加强协调配合，健全涉法涉诉信访工作机制，努力形成依法解决涉法涉诉信访问题的合力。

《意见》包括充分认识依法处理涉法涉诉信访问题的重要意义、改革涉法涉诉信访工作机制、进一步提高执法司法公信力、依法维护涉法涉诉信访秩序、加强和改进对依法处理涉法涉诉信访问题的组织领导等5个部分。

《意见》指出，依法处理涉法涉诉信访问题，事关最广大人民群众根本利益，事关国家法制统一、尊严、权威，事关党执政地位巩固和国家长治久安。改革涉法涉诉信访工作机制，依法处理涉法涉诉信访问题，既是贯彻落实党的十八大和十八届三中全会精神的要求，又是贯彻实施修改后的刑事诉讼法、民事诉讼法的实际行动；既是全面推进依法治国的需要，又是维护人民群众合法权益的具体体现。

《意见》强调，改革涉法涉诉信访工作机制、依法处理涉法涉诉信访问题的总体思路是：改变经常性集中交办、过分依靠行政推动、通过信访启动法律程序的工作方式，把解决涉法涉诉信访问题纳入法治轨道，由政法机关依法按程序处理，依法纠正执法差错，依法保障合法权益，依法维护公正结论，保护合法信访、制止违法闹访。努力实现案结事了、息诉息访，实现维护人民群众合法权益与维护司法权威的统一。

《意见》提出，实行诉讼与信访分离制度。把涉及民商事、行政、刑事等诉讼权利救济的信访事项从普通信访体制中分离出来，由政法机关依法处理。各级信访部门对到本部门上访的涉诉信访群众，应当引导其到政法机关反映问题；对按规定受理的涉及公安机关、司法行政机关的涉法涉诉信访事项，收到的群众涉法涉诉信件，应当转同级政法机关依法处理。

《意见》要求，建立涉法涉诉信访事项导入司法程序机制。对涉法涉诉信访事项，各级政法机关要及时审查、甄别。对于正在法律程序中的，继续依法按程序办理；对于已经结案，但符合复议、复核、再审条件的，依法转入相应法律程序办理；对于已经结案，不符合复议、复核、再审条件的，做好不予受理的解释说明工作；对于不服有关行政机关依法作出的行政复议决定，经释法明理仍不服的，可引导其向人民法院提起行政诉讼。有关处理程序和结果，应当严格按照规定的期限和方式，及时告知当事人。

《意见》指出，严格落实依法按程序办理制度。各级政法机关对于已经进入法律程序处理的案件，应当依法按程序在法定时限内公正办结。对经复议、审理、复核，确属错案、瑕疵案的，依法纠正错误、补正瑕疵；属于国家赔偿范围的，依照国家赔偿法的有关规定办理。对经复议、审理、复核，未发现错误的，依法维持原裁决，并按照有关规定及时告知当事人。

《意见》强调，建立涉法涉诉信访依法终结制度。中央政法机关按照修改后的刑事诉讼法、民事诉讼法和相关法律法规,修改完善涉法涉诉信访终结办法。对涉法涉诉信访事项,已经穷尽法律程序的,依法作出的判决、裁定为终结决定。对在申诉时限内反复缠访缠诉,经过案件审查、评查等方式,并经中央或省级政法机关审核,认定其反映问题已经得到公正处理的,除有法律规定的情形外,依法不再启动复查程序。各级各有关部门不再统计、交办、通报,重点是做好对信访人的解释、疏导工作。

《意见》要求,健全国家司法救助制度。各级政法机关要在党委和政府的领导和支持下,统筹解决信访群众的法律问题和实际困难。对于因执法问题给当事人造成伤害或损失的,依法予以纠错、补偿。对于因遭受犯罪侵害或民事侵权,无法经过诉讼获得有效赔偿,造成当事人生活困难,符合救助规定的,及时给予司法救助。对于给予司法救助后仍然存在实际困难的,通过民政救济、社会救助等方式帮助解决实际困难。

《意见》要求,进一步提高执法司法公信力。各级政法机关要严格依照法定权限和程序履行职责、行使权力,确保每一起案件的处理做到实体公正、程序公正、规范高效,经得起检验;要依法加大内部监督力度,促使执法办案中存在的问题依法及时得到解决,对于执法不严、裁判不公、徇私枉法等突出问题,要组织开展专项整治;要完善执法司法责任制,严格落实办案质量终身负责制,健全执法过错发现、调查、问责机制,严格倒查执法办案中存在问题的原因和责任,严肃查处错案背后的执法不公、不廉等问题;要把加强执法公开、扩大群众参与、接受群众监督作为依法处理涉法涉诉信访问题的重要内容,以公开确保公正、促进息诉。

《意见》强调,畅通信访渠道。各级政法机关要转变观念,把做好涉法涉诉信访工作作为倾听群众意见、改进执法工作的有效途径。进一步规范依法处理涉法涉诉信访工作,坚决杜绝一切"拦卡堵截"正常上访人员的错误做法;坚决杜绝违法限制或变相限制上访人员人身自由的行为。坚持政法机关领导接待来访群众和阅批群众来信制度。采取热线电话、网上信访、视频接访、开通绿色通道等措施,健全来信、来访、网上信访、电话信访一体化接访网络,为涉法涉诉信访群众反映问题提供畅通便捷的渠道。要依法规范群众信访行为,引导上访人员依法理性表达诉求,严肃处理违法上访行为。

《意见》强调,完善领导体制机制。各级党委政法委要进一步明确在依法处理涉法涉诉信访问题中的职能定位,重点抓好政策指导、执法监督、宏观协调等工作。各级政法机关作为依法处理涉法涉诉信访问题的责任主体,要调整充实工作力量,建立健全工作制度,严格落实工作责任,增强政法干警依法处理涉法涉诉信访问题的责任感,进一步转变执法作风,提高群众工作能力,做到严格规范公正文明廉洁执法。建立健全科学合理的考评指标体系,改变简单以信访数量为主要指标的考评办法，坚决纠正重程序轻解决、重稳控轻化解的倾向，引导政法干警在日常执法办案中自觉预防、主动化解涉法涉诉信访问题。

中共中央办公厅、国务院办公厅
《关于把矛盾纠纷排查化解工作制度化的意见》（节录）[1]

(2009 年 1 月 18 日印发)

中共中央办公厅、国务院办公厅转发《关于把矛盾纠纷排查化解工作制度化的意见》（以下简称《意见》）指出，矛盾纠纷排查化解是妥善处理新时期人民内部矛盾的有效方式，是及时解决我国改革发展中群众利益诉求的成功举措。

《意见》指出，矛盾纠纷排查化解工作的范围是各种可能引发信访问题和影响社会和谐稳定的矛盾纠纷和苗头隐患，重点是容易引发信访突出问题的重大矛盾纠纷。

《意见》指出，要规范矛盾纠纷的排查方法：坚持经常性排查与集中排查相结合；坚持属地为主、条块结合，形成以块为主、条块结合，全覆盖、无疏漏的大排查网络，确保排查不留死角死面；坚持信息汇集与分析研判相结合，及时准确和全面有效地收集信访信息，加强综合分析研判，增强工作的预见性和针对性。

《意见》指出，要强化矛盾纠纷的化解措施：一是区别不同情况，实施分类化解。二是采取多种方式，积极协调化解。要引导群众通过行政复议、司法诉讼、仲裁等渠道化解矛盾纠纷，综合运用人民调解、行政调解和司法调解的方式，及时协调不同群体间的利益关系。三是整合工作资源，及时就地化解。要把信访、维稳、综治、民政、司法和工会、共青团、妇联等工作资源有效整合起来，充分相信群众、依靠群众，最大限度地减少不和谐因素、增加和谐因素。四是确定重点问题，领导包案化解。对涉及面广、时间跨度大、容易升级激化，带有普遍性的疑难复杂问题，要实行领导包案、一包到底。五是下移工作重心，督导督办化解。要建立健全对复杂矛盾纠纷化解的联合督导和挂牌督办制度。联合督导由各地结合实际自行组织，一般每半年开展一次。对本地的复杂矛盾纠纷和上级交办的重要信访事项，要明确责任人

---

〔1〕 来源于新华社 2009 年 4 月 14 日相关报道。

和解决时限,实行挂牌督办。六是健全完善政策,注重从源头化解。要防止因政策不连续、不平衡、不完善和落实不到位引发矛盾纠纷。坚持科学、民主、依法决策,统筹兼顾各方利益,对群众反映强烈的问题,要充分听取群众意见,设身处地为群众着想,坚决避免因决策失误损害群众利益。七是加大投入力度,促进矛盾化解。《意见》最后强调,要切实加强对矛盾纠纷排查化解工作的组织领导。各地区各部门要把这项工作摆上重要议程,主要领导负总责、亲自抓,分管领导具体负责,党委常委会、政府常务会、部门党组(党委)会要定期分析研究,随时掌握社情民意,努力把工作做在事前。要把矛盾纠纷排查化解工作作为领导班子、领导干部政绩考核的重要内容,对工作成绩突出的,要给予表彰奖励;对因决策不当、工作不力、玩忽职守等造成严重后果的,要坚决追究有关责任人的责任。